东北财经大学国家级一流本科专业建设系列教材·会计学专业

辽宁省线上一流本科课程

Advanced Financial Accounting

高级财务会计

梁爽 王海连 主编

东北财经大学出版社
Dongbei University of Finance & Economics Press
大连

图书在版编目（CIP）数据

高级财务会计 / 梁爽，王海连主编. —大连 ：东北财经大学出版社，2023.6
（东北财经大学国家级一流本科专业建设系列教材 · 会计学专业）
ISBN 978-7-5654-4772-3

Ⅰ.高…　Ⅱ.①梁…②王…　Ⅲ.财务会计-高等学校-教材　Ⅳ.234.4

中国国家版本馆CIP数据核字（2023）第018966号

东北财经大学出版社出版
（大连市黑石礁尖山街217号　邮政编码　116025）
网　　址：http：//www.dufep.cn
读者信箱：dufep@dufe.edu.cn

大连日升彩色印刷有限公司印刷　东北财经大学出版社发行

幅面尺寸：185mm×260mm　字数：552千字　印张：23　插页：1
2023年6月第1版　2023年6月第1次印刷

责任编辑：王　丽　责任校对：王　烨
封面设计：原　皓　版式设计：原　皓

定价：53.00元

教学支持　售后服务　联系电话：（0411）84710309

如有印装质量问题，请联系营销部：（0411）84710711

东北财经大学国家级一流本科专业建设系列教材编审委员会

总 序

当前，世界正处于百年未有之大变局。从纷繁复杂的国际政治经济局势，到大数据、人工智能、物联网和云计算等创新技术与经济社会生活各领域的全面深度融合，不仅催生出前所未有的新产业、新业态和新模式，也对会计学专业人才的培养提出了全新的挑战。习近平总书记在全国高校思想政治工作会议上明确指出，要坚持把立德树人作为中心环节，把思想政治工作贯穿教育教学全过程，实现全程育人、全方位育人，并着重指出了“培养什么样的人、如何培养人以及为谁培养人”的问题。面对变革的时代与培养人才的更高要求，东北财经大学第六套“会计学系列教材”应运而生。

20世纪90年代初，我们编写了东北财经大学第一套会计学系列教材，其奉行的理念是：积数十年教材编写之经验，融十几位教授之心血，编系列精品教材。在随后的30多年间，我们在此理念的指引下，前后共出版过5套系列教材，每一套系列教材都经过多次修订和再版，总销量过千万册，得到了广大读者的厚爱和专家学者的肯定，为许多高等院校所广泛选用，并多次入选国家级规划教材。本套全新的系列教材，既是30余年来对教材精益求精、不断自我革新的优良传统的继承和发扬，也是我们为新时代如何培养优秀会计人才交出的答卷。

基于此，本套会计学专业系列教材在第五套基础上进行了全面升级，以崭新的形式呈现在读者面前。新的教材适于会计学普会方向、注会方向、国际会计方向以及财务管理、审计、资产评估、管理学等相关专业方向教学选用。本套教材包括《会计学》《基础会计》《中级财务会计》《高级财务会计》《成本与管理会计》《成本会计》《管理会计》《审计学》《财务管理》《税务会计与纳税筹划》《会计信息系统》《会计职业道德》《大数据与智能会计》等13部。与第五套会计学专业系列教材相比，本套教材呈现以下五大主要特点：

1. 落实立德树人的根本任务，强化课程思政对于人才培养的引领。全面贯彻党的二十大精神，落实立德树人根本任务，“坚定学生理想信念，教育学生爱党、爱国、爱社会主义、爱人民、爱集体”是本套教材编写的指导精神，体现思政有关职业伦理道德内容，根据每章内容做“盐溶于水”的自然融入，注重价值塑造、知识传授与能力培养相统一，通过教材内容引导学生建立核心价值取向，坚定文化自信，建立正确的执业操守，树立正确的世界观、人生观、价值观。

2. 结合新技术变革的趋势，体现新技术对于会计学教学的影响。科技变化对专业人才培养具有促进作用，为了适应这一变革，本套教材在内容上注重增加技术变革对专业内容的影响，同时通过“二维码”等技术手段丰富教材资源，从而拓展教材的应用场景。利用新技术能够摆脱传统的课堂教学对于教学空间和教学条件的约束，在更为广阔的空间内开展教学活动。同时，新技术的引入也提升了教材资源体系的更新速度和更新频率，通过及时更新配套的网络教学资源，避免教材与实务的脱节，实现教学与实践更为紧密的结合。

3. 体现业财融合的特点，更加突出会计实践的中国特色。会计学专业的实践性较强，大部分本科生均走向社会从事实务工作。本套教材的目标就是为会计学、财务管理、资产评估、审计学、工商管理等专业的学生以及实务人员（不同单位、不同岗位）而编写，培养既懂会计又懂管理、既懂专业知识又有正确价值观的管理人才。本套教材加大本土案例的比重，增强读者对于中国国情和实践的了解，从而更为有效地利用专业技能解决中国实际问题。通过对现实企业案例的分析，使学生能够发现会计的潜在价值，深入分析发生的每一项经济业务特点以及对企业未来经营和发展战略所产生的重要影响，更好地体现“如何运用会计”的理念。

4. 教材结构体例新颖，知识体系更加合理。每一部教材不仅列出了本章学习目标、学习要点和主要概念，归纳和总结了主要知识点之间的相互联系，而且大幅度地更新习题与案例，供教师教学和学生自学使用。本套教材没有沿袭一般会计学教材过分注重程序和规则的编写体例，而是从不同信息使用者的视角，从培养和提高他们在管理实践中使用会计信息的能力的角度来阐述，构建了一整套完整的会计学专业课程用书。同时，更新了专业知识体系，使得知识体系更加合理，符合当前社会对于会计学专业人才的最新要求。

5. 教材资源结构立体化，体现简明、易懂、有趣、有料的特点。本套教材资源力争丰富和立体化。同时，引用大家耳熟能详的企业的经济业务，从企业案例、社会现象入手，使学生更容易理解，且学习兴趣盎然。同时，教材配套丰富翔实的习题与案例、视频资源和音频资源等，使得学习途径更加多元、学习资料更加丰富、学习趣味更加浓厚。

东北财经大学会计学专业系列教材是东北财经大学会计学院全体教师的共同劳动结晶，依托会计学国家级一流本科专业建设点，以财务管理、资产评估和审计学科作为支撑，集合了学院内众多优秀师资和一线教师共同讨论、编撰、修订、完善，尤其凝聚了众多资深教授和专家多年的经验和心血。新系列教材的建设工作才刚刚起步，本套初版教材仅仅是一个新的起点，我们将秉承编写精品教材的理念和初心，致力于教材资源和内容的不断修订、更新和完善，将时代特色、技术变革与学科发展前沿持续融入教材之中，使东北财经大学会计学专业系列教材保持与时代同频，为广大读者提供丰富、多元的系列化专业学习资源。

由于我们的经验与能力有限，本套教材中难免存在不足乃至疏漏，还恳请广大读者批评指正！

东北财经大学国家级一流本科专业建设系列教材编审委员会

前　言

高级财务会计属于财务会计的范畴。从本科教学体系角度看，财务会计通常包括基础会计、中级财务会计和高级财务会计。从内容上看，基础会计比较独立，主要阐述财务会计记账的基本原理、记账的基础体系以及财务会计循环的过程；中级财务会计和高级财务会计主要阐述企业会计实务，包括经济业务的会计处理方法及财务报表的编制方法。一般情况下，中级财务会计的内容比较统一，主要包括资产、负债、所有者权益、收入、费用和利润等六大要素的会计核算及个别财务报表的编制方法；高级财务会计则是在中级财务会计的基础上，阐述中级财务会计之外特殊业务的会计核算方法及合并财务报表的编制方法，是中级财务会计内容的延续。

综观目前我国高级财务会计各种版本教材会发现，高级财务会计的内容不如中级财务会计那么一致，每个版本的内容各有不同。总体来讲，高级财务会计内容的选择有两个特点：其一，应与同系列《中级财务会计》教材的内容相衔接，阐述中级财务会计之外的特殊业务会计实务；其二，通常以企业合并和合并财务报表为核心，同时选择阐述上市公司常见的一些其他特殊业务。高级财务会计一般不阐述特殊行业会计实务，比如银行会计、保险会计和证券公司会计实务等，这些特殊行业会计实务一般都具有独立的会计体系，适合作为独立的教材编写。

本教材与系列教材中的《中级财务会计》教材相互衔接，在其内容的基础上，阐述了企业合并、合并财务报表、外币业务、租赁业务、股份支付、非货币性资产交换、债务重组、借款费用、金融资产转移、套期会计、合营安排、持有待售项目与终止经营等内容。本系列教材编审委员会认为，非货币性资产交换、债务重组和借款费用业务有别于一般会计要素的核算，所以，将这些内容安排在本教材中阐述。在教学过程中，本教材既适合与本系列教材中的《中级财务会计》配套使用，也适合于单独使用。在单独使用本教材时，各位老师可以根据所在院校“中级财务会计”课程内容及“高级财务会计”课程的学时安排有选择性地讲授相关内容。

本教材秉承立德树人的教育理念，在阐述专业知识的基础上，在每一章设置“学思践悟”栏目，基于真实发生的案例，引领学生根据党的二十大报告精神及相关法律法规，探讨案例中可能存在的诚信、道德问题及违法违规行为，将专业知识和思政元素相结合，拟在传授专业知识的同时，培养学生会计诚信精神和会计人文精神，用社会主义核心价值观铸魂育人。

本教材提供了丰富的教学资源。首先，在每章开篇均有引导案例；在每小节后均有自测题；每章结尾均有思政案例和练习题。其中引导案例、思政案例和练习题均给出了分析要点或参考答案。其次，本教材在适当位置还配置了拓展阅读和二维码小音（视）频，以帮助学生们理解相关知识点。另外，本教材还提供了配套课件和教学大纲，供老师在教学中使用。另外，本教材企业合并、合并财务报表等相关章节在“中国大学MOOC”中有部分慕课资源，感兴趣的同学可前往观看，网址为https：//www.icourse163.org/course/1202DUFE003-1003324002？outVendor=zw_mooc_pclszykctj_。

本教材由东北财经大学会计学院梁爽和王海连担任主编，由本院会计学系“高级财务会计”课程组教师撰写，其中第一章、第三章、第五章由王海连撰写；第二章、第十章由张文兰撰写；第四章由陈玉媛撰写；第六章、第七章、第八章、第九章由梁爽撰写；第十一章由乔菲撰写。

本教材主要为普通高等院校财务会计专业学生编写，同时适合其他专业有兴趣自主学习高级财务会计的学生和需要掌握高级财务会计核心知识的其他各类人员使用。

限于作者水平和时间，对于教材中可能存在的不妥之处，欢迎老师、同学和其他读者们批评指正，愿与大家共同商榷与探讨，共同学习，共同进步。

编　者

2023年3月于大连

目 录

第一章

非货币性资产交换

【学习目标】

1. 掌握非货币性资产交换的相关概念。
2. 掌握非货币性资产交换的确认与计量原则。
3. 掌握换入资产入账价值的确定方法。
4. 掌握交换损益的确定方法。
5. 掌握换入、换出单项资产的会计处理方法。
6. 了解涉及多项资产交换的会计处理方法。
7. 通过“学思践悟”课堂讨论了解与非货币性资产交换相关的法律法规及道德问题。

【本章结构导图】

- 非货币性资产交换
  - 非货币性资产交换概述
    - 非货币性资产交换的概念
    - 非货币性资产交换准则的适用范围
    - 非货币性资产交换的主要会计问题
  - 非货币性资产交换会计处理原则
    - 非货币性资产交换的确认
    - 非货币性资产交换的计量
    - 非货币性资产交换会计处理原则
  - 非货币性资产交换会计处理示例
    - 换入、换出单项资产的会计处理
    - 涉及多项资产交换的会计处理
    - 非货币性资产交换的披露

【引导案例】　关于中诚信国际与鲁能集团子公司的资产置换业务

鲁能集团有限公司（以下简称“鲁能集团”）发行的债券“16鲁能02”、“19鲁能01”、“20鲁能01”、“20鲁能02”和“21鲁能01”由中诚信国际信用评级有限责任公司（以下简称“中诚信国际”）进行相关评级工作。2021年12月30日，鲁能集团控股子公司天津广宇发展股份有限公司（以下简称“广宇发展”）发布了《天津广宇发展股份有限公司2021年第八次临时股东大会决议公告》，广宇发展于2021年12月30日召开临时股东会，审议通过了资产置换交易方案等十八项议案。广宇发展拟置出23家子公司，资产整体交易对价249.06亿元，其中13家子公司股权与鲁能新能源（集团）有限公司（以下简称“鲁能新能源”）100%股权置换，其余10家子公司股权出售给鲁能集团，交易对价132.31亿元。本次交易完成后，鲁能集团仍为广宇发展控股股东，广宇发展将持有鲁能新能源100%股权，公司新能源发电业务规模将有所扩大。中诚信国际认为，本次重大资产置换事项未对鲁能集团信用水平产生重大不利影响。同时，中诚信国际将持续关注其后续资产及股权交割进展，以及鲁能集团对新业务的整合及管理情况，并及时评估其对鲁能集团未来经营及整体信用状况产生的影响。

资料来源：上海证券交易所. 中诚信国际关于关注鲁能集团有限公司控股子公司筹划重大资产置换及重大资产出售暨关联交易情况的公告［EB/OL］.（2022-01-06）［2022-09-01］. http：//www.sse.com.cn/disclosure/bond/announcement/company/c/2022-01-06/4388826378112131401955000.pdf.

问题：

（1）该交易是否属于非货币性资产交换？

（2）应该如何对换出的股权进行终止确认？

（3）如何对换入的股权进行初始确认与计量？

（4）交换中涉及的补价如何处理？

（5）是否需要确认交换损益？

相信通过对本章内容的学习，这些问题都会得到解答。

第一节　非货币性资产交换概述

一、非货币性资产交换的概念

（一）货币性资产与非货币性资产

货币性资产，是指企业持有的货币资金和收取固定的或者可确定金额的货币资金的权利，包括库存现金、银行存款、应收账款和应收票据等。非货币性资产是相对于货币性资产而言的。非货币性资产，是指货币性资产以外的资产，如存货、固定资产、在建工程、生产性生物资产、无形资产、投资性房地产、长期股权投资等。

货币性资产与非货币性资产是两个相对应的概念，两者的区别在于该项资产为企业带来的经济利益，也就是货币金额，是否是固定的或者可确定的。如果该资产在将来为企业带来的经济利益是固定的或者可确定的，则该资产属于货币性资产；反之，该资产将来为企业带来的经济利益是不固定的或者不可确定的，则该资产属于非货币性资产。

（二）非货币性资产交换的定义

企业一般是以货币性资产为对价交换原材料、固定资产等非货币性资产，这些交易最终会涉及货币资金的变动。非货币性资产交换是一种非经常性的特殊交易行为。非货币性资产交换是指交易双方主要以固定资产、无形资产和长期股权投资等非货币性资产进行的交换，在交换中不涉及或只涉及少量的货币性资产。非货币性资产交换具有以下特点：

1.非货币性资产交换的主要对象是非货币性资产

与通常情况下企业以货币性资产交换非货币性资产不同，非货币性资产交换中双方交换的资产主要涉及非货币性资产。如甲公司以一项价值500万元的专利权与乙公司一台价值500万元的设备相交换。

2.非货币性资产交换也可能涉及少量的货币性资产

非货币性资产交换一般不涉及货币性资产，或只涉及少量货币性资产，即“补价”。在实务中，可能存在换出非货币性资产的同时，支付一定数额的货币性资产；或在换入非货币性资产的同时，收到一定数额的货币性资产。

（三）非货币性资产交换的认定

通常情况下，交易双方对于某项交易是否为非货币性资产交换的判断是一致的。需要注意的是，企业应从自身的角度，根据交易的实质判断相关交易是否属于非货币性资产交换。例如，投资方以一项固定资产出资取得对被投资方的权益性投资，对投资方来说，换出资产为固定资产，换入资产为长期股权投资，属于非货币性资产交换；对被投资方来说，则属于接受权益性投资，不属于非货币性资产交换。

判断涉及少量货币性资产的交换是否为非货币性资产交换时，通常以补价占整个资产交换金额的比例是否低于25%作为参考比例。支付的货币性资产占换出资产公允价值与支付的货币性资产之和（或占换入资产公允价值）的比例、或者收到的货币性资产占换出资产公允价值（或占换入资产公允价值和收到的货币性资产之和）的比例低于25%的，视为非货币性资产交换；高于25%（含25%）的，不视为非货币性资产交换。用公式表示如下：

（1）支付补价时：

$$\frac{\text{支付补价}}{(\text{换出资产的公允价值}+\text{支付补价})\text{或者换入资产的公允价值}}<25\%$$

（2）收到补价时：

$$\frac{\text{收到补价}}{\text{换出资产的公允价值或者}(\text{换入资产的公允价值}+\text{收到补价})}<25\%$$

二、非货币性资产交换准则的适用范围

根据2019年修订的《企业会计准则第7号——非货币性资产交换》，本准则适用于所有的非货币性资产交换，但下列各项除外：

（1）企业以存货换取客户的非货币性资产的，适用《企业会计准则第14号——收入》。

（2）非货币性资产交换中涉及企业合并的，适用《企业会计准则第20号——企业合并》、《企业会计准则第2号——长期股权投资》和《企业会计准则第33号——合并财务报表》。

（3）非货币性资产交换中涉及由《企业会计准则第22号——金融工具确认和计量》规范的金融资产的，金融资产的确认、终止确认和计量适用《企业会计准则第22号——

金融工具确认和计量》和《企业会计准则第23号——金融资产转移》。

（4）非货币性资产交换中涉及由《企业会计准则第21号——租赁》规范的使用权或应收融资租赁款等的，相关资产的确认、终止确认和计量适用《企业会计准则第21号——租赁》。

（5）非货币性资产交换的一方直接或间接对另一方持股且以股东身份进行交易的，或者非货币性资产交换的双方均受同一方或相同的多方最终控制，且该非货币性资产交换的交易实质是交换的一方向另一方进行了权益性分配或交换的一方接受了另一方权益性投入的，适用权益性交易的有关会计处理规定。

三、非货币性资产交换的主要会计问题

非货币性资产交换的核心会计问题是换入资产的入账价值以及交换损益如何确定。

一般交易中，购买方可以根据支付的购买价款及相关税费确定购入资产的入账价值，销售方则可根据出售资产的交易价格与账面价值之差计量损益。而非货币性资产交换一般不涉及货币性资产，或只涉及少量货币性资产，那么就无法以货币性资产为依据确定换入资产的入账价值，由此引发了一系列值得关注的会计问题：

（1）换入资产的入账价值如何确定？

（2）是否需要确认交换损益？如何确定？

（3）资产交换中的相关税费如何处理？

（4）如果涉及补价，如何处理？

（5）如果换入、换出多项资产，如何确定每项换入资产的入账价值？

自测题 1-1

第二节　非货币性资产交换的会计处理原则

一、非货币性资产交换的确认

（一）一般原则

非货币性资产交换中换入资产的确认和换出资产的终止确认的一般原则：换入资产应当在其符合资产定义并满足资产确认条件时予以确认；换出资产应当在其满足资产终止确认条件时终止确认。

根据上述原则，对于非货币性资产交换，企业将换入的资产视为购买取得资产，并按照相关会计准则的规定进行初始确认；将换出的资产视为销售或处置资产，并按照相关会计准则的规定进行终止确认。例如，某企业在非货币性资产交换中的换入资产和换出资产均为固定资产，换入的固定资产应当在与该固定资产有关的经济利益很可能流入企业，且成本能够可靠地计量时确认；换出的固定资产应当以交换对方取得该固定资产控制权时点作为处置时点终止确认。

（二）换入资产与换出资产确认时点不一致的确认问题

通常情况下，换入资产的确认时点与换出资产的终止确认时点应当相同或相近。可实

务中，由于资产控制权转移所必需的运输或转移程序等方面的原因（如资产运输至对方地点所需的合理运输时间、办理股权或房产过户手续所需时间等），可能导致换入资产满足确认条件的时点与换出资产满足终止确认条件的时点存在短暂不一致，企业可以按照重要性原则，在换入资产满足确认条件和换出资产满足终止确认条件孰晚的时点进行会计处理。

在换入资产的确认时点与换出资产的终止确认时点存在非短暂性不一致的情形下，在资产负债表日，企业应当按照以下原则进行会计处理：换入资产满足资产确认条件，换出资产尚未满足终止确认条件的，在确认换入资产的同时将交付换出资产的义务确认为一项负债，如其他应付款；换入资产尚未满足资产确认条件，换出资产满足终止确认条件的，在终止确认换出资产的同时将取得换入资产的权利确认为一项资产，如其他应收款。

二、非货币性资产交换的计量

音频

非货币性资产交换的计量原则

（一）一般原则

在非货币性资产交换业务中，换入资产成本的确定有两种计量基础：公允价值和账面价值。非货币性资产交换同时满足下列条件的，应当以公允价值为基础计量：（1）该项交换具有商业实质；（2）换入资产或换出资产的公允价值能够可靠地计量。不满足上述条件的非货币性资产交换，应当以账面价值为基础计量。

具体而言，第一，以公允价值为基础计量的非货币性资产交换，企业应当以换出资产的公允价值为基础确定换入资产的成本，换出资产的公允价值与其账面价值之间的差额计入当期损益，但换出资产的公允价值不能可靠地计量或有确凿证据表明换入资产的公允价值更加可靠的，企业应当以换入资产的公允价值为基础确定换入资产的初始计量金额，换入资产的公允价值与换出资产账面价值之间的差额计入当期损益。第二，以账面价值为基础计量的非货币性资产交换，企业应当以换出资产的账面价值为基础确定换入资产的初始计量金额，换出资产终止确认时不确认损益。换入资产计量基础的选择路径如图1-1所示。

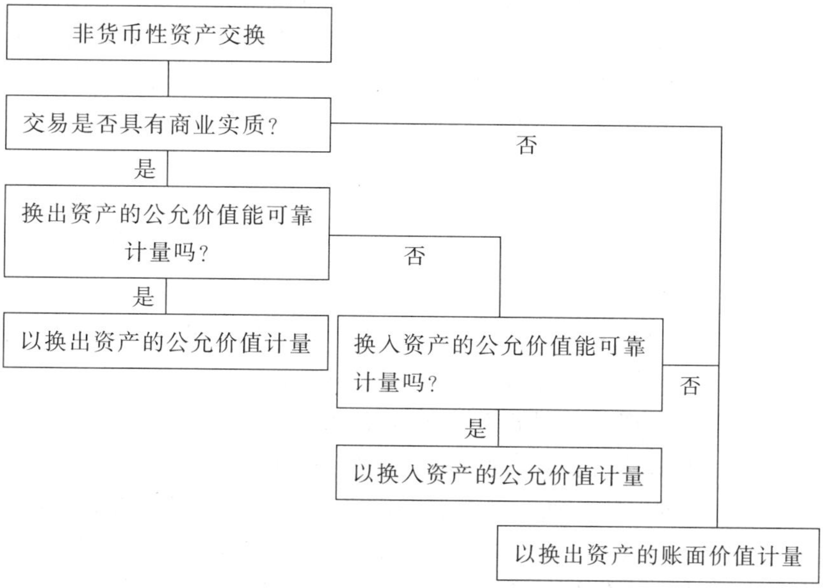

图1-1　换入资产计量基础的选择路径图

（二）商业实质的判断

1.判断条件

满足下列条件之一的非货币性资产交换具有商业实质：

（1）换入资产的未来现金流量在风险、时间和金额方面与换出资产显著不同。换入资产的未来现金流量在风险、时间和金额方面与换出资产显著不同，既可以是三个方面都显著不同，也可能只是其中一个或者两个方面显著不同，具体包括但不限于以下几种情况：

第一，未来现金流量的风险、金额相同，时间不同。例如，某企业以一批存货换入一项生产设备。因存货流动性强，能够在较短的时间内产生现金流量，而生产设备作为固定资产要在较长的时间内为企业带来现金流量，两者产生现金流量的时间相差较大，可以判断上述存货与固定资产的未来现金流量显著不同，因而这两项资产的交换具有商业实质。

第二，未来现金流量的时间、金额相同，风险不同。此处的风险是指资产在未来产生现金流量的不确定性程度。例如，甲企业以其用于经营出租的一幢公寓楼，与乙企业同样用于经营出租的一幢公寓楼进行交换，两幢公寓楼的租期、每期租金总额均相同，但是甲企业是租给一家财务及信用状况良好的企业作为办公场所，乙企业的客户则都是单个租户，相比较而言，甲企业取得租金的风险较小，乙企业由于租给散户，租金的取得依赖于各单个租户的财务和信用状况。因此，两幢公寓楼的未来现金流量显著不同，其现金流量流入的风险或不确定性程度存在明显差异，可以判断这两项资产的交换具有商业实质。

第三，未来现金流量的风险、时间相同，金额不同。这种情况是指交换的资产预计未来现金流量总额相同，产生的现金流量的风险和时间也是相同的，但在某一具体时间产生的现金流量存在明显差异。例如，某企业以一项商标权换入另一企业的一项专利技术，预计两项无形资产的使用寿命相同，在使用寿命内预计为企业带来的现金流量总额相同，但是换入的专利技术是新开发的，预计开始阶段产生的未来现金流量明显少于后期，而该企业拥有的商标每年产生的现金流量比较均衡，两项无形资产在每年内产生的现金流量金额存在明显的差异。因此，可以认定上述商标权与专利技术的交换具有商业实质。

（2）使用换入资产所产生的预计未来现金流量现值与继续使用换出资产的不同，且其差额与换入资产和换出资产的公允价值相比是重大的。企业如按照上述第一个条件难以判断某项非货币性资产交换是否具有商业实质，还可以根据第二个条件，通过计算换入资产和换出资产的预计未来现金流量现值并进行比较后判断。资产预计未来现金流量现值，应当按照资产在持续使用过程和最终处置时预计产生的税后未来现金流量，选择恰当的折现率对预计未来现金流量折现后的金额加以确定。应该注意的是，折现率应该根据企业自身而不是市场参与者对资产特定风险的评价来确定。

从市场参与者的角度分析，换入资产和换出资产预计未来现金流量在风险、时间和金额方面可能相同或相似，但是，鉴于换入资产的性质和换入企业经营活动的特征等因素，换入资产与换入企业其他现有资产相结合，能够比换出资产产生更大的作用，使换入企业受该换入资产影响的经营活动部分产生的现金流量，与换出资产明显不同，使该企业换入资产预计未来现金流量现值与换出资产发生明显差异，因而表明这两项资产的交换具有商业实质。

例如，某企业以一项专利权换入另一企业拥有的长期股权投资，假定该项专利权与该项长期股权投资的公允价值相同，两项资产未来现金流量的风险、时间和金额亦相同。但是，对换入企业来讲，换入该项长期股权投资使该企业对被投资方由重大影响变为控制关系，从而对换入企业产生的预计未来现金流量现值与换出的专利权有较大差异；另一企业换入的专利权能够解决生产中的技术难题，从而对换入企业产生的预计未来现金流量现值与换出的长期股权投资有明显差异，因而这两项资产的交换具有商业实质。

2.对资产类别的考虑

企业在判断非货币性资产交换是否具有商业实质时，通常还可以考虑资产是否属于同一类别来进行分析。一般来说，不同类别的非货币性资产产生经济利益的方式不同，其产生的未来现金流量在风险、时间或金额方面也很可能不相同。不同类别非货币性资产之间的交换是否具有商业实质，通常较易判断；而同类别非货币性资产之间的交换是否具有商业实质，通常较难判断，需要根据上述两项判断条件综合判断。

例如，企业将其拥有的一幢建筑物，与另一企业拥有的在同一地点的另一幢建筑物进行交换，两幢建筑物的建造时间、建造成本等均相同，属于同类别的非货币性资产之间的交换。在该交换交易下，两幢建筑物未来现金流量的风险、时间和金额可能相同，也可能不同。如果其中一幢建筑物可以立即出售，企业管理层也打算将其立即出售，而另一幢建筑物难以出售或只能在一段较长的时间内出售，则可以表明两项资产未来现金流量的风险、时间或金额显著不同，因而这两项资产的交换具有商业实质。

（三）公允价值可靠计量的确定

资产存在活跃市场，是资产公允价值能够可靠计量的明显证据，但不是唯一要求。属于以下三种情形之一的，公允价值视为能够可靠计量：

（1）换入资产或换出资产存在活跃市场。

（2）换入资产或换出资产不存在活跃市场，但同类或类似资产存在活跃市场。

（3）换入资产或换出资产不存在同类或类似资产可比市场交易，但可以采用估值技术确定公允价值。采用估值技术确定的公允价值必须符合下列条件之一，才视为能够可靠计量：

第一，采用估值技术确定的公允价值估计数的变动区间很小。这种情况是指虽然企业通过估值技术确定的资产的公允价值不是一个单一的数据，但是介于一个变动范围很小的区间内，可以认为资产的公允价值能够可靠计量。第二，在公允价值估计数变动区间内，各种用于确定公允价值估计数的概率能够合理确定。

三、非货币性资产交换会计处理原则

（一）换入资产入账价值的确定

根据企业会计准则的规定，以公允价值为基础计量的非货币性资产交换，对于换入资产，应当以换出资产的公允价值和应支付的相关税费，加上支付补价的公允价值（支付补价方）或减去收到补价的公允价值（收到补价方），作为换入资产的初始计量金额；有确凿证据表明换入资产的公允价值更加可靠的，对于换入资产，应当以换入资产的公允价值和应支付的相关税费，作为换入资产的初始计量金额。以账面价值为基础计量时，企业应以换出资产的账面价值和应支付的相关税费，加上支付补价的账面价值（支付补价方）或减去收到补价的公允价值（收到补价方），作为换入资产的初始计量金额。综合以上规定，换入资产的入账价值用公式可归纳如下：

情况一：以换出资产公允价值为基础确定。

换入资产的入账价值=换出资产的公允价值+支付的相关税费+支付的补价（-收到的补价）

情况二：以换入资产公允价值为基础确定。

换入资产的入账价值=换入资产的公允价值+支付的相关税费

情况三：以换出资产账面价值为基础确定。

换入资产的入账价值=换出资产的账面价值+支付的相关税费+支付的补价（-收到的补价）

其中，应支付的相关税费是指根据会计准则的规定应该计入换入资产成本的各项税金和相关费用。例如，换入资产为存货的，包括相关税金，使该资产达到目前场所和状态所发生的运输费、装卸费、保险费以及可归属于该资产的其他成本；换入资产为长期股权投资的，包括与取得该资产直接相关的费用、税金和其他必要支出；换入资产为投资性房地产的，包括相关税金和可直接归属于该资产的其他支出；换入资产为固定资产的，承担的固定资产保险费、运输安装费等，以及直接计入固定资产的相关税金（如不允许抵扣的增值税）。需要说明的是，交换中涉及的增值税是否应计入换入资产的成本，需要根据税法的相关规定，如果税法允许抵扣，则应单独计入增值税进项税额，反之，则应计入换入资产的成本。

（二）交换损益的确定

非货币性资产交换中，以公允价值为计量基础的情况下会涉及对交换损益的确认，以账面价值为计量基础的情况下不确认交换损益。交换损益的确定取决于是以换出资产的公允价值还是换入资产的公允价值进行计量，以及补价的收付。具体而言，交换损益的确定可以分为三种情况：

情况一：以换出资产公允价值为基础确定时，无论是否涉及补价。

交换损益=换出资产的公允价值-换出资产的账面价值

情况二：以换入资产公允价值为基础确定时，不涉及补价。

交换损益=换入资产的公允价值-换出资产的账面价值

情况三：以换入资产公允价值为基础确定时，涉及补价。

交换损益=换入资产的公允价值-换出资产的账面价值+支付的补价（-收到的补价）

交换损益的会计处理应视换出资产类别的不同而有所区别：

（1）换出资产为存货的，视同销售，应当根据收入准则的规定处理，按照客户支付对价的公允价值（即换入资产的公允价值）确认销售收入，同时结转销售成本。

（2）换出资产为固定资产、无形资产的，换出资产公允价值与换出资产账面价值的差额，计入资产处置损益。

（3）换出资产为长期股权投资等证券投资的，换出资产公允价值与换出资产账面价值的差额，计入投资收益。

（4）换出资产为投资性房地产的，按换出资产公允价值或换入资产公允价值确认其他业务收入，按换出资产账面价值结转其他业务成本，二者之间的差额计入当期损益。

需要特别说明的是，补价在不同的情况下，对换入资产入账价值以及交换损益的影响是不同的。具体而言，以换出资产公允价值为基础确定时，补价只影响换入资产的入账价值，对交换损益没有影响；以换入资产公允价值为基础确定时，补价只影响交换损益，对换入资产的入账价值没有影响。

（三）涉及多项资产交换的会计处理原则

涉及多项资产交换的主要会计问题是如何分摊确定各项换入资产的入账价值以及交换损益。

（1）以公允价值为基础计量的非货币性资产交换，同时换入或换出多项资产的。

对于同时换入的多项资产：应当按照各项换入资产的公允价值的相对比例（换入资产的公允价值不能够可靠计量的，可以按照各项换入资产的原账面价值的相对比例或其他合理的比例），将换出资产公允价值总额（涉及补价的，加上支付补价的公允价值或减去收到补价的公允价值）分摊至各项换入资产，以分摊额加上应支付的相关税费作为各项换入资产的成本进行初始计量。需要说明的是，如果同时换入的多项非货币性资产中包含金融资产，应当将金融资产公允价值从换出资产公允价值总额中扣除。

对于同时换出的多项资产：应当按照各项换出资产的公允价值的相对比例（换出资产的公允价值不能够可靠计量的，可以按照各项换出资产的账面价值的相对比例），将换入资产的公允价值总额（涉及补价的，减去支付补价的公允价值或加上收到补价的公允价值）分摊至各项换出资产，分摊额与各项换出资产账面价值之间的差额，在各项换出资产终止确认时计入当期损益。需要说明的是，如果同时换出的多项非货币性资产中包含金融资产，在确定其他各项换出资产终止确认的相关损益时，应当将终止确认的金融资产公允价值从换入资产公允价值总额中扣除。

（2）以账面价值为基础计量的非货币性资产交换，同时换入或换出多项资产的。

对于同时换入的多项资产：应当按照各项换入资产的公允价值的相对比例（换入资产的公允价值不能够可靠计量的，也可以按照各项换入资产的原账面价值的相对比例或其他合理的比例），将换出资产的账面价值总额（涉及补价的，加上支付补价的账面价值或减去收到补价的公允价值）分摊至各项换入资产，加上应支付的相关税费，作为各项换入资产的初始计量金额。

对于同时换出的多项资产：各项换出资产终止确认时均不确认损益。

涉及多项资产交换的会计处理中，尤其要注意以下两个问题：

第一，以公允价值为计量基础的情况下，如果换入的多项资产中有金融资产，需注意相关金融资产与其他换入资产的初始计量不同，即需要把金融资产的公允价值单独扣除，不参与整体分摊。

自测题 1-2

第二，对于换入的多项资产，应支付的相关税费不必分摊，直接计入各相关资产的入账价值。

第三节 非货币性资产交换的会计处理示例

一、换入、换出单项资产的会计处理

(一) 以换出资产的公允价值计量

1.不涉及补价

【例1-1】 **以换出资产的公允价值计量，不涉及补价**

资料：2021年10月5日，甲公司以生产经营过程中使用的一台设备交换乙公司生产的一批产品，甲公司将换入的产品作为存货管理，乙公司将换入的设备作为固定资产管理。甲、乙公司均为增值税一般纳税人，适用的增值税税率为13%。设备的账面原价为130万元，在交换日的累计折旧为50万元，公允价值（计税价格）为150万元。产品的账面价值为110万元，在交换日的市场价格（计税价格）为150万元。甲公司支付设备的清理费用1万元，没有发生其他相关税费。乙公司没有发生除增值税外的其他税费。整个资产交换不涉及补价。

要求：对相关业务进行账务处理。

分析：

（1）甲公司的账务处理如下：

换入产品的入账价值=换出资产的公允价值=150万元

应确认的损益=150-（130-50）-1=69（万元）

借：固定资产清理	800 000	
累计折旧	500 000	
贷：固定资产——设备		1 300 000
借：固定资产清理	10 000	
贷：银行存款		10 000
借：库存商品	1 500 000	
应交税费——应交增值税（进项税额）	195 000	
贷：固定资产清理		810 000
应交税费——应交增值税（销项税额）		195 000
资产处置损益		690 000

（2）乙公司的账务处理如下：

换入固定资产的入账价值=换出资产的公允价值=150万元

应确认的损益=150-110=40（万元）

借：固定资产——设备	1 500 000	
应交税费——应交增值税（进项税额）	195 000	
贷：主营业务收入		1 500 000
应交税费——应交增值税（销项税额）		195 000

借：主营业务成本 1 100 000
　贷：库存商品 1 100 000

2.涉及补价

【例1-2】 以换出资产的公允价值计量，涉及补价

资料： 沿用例1-1的资料，假设其他条件不变，合同约定甲公司用于交换的设备的公允价值（计税价格）为130万元，乙公司用于交换的产品的公允价值（计税价格）为150万元，甲公司以银行存款向乙公司支付补价20万元，同时以银行存款向乙公司支付增值税差额2.6万元。

要求： 对相关业务进行账务处理。

分析： 本例中，涉及收付货币性资产，应当计算货币性资产占整个资产交换的比例。对于甲公司，支付的货币性资产20万元占换入资产公允价值150万元（或换出资产公允价值130万元和支付的货币性资产20万元之和）的比例为13.33%<25%，属于非货币性资产交换。

（1）甲公司的账务处理如下：

换入产品的入账价值=换出资产的公允价值+支付的补价=130+20=150（万元）

应确认的损益=130-（130-50）-1=49（万元）

借：固定资产清理 800 000
　　累计折旧 500 000
　贷：固定资产——设备 1 300 000
借：固定资产清理 10 000
　贷：银行存款 10 000
借：库存商品 1 500 000
　　应交税费——应交增值税（进项税额） 195 000
　贷：固定资产清理 810 000
　　　应交税费——应交增值税（销项税额） 169 000
　　　资产处置损益 490 000
　　　银行存款 226 000

（2）乙公司的账务处理如下：

换入固定资产的入账价值=换出资产的公允价值-收到的补价=150-20=130（万元）

应确认的损益=150-110=40（万元）

借：固定资产——设备 1 300 000
　　应交税费——应交增值税（进项税额） 169 000
　　银行存款 226 000
　贷：主营业务收入 1 500 000
　　　应交税费——应交增值税（销项税额） 195 000
借：主营业务成本 1 100 000
　贷：库存商品 1 100 000

（二）以换入资产的公允价值计量

1. 不涉及补价

【例1-3】 以换入资产的公允价值计量，不涉及补价

资料：2021年9月10日，甲公司以其持有的长期股权投资交换乙公司拥有的一项专利技术。在交换日，甲公司持有的长期股权投资账面原值为900万元，已计提长期股权投资减值准备200万元，在交换日的公允价值为800万元；乙公司专利技术的账面原价为1 000万元，累计摊销为200万元，已计提减值准备100万元，在交换日的公允价值为800万元。假设整个交易未发生相关税费。

要求：对相关业务进行账务处理。

分析：

（1）甲公司的账务处理如下：

换入无形资产的入账价值=换入资产的公允价值=800万元

应确认的损益=800-（900-200）=100（万元）

借：无形资产——专利权	8 000 000	
长期股权投资减值准备	2 000 000	
贷：长期股权投资		9 000 000
投资收益		1 000 000

（2）乙公司的账务处理如下：

换入长期股权投资的入账价值=换入资产的公允价值=800万元

应确认的损益=800-（1 000-200-100）=100（万元）

借：长期股权投资	8 000 000	
累计摊销	2 000 000	
无形资产减值准备	1 000 000	
贷：无形资产——专利权		10 000 000
资产处置损益		1 000 000

2. 涉及补价

【例1-4】 以换入资产的公允价值计量，涉及补价

资料：沿用例1-3的资料，假设其他条件不变，由于甲公司迫切需要该专利技术来提高产品质量，合同约定甲公司以银行存款向乙公司支付补价50万元。

要求：对相关业务进行账务处理。

分析：本例中，涉及收付货币性资产，应当计算货币性资产占整个资产交换的比例。对于甲公司，支付的货币性资产50万元占换入资产公允价值800万元的比例为6.25%<25%，属于非货币性资产交换。

（1）甲公司的账务处理如下：

换入无形资产的入账价值=换入资产的公允价值=800万元

应确认的损益=800-（900-200）-50=50（万元）

借：无形资产——专利权	8 000 000	
长期股权投资减值准备	2 000 000	

贷：长期股权投资 9 000 000

投资收益 500 000

银行存款 500 000

（2）乙公司的账务处理如下：

换入长期股权投资的入账价值=换入资产的公允价值=800万元

应确认的损益=800-（1 000-200-100）+50=150（万元）

借：长期股权投资 8 000 000

累计摊销 2 000 000

无形资产减值准备 1 000 000

银行存款 500 000

贷：无形资产——专利权 10 000 000

资产处置损益 1 500 000

（三）以换出资产的账面价值计量

1.不涉及补价

【例1-5】 以换出资产的账面价值计量，不涉及补价

资料：甲公司拥有一台专有设备，该设备账面原价为800万元，已计提折旧600万元，乙公司拥有一项长期股权投资，账面价值250万元，两项资产均未计提减值准备。甲公司决定以其专有设备与乙公司持有的长期股权投资进行交换。甲公司专有设备因其特殊性，无活跃市场报价，其公允价值不能可靠计量；乙公司持有的长期股权投资在活跃市场中没有报价，其公允价值也不能可靠计量。假定交易不考虑增值税等相关税费。

要求：对相关业务进行账务处理。

分析：

（1）甲公司的账务处理如下：

换入长期股权投资的入账价值=换出设备的账面价值=800-600=200（万元）

借：固定资产清理 2 000 000

累计折旧 6 000 000

贷：固定资产——专有设备 8 000 000

借：长期股权投资 2 000 000

贷：固定资产清理 2 000 000

（2）乙公司的账务处理如下：

换入固定资产的入账价值=换出长期股权投资的账面价值=250万元

借：固定资产——专有设备 2 500 000

贷：长期股权投资 2 500 000

2.涉及补价

【例1-6】 以换出资产的账面价值计量，涉及补价

资料：沿用例1-5的资料，假设其他条件不变，由于甲公司迫切需要该长期股权投资来对其被投资方实现重大影响，合同约定甲公司以银行存款向乙公司支付补价100万元。

要求： 对相关业务进行账务处理。

分析：

（1）甲公司的账务处理如下：

换入长期股权投资的入账价值=换出设备的账面价值+支付补价=（800-600）+100=300（万元）

借：固定资产清理　　2 000 000
　　累计折旧　　6 000 000
　贷：固定资产——专有设备　　8 000 000
借：长期股权投资　　3 000 000
　贷：固定资产清理　　2 000 000
　　　银行存款　　1 000 000

（2）乙公司的账务处理如下：

换入固定资产的入账价值=换出长期股权投资的账面价值-收到补价=250-100=150（万元）

借：固定资产——专有设备　　1 500 000
　　银行存款　　1 000 000
　贷：长期股权投资　　2 500 000

二、涉及多项资产交换的会计处理

（一）以公允价值为基础计量的同时换入多项资产

【例1-7】　以公允价值为基础计量的同时换入多项资产

资料： 甲公司和乙公司均为增值税一般纳税人。经协商，甲公司和乙公司于2021年1月20日签订资产交换合同。甲公司用于交换的资产包括：一间生产用厂房，公允价值为130万元，账面价值为110万元（其中账面原价为150万元，已计提折旧40万元）；一幢自购入就全部用于经营出租的公寓楼，公允价值为370万元，账面价值为350万元（其中账面原价为400万元，已计提折旧50万元）；一项对H公司的股票投资（甲公司将该投资作为交易性金融资产），该股票投资在交易日的公允价值为30万元，账面价值为25万元。乙公司用于交换的资产包括：一块土地的使用权，公允价值为200万元，账面价值为210万元（其中成本220万元，累计摊销额为10万元）；经营过程中使用的九台货车，公允价值为350万元，账面价值为320万元（其中账面原价为400万元，已计提折旧80万元）。甲公司以银行存款向乙公司支付补价10万元。交易过程中，甲公司支付了土地使用权的相关费用5万元，乙公司分别支付了厂房和公寓楼的相关费用3万元和10万元。不考虑其他税费。

要求： 对相关业务进行账务处理。

分析：

（1）甲公司的账务处理如下：

第一步，确定各项换入资产的初始计量金额（见表1-1）。

表 1-1　　换入资产入账价值计算表　　单位：元

换入资产	公允价值	待分摊总额	分摊金额	相关税费	初始计量金额
无形资产——土地使用权	2 000 000		1 963 636	50 000	2 013 636
固定资产——货车	3 500 000		3 436 364	0	3 436 364
合计	5 500 000	5 400 000	5 400 000	50 000	5 450 000

待分摊总额=换出资产的公允价值+支付补价=（130+370+30）+10=540（万元）

第二步，确定各项换出资产终止确认的相关损益（见表 1-2）。

表 1-2　　换出资产处置损益计算表　　单位：元

换出资产	账面价值	公允价值	处置损益
交易性金融资产——H公司	250 000	300 000	50 000
固定资产——厂房	1 100 000	1 300 000	200 000
投资性房地产	3 500 000	3 700 000	200 000
合计	4 850 000	5 300 000	450 000

第三步，编制会计分录。

①终止确认换出的厂房，转入固定资产清理。

借：固定资产清理　　1 100 000
　　累计折旧——厂房　　400 000
　贷：固定资产——厂房　　1 500 000

②终止确认换出的投资性房地产，结转其他业务成本。

借：其他业务成本　　3 500 000
　　投资性房地产累计折旧　　500 000
　贷：投资性房地产　　4 000 000

③确认换入的土地使用权和货车，同时确认换出资产相关损益。

借：无形资产——土地使用权　　1 963 636
　　固定资产——货车　　3 436 364
　贷：固定资产清理　　1 100 000
　　　其他业务收入　　3 700 000
　　　交易性金融资产　　250 000
　　　投资收益　　50 000
　　　资产处置损益　　200 000
　　　银行存款　　100 000

④确认换入的土地使用权的相关税费。

借：无形资产——土地使用权　　50 000
　贷：银行存款　　50 000

（2）乙公司的账务处理如下：

第一步，确定各项换入资产的初始计量金额（见表1–3）。

表1–3 换入资产入账价值计算表 单位：元

换入资产	公允价值	待分摊总额	分摊金额	相关税费	初始计量金额
固定资产——厂房	1 300 000		1 326 000	30 000	1 356 000
投资性房地产	3 700 000		3 774 000	100 000	3 874 000
合计	5 000 000	5 100 000	5 100 000	130 000	5 230 000
交易性金融资产	300 000			0	300 000

待分摊总额=换出资产的公允价值–收到补价–换入金融资产的公允价值=（200+350）–10–30=510（万元）

第二步，确定各项换出资产终止确认的相关损益（见表1–4）。

表1–4 换出资产处置损益计算表 单位：元

换出资产	账面价值	公允价值	处置损益
无形资产——土地使用权	2 100 000	2 000 000	–100 000
固定资产——货车	3 200 000	3 500 000	300 000
合计	5 300 000	5 500 000	200 000

第三步，编制会计分录。

①终止确认换出的货车，转入固定资产清理。

借：固定资产清理 3 200 000
　　累计折旧——货车 800 000
　贷：固定资产——货车 4 000 000

②确认换入的厂房、公寓楼和交易性金融资产，同时确认换出资产相关损益。

借：交易性金融资产 300 000
　　固定资产——厂房 1 326 000
　　投资性房地产 3 774 000
　　银行存款 100 000
　　累计摊销——土地使用权 100 000
　贷：无形资产——土地使用权 2 200 000
　　　资产处置损益 200 000
　　　固定资产清理 3 200 000

③确认换入的厂房和公寓楼的相关税费。

借：固定资产——厂房 30 000
　　投资性房地产 100 000
　贷：银行存款 130 000

（二）以账面价值为基础计量的同时换入多项资产

【例1-8】 **以账面价值为基础计量的同时换入多项资产**

资料： 2021年8月20日，甲公司用一项专利技术与乙公司的一幢建筑物及其对A公司的长期股权投资进行交换。甲公司换出专利技术的账面原价为5 000万元，累计摊销为500万元。乙公司的建筑物账面价值为3 000万元，对A公司的长期股权投资账面价值为1 500万元。甲公司持有的专利技术的公允价值不能可靠计量，乙公司的建筑物以及长期股权投资的公允价值也不能可靠计量。假设不考虑相关税费。

要求： 对相关业务进行账务处理。

分析：

（1）甲公司的账务处理如下：

第一步，确定各项换入资产的初始计量金额。

$$换入固定资产入账价值=4\ 500\times\frac{3\ 000}{3\ 000+1\ 500}=3\ 000（万元）$$

$$换入长期股权投资入账价值=4\ 500\times\frac{1\ 500}{3\ 000+1\ 500}=1\ 500（万元）$$

第二步，编制会计分录。

借：固定资产——建筑物　　30 000 000
　　长期股权投资　　15 000 000
　　累计摊销　　5 000 000
　贷：无形资产——专利技术　　50 000 000

（2）乙公司的账务处理如下：

第一步，确定各项换入资产的初始计量金额。

换入无形资产入账价值=换出资产账面价值总额=3 000+1 500=4 500（万元）

第二步，编制会计分录。

借：无形资产——专利技术　　45 000 000
　贷：固定资产——建筑物　　30 000 000
　　　长期股权投资　　15 000 000

三、非货币性资产交换的披露

企业应当在财务报告附注中披露有关非货币性资产交换的下列信息：

（1）非货币性资产交换是否具有商业实质及其原因；

（2）换入资产、换出资产的类别；

（3）换入资产初始计量金额的确定方式；

（4）换入资产、换出资产的公允价值以及换出资产的账面价值；

（5）非货币性资产交换确认的损益。

需要说明的是，在披露非货币性资产交换是否具有商业实质的原因时，如果能够通过定性分析判定换入资产与换出资产的未来现金流量在风险、时间或金额方面是否显著不同，则应当披露定性分析中所考虑的相关因素和判定结论。如果难以通过定性分析判定非货币性资产交换是否具有商业实质，

自测题1-3

则应当披露使用换入资产进行相关经营的预计未来现金流量现值和继续使用换出资产进行相关经营的预计未来现金流量现值，以及相关的定量分析和结论。

【本章小结】

本章主要阐述了非货币性资产交换的确认、计量和记录。本章应主要关注非货币性资产交换的认定、商业实质的判断、非货币性资产入账价值的确定，以及非货币性资产交换的会计处理等问题。

【学思践悟】

[目的] 探讨非货币性资产交换中的法规道德问题。

[资料] 2022年7月4日，海航科技股份有限公司收到上交所资产购买预案的信息披露问询函，部分内容如下：

经审阅你公司披露的资产购买预案（以下简称预案），现有如下问题需要你公司做出说明并补充披露。预案披露：（1）公司拟使用1.06亿美元（或等值人民币）自有资金，向万汇资源、万瑞航运、万福航运、万领航运和万洲航运购买6艘散货运输船舶，交易标的分别为万瑞轮、万嘉轮、万福轮、万恒轮、万领轮、万洲轮。6艘船舶评估值为1.07亿美元，评估值增值率56.97%。（2）6艘船舶中2艘建造于2006年、2艘建造于2007年，1艘建造于2008年，1艘建造于2011年。请公司补充披露：（1）区分不同船舶说明交易对手前次收购标的资产的时间、交易对象、评估方法及估值、交易价格，同时说明与本次交易评估作价是否存在较大差异；若有，请具体说明原因及合理性。（2）结合公司近期实际控制人发生变更情况，说明交易对手方实际控制人及其关联方是否与公司原实际控制人及下属企业存在关联关系，前期业务开展是否存在相关性。

近期国际海事组织海上环境保护委员会审议通过了《MARPOL公约》附则Ⅵ的修正案，对国际航行的现有船舶提出了现有船舶能效指数限值要求和营运碳强度指标评级要求，该要求将随着MARPOL附则Ⅵ于2022年1月1日起开始约束适用的船舶，行业内部分公司已根据相关要求对所持船舶计提资产减值准备。请公司结合交易标的、运输货种、航线等，补充披露短期内是否涉及计提资产减值准备的情形，若有，请列示具体减值参数并说明本次交易作价中是否充分考虑相关情况。请你公司在2022年7月22日之前，针对上述问题书面回复我部并对资产收购预案做出相应修改。

资料来源：上海证券交易所. 关于对海航科技股份有限公司资产购买预案的信息披露问询函［EB/OL］.（2022-07-14）. http：//www.sse.com.cn/disclosure/listedinfo/announcement/c/new/2022-07-15/600751_20220715_2_wuOPvBgr.pdf.

[问题]

1.海航科技未对收购标的资产的时间、交易对象、评估方法及估值交易价格，以及与本次交易评估作价是否存在较大差异做出披露是否符合会计准则“完全披露”的披露要求？

2.不披露上述信息是否存在失德失信的嫌疑？

【复习思考题】

1.什么是货币性资产和非货币性资产？

2.什么是非货币性资产交换？非货币性资产交换如果涉及货币性资产应如何判定？

3.非货币性资产交换主要的会计问题有什么？

4.非货币性资产交换确认的一般原则是什么？

5.非货币性资产交换计量的一般原则是什么？

6.商业实质如何判定？

7.换入资产入账价值的确定方法有几种？

8.以公允价值计量换入资产时，交换损益的确定方法是什么？

9.换入、换出单项资产的会计处理方法是什么？

10.涉及多项资产交换的会计处理方法是什么？

【练习题】

［目的］练习换入资产入账价值以及交换损益的确定。

［资料］甲公司2021年度发生如下经济业务：

（1）甲公司以其生产的一批产品换入丙公司的一台设备，产品的成本为48万元，已提存货跌价准备1万元，计税价格等于不含增值税的市场价格50万元，适用的增值税税率为13%。设备的原价为70万元，已提折旧15万元，设备的公允价值为60万元。甲公司支付给丙公司补价10万元以及增值税税差1.3万元，同时甲公司支付与固定资产相关的费用0.5万元。

（2）甲公司以一台设备换入丁公司的专利权，设备的原价为60万元，已提折旧22万元，已提减值准备4万元，设备的公允价值（计税价格）为40万元。专利权的账面原价为50万元，已提累计摊销15万元，公允价值（计税价格）为30万元。专利权适用的增值税税率为6%。甲公司收到丁公司支付的补价12万元以及增值税税差3.4万元。

（3）甲公司以产品A与乙公司交换材料B，产品A的成本为5万元，公允价值为6万元。材料B的成本为4.5万元，公允价值为6万元。材料B与产品A分别投入甲、乙公司的生产线上，做继续加工的原材料处理。该交换不涉及补价。

假定不考虑其他相关税费。

［要求］判断上述哪些经济业务属于非货币性资产交换，并对甲公司的上述业务进行会计处理。

引导案例分析要点

第二章

股份支付

【学习目标】

1.掌握股份支付的概念及分类。
2.掌握以权益结算的股份支付的会计处理。
3.掌握以现金结算的股份支付的会计处理。
4.比较以权益结算的股份支付与以现金结算的股份支付的会计处理的差异。
5.通过“学思践悟”课堂讨论了解与员工持股计划有关的管理层代理问题。

【本章结构导图】

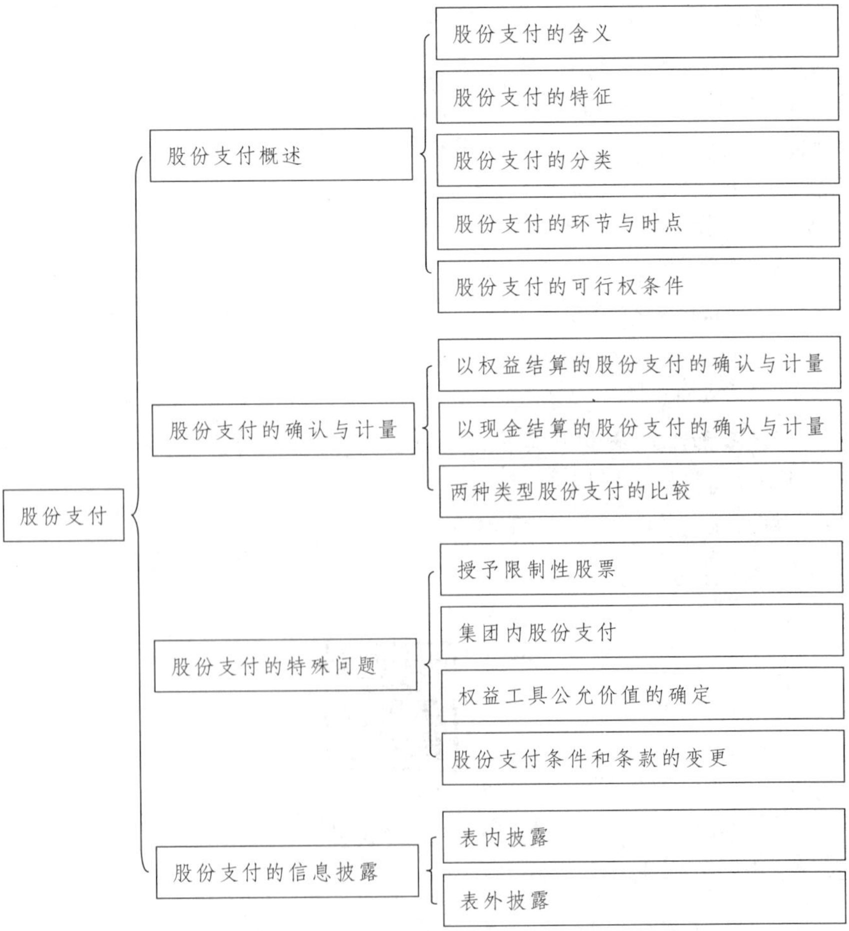

【引导案例】　美的集团股份支付业务分析

美的集团于2021年4月30日发布了其2021年限制性股票激励计划（草案）。该计划拟授予限制性股票数量1 057万股（占股本总额0.15%）给对经营单位和部门承担主要管理责任的高层管理人员及董事会认为对公司经营业绩和未来发展有直接影响的其他管理人员（不包括独立董事、监事及单独或合计持有公司5%以上股份的股东或实际控制人及其配偶、父母、子女），激励对象总人数为147人，授予的限制性股票价格为41.49元。该计划有效期为自限制性股票授予之日起至激励对象获授的限制性股票全部解除限售或回购注销之日止，最长不超过48个月。授予的限制性股票自激励计划授予日起满24个月后，在未来36个月内分3次解锁。解除限售期内，公司为满足解除限售条件的激励对象办理解除限售事宜，未满足解除限售条件的激励对象持有的限制性股票由公司回购注销。解锁安排见表2-1。

表2-1　**美的集团2021年限制性股票激励计划（草案）解锁安排**

解除限售期安排	解除限售时间	解除限售数量占获授限制性股票数量比例
授予限制性股票第一次解除限售期	自授予日起24个月后的首个交易日起至授予日起36个月内的最后一个交易日当日止	30%
授予限制性股票第二次解除限售期	自授予日起36个月后的首个交易日起至授予日起48个月内的最后一个交易日当日止	30%
授予限制性股票第三次解除限售期	自授予日起48个月后的首个交易日起至授予日起60个月内的最后一个交易日当日止	40%

激励对象在同时达成公司层面业绩考核、所在经营单位层面业绩考核及个人层面绩效考核的前提下，可按上述约定的比例进行解锁。该计划在解锁期的三个会计年度中，分年度进行绩效考核，每个会计年度考核一次，以达到绩效考核目标作为激励对象行权条件之一。各年度绩效考核目标见表2-2。

表2-2　**美的集团2021年限制性股票激励计划（草案）绩效考核指标**

解除限售期安排	业绩考核指标
授予限制性股票第一次解除限售期	2021年度和2022年度的净利润不低于前二个会计年度的平均水平
授予限制性股票第二次解除限售期	2023年度的净利润不低于前二个会计年度的平均水平
授予限制性股票第三次解除限售期	2024年度的净利润不低于前二个会计年度的平均水平

上述净利润指归属于母公司股东的净利润（需剔除考核当期并购重组及重大资产处置对损益的影响）。除上述财务指标外，激励对象只有在各个解除限售期的前一个年度个人绩效考核结果在B级及以上，所在经营单位层面前二个年度业绩考核为“优秀”的，激励对象对应考核当年计划解除限售的限制性股票均可解除限售；若所在经营单位层面前二个年度业绩考核为“合格”的，激励对象对应考核当年计划解除限售的限制性股票中的80%

可以解除限售，考核当年计划解除限售的限制性股票中的20%不得解除限售，由公司回购注销；若所在经营单位层面前二个年度业绩考核为“一般”的，激励对象对应考核当年计划解除限售的限制性股票中的65%可以解除限售，考核当年计划解除限售的限制性股票中的35%不得解除限售，由公司回购注销，若所在经营单位层面前二个年度业绩考核为“较差”的，激励对象对应考核当年计划解除限售的限制性股票均不得解除限售，由公司回购注销。

资料来源：美的集团股份有限公司．美的集团股份有限公司2021年限制性股票激励计划（草案）[EB/OL]．(2021-04-30)．http：//www.cninfo.com.cn/new/disclosure/detail？plate=szse&orgId=9900005965&stockCode=000333&announcementId=1209870330&announcementTime=2021-04-30.

问题：

（1）公司实行股权激励计划的目的有哪些？

（2）如何对股权激励计划进行会计处理？

相信通过对本章内容的学习，这些问题都会得到解答。

第一节　股份支付概述

一、股份支付的含义

视频

股份支付概述

股份支付，是指企业为获取职工和其他方提供的服务而授予权益工具或者承担以权益工具为基础确定的负债的交易。即，在该交易中，企业为获得职工和其他方提供的服务所支付的对价是股份或其他权益工具或以股份或其他权益工具为基础所确定的金额。

现代企业涉及所有权与经营权的分离，而经营者与企业所有者的效用函数通常不一致。为协调职工与股东的利益，股东将职工的薪酬与公司股价挂钩，以激励员工最大化企业价值。常见的股份支付方式为股票期权和限制性股票。如引导案例所示，公司通常对股份支付设置可行权条件，以激励员工实现企业目标。与服务期限挂钩的股份支付可行权条件还可以预防企业关键员工的流失。

企业授予职工期权、认股权证等衍生工具或其他权益工具，对职工进行激励或补偿，以换取职工提供的服务，实质上属于职工薪酬的组成部分，但由于股份支付是以权益工具的公允价值为计量基础，因此单独由《企业会计准则第11号——股份支付》进行规范。

二、股份支付的特征

根据股份支付的含义，受《企业会计准则第11号——股份支付》所规范的股份支付具有以下三个特征：

1.企业与职工或提供服务的其他方之间发生的交易

企业与职工或提供服务的其他方之外的主体，如股东、合并方，发生的交易，虽然也有可能会以股份的形式支付，但不属于本章所规范的股份支付的范围。只有发生在企业与职工，或企业与为其提供服务的其他方之间的以股份或以股份为基础的支付形式的交易才属于本章所规范的股份支付范围。

2.以获取服务为目的

企业进行股份支付交易的目的是取得对方所提供的服务，而不是实物资产。

3.交易对价与企业自身权益工具价值挂钩

股份支付交易同企业与职工或提供服务的其他方发生的一般交易的不同点在于支付对价的不同，股份支付交易中的支付对价与企业自身权益工具价值挂钩。在该交易中，企业取得了职工或其他方提供的服务，支付给对方自身权益工具，或支付一笔与自身权益工具价值挂钩的金额。

三、股份支付的分类

（一）按权益工具的类型划分

按权益工具的类型划分，股份支付可以分为股票期权、限制性股票、股票增值权、模拟股票、管理层持股、员工持股计划等。

股份支付中的股票期权是一种看涨期权，指企业授予激励对象在规定的时间内按照事先确定的价格购买一定数量公司股票的权利。

限制性股票是指企业事先授予激励对象一定数量的股票，但对股票的收益权（股利分配、出售）有一定的限制，激励对象只有满足一定的条件（如规定的服务期限、规定的业绩标准）才可以享受收益权，否则公司有权收回事先免费赠予的股票或以激励对象的购买价格回购该股票。

股票增值权是企业授予激励对象的一种权利，使得激励对象可以在规定的时间内获得规定数量的股票价格上升所带来的收益，但激励对象不拥有这些股票的所有权、表决权和分配权。

模拟股票是企业授予激励对象一些虚拟股票，激励对象可据此享受该虚拟股票的分红和价格上升收益，但不拥有该股票的所有权和表决权，也不能对其进行转让和出售。

管理层持股是企业授予管理层一定数量的股票，但一般要求在锁定期内不允许卖出。管理层被授予股票后成为公司的股东，享有与被授予股票有关的表决权与收益权，这是与前四种类型的股份支付的不同之处。

员工持股计划与管理层持股类似，但所涵盖的激励对象通常包含了除管理层以外的企业内部员工。

（二）按结算方式划分

《企业会计准则第11号——股份支付》第二条规定：股份支付分为以权益结算的股份支付和以现金结算的股份支付。

以权益结算的股份支付，是指企业为获取服务以股份或其他权益工具作为对价进行结算的交易。常见的以权益结算的股份支付工具为股票期权和限制性股票。

以现金结算的股份支付，是指企业为获取服务承担以股份或其他权益工具为基础计算确定的交付现金或其他资产义务的交易。常见的以现金结算的股份支付工具为股票增值权和模拟股票。

四、股份支付的环节与时点

股份支付通常涉及四个主要环节：授予环节、等待可行权环节、行权环节和出售环节。这四个环节涉及授予日、等待期内的资产负债表日、可行权日、行权日、出售日和失效日这六个重要时点（如图2-1所示）。

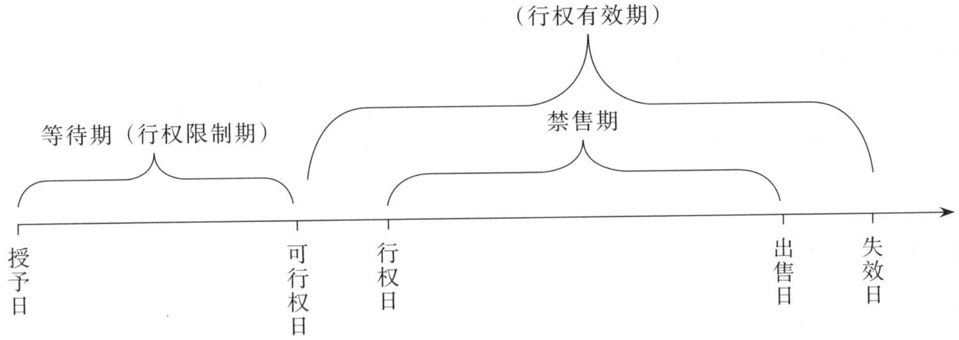

图2-1 股份支付重要时点示意图

授予环节发生在授予日。等待可行权环节是从授予日到可行权日之间的时间段。行权环节是从可行权日到行权日之间的时间段。出售环节发生在出售日，从行权日至出售日之间的时间段称为禁售期。下面就各时间点进行详细介绍。

1.授予日

授予日是指股份支付协议获得批准的日期。其中“获得批准”，是指企业与职工或其他方就股份支付的协议条款和条件已达成一致，该协议获得股东大会或类似机构的批准。

2.等待期内的资产负债表日

从授予日到可行权日之间的时间段，是等待行权条件满足的时间段，因此称为“等待期”，又称“行权限制期”。在等待期内的资产负债表日，企业应当根据可行权职工人数的最佳估计，将取得的职工服务计入成本费用，计入成本费用的金额应当按照权益工具的公允价值计量。

3.可行权日

可行权日是指行权条件得以满足，职工或其他方可以从企业取得权益工具或与权益工具价值挂钩的现金权利的日期。有的股份支付协议是一次性可行权，有的则是分批可行权。

4.行权日

行权日是指职工或其他方行使权利、获取现金或权益工具的日期。例如，持有股票期权的职工行使了以特定价格购买一定数量的本公司股票的权利，该日期即为行权日。行权日处于可行权日至期权到期日之间。

5.出售日

出售日是指股票的持有人将行使期权所取得的股票出售的日期。我国法规规定，用于期权激励的股份支付协议，应在行权日和出售日之间设立禁售期，其中国有控股上市公司的禁售期不得低于两年。

6.失效日

失效日是指期权失效的日期。期权到期日即为期权的失效日。

五、股份支付的可行权条件

股份支付中通常涉及可行权条件。职工或提供服务的其他方只有在达到可行权条件的情况下才可以行权，即取得权益工具或现金。可行权条件是指能够确定企业是否得到职工或其他方提供的服务，且该服务使职工或其他方具有获取股份支付协议规定的权益工具或现金等权利的条件。可行权条件包括服务期限条件或业绩条件。

（一）服务期限条件

服务期限条件是指职工或其他方完成规定服务期限才可行权的条件。例如，某公司在股份支付协议中规定，激励对象从期权授予日开始连续为公司服务满5年，即可行使股票期权。"从期权授予日开始连续为公司服务满5年"即为服务期限条件。

（二）业绩条件

业绩条件是指职工或其他方完成规定服务期限，且企业已经达到特定业绩目标才可行权的条件，具体包括市场条件和非市场条件。

1.市场条件

市场条件是指行权价格、可行权条件以及行权可能性与权益工具的市场价格相关的业绩条件，如股份支付协议中关于股价至少上升至何种水平才可行权的规定。

2.非市场条件

非市场条件是指除市场条件之外的其他业绩条件，如股份支付协议中关于达到最低盈利目标或销售目标才可行权的规定。

对于可行权条件为业绩条件的股份支付，在确定权益工具的公允价值时，应考虑市场条件的影响，只要职工满足了其他所有非市场条件，企业就应当确认已得到服务相应的成本费用。

对于"一次授予、分期行权"的股份支付计划，"一次授予、分期行权"是指在授予日一次授予员工若干权益工具，之后每年分批达到可行权条件。每个批次是否可行权的结果通常是相对独立的，即每一期是否达到可行权条件并不会直接影响其他几期是否能够达到可行权条件。在会计处理时应将其作为同时授予的几个独立的股份支付计划。例如，在一次授予、分三年行权的股份支付计划中，应当将其视同三个独立的股份支付计划，分别确定每个计划的等待期。

【例2-1】 **不同类型的可行权条件**

资料： 2020年1月1日，上市公司MM公司与其主要管理人员签订了股份支付协议，规定如果这些管理人员从该日开始连续任职3年，并且公司股价每年平均提高10%以上，即可以以低于市价的价格购买一定数量的本公司的股票。公司根据期权定价模型估计此项期权在授予日的公允价值为3 000 000元。

2020年末，MM公司估计3年内这些管理人员的离职率为10%；2021年末，MM公司将估计的离职率调整为6%；2022年末，实际离职率为5%。

2020年，MM公司股价提高了10.5%，2021年提高了11%，2022年提高了5%。公司在2020年末和2021年末均预计可以实现股价平均提高10%以上的目标。

问题：此例中涉及哪些类型的可行权条件？MM公司每年末应确认多少费用？

分析：此例中，“服务期限满3年”与“公司股价每年平均提高10%以上”是可行权条件。前者是服务期限条件，后者是业绩条件中的市场条件。

根据现行股份支付准则，2020年末应确认的费用为：

3 000 000×90%×1/3 = 900 000（元）

2021年末累计应确认的费用为：

3 000 000×94%×2/3 = 1 880 000（元）

2022年末累计应确认的费用为：

3 000 000×95% = 2 850 000（元）

尽管“公司股价每年平均提高10%以上”的条件未得到满足，MM公司于每年年末均确认了管理人员服务的相应费用。

自测题2–1

第二节　股份支付的确认与计量

一、以权益结算的股份支付的确认与计量

（一）以权益结算的股份支付的确认与计量原则

1.换取职工服务的股份支付的确认与计量原则

股份支付用于换取职工提供服务的，应当以授予职工权益工具的公允价值计量。股份支付按照是否存在等待期分为授予后立即可行权的股份支付与有等待期的股份支付。

对于授予后立即可行权的股份支付，企业应当在授予日按照权益工具的公允价值计入相关成本或费用，相应增加资本公积中的股本溢价。

对于有等待期的股份支付，在等待期内的每个资产负债表日，企业应当以对可行权权益工具数量的最佳估计为基础，按照权益工具授予日的公允价值，将当期取得的服务计入相关成本或费用和资本公积中的其他资本公积。因为对于有等待期的股份支付，权益工具在等待期内的每个资产负债表日尚未行权，即企业的股票数量并未增加，因而计入其他资本公积中。

2.换取其他方服务的股份支付的确认与计量原则

股份支付用于换取其他方服务的，企业应当按照其他方服务在取得日的公允价值计入相关成本或费用，相应增加所有者权益。

其他方服务的公允价值不能可靠计量但权益工具公允价值能够可靠计量的，应当按照权益工具在服务取得日的公允价值，计入相关成本或费用，相应增加所有者权益。

（二）以权益结算的股份支付的会计处理

1.授予日

除了立即可行权的股份支付外，企业在授予日无须作会计处理。对于立即可行权的股

份支付，授予日即为可行权日，其在授予日的会计处理与可行权日的会计处理相同。

2.等待期内每个资产负债表日

在等待期内每个资产负债表日，企业应根据估计的可行权权益工具数量和单位权益工具在授予日的公允价值（不考虑权益工具公允价值的后续变动），计算出截至当期累计应确认的成本或费用金额，再减去前期累计确认的成本或费用金额，得出当期应确认的成本或费用金额，按照职工所付出服务的性质，借记“生产成本”、“制造费用”、“管理费用”、“销售费用”、“研发支出”或“在建工程”等科目，贷记“资本公积——其他资本公积”科目。

在等待期内的每个资产负债表日，企业应根据可行权权益工具数量的最新估计来计算累计应确认的成本或费用金额。在可行权日，预计的可行权权益工具数量应等于实际可行权的权益工具数量。

对于可行权条件为规定服务期限的股份支付，等待期为授予日至可行权日的期间；对于可行权条件为规定业绩的股份支付，应当在授予日根据最可能的业绩结果预计等待期的长度。

3.可行权日

在可行权日，可以行权的权益工具数量已经确定，企业需根据实际可行权的权益工具数量计算当期应确认的成本或费用，会计处理与等待期内资产负债表日的会计处理相同。

4.可行权日之后

对于权益结算的股份支付，在可行权日之后不再对已确认的成本费用和所有者权益总额进行调整。企业应在行权日根据行权情况确认股本和股本溢价，同时结转等待期内确认的资本公积（其他资本公积）。即，企业根据收到的款项，借记“银行存款”科目，结转等待期内累计确认的资本公积（其他资本公积），借记“资本公积——其他资本公积”科目，根据转换成的股票数和股票面值，贷记“股本”科目，按其差额，贷记“资本公积——股本溢价”科目。

（三）以权益结算的股份支付的应用举例

【例2-2】 **附服务期限条件的权益结算股份支付**

资料：2020年1月1日，A公司向其从事销售工作的200名职工每人授予10 000份股票期权，这些人员从2020年1月1日起必须为该公司连续工作3年，3年期满时才能以每股8元的价格购买10 000股公司股票。公司估计该期权在授予日的公允价值为15元。

第一年有20名销售人员离开公司，公司估计3年中离开的人员比例为20%；第二年又有10名销售人员离开公司，公司将销售人员离开的比例修正为15%；第三年又有15名销售人员离开。第五年年底，剩余销售人员全部行权，A公司股票面值为每股1元。该期权在第一年、第二年、第三年、第四年、第五年年末的公允价值分别为14元、13元、16元、17元和18元。

要求：请对A公司上述交易事项进行会计处理。

分析：

1.计算费用和资本公积（见表2-3）

表 2-3 费用和资本公积计算表 单位：元

年份	计算	当期确认费用	累计应确认费用
2020 年	200×（1−20%）×10 000×15×1/3	8 000 000	8 000 000
2021 年	200×（1−15%）×10 000×15×2/3−8 000 000	9 000 000	17 000 000
2022 年	（200−20−10−15）×10 000×15−17 000 000	6 250 000	23 250 000

2. 会计处理

（1）授予日

2020 年 1 月 1 日，无须作会计处理。

（2）等待期内的每个资产负债表日

①2020 年 12 月 31 日

借：销售费用 8 000 000

贷：资本公积——其他资本公积 8 000 000

②2021 年 12 月 31 日

借：销售费用 9 000 000

贷：资本公积——其他资本公积 9 000 000

（3）可行权日，即 2022 年 12 月 31 日

借：销售费用 6 250 000

贷：资本公积——其他资本公积 6 250 000

（4）可行权日之后

①2023 年 12 月 31 日，无须作会计处理。

②2024 年 12 月 31 日

A 公司收到款项的金额：（200−20−10−15）×10 000×8 = 12 400 000（元）

借：银行存款 12 400 000

资本公积——其他资本公积 23 250 000

贷：股本 1 550 000

资本公积——股本溢价 34 100 000

【例 2-3】 附非市场业绩条件的权益结算股份支付

资料：假设例 2-2 中股票期权的行权条件为：2020 年末，净利润增长率达到 20%；2020—2021 年两年净利润平均增长率达到 15%；2020—2022 年三年净利润平均增长率达到 10%。激励对象、授予的权益工具数量及其他特征不变。

2020 年末，A 公司净利润增长了 18%，预计 2021 年净利润将以同样速度增长，因此预计 2021 年 12 月 31 日可行权。当年有 20 名销售人员离开公司，A 公司预计下一年将有 10 名销售人员离开公司。

2021 年末，A 公司净利润增长了 10%，未达到可行权条件，预计 2022 年净利润将以同样速度增长，因此预计 2022 年 12 月 31 日可行权。当年有 10 名销售人员离开公司，A 公

司预计下一年将有15名销售人员离开公司。

2022年末，A公司净利润增长了10%，三年平均增长率超过10%，达到了可行权条件。当年有15名销售人员离开公司。

要求：请对A公司上述交易事项进行会计处理。

分析：本例中的行权条件与公司净利润挂钩，因而属于非市场业绩条件。

2020年末，虽然净利润增长率未达到20%，但A公司预计下年净利润将以同样速度增长，因此能实现“2020—2021年两年净利润平均增长率达到15%”的行权条件，所以应将等待期调整为2年。2021年末，A公司净利润增长了10%，未实现“2020—2021年两年净利润平均增长率达到15%”的行权条件，但预计2022年净利润将以同样速度增长，因此可实现“2020—2022年三年净利润平均增长率达到10%”的行权条件，所以应将等待期调整为3年。2022年末达到可行权状态。

费用和资本公积的计算过程见表2-4。

表2-4　**费用和资本公积计算表**　单位：元

年份	计算	当期确认费用	累计应确认费用
2020年	（200-20-10）×10 000×15×1/2	12 750 000	12 750 000
2021年	（200-20-10-15）×10 000×15×2/3-12 750 000	2 750 000	15 500 000
2022年	（200-20-10-15）×10 000×15-15 500 000	7 750 000	23 250 000

会计处理同例2-2，略。

二、以现金结算的股份支付的确认与计量

（一）以现金结算的股份支付的确认与计量原则

对于以现金结算的股份支付，企业未来需要向服务提供方交付现金或其他资产，因而应确认一项负债，这与以权益结算的股份支付不同。企业应当按照承担的以股份或其他权益工具为基础计算确定的负债的公允价值来计量以现金结算的股份支付。

授予后立即可行权的以现金结算的股份支付，应当在授予日以企业承担负债的公允价值计入相关成本或费用，相应增加负债。

有等待期的以现金结算的股份支付，在等待期内的每个资产负债表日，应当以对可行权情况的最佳估计为基础，按照企业承担负债的公允价值金额，将当期取得的服务计入成本或费用和相应的负债。

企业应当在相关负债结算前的每个资产负债表日以及结算日，对负债的公允价值重新计量，其变动计入当期损益。

（二）以现金结算的股份支付的会计处理

1.授予日

与以权益结算的股份支付相同，除授予后立即可行权的股份支付外，企业在授予日无须作会计处理。对于立即可行权的股份支付，授予日即为可行权日，其在授予日的会计处

理与可行权日的会计处理相同。

2.等待期内每个资产负债表日

在等待期内的每个资产负债表日，对于以现金结算的涉及职工的股份支付，应当按照每个资产负债表日权益工具的公允价值重新计量，确定成本费用和应付职工薪酬。具体而言，企业根据预计的行权工具数量与权益工具在该资产负债表日的公允价值，计算出负债余额，减去负债的期初余额，得出当期应确认的成本或费用及负债，按照职工所付出服务的性质，借记“生产成本”、“制造费用”、“管理费用”、“销售费用”、“研发支出”或“在建工程”等科目，贷记“应付职工薪酬——股份支付”科目。

对行权工具数量的估计及等待期的判断与以权益结算的股份支付相同。

3.可行权日

在可行权日，可以行权的权益工具数量已经确定，企业需根据实际可行权的权益工具数量计算当期应确认的成本或费用以及负债，会计处理与等待期内资产负债表日的会计处理相同。

4.可行权日之后

对于以现金结算的股份支付，企业在可行权日之后不再确认成本费用，但需确认负债（应付职工薪酬）公允价值的变动，将其变动计入当期损益（公允价值变动损益）。这与以权益结算的股份支付不同。

在行权日，企业应根据职工的实际行权情况，按照支付的现金，借记“应付职工薪酬——股份支付”科目，贷记“银行存款”科目。

（三）以现金结算的股份支付的应用举例

【例2-4】 以现金结算的股份支付的会计处理

资料：假设例2-2中，A公司授予的是现金股票增值权而非股票期权，授予对象、权益工具数量、每年预计的职工离职率、实际离职人数不变，公司估计该增值权在授予日的公允价值为15元，在结算之前的每一个资产负债表日及结算日的公允价值和每份增值权的现金支出额，见表2-5。

表2-5 **增值权公允价值与现金支出一览表** 单位：元

日期	公允价值	支付现金
2020/12/31	14	
2021/12/31	13	
2022/12/31	16	
2023/12/31	17	
2024/12/31		15

要求：请对A公司上述交易事项进行会计处理。

分析：

1.计算费用和负债（见表2-6）

表 2-6　　费用和负债计算表　　单位：元

日期	计算过程	负债余额	支付现金	当期确认
2020/12/31	200×（1-20%）×10 000×14×1/3	7 466 666.67		7 466 666.67
2021/12/31	200×（1-15%）×10 000×13×2/3	14 733 333.33		7 266 666.66
2022/12/31	（200-20-10-15）×10 000×16	24 800 000		10 066 666.67
2023/12/31	（200-20-10-15）×10 000×17	26 350 000		1 550 000
2024/12/31		0	23 250 000	-3 100 000
合计			23 250 000	23 250 000

2.会计处理

①2020 年 12 月 31 日

借：销售费用　　7 466 666.67

　贷：应付职工薪酬——股份支付　　7 466 666.67

②2021 年 12 月 31 日

借：销售费用　　7 266 666.66

　贷：应付职工薪酬——股份支付　　7 266 666.66

③2022 年 12 月 31 日

借：销售费用　　10 066 666.67

　贷：应付职工薪酬——股份支付　　10 066 666.67

④2023 年 12 月 31 日

借：公允价值变动损益　　1 550 000

　贷：应付职工薪酬——股份支付　　1 550 000

⑤2024 年 12 月 31 日

借：应付职工薪酬——股份支付　　3 100 000

　贷：公允价值变动损益　　3 100 000

借：应付职工薪酬——股份支付　　23 250 000

　贷：银行存款　　23 250 000

三、两种类型股份支付的比较

根据《企业会计准则第 11 号——股份支付》及其应用指南，以权益结算的股份支付与以现金结算的股份支付的异同点可概括如下：

（一）权益结算与现金结算的股份支付的相同点

1.支付对价都与权益工具有关

以权益结算的股份支付，企业通过交付权益工具取得职工和其他方提供的服务；以现金结算的股份支付，企业通过交付与权益工具价值挂钩的现金或其他资产获取服务。即，两种类型股份支付的对价都与权益工具有关。

2.计量属性相同

两种类型股份支付都是以公允价值计量服务的成本或费用。

3.授予日的会计处理相同

两种类型股份支付下，除授予日立即可行权的股份支付外，企业在授予日无须作会计处理。

4.将服务确认为成本或费用的原则相同

两种类型股份支付下，都根据服务的性质，借记“生产成本”、“制造费用”、“管理费用”、“销售费用”、“研发支出”或“在建工程”等科目。

（二）权益结算与现金结算的股份支付的不同点

1.支付对价的形式不同

以权益结算的股份支付，企业支付的对价是股份或其他权益工具；以现金结算的股份支付，企业支付的对价是现金或其他资产。

2.会计处理方式不同

在等待期内的资产负债表日，以权益结算的股份支付，在确认成本或费用的同时，增加所有者权益（资本公积——其他资本公积）；以现金结算的股份支付，在确认成本或费用的同时，增加负债（应付职工薪酬）。

可行权日后，以权益结算的股份支付，不再对已确认的成本或费用和所有者权益进行调整；以现金结算的股份支付，虽然不再调整已确认的成本或费用，但需要确认负债公允价值的变动，并将该变动计入公允价值变动损益。

3.公允价值的确定时点不同

以权益结算的股份支付根据授予日权益工具的公允价值计量成本或费用和所有者权益，不考虑权益工具公允价值的后续变动；以现金结算的股份支付在等待期的每个资产负债表日根据权益工具在该资产负债表日的公允价值计量成本或费用和负债，可行权日后仍然确认负债公允价值的变动。

自测题 2-2

第三节　股份支付的特殊问题

一、授予限制性股票

除股票期权外，限制性股票是另一种常见的权益结算股份支付工具。上市公司实施限制性股票的股权激励安排中，常见做法是上市公司以非公开发行的方式向激励对象授予一定数量的公司股票，并规定锁定期和解锁期，在锁定期和解锁期内，不得上市流通及转让。限制性股票达到解锁条件，可以解锁；如果全部或部分股票未被解锁而失效或作废，通常由上市公司按照事先约定的价格立即进行回购。

（一）授予限制性股票的会计处理

1.授予日

向职工发行的限制性股票按有关规定履行了注册登记等增资手续的，上市公司应当根据收到职工缴纳的认股款确认股本和资本公积（股本溢价），按照职工缴纳的认股款，借记“银行存款”等科目，按照股本金额，贷记“股本”科目，按照其差额，贷记“资本公积——股本溢价”科目；同时，就回购义务确认负债（作收购库存股处理），按照发行限制性股票的数量以及相应的回购价格计算确定的金额，借记“库存股”科目，贷记“其他应付款——限制性股票回购义务”（包括未满足条件而须立即回购的部分）等科目。对于因回购产生的义务确认的负债，应当按照《企业会计准则第22号——金融工具确认和计量》的相关规定进行会计处理。

2.等待期内每个资产负债表日

在等待期内的每个资产负债表日，企业应当以对可行权的股权数量的最佳估计为基础，按照授予日授予股份的公允价值，将当期取得的服务计入相关成本或费用和资本公积。

3.等待期内宣告发放、实际发放现金股利日

上市公司在等待期内发放现金股利的会计处理，应视其发放的现金股利是否可撤销采取不同的方法：

（1）现金股利可撤销，即一旦未达到解锁条件，被回购限制性股票的持有者将无法获得（或需要退回）其在等待期内应收（或已收）的现金股利。

等待期内，上市公司在核算应分配给限制性股票持有者的现金股利时，应合理估计未来解锁条件的满足情况，该估计与在等待期内每个资产负债表日对可行权权益工具数量进行的估计应当保持一致。对于预计未来可解锁限制性股票的持有者，上市公司应分配给限制性股票持有者的现金股利应当作为利润分配进行会计处理，借记“利润分配——应付现金股利或利润”科目，贷记“应付股利——限制性股票股利”科目；同时，按分配的现金股利金额，借记“其他应付款——限制性股票回购义务”等科目，贷记“库存股”科目；实际支付时，借记“应付股利——限制性股票股利”科目，贷记“银行存款”等科目。对于预计未来不可解锁限制性股票的持有者，上市公司应分配给限制性股票持有者的现金股利应当冲减相关的负债，借记“其他应付款——限制性股票回购义务”等科目，贷记“应付股利——限制性股票股利”科目；实际支付时，借记“应付股利——限制性股票股利”科目，贷记“银行存款”等科目。后续信息表明不可解锁限制性股票的数量与以前估计不同的，应当作为会计估计变更处理，直到解锁日预计不可解锁限制性股票的数量与实际未解锁限制性股票的数量一致。

（2）现金股利不可撤销，即不论是否达到解锁条件，限制性股票持有者仍有权获得（或不得被要求退回）其在等待期内应收（或已收）的现金股利。

等待期内，上市公司在核算应分配给限制性股票持有者的现金股利时，应合理估计未来解锁条件的满足情况，该估计与在等待期内每个资产负债表日对可行权权益工具数量进行的估计应当保持一致。对于预计未来可解锁限制性股票的持有者，上市公司应分配给限制性股票持有者的现金股利应当作为利润分配进行会计处理，借记“利润分

配——应付现金股利或利润”科目，贷记“应付股利——限制性股票股利”科目；实际支付时，借记“应付股利——限制性股票股利”科目，贷记“银行存款”等科目。对于预计未来不可解锁限制性股票的持有者，上市公司应分配给限制性股票持有者的现金股利应当计入当期成本费用，借记“管理费用”等科目，贷记“应付股利——应付限制性股票股利”科目；实际支付时，借记“应付股利——限制性股票股利”科目，贷记“银行存款”等科目。后续信息表明不可解锁限制性股票的数量与以前估计不同的，应当作为会计估计变更处理，直到解锁日预计不可解锁限制性股票的数量与实际未解锁限制性股票的数量一致。

4.可行权日

上市公司未达到限制性股票解锁条件而需回购的股票，按照应支付的金额，借记“其他应付款——限制性股票回购义务”等科目，贷记“银行存款”等科目；同时，按照注销的限制性股票数量相对应的股本金额，借记“股本”科目，按照注销的限制性股票数量相对应的库存股的账面价值，贷记“库存股”科目，按其差额，借记“资本公积——股本溢价”科目。上市公司达到限制性股票解锁条件而无须回购的股票，按照解锁股票相对应的负债的账面价值，借记“其他应付款——限制性股票回购义务”等科目，按照解锁股票相对应的库存股的账面价值，贷记“库存股”科目，如有差额，则借记或贷记“资本公积——股本溢价”科目。

（二）授予限制性股票的应用举例

【例2-5】　授予限制性股票的会计处理

资料：A公司于2020年1月向公司60名高级管理人员授予600万股限制性股票，授予价格为5元/股，锁定期为3年。A公司股票面值为1元，授予日公允价值等于授予价格。激励对象如果自授予日起为公司服务满3年，可申请一次性解锁限制性股票。激励对象在授予日按照授予价格出资购买限制性股票；待满足可行权条件后，解锁限制性股票；若未满足可行权条件，A公司按照授予价格5元/股回购限制性股票。不论是否达到解锁条件，激励对象有权获得（或不得被要求退回）其在等待期内应收（或已收）的现金股利。2021年3月1日，A公司宣告发放现金股利，每股0.5元。2021年5月1日，A公司发放现金股利。

第一年有6名管理人员离开公司，公司估计3年中离开的人员比例为10%；第二年下半年又有6名管理人员离开公司，公司将管理人员离开的比例修正为20%；第三年又有6名管理人员离开。

要求：请对A公司上述交易事项进行会计处理。

分析：

1.计算费用和资本公积（见表2-7）

表2-7　**费用和资本公积计算表**　单位：元

年份	计算	当期确认费用	累计应确认费用
2020年	6 000 000×（1−10%）×5×1/3	9 000 000	9 000 000
2021年	6 000 000×（1−20%）×5×2/3−9 000 000	7 000 000	16 000 000
2022年	（60−6−6−6）×100 000×5−16 000 000	5 000 000	21 000 000

2.会计处理

(1)授予日

借：银行存款 30 000 000

贷：股本 6 000 000

资本公积——股本溢价 24 000 000

借：库存股 30 000 000

贷：其他应付款——限制性股票回购义务 30 000 000

(2)等待期内每个资产负债表日

①2020年12月31日

借：管理费用 9 000 000

贷：资本公积——其他资本公积 9 000 000

回购离职的6人股票并注销：

借：其他应付款——限制性股票回购义务 3 000 000

贷：银行存款 3 000 000

借：股本 600 000

资本公积——股本溢价 2 400 000

贷：库存股 3 000 000

②2021年12月31日

借：管理费用 7 000 000

贷：资本公积——其他资本公积 7 000 000

回购离职的6人股票并注销：

借：其他应付款——限制性股票回购义务 3 000 000

贷：银行存款 3 000 000

借：股本 600 000

资本公积——股本溢价 2 400 000

贷：库存股 3 000 000

(3)现金股利的宣告与发放日

①2021年3月1日

已有6人离职，预计总离职率10%，因此预计剩下的54人全部可解锁限制性股票。

借：利润分配——应付现金股利或利润 2 700 000

贷：应付股利——限制性股票股利 2 700 000

②2021年5月1日

借：应付股利——限制性股票股利 2 700 000

贷：银行存款 2 700 000

(4)可行权日

2022年末：

借：管理费用 5 000 000

贷：资本公积——其他资本公积 5 000 000

回购离职的6人股票并注销：

借：其他应付款——限制性股票回购义务　　3 000 000

　贷：银行存款　　3 000 000

借：股本　　600 000

　　资本公积——股本溢价　　2 400 000

　贷：库存股　　3 000 000

对于达到解锁条件的限制性股票：

借：其他应付款——限制性股票回购义务　　21 000 000

　贷：库存股　　21 000 000

借：资本公积——其他资本公积　　21 000 000

　贷：资本公积——股本溢价　　21 000 000

二、集团内股份支付

股份支付的结算企业与接受服务企业可能不同，但属于同一集团内。该类型的股份支付属于集团内股份支付。

（一）集团内股份支付的会计处理

企业集团（由母公司和其全部子公司构成）内发生的股份支付交易，应当按照以下规定进行会计处理：

（1）结算企业以其本身权益工具结算的，应当将该股份支付交易作为权益结算的股份支付处理；除此之外，应当作为现金结算的股份支付处理。

结算企业是接受服务企业的投资者的，应当按照授予日权益工具的公允价值或应承担负债的公允价值确认为对接受服务企业的长期股权投资，同时确认资本公积（其他资本公积）或负债。

（2）接受服务企业没有结算义务或授予本企业职工的是其本身权益工具的，应当将该股份支付交易作为权益结算的股份支付处理；接受服务企业具有结算义务且授予本企业职工的是企业集团内其他企业权益工具的，应当将该股份支付交易作为现金结算的股份支付处理。

母公司向子公司高管授予股份支付，在计算子公司少数股东损益时，虽然子公司的股权激励全部是由母公司结算，子公司少数股东损益中应包含按照少数股东持股比例分享的子公司股权激励费用。

如果受到激励的高管在集团内调动导致接受服务的企业变更，但高管人员应取得的股权激励并未发生实质性变化，则应根据受益情况，在等待期内按照合理的标准（例如按服务时间）在原接受服务的企业与新接受服务的企业间分摊该高管的股权激励费用，即谁受益，谁确认费用。

集团内股份支付，包括集团内任何主体的任何股东，并未限定结算的主体为控股股东；非控股股东授予职工公司的权益工具满足股份支付条件时，也应当视同集团内股份支付进行处理。

（二）集团内股份支付的应用举例

【例2-6】　**集团内股份支付的会计处理**

资料：A公司是B公司的母公司。2020年1月1日，为激励B公司高级管理人员，A公司授予B公司60名高级管理人员600万份股票期权。这些人员从2020年1月1日起必须为B公司连续工作3年，3年期满时才能以每股8元的价格购买600万股A公司持有的B公司股票。A公司取得B公司股权时，支付的价格为10元每股。该期权在授予日的公允价值为15元每份。

第一年有6名管理人员离开B公司，A、B公司估计3年中离开的人员比例为10%；第二年又有6名管理人员离开公司，A、B公司将管理人员离开的比例修正为20%；第三年又有6名管理人员离开。第五年年底，剩余管理人员全部行权。该期权在第一年、第二年、第三年、第四年、第五年年末的公允价值分别为14元、13元、16元、17元和18元。

要求：请对A、B公司上述交易事项进行会计处理。

分析：本例中，A公司是结算企业，但并非以自身权益工具结算，应将该股份支付交易作为现金结算的股份支付来处理。B公司是接受服务企业，但并没有结算义务，应当将该股份支付交易作为权益结算的股份支付处理。A公司是B公司的母公司，A公司应当按照授予日权益工具的公允价值确认为对B公司的长期股权投资。

1.计算A公司负债和长期股权投资（见表2-8）

表2-8　**A公司负债和长期股权投资计算表**　单位：元

年份	计算过程	负债余额	当期应确认金额
2020年	6 000 000×（1-10%）×14×1/3	25 200 000	25 200 000
2021年	6 000 000×（1-20%）×13×2/3-25 200 000	41 600 000	16 400 000
2022年	（60-6-6-6）×100 000×16-41 600 000	67 200 000	25 600 000
2023年	（60-6-6-6）×100 000×17-67 200 000	71 400 000	4 200 000
2024年	（60-6-6-6）×100 000×18-71 400 000	75 600 000	4 200 000

2.计算B公司费用和资本公积（见表2-9）

表2-9　**B公司费用和资本公积计算表**　单位：元

年份	计算	当期确认费用	累计应确认费用
2020年	6 000 000×（1-10%）×15×1/3	27 000 000	27 000 000
2021年	6 000 000×（1-20%）×15×2/3-27 000 000	21 000 000	48 000 000
2022年	（60-6-6-6）×100 000×15-48 000 000	15 000 000	63 000 000

3.会计处理

（1）授予日

A、B公司无须作会计处理。

（2）等待期内资产负债表日

①2020年12月31日

A公司：借：长期股权投资——B公司	25 200 000	
贷：应付职工薪酬——股份支付		25 200 000
B公司：借：管理费用	27 000 000	
贷：资本公积——其他资本公积		27 000 000

②2021年12月31日

A公司：借：长期股权投资——B公司	16 400 000	
贷：应付职工薪酬——股份支付		16 400 000
B公司：借：管理费用	21 000 000	
贷：资本公积——其他资本公积		21 000 000

（3）可行权日（2022年底）

A公司：借：长期股权投资——B公司	25 600 000	
贷：应付职工薪酬——股份支付		25 600 000
B公司：借：管理费用	15 000 000	
贷：资本公积——其他资本公积		15 000 000

（4）可行权日之后

①2023年

A公司：借：长期股权投资——B公司	4 200 000	
贷：应付职工薪酬——股份支付		4 200 000

B公司：无须作会计处理。

②2024年

A公司：借：长期股权投资——B公司	4 200 000	
贷：应付职工薪酬——股份支付		4 200 000

B公司：无须作会计处理。

③行权日

A公司：借：应付职工薪酬——股份支付	75 600 000	
贷：长期股权投资——B公司		75 600 000
借：银行存款	33 600 000	
投资收益	8 400 000	
贷：长期股权投资——B公司		42 000 000
B公司：借：资本公积——其他资本公积	63 000 000	
贷：资本公积——股本溢价		63 000 000

三、权益工具公允价值的确定

股份支付中权益工具的公允价值的确定，应基于可得的市场价格，同时根据股份支付相关条款和条件进行调整。如果市场价格不可得，企业应使用估值技术来估计权益工具的公允价值。估值技术应与被广泛使用的金融工具定价模型一致，包含具有一定知识背景和参与意愿的市场参与者会考虑的所有因素和假设。下面就股份与股票期权的公允价值进行讨论。

（一）股份

对于授予职工的股份，企业应按照其股份的市场价格计量。如果股份未公开交易，则应考虑授予股份的条款和条件估计其市场价格。例如，如果员工在等待期内没有获得股利的权利，那么在估计授予股份的公允价值时，应该考虑。

（二）股票期权

对于授予的存在活跃市场的股票期权，其公允价值应根据活跃市场中的报价确定。对于授予的不存在活跃市场的股票期权，应当采用期权定价模型等确定其公允价值，选用的期权定价模型至少应当考虑以下因素：（1）期权的行权价格；（2）期权的有效期；（3）标的股份的现行价格；（4）预计股价波动率；（5）股份的预计股利；（6）期权有效期内的无风险利率。

此外，企业选择的期权定价模型还应考虑具有一定知识背景和参与意愿的市场参与者会考虑的其他因素。例如，授予员工的股票期权通常具有等待期，而一般的期权定价模型假设期权可以在有效期内的任何时点被行权，在使用期权定价模型时需考虑等待期这一因素。对于具有一定知识背景和参与意愿的市场参与者不会考虑的因素，企业在估计期权公允价值时也不应考虑。

1.期权定价模型的输入变量的估计

在估计内在股份的预计股价波动率和预计股利时，目标是尽可能接近当前市场或协议交换价格中所反映的预期值。类似地，在估计提前行权（在失效日之前行权）的影响时，目标是尽可能接近在期权授予日，第三方在获得关于员工行权行为的详细信息后所做出的预期。通常，关于未来波动率、股利和行权的预期存在一个合理区间。这时，应将区间内的每项可能数额乘以其发生概率计算出上述输入变量的期望值。

2.预计提前行权

由于各种原因（如员工股票期权通常是不可转让的），员工经常在期权失效日之前行权。预计提前行权对期权公允价值的影响方式与所采用的期权定价模型有关。在估计提前行权时需考虑的因素包括：（1）等待期的长度；（2）以往类似期权发行在外的平均时间长度；（3）内在股份的价格（如，以往的经验可能显示员工在股票价格超过行权价特定水平后行权）；（4）职工在企业中所处的层级（如，以往的经验可能显示高层职工的行权时间较低层员工更晚）；（5）内在股票的预计波动率（一般而言，员工可能倾向于较早地行权内在股票波动率较大的期权）。

3.预计波动率

预计波动率是一段时间内股价的预期波动幅度。期权定价模型所使用的波动率指标是一段时间内股票的连续复利回报率的年化标准差。波动率通常以年化的形式表述，以使得不同时间段内计算的波动率可比。一段时间的股票收益率衡量了股东可以从股利和股价的涨跌中获得的收益水平。预计波动率衡量了概率为2/3左右的连续复利回报率偏离其期望值的区间范围。例如，对于期望回报率为12%、波动率为30%的股票回报率分布而言，股票回报率落在［12%-30%，12%+30%］这一区间内的概率约为2/3。估计预计波动率需考虑的因素包括：（1）企业有市场交易的期权或其他具有期权特征的交易工具的隐含波动率；（2）最近与期权预计期限相当的股价的历史波动率；（3）股票在公开市场交易的时长；（4）波动率回归均值的趋势以及其他表明未来波动率会与历史波动率不同的因素；（5）合理且有规律的股票价格观测（如，企业可以使用每周股票的收盘价或最高价，但不能对某些周使用收盘价，而对其他周使用最高价）。

如果企业因近期上市而无法提供关于历史波动率的充分信息，企业应使用具有交易活动的最长时间段去计算历史波动率，也可考虑使用类似企业可比期间的历史波动率。如果企业是非上市企业，在估计预计波动率时，可考虑以下替代因素：

（1）在某些情况下，定期向员工或其他方授予期权或股票的非上市公司已经建立了自身股票的内部市场。此时，可以根据这些股票价格的波动来估计预计波动率。

（2）企业可以考虑根据存在股价或期权价格信息的类似企业的隐含波动率，来估计预计波动率。

（3）如果企业未基于类似上市证券的股价来估计其股票价值，而是使用其他的估值技术来估计其股票价值，这些企业可以使用一致的估值技术推导出预计波动率。

4.预计股利

计量授予的股票或期权的公允价值时是否需要考虑预计股利取决于被授予方是否有权取得股利或股利等价物。

如果被授予期权的员工在授予日与行权日之间有权获得股利或股利等价物，授予的期权的估值应不考虑股利的影响，即预计股利设为零。相反，如果被授予期权的职工在授予日与行权日之间无权取得股利或股利等价物，授予日股票或期权的估值需考虑预计股利因素。一般而言，对预计股利的假设需基于公开的可用信息。对于那些未支付股利且没有计划支付股利的公司，应假设预计股利为零。然而，无股利支付历史的新成立企业可能开始在期权有效期内支付股利。这些企业可使用其历史股利支付率（零）和可比企业平均股利支付率的平均值。

5.无风险利率

无风险利率一般指期权行权价格以该货币表示的、剩余期限等于被估期权预计期限的零息国债当前可获得的内含收益率。如果没有此类国债或环境表明零息国债的内含收益率无法代表无风险利率（如在高通货膨胀的经济环境中），企业可以使用替代利率。

6.资本结构的影响

通常情况下，交易期权是由第三方而不是企业签出的。当这些期权被行权时，期权签出方将股票交付给期权持有者。因为这些股票是从现有股东处取得，对交易期权的行使并不影响企业发行在外的股票数量。

相反地，如果期权是由企业自身签发，当期权被行权时，企业需增加发行在外的股票数（要么正式增发，要么使用先前回购的库存股）。既然在行权日股票会根据行权价而非当日市场价格发行，这种实际的或潜在的稀释作用会降低股价，以至于期权持有者行权所获得的收益低于不存在稀释作用下的类似期权行权收益。这是否显著影响授予期权的价值取决于多方面因素，比如期权行权时新增的股票数量相对于已发行的股票数量。如果市场已预期企业将会授予期权，则可能已将期权行权所带来的稀释作用反映在授予日的股价中。企业应考虑股票期权行权所带来的可能的稀释作用对授予日期权公允价值的影响，通过修改期权定价模型来考虑潜在的稀释效应。

四、股份支付条件和条款的变更

企业可能对已授予的权益工具的条款和条件进行修改。比如，企业可能调低期权的行权价，从而提高期权的公允价值。

（一）以权益结算的股份支付协议变更

不管所授予的权益工具条款和条件如何变更，甚至取消或结算权益工具的授予，企业应至少按照授予日权益工具的公允价值计量确认已经获取的服务，除非因未达到行权条件（除市场条件外）而未行权。

1.对职工有利的协议变更

企业应该确认使得股份支付协议的公允价值上升或其他对员工有利的协议变更的影响。

（1）如果变更增加了所授予权益工具的公允价值，企业应根据权益工具公允价值的增加调增已确认的服务金额。公允价值的增加指的是权益工具变更日的公允价值在变更前后的差额。如果变更发生在等待期内，新增的公允价值应包含在从变更日至行权日间取得的服务的确认金额中。如果变更发生在可行权日之后，新增的公允价值应立即确认，或者在等待期内确认（如果员工需要完成额外时间段的服务才能无条件地对修订的权益工具行权）。

（2）如果变更增加了所授予的权益工具数量，企业应根据这些额外权益工具在变更日的公允价值调增已确认的服务金额。具体会计处理与（1）一致。

（3）如果企业变更行权条件的方式有利于员工，比如缩短等待期或者变更或取消业绩条件（而非市场条件），企业在处理可行权条件时，应考虑变更后的行权条件。

2.对职工不利的协议变更

如果企业通过减少股份支付协议的公允价值或其他对员工不利的方式变更股利支付协议，企业不应确认该协议的变更，除非该变更取消了部分或全部授予的权益工具。

（1）如果股利支付协议变更降低了授予权益工具的公允价值，企业应当继续以权益工具在授予日的公允价值为基础确认服务，不应考虑该变更所导致的权益工具公允价值的下降。

（2）如果变更减少了所授予的权益工具数量，企业应当将减少部分作为已授予的权益工具的取消处理。

（3）如果企业变更行权条件的方式不利于员工，比如延长等待期或者变更或增加业绩条件（而非市场条件），企业在处理可行权条件时，不应考虑变更后的行权条件。

3.在等待期内取消或结算

如果企业在等待期内取消或结算了所授予的权益工具（因无法满足行权条件而被取消的除外），应根据以下原则进行会计处理：

（1）将取消或结算作为加速行权处理，立即确认原本应在剩余等待期内确认的金额。

（2）因取消或结算而支付给职工的款项作为股权的回购处理，回购支付的金额超过授予权益工具的公允价值的部分计入当期费用。

（3）如果向员工授予新的权益工具，并在新权益工具授予日认定该新权益工具是用来替代取消的权益工具的，企业应对新授予权益工具按照修订原授予的权益工具进行会计处理。这种情况下，新增的授予权益工具公允价值等于替代权益工具授予日，替代权益工具公允价值与被取消（被替代）权益工具公允价值净额之间的差额。被取消权益工具的公允价值净额等于该权益工具取消前立即计量的公允价值减去因取消该权益工具而作为股份回购支付给职工的款项。如果企业并未将新授予的权益工具认定为替代权益工具，则应将其作为一项新授予的权益工具进行会计处理。

（二）以现金结算的股份支付变更成以权益结算的股份支付

如果企业对以现金结算的股份支付交易条款和条件进行变更，使其成为以权益结算的股份支付的，企业在变更日的会计处理如下：

（1）变更后的权益结算的股份支付以变更日的权益工具公允价值计量。企业应根据变更日已取得的服务确认所有者权益。

（2）在变更日，企业应终止确认以现金结算的股份支付的负债。

（3）在变更日，终止确认的负债的余额与确认的所有者权益金额之间的差额计入当期损益。

如果变更同时涉及等待期的延长或缩短（即使变更发生在可行权日之后），企业进行上述会计处理时应反映变更的等待期。

自测题 2-3

以现金结算的股份支付交易可能会被取消或者结算（因未满足行权条件而被取消的除外）。如果在授予日，企业授予了一项以权益结算的股份支付并认定其是用来替代已取消的以现金结算的股份支付的，企业应进行上述会计处理。

第四节　股份支付的信息披露

股份支付的信息披露包括股份支付交易在财务报表内的披露（表内披露）和在财务报表附注中的披露（表外披露）。

一、表内披露

（一）资产负债表中列报

无论是以权益结算的股份支付还是以现金结算的股份支付，等待期内资产负债表日确认的资产成本在资产负债表列示。以权益结算的股份支付确认的资本公积在资产负债表的所有者权益中列示，以现金结算的股份支付确认的应付职工薪酬在资产负债表的流动负债中列示。行权日，以权益结算的股份支付确认的股本在资产负债表的所有者权益中列示。

（二）利润表中列报

无论是以权益结算的股份支付还是以现金结算的股份支付，等待期内资产负债表日确认的相关费用在利润表中列示。可行权日后，以现金结算的股份支付确认的公允价值变动损益在利润表中列示。

二、表外披露

（一）与股份支付有关的信息披露

企业应当在附注中披露与股份支付有关的下列信息：

（1）当期授予、行权和失效的各项权益工具总额。

（2）期末发行在外的股份期权或其他权益工具行权价格的范围和合同剩余期限。

（3）当期行权的股份期权或其他权益工具以其行权日价格计算的加权平均价格。

（4）权益工具公允价值的确定方法。

企业对性质相似的股份支付信息可以合并披露。

（二）股份支付对当期财务状况和经营成果影响的信息披露

企业应当在附注中披露股份支付交易对当期财务状况和经营成果的影响，至少包括下列信息：

（1）当期因以权益结算的股份支付而确认的费用总额。

（2）当期因以现金结算的股份支付而确认的费用总额。

（3）当期以股份支付换取的职工服务总额及其他方服务总额。

自测题 2-4

（三）表外披露的应用举例

【例 2-7】　股份支付表外披露的应用举例（见表 2-10）

表 2-10　　股份支付表外披露

1.股份支付总体情况 ☑适用　□不适用 单位：股	
公司本期授予的各项权益工具总额	59 692 450.00
公司本期行权的各项权益工具总额	0.00
公司本期失效的各项权益工具总额	2 300 000.00
公司期末发行在外的股票期权行权价格的范围和合同剩余期限	股票期权的行权价格为13.01元/股，登记完成日为2019年3月19日，自登记完成日之后起12个月、24个月、36个月，按照30%、30%、40%的比例行权
公司期末发行在外的其他权益工具行权价格的范围和合同剩余期限	限制性股票的授予价格为6.51元/股，上市日为2019年3月19日，自登记完成日之后起12个月、24个月、36个月，按照30%、30%、40%的比例解除限售
2.以权益结算的股份支付情况 ☑适用　□不适用 单位：元	
授予日权益工具公允价值的确定方法	限制性股票：依据授予日公司股票收盘价确定权益工具公允价值；股票期权：依据Black-Scholes模型确定权益工具公允价值
可行权权益工具数量的确定依据	根据最新取得的可行权职工人数、业绩变动等后续信息进行估计
本期估计与上期估计有重大差异的原因	
以权益结算的股份支付计入资本公积的累计金额	160 559 604.18
本期以权益结算的股份支付确认的费用总额	160 559 604.18
3.以现金结算的股份支付情况 □适用　☑不适用	
4.股份支付的修改、终止情况 无。	
5.其他 无。	

注：表格内容摘自南洋天融信科技集团股份有限公司（现更名为“天融信科技集团股份有限公司”）2019年年度报告。

【本章小结】

本章介绍了股份支付的概念、分类、确认和计量以及披露，重点描述了以权益结算的股份支付与以现金结算的股份支付的会计处理。表2-11是对这两种类型股份支付会计处理的总结和比较。

表2-11　　两种类型股份支付会计处理的总结和比较

<table>
<tr><td colspan="2">项目</td><td>以权益结算的股份支付</td><td>以现金结算的股份支付</td></tr>
<tr><td colspan="2">计量基础</td><td>权益工具的公允价值</td><td>与权益工具挂钩的债务的公允价值</td></tr>
<tr><td rowspan="2">授予日</td><td>立即可行权</td><td>根据授予日权益工具公允价值确认相关成本费用，同时增加所有者权益</td><td>根据授予日负债公允价值确认相关成本费用，同时增加负债</td></tr>
<tr><td>存在等待期</td><td colspan="2">不作会计处理</td></tr>
<tr><td rowspan="4">等待期每个资产负债表日</td><td>可行权的权益工具数量</td><td colspan="2">根据最新信息得出可行权职工人数的最佳估计，并对前期的估计进行修正。在可行权日，预计可行权职工人数与实际可行权职工人数一致</td></tr>
<tr><td>公允价值的变动</td><td>不考虑权益工具公允价值的变动</td><td>考虑负债公允价值的变动</td></tr>
<tr><td>确认的成本费用</td><td>可行权职工人数的最佳估计×授予日权益工具公允价值×已经历的等待期长度/等待期长度-以前年度累计确认的成本费用</td><td>可行权职工人数的最佳估计×资产负债表日权益工具公允价值×已经历的等待期长度/等待期长度-以前年度累计确认的成本费用</td></tr>
<tr><td>贷方会计科目</td><td>资本公积——其他资本公积</td><td>应付职工薪酬——股份支付</td></tr>
<tr><td colspan="2">可行权日</td><td>可以行权的权益工具数量已经确定，企业需根据实际可行权的权益工具数量计算当期应确认的成本或费用以及所有者权益，会计处理与等待期内资产负债表日的会计处理相同</td><td>可以行权的权益工具数量已经确定，企业需根据实际可行权的权益工具数量计算当期应确认的成本或费用以及负债，会计处理与等待期内资产负债表日的会计处理相同</td></tr>
<tr><td rowspan="2">可行权日后</td><td>可行权日至行权日</td><td>不作会计处理</td><td>确认负债的公允价值，计入公允价值变动损益</td></tr>
<tr><td>行权日</td><td>借：银行存款
　　资本公积——其他资本公积
　贷：股本
　　　资本公积——股本溢价</td><td>借：应付职工薪酬——股份支付
　贷：银行存款</td></tr>
</table>

【学思践悟】

［**目的**］探讨员工持股计划中的管理层代理问题。

［**资料**］2022年2月15日，申通快递公布了其第一期员工持股计划（草案）。该草案显示，公司为进一步完善公司治理机制，提升公司整体价值，强化公司竞争优势，完善薪酬激励体系，拟授予包含董事、高级管理人员、核心管理人员及核心骨干员工在内的不超

过124人合计不超过1 955.99万股股票。其中，公司总经理和三名副总经理拟认购份额占本员工持股计划总份额的比例位居前列，分别为15.24%、6.29%、3.81%和1.24%。公司已完成对该1 955.99万股股票的回购，回购最高成交价为15.50元/股，最低成交价为9.16元/股。该员工持股计划的锁定期为36个月，员工满足行权条件后，可以以每股1元的价格回购公司股票。行权条件包括公司绩效指标与个人绩效指标，其中公司绩效指标为：（1）2022年快递业务量增长率不低于当年快递行业增长率或2022年扣除非经常性损益后归属于母公司的净利润扭亏为盈；（2）2023年快递业务量增长率不低于当年快递行业增长率或2023年扣除非经常性损益后归属于母公司的净利润不低于5亿元。该草案公布后，引起社会关注，并受到证券交易所的问询。证券交易所对该草案的质疑点主要体现在以下三点：（1）员工1元的股票回购价格是否合理？（2）员工持股计划对象的确定是否合理？（3）该员工持股计划是否有利于公司发展，是否存在变相向相关方输送利益的情形？

资料来源：申通快递股份有限公司. 申通快递股份有限公司第一期员工持股计划（草案）[EB/OL].（2022-02-15）. http：//www.cninfo.com.cn/new/disclosure/detail？plate=szse&orgId=9900014251&stockCode=002468&announcementId=1212363527&announcementTime=2022-02-15.

申通快递股份有限公司. 申通快递股份有限公司关于对深圳证券交易所问询函的回复公告[EB/OL].（2022-03-01）. http：//www.cninfo.com.cn/new/disclosure/detail？plate=szse&orgId=9900014251&stockCode=002468&announcementId=1212472255&announcementTime=2022-03-01.

[问题]

1.该员工持股计划的设计（包括行权对象的选择、行权条件的制定以及行权价格的规定）是否有助于公司实现该计划的设立目标？

2.证券交易所对该持股计划的质疑是否合理？

【复习思考题】

1.什么是股份支付？股份支付具有哪些特征？

2.什么是以权益结算的股份支付？其会计处理的要点是什么？

3.什么是以现金结算的股份支付？其会计处理的要点是什么？

4.授予限制性股票、集团内股份支付的核算要点是什么？

【练习题】

练习一

[目的] 练习以权益结算的股份支付的会计处理。

[资料] 2021年1月1日，A公司授予20名高管每人100份股票期权，可行权条件为2年内公司净利润增长率均达到10%，每份期权在2021年1月1日的公允价值为10元。如行权条件满足，每人可以8元每股的价格购买100股A公司股票。2021年末，A公司净利润增长率为11%，预计下一年净利润会以相同幅度增长。2022年末，A公司净利润增长率为12%。2023年3月1日，20名高管全部行权。A公司股票的面值为1元。

[要求] 对上述交易事项进行会计处理。

练习二

［目的］练习以现金结算的股份支付的会计处理。

［资料］2021年1月1日，A公司授予20名高管每人100份现金股票增值权，可行权条件为2年内公司净利润增长率均达到10%，每份增值权在2021年1月1日的公允价值为10元。2021年末，A公司净利润增长率为11%，预计下一年净利润会以相同幅度增长，每份增值权的公允价值为12元。2022年末，A公司净利润增长率为12%，每份增值权的公允价值为14元。2023年3月1日，20名高管全部行权。A公司支付每份增值权现金13元。

［要求］对上述交易事项进行会计处理。

引导案例分析要点

第三章
债务重组

【学习目标】

1. 掌握债务重组的概念。
2. 理解债务重组的几种方式。
3. 理解债务重组主要的会计问题。
4. 掌握债务重组几种方式下债权人和债务人的会计处理原则与方法。
5. 了解涉及金融资产债务重组业务的会计处理方法。
6. 通过“学思践悟”课堂讨论了解与债务重组相关的法律法规及道德问题。

【本章结构导图】

- 债务重组
  - 债务重组概述
    - 债务重组的概念
    - 债务重组准则的适用范围
    - 债务重组的方式
    - 债务重组的主要会计问题
  - 债务重组会计处理原则
    - 债权人的会计处理原则
    - 债务人的会计处理原则
    - 债务重组会计处理的基本思路及基本归纳
  - 债务重组会计处理示例
    - 以资产清偿债务的会计处理
    - 债务转为权益工具的会计处理
    - 修改其他债务条款的会计处理
    - 组合方式的会计处理
    - 债务重组信息披露

【引导案例】 华夏幸福债务重组业务分析

2021年12月27日，华夏幸福基业股份有限公司（以下简称“公司”或“华夏幸福”）第七届董事会第十七次会议审议通过《关于实施债务重组的议案》，就《华夏幸福债务重组计划》中涉及的债务重组交易的相关事项进行审议并授权。

1.关于“带”的部分。“带”，即出售资产带走金融债务约500亿元，该部分的债务重组协议的主要内容包括：（1）出售项目公司自身金融债务，随项目公司股权出售一并带走并转出华夏幸福，由项目公司依据债务重组协议约定还本付息。债务本金展期至债务重组协议签署日后5年期，到期后根据实际情况可协商继续展期。如该金融债务本金原到期日晚于上述展期到期日，则到期日不做调整。债务重组协议签署后，年利率调整为3.85%。（2）出售项目公司通过债务置换方式，有条件承接华夏幸福统借统还的金融债务，具体置换方式由华夏幸福、可出售项目公司的收购方、相关金融债权人具体协商。置换后债务本金期限至债务重组协议签署日后5年期满，到期后根据实际情况可协商继续展期。如该金融债务本金原到期日晚于上述展期到期日，则到期日不做调整。债务重组协议签署后，年利率调整为3.85%。

2.关于“展”的部分。“展”即优先类金融债务展期或清偿约352亿元，该部分的债务重组协议的主要内容包括：（1）应收账款质押和实物资产抵押的金融债务，维持原财产担保措施不变。如若实物资产抵押相关担保物被处置或出售，所担保债权可在担保物处置或出售价款范围内优先清偿；应收账款质押的，按年度分期按比例偿还。债务本金展期至债务重组协议签署日后5年期满，到期后根据实际情况可协商继续展期。如该金融债务本金原到期日晚于上述展期到期日，则到期日不做调整。债务重组协议签署后，年利率调整为2.5%，利随本清。（2）与房地产开发建设等业务相关的开发贷，由相关金融机构维持开发贷余额不变，利率下调，存量项目逐步销售偿还，新增项目逐步投放。债务重组协议签署后，年利率调整为2.5%，利随本清。

3.关于“兑”“抵”“接”部分。（1）部分现金清偿按照一定的现金清偿比例，以公司出售资产现金回款对债权人部分债权予以现金偿付。（2）部分信托受益权抵偿以公司持有型物业等资产设立信托计划，并以设立后的信托受益权份额偿付相关金融债务。信托计划期限初定为8年。在信托计划到期前，由受益人大会根据实际情况决议是否对信托计划期限予以延期，每次延期不超过3年。相关金融债务依据信托受益权份额分配清偿完毕的，该信托计划可提前终止。（3）剩余部分展期留债剩余约550亿元金融债务由华夏幸福承接，债务本金展期至债务重组协议签署日后8年期满，如该金融债务本金原到期日晚于上述展期到期日的，则到期日不做调整。债务重组协议签署后，年利率调整为2.5%，利随本清。该部分金融债务通过后续经营发展逐步清偿。展期届满后，根据企业后续经营情况，可协商直接清偿或继续展期。

4.欠息、罚息等事项由于企业经营困难，债务重组计划项下的金融债务，已发生未支付的利息豁免或利随本清，如选择利随本清，则利率调整为2.5%；已发生未支付的罚息、违约金、复利及其他违约责任予以豁免。

资料来源：华夏幸福基业股份有限公司董事会.华夏幸福基业股份有限公司关于实施债务重组的公告［EB/OL］.（2022-04-01）. http: //www. sse. com. cn/assortment/stock/list/info/company/index. shtml?COMPANY_CODE=600340&tabActive=1.

问题：

（1）该公告债务重组属于哪种方式？

（2）债务人出让资产如何计量？

（3）债权人如何确认与计量所取得的受让资产或股权？

（4）债务重组利得或重组损失如何确认与计量？

诸如此类的问题正是债务重组准则涉及的核心会计话题。

第一节　债务重组概述

一、债务重组的概念

债务重组，是指在不改变交易对手方的情况下，经债权人和债务人协定或法院裁定，就清偿债务的时间、金额或方式等重新达成协议的交易。债务重组涉及债权人和债务人，对债权人而言为“债权重组”，对债务人而言为“债务重组”，为便于表述统称为“债务重组”。

需要注意的是，债务重组的概念不再强调债务人是否发生财务困难，以及债权人是否做出让步。只要债权人和债务人就债务条款重新达成了协议，就符合债务重组的定义。例如，债权人在减免债务人部分债务本金的同时提高剩余债务的利息，或者债权人同意债务人用无形资产抵偿到期债务等。

债务重组的概念强调“不改变交易对手方”。实务中经常出现第三方参与相关交易的情形，例如，某公司以不同于原合同条款的方式代债务人向债权人偿债；再如，资产管理公司从债权人处购得债权，再与债务人进行债务重组。在上述情况下，企业应当首先考虑债权和债务是否发生终止确认，适用《企业会计准则第22号——金融工具确认和计量》和《企业会计准则第23号——金融资产转移》等准则，再就债务重组交易部分进行会计处理。

二、债务重组准则的适用范围

经法院裁定进行债务重整并按持续经营进行会计核算的，适用于债务重组准则。债务人在破产清算期间进行的债务重组不属于债务重组准则的适用范围，应当按照企业破产清算有关会计处理规定处理。

需要注意的是，下列各项业务不适用债务重组准则：

（1）债务重组中涉及的债权、重组债权、债务、重组债务和其他金融工具的确认、计量和列报，分别适用《企业会计准则第22号——金融工具确认和计量》和《企业会计准则第37号——金融工具列报》。

（2）债务人以股权投资清偿债务或者将债务转为权益工具，可能对应导致债权人取得被投资单位或债务人控制权，在债权人的个别财务报表层面和合并财务报表层面，债权人取得长期股权投资或者资产和负债的确认和计量适用《企业会计准则第20号——企业合并》的有关规定。

（3）债权人或债务人中的一方直接或间接对另一方持股且以股东身份进行债务重组的，或者债权人与债务人在债务重组前后均受同一方或相同的多方最终控制且该债务重组的交易实质是债权人或债务人进行了权益性分配或接受了权益性投入的，适用权益性交易的有关会计处理规定。企业在判断债务重组是否构成权益性交易时，应当遵循实质重于形式原则。例如，假设债权人对债务人的权益性投资通过其他人代持，债权人不具有股东身份，但实质上以股东身份进行债务重组，债权人和债务人应当认为该债务重组构成权益性交易。

音频

债务重组的方式

三、债务重组的方式

（一）债务人以资产清偿

债务人以资产清偿债务，是债务人转让其资产给债权人以清偿债务的债务重组方式。债务人用于偿债的资产包括：现金、应收账款、存货、固定资产、在建工程、投资性房地产、长期股权投资、生物资产、无形资产等。值得注意的是，在受让上述资产后，债权人核算相关受让资产的类别可能与债务人不同。例如，债务人以作为固定资产核算的房产清偿债务，债权人可能将受让的房产作为投资性房地产核算；债务人以存货清偿债务，债权人可能将受让的资产作为固定资产核算等。

（二）债务人将债务转为权益工具

债务人将债务转为权益工具，是指债务人将债务转为股本或实收资本等权益工具的债务重组方式。这种重组方式，导致债权人将债权转为股权，债务人将债务转为股本（或实收资本）。需要注意的是，实务中，有些债务重组名义上采用“债转股”的方式，但同时附加相关条款，如约定债务人在未来某个时点有义务以约定金额回购股权，或债权人持有的股份享有强制分红权等。对于债务人，这些“股权”可能并不是分类为权益工具的金融工具，因此不属于债务人将债务转为权益工具的债务重组方式。

（三）修改其他条款

修改债权和债务的其他条款，是指除上述两种方式以外的修改债权和债务其他条款的债务重组方式。这种重组方式主要有调整债务本金、改变债务利息、变更还款期限等。与以资产清偿债务和将债务转为权益工具的结果是终止确认了相关债权与债务不同，修改其他条款的债务重组方式的结果是形成重组债权和重组债务。

（四）组合方式

组合方式，是采用债务人以资产清偿债务、债务人将债务转为权益工具、修改其他条款三种方式中一种以上方式的组合清偿债务的债务重组方式。例如，债权人和债务人约定，由债务人以机器设备清偿部分债务，将另一部分债务转为权益工具，调减剩余债务的本金，但利率和还款期限不变。

四、债务重组的主要会计问题

债务重组业务涉及债务人、债权人两个会计主体，不同的重组方式会涉及相关资产、负债以及所有者权益的变动，重组的结果可能导致相关主体形成重组利得或损失，由此引发了系列值得关注的会计问题：

（1）重组债权、重组债务应如何确认？

（2）债务人出让资产如何计量？如何进行资产转让损益的确认与计量？债务人如何确认与计量债务转成的资本？

（3）债权人如何确认与计量所取得的受让资产或股权？

（4）债务重组利得或重组损失如何确认与计量？

自测题3-1

第二节 债务重组的会计处理原则

一、债权人的会计处理原则

无论采用哪种债务重组方式，对于终止确认的债权，债权人均需要按照其账面价值从贷方将其冲销，而借方的会计处理则需要按照不同的重组方式分别探讨。

（一）以资产清偿债务或将债务转为权益工具

债权人对于以资产清偿债务的重组方式中受让的资产和将债务转为权益工具的重组方式中债权转为的对联营企业或合营企业的权益性投资，原则上都按成本进行初始计量，这里的成本主要包括放弃债权的公允价值和可直接归属于相关资产的其他成本。

具体而言：（1）受让资产是存货，其成本包括放弃债权的公允价值和使该资产达到当前位置和状态所发生的可直接归属于该资产的税金、运输费、装卸费、保险费等其他成本；（2）受让资产是投资性房地产，其成本包括放弃债权的公允价值和可直接归属于该资产的税金等其他成本；（3）受让资产是固定资产，其成本包括放弃债权的公允价值和使该资产达到预定可使用状态前所发生的可直接归属于该资产的税金、运输费、装卸费、安装费、专业人员服务费等其他成本，确定固定资产成本时，应当考虑预计弃置费用因素；（4）受让资产是生物资产，其成本包括放弃债权的公允价值和可直接归属于该资产的税金、运输费、保险费等其他成本；（5）受让资产是无形资产，其成本包括放弃债权的公允价值和可直接归属于使该资产达到预定用途所发生的税金等其他成本；（6）受让的或债权转为对联营企业或合营企业的权益性投资，其成本包括放弃债权的公允价值和可直接归属于该资产的税金等其他成本。

需要特别注意的是，以资产清偿债务的重组方式中债权人受让的金融资产，应当按照《企业会计准则第22号——金融工具确认和计量》的规定计量。

（二）修改其他条款

债务重组采用以修改其他条款方式进行的，如果修改其他条款导致全部债权终止确认，债权人应当按照修改后的条款以公允价值初始计量重组债权。如果修改其他条款未导致债权终止确认，债权人应当按照《企业会计准则第22号——金融工具确认和计量》的规定，根据其分类，以摊余成本、以公允价值计量且其变动计入其他综合收益，或者以公允价值计量且其变动计入当期损益进行后续计量，确认和计量重组债权。

（三）多项资产清偿债务或组合方式

债权人应当首先按照《企业会计准则第22号——金融工具确认和计量》的规定确认和计量受让的金融资产和重组债权，然后按照受让的金融资产以外的各项资产的公允价值比例，对放弃债权的公允价值扣除受让金融资产和重组债权确认金额后的净额进行分配，并在此基础上将可直接归属于相关资产的其他成本计入有关资产的入账价值。

综上所述，无论采用哪一种重组方式，债权人对所放弃的债权，都应按其账面价值进行终止确认；对受让的金融资产和确认的重组债权，则都需按金融工具会计准则的规定以其自身的公允价值为基础进行初始计量；对受让的资产（金融资产除外）、转成的权益工具投资，都按放弃债权的公允价值和可直接归属于相关资产的其他成本进行初始计量；以上会计处理时产生的借贷方差额，计入当期损益。

二、债务人的会计处理原则

无论采用哪种债务重组方式，对于终止确认的债务，债务人均需要按照其账面价值从借方将其冲销，而贷方的会计处理则需要按照不同的重组方式分别探讨。

（一）以资产清偿债务

以资产清偿债务方式进行债务重组的，债务人应当在转让的相关资产和所清偿的债务符合终止确认条件时，将转让资产账面价值予以终止确认。

债务人以金融资产清偿债务的，应当按照《企业会计准则第22号——金融工具确认和计量》的规定，对转让的金融资产进行终止确认。

债务人以非金融资产（如固定资产、存货、无形资产等）清偿债务，或者以包括金融资产和非金融资产在内的多项资产清偿债务的，不需要区分资产处置损益和债务重组损益，也不需要区分不同资产的处置损益，而应将所清偿债务账面价值与转让资产账面价值之间的差额，记入“其他收益——债务重组收益”科目。用于偿债资产已计提减值准备的，应结转已计提的减值准备。

（二）债务人将债务转为权益工具

债务重组采用将债务转为权益工具方式进行的，债务人初始确认权益工具时，应当按照权益工具的公允价值计量，权益工具的公允价值不能可靠计量的，应当按照所清偿债务的公允价值计量。债务人因发行权益工具而支出的相关税费等，应当依次冲减资本溢价、盈余公积、未分配利润等。

（三）修改其他条款

债务重组采用修改其他条款方式进行的，如果修改其他条款导致全部债务终止确认，债务人应当按照修改后的条款以公允价值初始计量重组债务。如果修改其他条款未导致债务终止确认，债务人应当按照《企业会计准则第22号——金融工具确认和计量》的规定，根据其分类，以摊余成本、以公允价值计量且其变动计入其他综合收益，或者以公允价值计量且其变动计入当期损益进行后续计量，确认和计量重组债务。

（四）多项资产清偿债务或组合方式

以多项资产清偿债务或者组合方式进行债务重组的，债务人应当在初始确认时按照权益工具的公允价值计量，权益工具的公允价值不能可靠计量的，应当按照所清偿债务的公允价值计量。对于修改其他条款形成的重组债务，债务人应当按照《企业会计准则第22号——金融工具确认和计量》的规定，确认和计量重组债务。

综上所述，无论采用哪一种重组方式，债务人对所清偿或所重组的债务都应按其账面价值进行终止确认；对出让的资产也按其账面价值进行终止确认；而对转成的权益工具和确认的重组债务则需按金融工具会计准则的规定以其自身的公允价值为基础进行初始计量；以上会计处理时产生的借贷方差额，计入当期损益。

三、债务重组会计处理的基本思路及基本归纳

（一）债务重组会计处理的基本思路

债务重组可采用不同方式，涉及的会计处理问题比较庞杂，其基本思路可归纳如下（见表3-1）。

表3-1 债务重组日债权人、债务人会计处理的基本思路

重组方式		债务人	债权人
资产抵债	非金融资产抵债	借：应付账款等［账面价值］ 借或贷：重组损益 贷：固定资产等［账面价值］	借：固定资产等［放弃债权的公允价值］ 借或贷：重组损益 贷：应收账款等［账面价值］
	金融资产抵债	借：应付账款等［账面价值］ 借或贷：重组损益 贷：金融资产［按金融工具准则计量］	借：金融资产［按金融工具准则计量］ 借或贷：重组损益 贷：应收账款等［账面价值］
将债务转为权益工具		借：应付账款等［账面价值］ 借或贷：重组损益 贷：股本［权益工具的公允价值］	借：长期股权投资［放弃债权的公允价值］ 借或贷：重组损益 贷：应收账款等［账面价值］
修改其他条款		借：应付账款等［账面价值］ 借或贷：重组损益 贷：重组债务［按金融工具准则计量］	借：重组债权［按金融工具准则计量］ 借或贷：重组损益 贷：应收账款等［账面价值］

（二）债务重组会计处理的基本归纳

1.关于公允价值的应用

从债务人来看，对所偿还的负债和所出让的资产，都采用账面价值予以终止确认；对确认的权益工具和重组债务，则都采用公允价值。从债权人来看，对放弃债权按账面价值终止确认；受让的金融资产以外的资产以及债权转为的权益工具投资，以所放弃债权的公允价值为计量基础；受让的金融资产、确认的重组债权，则分别以各自的公允价值为计量基础。

2.关于债权人受让的金融资产的初始计量

债权人在债务重组中受让的金融资产之外的各项资产，主要以放弃债权的公允价值作为计量基础，而受让的金融资产则需按照《企业会计准则第22号——金融工具确认和

计量》的规定进行初始计量。也就是说，债权人应当按照受让金融资产自身的公允价值对相关金融资产进行初始计量，对于分类为以公允价值计量且其变动计入其他综合收益的金融资产和分类为以摊余成本计量的金融资产，还要将相关交易费用计入初始确认金额。

3.关于“重组债权”“重组债务”的确认与计量

在采用修改其他条款方式进行债务重组的情况下，债权人并未放弃债权，债务人还未偿还债务，只是变更了应偿还债务的金额或偿还债务的期限。所以，债务重组日，债权人和债务人应分别在终止确认被重组债权及被重组债务的同时，按照《企业会计准则第22号——金融工具确认和计量》的规定，将修改其他条款后的债权确认为“重组债权”或“重组债务”，在资产负债表中予以列报。

4.关于重组损益

修订后的债务重组准则不要求区分债务重组损益和资产处置损益，而是合并作为债务重组相关损益反映。对于以多项资产清偿债务的情况，不要求区分不同资产类型确认处置损益，而是将相关损益合并反映。准则的变化，大大简化了对于重组损益确认的实务操作。

自测题3-2

第三节　债务重组的会计处理示例

一、以资产清偿债务

（一）以现金清偿债务

【例3-1】　以现金清偿债务的会计处理

资料：2021年10月20日，甲公司销售一批产品给乙公司，不含税价格为300 000元，增值税税率为13%。按合同规定，乙公司应于两个月内偿付货款。由于乙公司无法按合同规定的期限偿还债务，经双方协商于2022年3月1日进行债务重组。债务重组协议规定，甲公司同意减免乙公司60 000元债务，余额用现金立即偿清，乙公司于当日通过银行转账支付了该笔剩余款项。甲公司已为该项应收账款计提了50 000元的坏账准备。

要求：请对相关业务进行账务处理。

分析：

（1）债权人甲公司的账务处理如下：

借：银行存款　279 000

　　投资收益　10 000

　　坏账准备　50 000

　贷：应收账款　339 000

（2）债务人乙公司的账务处理如下：

借：应付账款　339 000

贷：银行存款　　279 000

　　其他收益——债务重组收益　　60 000

（二）以非金融资产清偿债务

1.以存货清偿债务

【例3-2】 **以存货清偿债务的会计处理**

资料：乙公司欠甲公司购货款400 000元。由于乙公司短期内不能偿还已于2021年12月15日到期的货款。2022年1月30日，经双方协商，甲公司同意乙公司以其生产的产品清偿债务。该产品的公允价值为300 000元，实际成本为230 000元。甲公司于2022年2月5日收到乙公司抵债的产品，并作为库存商品入库；甲公司对该项应收账款计提了30 000元的坏账准备。假设该债权的公允价值为360 000元，不考虑相关税费。

要求：请对相关业务进行账务处理。

分析：

①债权人甲公司的账务处理如下：

借：库存商品　　360 000

　　坏账准备　　30 000

　　投资收益　　10 000

　贷：应收账款　　400 000

②债务人乙公司的账务处理如下：

借：应付账款　　400 000

　贷：库存商品　　230 000

　　　其他收益——债务重组收益　　170 000

2.以无形资产清偿债务

【例3-3】 **以无形资产清偿债务的会计处理**

资料：2021年10月18日，甲公司向乙公司销售商品一批，应收乙公司款项总额为980 000元。2022年3月20日，双方签订债务重组协议，乙公司以一项非专利技术偿还该款项。该无形资产的账面原值为105万元，累计摊销额为13万元，已计提减值准备4万元。5月8日，双方办理完成该无形资产转让手续，甲公司支付相关费用50 000元；甲公司应收款项的公允价值为890 000元，已计提坏账准备80 000元。不考虑相关税费。

要求：请对相关业务进行账务处理。

分析：

①债权人甲公司的账务处理如下：

借：无形资产　　940 000

　　坏账准备　　80 000

　　投资收益　　10 000

　贷：应收账款　　980 000

　　　银行存款　　50 000

②债务人乙公司的账务处理如下：

借：应付账款　980 000

借：累计摊销　130 000

　　无形资产减值准备　40 000

　贷：无形资产　1 050 000

　　　其他收益——债务重组收益　100 000

(三) 以金融资产清偿债务

【例3-4】　以金融资产清偿债务的会计处理

资料：甲公司于2021年11月1日向乙公司销售一批商品，价税合计600 000元。2022年2月15日，乙公司与甲公司协商后，甲公司同意乙公司以其持有的以公允价值计量且其变动计入当期损益的股票抵偿债务。该股票的成本为500 000元，账面价值为550 000元，当日的公允价值为570 000元。假定用于抵债的股票于当日即办理相关转让手续，甲公司为此支付交易费用20 000元，甲公司对应收债权提取了坏账准备40 000元。不考虑其他相关税费。

要求：请对相关业务进行账务处理。

分析：

①债权人甲公司的账务处理如下：

借：交易性金融资产——成本　570 000

　　坏账准备　40 000

　　投资收益　10 000

　贷：应收账款　600 000

　　　银行存款　20 000

②债务人乙公司的账务处理如下：

借：应付账款　600 000

　贷：交易性金融资产——成本　500 000

　　　　　　　　　　——公允价值变动　50 000

　　　投资收益　50 000

二、债务转为权益工具

【例3-5】　债务转为权益工具的会计处理

资料：乙公司2021年11月30日向甲公司购入一批原材料，售价为2 000 000元，增值税税率为13%，开出面值为2 260 000元的商业汇票。2022年6月30日，甲公司与乙公司签订了债务重组协议。双方协商，甲公司以200 000元股本的企业普通股抵偿所欠乙公司的债务，乙公司将转成的权益工具作为长期股权投资处理。甲公司的普通股面值为1元，每股市价为8元。双方各支付8 000元相关费用。不考虑其他相关税费。

要求：请对相关业务进行账务处理。

分析：

①债权人甲公司的账务处理如下：

借：长期股权投资——乙公司 2 268 000

　贷：应收票据 2 260 000

　　银行存款 8 000

②债务人乙公司的账务处理如下：

借：应付票据 2 260 000

　贷：股本 200 000

　　资本公积——股本溢价 1 392 000

　　银行存款 8 000

　　投资收益 660 000

三、修改其他债务条款

【例3-6】 **修改其他债务条款的会计处理**

资料：2020年9月1日，甲公司销售一批产品给乙公司，价税合计为113万元，款项尚未收到。2020年12月31日，乙公司与甲公司协商，达成债务重组协议如下：甲公司同意免除乙公司所欠货款的30%，并将剩余债务延期至2022年12月31日偿还，但要求按年利率5%（实际利率）计算支付利息，利息于每年末支付。重组日重组债权的公允价值等于其账面价值。不考虑相关税费。

要求：请对相关业务进行账务处理。

分析：

（1）债权人甲公司的账务处理如下：

①2020年12月31日债务重组时：

借：长期应收款——债务重组 791 000

　　投资收益 339 000

　贷：应收账款 1 130 000

②2021年12月31日收到利息时：

借：银行存款 39 550

　贷：财务费用 39 550

③2022年12月31日收到本金和最后一年利息时：

借：银行存款 830 550

　贷：财务费用 39 550

　　长期应收款——债务重组 791 000

（2）债务人乙公司的账务处理如下：

①2020年12月31日债务重组时：

借：应付账款 1 130 000

　贷：长期应付款——债务重组 791 000

　　其他收益——债务重组收益 339 000

②2021年12月31日支付利息时：

借：财务费用 39 550

贷：银行存款 39 550

③2022年12月31日偿还本金和最后一年利息时：

借：长期应付款——债务重组 791 000

财务费用 39 550

贷：银行存款 830 550

四、组合方式

【例3-7】 **组合方式的会计处理**

资料：2021年12月5日，乙公司向甲公司赊购一批商品，价款总额250万元。2022年3月10日，双方协商进行债务重组。甲公司同意乙公司用其生产的商品、机器设备和一项股票投资抵偿欠款。该债权的公允价值为220万元，乙公司用于抵债的商品公允价值为80万元，机器设备的公允价值为90万元，股票投资公允价值为20万元。

甲公司已对该债权计提坏账准备15万元。甲公司将受让的商品、设备和股票投资分别作为原材料、固定资产和以公允价值计量且其变动计入当期损益的金融资产核算。乙公司用于抵债的商品成本为60万元；机器设备的账面原价为140万元，累计折旧为40万元，已计提减值准备15万元；股票投资的账面价值为18万元。不考虑相关税费。

要求：请对相关业务进行账务处理。

分析：

①债权人甲公司的账务处理如下：

原材料的入账成本$=\frac{80}{80+90}\times(220-20)\approx 94$（万元）

固定资产的入账成本$=\frac{90}{80+90}\times(220-20)\approx 106$（万元）

借：原材料 940 000

固定资产——机器设备 1 060 000

交易性金融资产 200 000

坏账准备 150 000

投资收益 150 000

贷：应收账款 2 500 000

②债务人乙公司的账务处理如下：

借：固定资产清理 850 000

累计折旧 400 000

固定资产减值准备 150 000

贷：固定资产——机器设备 1 400 000

借：应付账款 2 500 000

贷：固定资产清理 850 000

库存商品 600 000

贷：交易性金融资产　　180 000

　　其他收益——债务重组收益　　870 000

五、债务重组信息披露

债权人与债务人应在财务报表附注中对债务重组的相关信息予以披露。

1.债权人应披露的信息

债权人应当在附注中披露与债务重组有关的下列信息：

（1）根据债务重组方式，分组披露债权账面价值和债务重组相关损益。

（2）债务重组导致的对联营企业或合营企业的权益性投资增加额，以及该投资占联营企业或合营企业股份总额的比例。

2.债务人应披露的信息

债务人应当在附注中披露与债务重组有关的下列信息：

（1）根据债务重组方式，分组披露债务账面价值和债务重组相关损益。

（2）债务重组导致的股本等所有者权益的增加额。

报表使用者可能关心与债务重组相关的其他信息，例如，债权人和债务人是否具有关联方关系；如何确定债务转为权益工具方式中的权益工具以及修改其他条款方式中的重组债权或重组债务的公允价值；是否存在与债务重组相关的或有事项等。

自测题 3-3

【本章小结】

本章从债务重组的基本概念出发，分别讲解了以资产清偿债务时、以债务转权益工具时、修改其他债务条款时，以及混合方式下，债务重组的会计处理方法。本章难点是债务重组利得或重组损失的确认与计量问题。

【学思践悟】

［目的］探讨债务重组中的法律法规及道德问题。

［资料］2022年6月30日，上海智汇未来医疗收到上海证券交易所关于筹划重大资产重组相关事项的问询函。问询函指出如下事项需要核实并披露：

1.公告披露，根据初步测算，本次交易可能构成重大资产重组。请公司补充披露：（1）后续工作计划和方案预计披露时间；（2）本次交易价款的支付方式，并结合当前货币资金余额及资金占用、违规担保解决情况，说明收购资金的具体来源；（3）分析说明本次交易对公司生产经营及财务状况的影响，并充分提示相关风险。

2.公告披露，公司通过本次交易将涉及未涉足过的锂产品行业。请公司补充披露：（1）对于目前煤炭贸易、医疗服务业务的后续安排，并说明在短期内多次跨界并购的原因及合理性；（2）结合年度报告被出具内控否定意见，分析是否具有跨界整合相关资产、运营相关业务的专业能力，并充分提示相关风险。

3.公开信息显示，原沪市公司美都能源曾筹划收购瑞福锂业股权，对价不超过35.96

亿元，后因瑞福锂业未达成业绩承诺而终止，由其原管理团队回购。请公司补充披露：（1）标的资产目前股权分布情况，权属是否清晰，是否存在诉讼等纠纷；（2）标的资产股权是否存在质押、冻结等权利受限的情形；（3）综合上述情况，说明标的资产是否符合《上市公司重大资产重组管理办法》的相关规定。

4.公告显示，新疆东力为锂矿石开采企业，其核心资产为“新疆阿克塔斯锂矿”的探矿权和采矿权。请公司补充披露“新疆阿克塔斯锂矿”的探矿权和采矿权的具体范围、期限等信息，并说明是否存在权属瑕疵及权利受限的情形。

5.年报显示，截至目前，公司控股股东上海晶茨股票质押比例为79.89%，占公司总股本的20.92%，请结合控股股东的资信情况，分析说明其持有股票是否存在被强制平仓的风险。

资料来源：上海证券交易所. 关于上海智汇未来医疗服务股份有限公司筹划重大资产重组相关事项的问询函［EB/OL］.（2022-06-30）. http://www.sse.com.cn/disclosure/credibility/supervision/inquiries/enquiry/c/8145813972213469.pdf.

［问题］

1.未对交易价款的支付方式、违规担保解决情况、收购资金的具体来源做出相应的披露或风险提示，是否违反我国证券法或会计准则的相关规定？

2.短期内多次跨界并购为什么是核心关注点，是否涉及失德、失信等问题？

【复习思考题】

1.什么是债务重组？

2.债务重组的方式有哪几种？

3.债务重组主要的会计问题有什么？

4.以资产清偿债务时，债权人与债务人应分别如何进行会计处理？

5.将债务转为权益工具时，债权人与债务人应分别如何进行会计处理？

6.修改其他债务条款时，债权人与债务人应分别如何进行会计处理？

7.混合方式下，债权人与债务人应分别如何进行会计处理？

8.债务重组利得或重组损失如何确认与计量？

【练习题】

练习一

［目的］练习债务重组的账务处理问题。

［资料］2021年1月1日，甲公司赊销一批产品给乙公司，含税价款为100万元。甲公司按照应收账款余额的1%计提坏账准备。2022年2月1日，乙公司与甲公司协商进行债务重组，商定乙公司以其账面价值90万元、公允价值80万元的产成品偿还债务。该产成品的实际成本为100万元，已经计提了10万元的跌价准备。2022年3月1日，甲公司收到了抵债商品，作为库存商品核算。2022年3月1日，该债权的公允价值为95万元。不考虑相关税费。

［要求］分别做出甲、乙公司对该项债务重组业务的会计处理。

练习二

[目的] 练习债务重组的账务处理问题。

[资料] 甲公司持有乙公司按面值发行的债券100万元。该债券的票面利率为5%，2022年12月31日到期，每年12月31日支付利息。甲公司将该项投资划分为以摊余成本计量的金融资产。2022年1月1日，乙公司因无法按时支付剩下的利息和本金，与甲公司协商进行债务重组，将到期日延期至2023年12月31日，并免除剩余期间的利息。

[要求] 分别写出甲、乙公司对该项债务重组业务的会计处理。

练习三

[目的] 练习债务重组的账务处理问题。

[资料] 2021年12月1日，甲公司销售一批产品给乙公司，含税总价为1 500万元，款项尚未收到。至2022年2月13日，甲公司仍未收到款项，甲公司未对该债权计提坏账准备，该债权的公允价值为1 200万元。2022年4月30日，甲、乙双方达成债务重组协议：甲公司同意乙公司以一台机器设备和一项专利技术清偿部分债务。设备原价为800万元，已计提折旧250万元，公允价值为600万元。专利技术的成本为100万元，已计提减值80万元，公允价值为300万元。甲公司同意乙公司以上述两项资产抵债后，只需再偿还120万元，并将剩余债务延期至2022年12月31日偿还。

[要求]

（1）甲、乙公司在上述债务重组中应确认的损益分别为多少？

（2）甲、乙公司应该如何对该债务重组进行会计处理？

（3）甲公司没有对该应收账款计提坏账准备，你认为是否合适？

（4）结合本例，谈一下你认为债务重组可能对会计信息产生什么影响？

引导案例分析要点

第四章

借款费用

【学习目标】

1.掌握借款费用的含义及分类。

2.了解借款费用开始资本化、暂停资本化、停止资本化的时点。

3.掌握借款范围，借款费用包括的范围及其会计处理方法。

4.掌握借款费用的计量。

5.掌握借款费用资本化的条件。

6.通过“学思践悟”课堂讨论，了解与借款费用相关的个人校园贷可能带来的风险问题，并且知道如何去防范风险。

【本章结构导图】

- 借款费用
  - 借款费用概述
    - 借款费用的范围
    - 借款的范围
    - 符合资本化条件的资产
  - 借款费用的会计处理原则
    - 借款费用会计处理的确认方法
    - 资本化期间的确定
    - 借款利息资本化金额的确定
  - 借款费用的会计处理示例
    - 专门借款利息资本化金额的确定
    - 一般借款利息资本化金额的确定
    - 外币专门借款汇兑差额资本化金额的确定

【引导案例】 万科集团借款费用的披露

截至作者编写本章内容时，网上能够查到的关于万科集团公司年度报告的最新公开信息，是2021年万科A（600029）的年度报告，其中附注部分第169页，关于借款费用的会计政策中指出（巨潮资讯网）以下内容（此处为便于读者阅读，特为原文加上序号）：

（1）万科集团发生的可直接归属于符合资本化条件的资产的购建或者生产的借款费用，予以资本化并计入相关资产的成本，其他借款费用均于发生当期确认为财务费用。

（2）在资本化期间内，万科集团按照下列方法，确定每一会计期间的利息资本化金额（包括折价或溢价的摊销）：

对于为购建符合资本化条件的资产而借入的专门借款，万科集团以专门借款当期按实际利率计算的当期利息费用，减去将尚未动用的借款资金存入银行取得的利息收入或进行暂时性投资取得的投资收益后的金额确定专门借款予以资本化的利息金额。

对于为购建符合资本化条件的资产而占用的一般借款，万科集团根据累计资产支出超过专门借款部分的资产支出的加权平均数乘以所占用一般借款的资本化率，计算确定一般借款应予资本化的利息金额。资本化率是根据一般借款加权平均的实际利率计算确定的。

（3）万科集团所确定的借款的实际利率，是将借款在预期存续期间或适用的更短期间内的未来现金流量，折现为该借款初始确认时确定的金额所使用的利率。

（4）在资本化期间内，外币专门借款本金及其利息的汇兑差额，予以资本化，计入符合资本化条件的资产的成本。而除外币专门借款之外的其他外币借款本金及其利息所产生的汇兑差额作为财务费用，计入当期损益。

（5）资本化期间是指万科集团从借款费用开始资本化时点到停止资本化时点的期间，借款费用暂停资本化的期间不包括在内。

当资本支出和借款费用已经发生及为使资产达到预定可使用或可销售状态所必要的购建活动已经开始时，借款费用开始资本化。

当购建符合资本化条件的资产达到预定可使用或者可销售状态时，借款费用停止资本化。

对于符合资本化条件的资产在购建过程中发生非正常中断、且中断时间连续超过3个月的，万科集团暂停借款费用的资本化。

资料来源：巨潮资讯网.2021年A股，万科A公司（600029）的年度报告，第169页借款费用附注.2023-01-26.

问题：

（1）从上述2021年万科集团的借款费用相关的会计政策中来分析，哪些应当计入财务费用？哪些应当资本化处理？

（2）对于万科集团发生的借款利息，其中资本化的金额应当如何加以确定？

（3）万科集团关于外币专门借款的本金，及其利息的汇兑差额，是如何处理的？

（4）对于万科集团来说，其资本化期间是指什么时间？借款费用何时开始资本化？何时应当停止资本化？

通过对本章内容的学习，上述问题将会得到解决。

第一节　借款费用概述

一、借款费用的范围

根据《企业会计准则第17号——借款费用》(2006）的规定，借款费用，是指企业因借款而发生的利息及其他相关成本。具体包括五个内容：借款利息、折价或者溢价的摊销、辅助费用、因外币借款而发生的汇兑差额、承租人确认的融资租赁发生的融资费用。企业发生的权益性融资费用，不应该包括在借款费用中。

(一）因借款而发生的利息

因借款而发生的利息，包括企业向银行或者其他金融机构等借入资金发生的利息、发行公司债券（也称为企业债券）发生的利息，以及为购建或者生产符合资本化条件的资产而发生的带息债务所承担的利息等。

(二）因借款而发生的折价或者溢价的摊销

因借款而发生的折价或者溢价的摊销，是指因发行债券所发生的折价或溢价在资产负债表日确认利息费用的调整额。

值得注意的是，因借款而发生的折价或者溢价的总金额，不属于借款费用的范畴。以折价发行债券为例，某公司每张债券的票面价值为100元，票面年利率为6%，期限为5年，而同期市场利率为年利率8%。由于公司债券的票面利率低于市场利率，为了能够成功发行公司债券，公司采取折价发行的方式。折价金额，实质上是用于补偿投资者在购入债券后所受到的名义利息上的损失，应当作为以后各期利息费用的调整额。

(三）因借款而发生的辅助费用

因借款而发生的辅助费用，是指企业在借款过程中发生的诸如手续费、佣金等费用。由于这些费用是因安排借款而发生的，属于借入资金所付出的代价，所以是借款费用的构成部分。

(四）因外币借款而发生的汇兑差额

因外币借款而发生的汇兑差额，是指由于汇率变动，导致市场汇率与账面汇率出现差异，从而对外币借款本金及其利息的记账本位币金额所产生的影响金额。

二、借款的范围

企业在生产经营过程中，如果面临资金短缺，需要通过短期借款、商业汇票等方式筹集资金。而对于购建固定资产、对外投资等大的投资项目，一般情况下，企业需要通过长期借款或发行债券的方式来筹集所需的资金。

按照借款费用准则的规定，借款包括专门借款和一般借款。

专门借款，是指为购建或者生产符合资本化条件的资产而专门借入的款项。专门借款应当有明确的专门用途，即为购建或者生产某项符合资本化条件的资产而专门借入的款项，通常应有标明专门用途的借款合同。

一般借款，是指除专门借款之外的借款。一般借款在借入时，通常没有特指必须用于符合资本化条件的资产的购建或者生产。

三、符合资本化条件的资产

符合资本化条件的资产，是指需要经过相当长时间的购建或者生产活动才能达到预定可使用或者可销售状态的固定资产、投资性房地产和存货等资产。其中，“相当长时间”应当是指为资产的购建或者生产所必需的时间，通常为一年以上（含一年）。确认为无形资产的开发支出等在符合条件的情况下，也可以认定为符合资本化条件的资产。

符合资本化条件的存货主要包括房地产开发企业开发的用于对外出售的房地产开发产品、企业制造的用于对外出售的大型机器设备等。这类存货通常需要经过相当长时间的建造或者生产过程，才能达到预定可销售状态。

概括来说，包括五种资产：（1）固定资产；（2）投资性房地产；（3）存货；（4）符合条件的建造合同成本；（5）无形资产的开发支出。

延伸阅读4-1

在实务中，如果由于人为或者故意等非正常因素导致资产的购建或者生产时间相当长的，该资产不属于符合资本化条件的资产。购入即可使用的资产，或者购入后需要安装但所需安装时间较短的资产，或者需要建造或者生产但所需建造或者生产时间较短的资产，均不属于符合资本化条件的资产。

自测题4-1

第二节　借款费用的会计处理原则

一、借款费用会计处理的确认方法

借款费用的确认是指将每期发生的借款费用计入资产还是当期费用，即借款费用是资本化还是费用化。

按照借款费用准则的规定，可以分为两种确认方法：一种是将借款费用资本化，计入相关资产的成本；另一种是将借款费用费用化，计入当期损益。也就是说，符合资本化条件的资产，在资本化期间内发生的借款费用，才可以资本化，计入相关资产的成本；不符合前面条件的借款费用全部费用化，确认为财务费用，计入当期损益。

下面我们重点阐述资本化期间的确定。

二、资本化期间的确定

如前所述，企业只有发生在资本化期间内的有关借款费用，才允许资本化。因此，资本化期间的确定是其确认和计量的重要前提。借款费用资本化期间，是指从借款费用开始资本化时点到停止资本化时点的期间，但不包括借款费用暂停资本化的期间。

（一）借款费用开始资本化的时点

借款费用同时满足下列三个条件的，才能开始资本化：

（1）资产支出已经发生，包括支付现金、转移非现金资产和承担带息债务形式所发生的支出。赊购工程物资若承担的是不带息债务，则不属于资产支出；若是带息债务才属于资产支出已经发生；工程人员未支出的职工薪酬，不属于资产支出已经发生，因为没有占用借款资金。

（2）借款费用已经发生。

（3）为使资产达到预定可使用或者可销售状态所必要的购建或者生产活动已经开始。

以上三个条件，只要其中一个条件没有满足，借款费用就不能开始资本化。

（二）借款费用暂停资本化的时点

符合资本化条件的资产，在购建或者生产过程中发生非正常中断，且中断时间连续超过3个月的，应当暂停借款费用的资本化。在中断期间所发生的借款费用，应当计入当期损益，直至购建或者生产活动重新开始。

借款费用暂停资本化非正常中断，通常是由于企业管理决策上的原因或者其他不可预见的原因等所导致的中断。例如，企业因与施工方发生了质量纠纷、资金周转困难、发生安全事故、发生劳动纠纷等原因导致的中断。

但是，如果中断是使所购建或者生产的符合资本化条件的资产达到预定可使用或者可销售状态必要的程序，所发生的借款费用应当继续资本化。比如，工程在建造过程中，由于可以预见的不可抗力因素，如雨季或冰冻季节等原因，导致施工出现停顿，则属于正常中断。在正常中断期间所发生的借款费用，可以继续资本化，计入相关资产的成本。

（三）借款费用停止资本化的时点

购建或者生产符合资本化条件的资产，达到预定可使用或者可销售状态时，借款费用应当停止资本化。符合下列情形之一的，应当停止资本化：

（1）符合资本化条件的资产的实体建造（包括安装）或者生产工作已经全部完成或者实质上已经完成。

（2）所购建或者生产的符合资本化条件的资产与设计要求、合同规定或者生产要求相符或者基本相符，即使有极个别与设计、合同或者生产要求不相符的地方，也不影响其正常使用或者销售。

（3）继续发生在所购建或生产的符合资本化条件的资产上的支出金额很少或者几乎不再发生。

（4）购建或者生产符合资本化条件的资产需要试生产或者试运行的，在试生产结果表明，资产能够正常生产出合格产品，或者试运行结果表明资产能够正常运转或者营业时，应当认为该资产已经达到预定可使用或者可销售状态。

（5）购建或者生产的符合资本化条件的资产的各部分分别完工，且每部分在其他部分继续建造过程中可供使用或者可对外销售，且为使该部分资产达到预定可使用或可销售状态所必要的购建或者生产活动实质上已经完成的，应当停止与该部分资产相关的借款费用的资本化。

（6）购建或者生产的资产的各部分分别完工，但必须等到整体完工后才可使用或者可对外销售的，应当在该资产整体完工时停止借款费用的资本化。

三、借款利息资本化金额的确定

借款利息是指按照实际利率法计算的各期实际利息，既包括按照借款合同利率计算的票面利息，也包括因实际利率与合同利率不同而产生的折价或溢价的摊销额。

企业在确定借款利息资本化金额时，首先应当判断借款的来源，包括专门借款和一般借款。

专门借款是指为购买或者生产符合资本化条件的资产而专门借入的款项。比如，企业为购建一条生产线，而从银行取得的贷款，就属于专门借款。专门借款的使用用途明确，而且其使用要受到与银行签订的借款合同的限制。

一般借款是指除专门借款之外的借款。一般借款在借入时，用途通常没有被特别指定用于某项符合资本化条件资产的购建或者生产。

为了便于说明，在借款费用资化期间内，每一会计期间的利息资本化金额，应当按照下列规定分别加以确定：

音频

利息资本化金额确定的四个主要内容

（一）利息资本化金额的确定

（1）专门借款利息。为购建或者生产符合资本化条件的资产而借入专门借款的，应当以专门借款当期实际发生的利息费用，减去将尚未动用的借款资金存入银行取得的利息收入或进行暂时性投资取得的投资收益后的金额确定。

（2）一般借款利息。为购建或者生产符合资本化条件的资产而占用了一般借款的，企业应当根据累计资产支出超过专门借款部分的资产支出加权平均数乘以所占用一般借款的资本化率，计算确定一般借款应予资本化的利息金额。资本化率应当根据一般借款加权平均利率计算确定。

用计算公式表达如下：

$$\frac{\text{一般借款利息}}{\text{费用资本化金额}}=\frac{\text{累计资产支出超过专门借款}}{\text{部分的资产支出加权平均数}}\times\frac{\text{所占用一般}}{\text{借款的资本化率}}$$

$$\text{资产支出加权平均数}=\sum(\text{每笔资产支出金额}\times\text{该笔资产支出在当期所占用的天数}\div\text{当期天数})$$

其中，所占用一般借款的资本化率=所占用一般借款加权平均利率=所占用一般借款当期实际发生的利息之和÷所占用一般借款本金加权平均数。

这里，所占用一般借款本金加权平均数=$\sum$（所占用每笔一般借款本金×每笔一般借款在当期所占用的天数÷当期天数）。

（二）汇兑差额资本化金额的确定

在资本化期间内，外币专门借款的本金及利息所产生的汇兑差额，应当予以资本化，计入符合资本化条件的资产的成本。一般借款本金及利息产生的汇兑差额，直接计入当期损益。

（三）辅助费用资本化金额的确定

辅助费用是企业为了安排借款而发生的必要费用，包括借款手续费（如发行债券手续费）、佣金等。如果企业不发生这些费用，就无法取得借款。因此，辅助费用是企业借入款项所付出的一种代价，是借款费用的有机组成部分。

辅助费用，在所购建（或者生产）的符合资本化条件的资产资本化期间发生的，应当予以资本化。企业应将借款辅助费用计入负债的初始确认金额，以后按实际利率法摊销，其摊销额视情况予以资本化或费用化。

延伸阅读4-2

自测题4-2

专门借款发生的辅助费用，在所购建或者生产的符合资本化条件的资产达到预定可使用或者可销售状态之前发生的，应当在发生时根据其发生额予以资本化，计入符合资本化条件的资产的成本；在所购建或者生产的符合资本化条件的资产达到预定可使用或者可销售状态之后发生的，应当在发生时根据其发生额确认为费用，计入当期损益。

一般借款所发生的辅助费用，也应当比照上述原则处理。

（四）资本化金额的限额

每一会计期间的利息资本化金额是有上限的，最高不应当超过当期相关借款实际发生的利息金额。换句话说，就是以实际发生的数额为最高限额。

第三节　借款费用的会计处理示例

一、专门借款利息资本化金额的确定

为购建或者生产符合资本化条件的资产而借入专门借款的，应当以专门借款当期实际发生的利息费用，减去将尚未动用的借款资金存入银行取得的利息收入或进行暂时性投资取得的投资收益后的金额确定。

【例4-1】　专门借款利息资本化金额的确定及相关账务处理

资料：ABC公司于2021年1月1日正式动工兴建一幢办公楼，工期预计为1年零6个月，工程采用出包方式，分别于2021年1月1日、2021年7月1日和2022年1月1日支付工程进度款。公司为建造办公楼于2021年1月1日专门借款2 000万元，借款期限为3年，年利率为6%。另外在2021年7月1日又专门借款4 000万元，借款期限为5年，年利率为7%。借款利息为按年支付（如无特别说明，本章例题中名义利率与实际利率均相同）。

闲置借款资金均用于固定收益债券短期投资，该短期投资月收益率为0.5%。

办公楼于2022年6月30日完工，达到预定可使用状态。

公司为建造该办公楼的资产支出见表4-1。

表4-1　**建造办公楼发生的每期资产支出**　单位：万元

日期	每期资产支出金额	累计资产支出金额	闲置借款资金用于短期投资金额
2021年1月1日	1 500	1 500	500（2 000-1 500）
2021年7月1日	2 500	4 000	2 000
2022年1月1日	1 500	5 500	500
总计	5 500	—	3 000

要求：

（1）请确定借款费用资本化的期间。

（2）请计算在资本化期间内专门借款实际发生的利息金额。

（3）请计算在2021年和2022年，资本化期间内利用闲置的专门借款资金进行短期投资的收益。

（4）请计算公司2021年和2022年的利息应予以资本化的金额。

（5）请进行相关的账务处理。

分析：

（1）借款费用应当资本化的期间为2021年1月1日至2022年6月30日。

（2）在资本化期间内专门借款实际发生的利息金额：

2021年专门借款发生的利息金额=2 000×6%+4 000×7%×6/12=260（万元）

2022年1月1日—6月30日专门借款发生的利息金额=2 000×6%×6/12+4 000×7%×6/12=200（万元）

（3）计算在资本化期间内利用闲置的专门借款资金进行短期投资的收益：

2021年短期投资收益=500×0.5%×6+2 000×0.5%×6=75（万元）

2022年1月1日—6月30日短期投资收益=500×0.5%×6=15（万元）

（4）由于在资本化期间内，专门借款利息费用的资本化金额应当以其实际发生的利息费用减去将闲置的借款资金进行短期投资取得的投资收益后的金额确定，因此：

公司2021年的利息资本化金额=260−75=185（万元）

公司2022年的利息资本化金额=200−15=185（万元）

（5）相关的账务处理如下：

2021年12月31日：

借：在建工程　　1 850 000

　　应收利息（或银行存款）　　750 000

　贷：应付利息　　2 600 000

2022年6月30日：

借：在建工程　　1 850 000

　　应收利息（或银行存款）　　150 000

　贷：应付利息　　2 000 000

二、一般借款利息资本化金额的确定

【例4-2】 一般借款利息资本化金额的确定及相关账务处理

资料：某企业2021年1月1日构建某项符合资本化条件的资产占用了一般借款资金1 500万元，借款年利率为8%，借款期限为3年，每年年底计算借款利息，3年期满后一次还本付息。该企业用该借款构建厂房，2021年1月1日支用400万元，7月1日支用800万元。2022年1月1日支用300万元。工程于2022年8月31日完工，达到预定可使用状态。

要求：编制2021年、2022年相关的会计分录。

分析：

（1）2021年1月1日，借入资金1 500万元

借：银行存款　　15 000 000

　贷：长期借款　　15 000 000

工程领用400万元时：

借：在建工程　　4 000 000

　贷：银行存款　　4 000 000

（2）2021年7月1日

借：在建工程　　8 000 000

　贷：银行存款　　8 000 000

（3）2021年12月31日

借：在建工程（15 000 000×8%）　　1 200 000

　贷：应付利息　　1 200 000

（4）2022年1月1日

借：在建工程　　3 000 000

　贷：银行存款　　3 000 000

（5）2022年8月31日

借：在建工程　　800 000

　贷：应付利息　　800 000

借：固定资产　　17 000 000

　贷：在建工程　　17 000 000

（6）2022年12月31日

借：财务费用　　400 000

　贷：银行存款　　400 000

三、外币专门借款汇兑差额资本化金额的确定

在资本化期间内，外币专门借款本金及利息的汇兑差额，应当予以资本化，计入符合资本化条件的资产的成本。

外币一般借款的借款费用计入当期损益，不予资本化。

【例4-3】　外币专门借款汇兑差额资本化金额的确定及相关账务处理

资料：甲公司于2021年1月1日，为建造某工程项目专门以面值发行美元公司债券1 000万元，年利率为8%，期限为3年，假定不考虑与发行债券有关的辅助费用、未支出专门借款的利息收入或投资收益。合同约定，每年1月1日支付上年利息，到期还本。

工程于2021年1月1日开始实体建造，于2022年6月30日完工，达到预定可使用状态，期间发生的资产支出如下：

2021年1月1日，支出200万美元；

2021年7月1日，支出500万美元；

2022年1月1日，支出300万美元。

甲公司的记账本位币为人民币，外币业务采用外币业务发生当日的市场汇率折算。相关汇率如下：

2021年1月1日，市场汇率为1美元=6.25元人民币；

2021年12月31日，市场汇率为1美元=6.35元人民币；

2022年1月1日，市场汇率为1美元=6.37元人民币；

2022年6月30日，市场汇率为1美元=6.68元人民币。

要求：计算外币借款汇兑差额资本化金额并进行相关的账务处理。

分析：本例中，甲公司计算外币借款汇兑差额资本化金额如下：

（1）计算2021年一年的汇兑差额资本化金额：

①债券应付利息=1 000×8%×6.35=80×6.35=508（万元）

账务处理为：

借：在建工程　　5 080 000

　贷：应付利息　　5 080 000

②外币债券本金及利息汇兑差额=1 000×（6.35−6.25）+80×（6.35−6.35）=100（万元）

账务处理为：

借：在建工程　　10 00 000

　贷：应付债券　　1 000 000

（2）2022年1月1日实际支付利息时，应当支付80万美元，折算成人民币为509.60万元人民币。该金额与原账面金额508万元人民币之间的差额1.60万元人民币应当继续予以资本化，计入在建工程成本。

账务处理为：

借：应付利息　　5 080 000

　　在建工程　　16 000

　贷：银行存款　　5 096 000

（3）计算2022年6月30日的汇兑差额资本化金额：

①债券应付利息=1 000×8%×1/2×6.68=40×6.68=267.20（万元）

账务处理为：

借：在建工程　　2 672 000

　贷：应付利息　　2 672 000

延伸阅读4-3

②外币债券本金及利息汇兑差额=1 000×（6.68−6.35）+40×（6.68−6.68）=330（万元）

账务处理为：

借：在建工程　　3 300 000

　贷：应付债券　　3 300 000

自测题4-3

【本章小结】

本章阐述了借款费用相关的会计问题。首先要了解借款的范围：专门借款和一般借款。它不同于借款费用的范围，借款费用的范围包括以下内容：因借款而发生的利息；因发行债券来借款而发生的折价或溢价的摊销；因外币借款而发生的汇兑差额；因借款而发生的辅助费用。

借款费用之所以产生，主要是因为企业要购买和建造长期资产，发生大笔资金的支出，这些资金可能需要通过借款的方式来筹集，而借款会产生相应的资金占用导致的利息，这样就在会计上涉及利息如何进行会计处理的问题。我国会计准则采取的是部分资本化、部分费用化的折中处理方式。因此，我们要明确哪些是符合资本化条件的资产。符合资本化条件的资产是指需要经过相当长时间的购建或者生产活动才能达到预定可使用或者可销售状态的固定资产、投资性房地产和存货等资产。

本章重点阐述了借款费用会计处理的原则并举例加以说明。

【学思践悟】

［目的］在校大学生应防备校园贷发生的风险。

音频

思考校园贷的危害及如何防范

［资料］2017年4月，广州某教育机构通过收取“培训课程费”为由，诱骗大学生参加“即分期”贷款，致使270名学生惨遭诓骗。此类校园贷诈骗，实为诈骗分子通过虚假宣传方式，诱骗学生参加贷款缴费。大学生活是美好的，但其中也包含着不少的隐患。校园贷作为这些隐患之一，需要我们妥善应对，周全防备。“校园贷”这个词，如今在学生家长的眼中，堪称洪水猛兽，而很多大学生在提及校园贷时却没有那么在意，认为它和自己的生活毫不相关。但其实，校园贷的风险可能就在我们每一个同学的身边。

资料来源：作者根据百度文库文章整理．https：//wenku.baidu.com/view/75cad537c181e53a580216fc700abb68a982ad97.html.

［问题］作为尚没有独立经济能力的大学生，我们应该认真思考：

1.校园贷的性质、危害与具体的影响有哪些？

2.如何有效防范校园贷可能会带来的风险呢？

【复习思考题】

1.阐述借款费用的含义。

2.阐述借款费用的范围。

3.试阐述借款费用开始资本化的时点，暂停资本化的时点，停止资本化的时点。

4.试阐述专门借款和一般借款，并说明两者确认与计量对财务信息的不同影响。

5.请说明借款费用资本化金额的确定。

【练习题】

练习一

［目的］练习借款费用与公司发行的债券（可转债）相关的账务处理。

［资料］甲公司为建造一条生产线发生的相关经济业务如下：

（1）甲公司于2020年1月1日发行60万份分期付息、到期一次还本的可转换公司债券，每份面值为100元，发行总价格为6 000万元。该债券期限为5年，票面利率为4.72%。该公司发行债券时，二级市场上与之类似但没有转股权的债券的市场利率为10%。每份债券均可在债券发行1年以后转换为该公司普通股，初始转股价为每股20元，股票面值为每股1元。假定甲公司发行公司债券募集的资金专门用于建造该条生产线，生产线从2020年1月1日开始建造，于2022年底完工，达到预定可使用状态。((P/A，10%，5)=3.7908；(P/F，10%，5)=0.6209)

(2) 甲公司上述可转换公司债券负债成分所对应资金中暂时闲置的部分在2020年1月1日至2020年3月31日共取得收益23.99万元，均已收存银行。

(3) 2020年4月1日，甲公司支付工程进度款3 450万元。

(4) 甲公司上述可转换公司债券负债成分所对应资金中暂时闲置的部分在2020年4月1日至2020年12月31日共取得收益107.98万元，均已收存银行。

(5) 2021年1月1日支付工程进度款2 550万元；1月5日支付利息。

(6) 2022年1月1日支付工程进度款750万元；1月5日支付利息。

(7) 其他资料：债券持有人若在当年付息前转换股票，应按债券的面值除以转股价，计算转换的股份数，利息仍可支付。假设闲置资金收益按初始确认时负债成分和权益成分的公允价值相对比例分摊。不考虑其他因素。

[要求] 进行相关的账务处理。(涉及小数的，计算结果保留两位小数)

练习二

[目的] 用案例分析借款费用相关问题。

[资料] 2020年5月11日，证监会下发《中国证券监督管理委员会行政处罚决定书》(〔2020〕19号)，公布了查明凯迪生态环境科技股份有限公司(以下简称“凯迪生态”)的有关违法事实，其中就包括凯迪生态借款费用资本化会计处理不当，导致2015年至2017年年度报告存在虚假记载。

2015年1月1日至2017年12月31日期间，部分借款费用资本化的在建电厂存在停建情形。2015年、2016年、2017年，凯迪生态分别有75家、36家、34家在建电厂建设发生非正常中断且中断时间连续超过3个月。2015年、2016年、2017年凯迪生态上述电厂建设中断期间借款费用资本化金额分别为150 253 821.08元、272 808 639.77元、209 114 154.48元。

综合其他违法事实，证监会决定对凯迪生态给予警告，并处以五十万元的罚款，相关人员分别处以90万元、30万元及25万元不等的罚款。

[要求]

(1) 发生非正常中断且中断时间连续超过3个月时，企业应该如何处理相关借款费用？举例说明非正常和正常中断的常见情形。

(2) 借款费用可以开始资本化的前提条件是什么？准则规定特定期间借款费用资本化的意义是什么？

(3) 分别说明借款费用资本化或者费用化处理的优点。

引导案例分析要点

第五章

外币业务会计

【学习目标】

1. 掌握外币业务的相关概念。
2. 掌握外币交易会计处理的两种观念。
3. 掌握交易日、结算日外币业务的会计处理方法。
4. 掌握资产负债表日外币项目调整的会计处理方法。
5. 通过“学思践悟”课堂讨论了解与外币业务相关的法律法规及道德问题。

【本章结构导图】

- 外币业务会计
  - 外币业务概述
    - 记账本位币
    - 外币与外币交易
    - 外汇、汇率及汇兑损益
  - 外币交易的会计处理
    - 外币交易会计处理的两种观念
    - 外币交易的核算方法和程序
    - 外币交易的会计处理举例
  - 外币财务报表折算
    - 一般情况下外币财务报表折算
    - 恶性通货膨胀环境下外币财务报表折算

【引导案例】 中国平安外币折算业务的分析

中国平安保险（集团）股份有限公司（以下简称“中国平安”）于1988年诞生于深圳蛇口，于2004年6月24日在我国香港证券交易所主板上市，于2007年3月1日在上海证券交易所上市。中国平安以寿险和财产险为业务依托，同时致力于将创新科技应用于“金融服务、医疗健康、汽车服务、智慧城市”等多领域，依托本土化优势，践行国际化标准的公司治理与经营管理，为2.18亿个人客户和5.98亿互联网用户提供金融生活产品及服务。

以下是中国平安2021年年报中披露的与外币业务有关的信息。

1.货币资金项目信息（见表5-1）

表5-1 外币金额折算表 单位：百万元

项目	2020年12月31日				
	人民币	美元（折合人民币）	港元（折合人民币）	其他币种（折合人民币）	折合人民币合计
库存现金	3 566	102	74	72	3 814
银行存款	103 375	18 809	4 442	2 353	128 979
存放中央银行款项	271 864	7 882	429	2	280 177
存放银行同业款项	71 360	27 756	2 845	4 213	106 174
其他货币资金	6 861	96	170	30	7 157
合计	457 026	54 645	7 960	6 670	526 301

本集团的折算汇率（按主要币种）见表5-2。

表5-2 折算汇率统计表

项目	2021年12月31日		2020年12月31日	
	美元	港元	美元	港元
折算汇率	6.357	0.8176	6.5249	0.8416

2.外币财务报表折算差额列示（见表5-3）

表5-3 合并利润表 单位：百万元

项目	2021年	2020年
⋮		
净利润	121 802	159 359
⋮		
其他综合收益		
将重分类进损益的其他综合收益		
⋮		
外币财务报表折算差额	（1 211）	（2 338）
⋮		

资料来源：中国平安．中国平安2021年年度报告［EB/OL］．（2022-03-18）．http：//static.sse.com.cn/disclosure/listedinfo/announcement/c/new/2022-03-18/601318_20220318_2_lFP1j8Mq.pdf.

问题：

（1）什么是外币货币性项目？什么是折算汇率？

（2）什么是外币财务报表折算差额？外币财务报表折算差额为什么在其他综合收益中列示？

相信通过对本章内容的学习，这些问题都会得到解答。

第一节 外币业务概述

一、记账本位币

（一）记账本位币的概念

记账本位币，是指企业经营所处的主要经济环境中的货币。“主要经济环境”是指企业主要收入和支出现金的经济环境。使用该经济环境中的货币最能反映企业主要交易的经济结果。

在理解记账本位币概念的时候，需要注意记账本位币与列报货币的区别。列报货币，是指企业列报财务报表时所采用的货币。两者的侧重点不同，前者是企业记账时作为基本计量尺度的货币，后者则是列报财务报表所使用的货币。

我国《企业会计准则第19号——外币折算》规定，企业通常应选择人民币作为记账本位币，业务收支以人民币以外的货币为主的企业，也可以选定其中一种货币作为记账本位币，但是，编报的财务报表应当折算为人民币。

也就是说，同一企业的记账本位币与列报货币可能一致，也可能不一致。我国企业的列报货币只能是人民币，而记账本位币是可以选择的，既可以是人民币，也可以是人民币以外的其他货币。

（二）记账本位币的确定

1.选定记账本位币时应考虑的因素

企业应当根据经营所处的主要经济环境选定记账本位币，在选定记账本位币时，应当考虑下列因素：

（1）该货币主要影响商品和劳务的销售价格，通常以该种货币进行商品和劳务的计价与结算；

（2）该货币主要影响商品和劳务所需人工、材料及其他费用，通常以该货币进行上述费用的计价与结算；

（3）融资活动获得的货币以及保存从经营活动中收取款项所使用的货币。

应当指出，在确定企业记账本位币时，上述因素的重要程度因企业的具体情况不同而不同，需要企业管理当局根据实际情况进行判断。一般情况下，综合考虑前两项因素即可确定企业的记账本位币，第三项为参考因素，视其对企业现金收支的影响程度而定。在综合考虑前两项因素仍不能确定企业记账本位币的情况下，则第三项因素对企业记账本位币的确定起重要作用。

例如，国内A公司为外贸企业，该企业超过80%的营业收入来自对欧洲的出口，其商品销售价格以欧元结算，销售价格主要受欧元影响。因此，从影响商品和劳务销售价格的角度看，A公司应选择欧元作为记账本位币。如果A公司的厂房设施和40%的人工成本在国内以人民币支付，而生产所需原材料、机器设备及60%以上的人工成本以欧元计价、结算，则从影响商品和劳务所需人工、材料和其他费用角度看，也应选择欧元作为记账本位币。但是，如果A公司的人工成本、原材料及相应的厂房设施、机器设备等95%以上在国内采购，以人民币计价、结算，则从影响商品和劳务所需人工、材料和其他费用角度看，A公司应选择人民币作为记账本位币。当因素（1）和因素（2）的判定结果有冲突时，就需要结合因素（3）加以判断。如果A公司取得的欧元营业收入在汇回国内时直接换成了人民币存款，且A公司对欧元波动产生的外币风险进行了套期保值，则综合考虑前述三个因素，A公司应当选定人民币作为记账本位币。

2.选定境外经营记账本位币时应考虑的因素

所谓境外经营，是指企业在境外的子公司、合营企业、联营企业、分支机构。在境内的子公司、合营企业、联营企业、分支机构，采用不同于本企业记账本位币的，也视同境外经营。

企业在对确定其境外经营应该选用的记账本位币时，同样要考虑企业确定记账本位币的上述三个因素，同时，还应当考虑下列因素：

（1）境外经营对其所从事的活动是否拥有很强的自主性。

如果境外经营所从事的活动可视同本企业经营活动的延伸，构成企业经营活动的组成部分，那么该境外经营应当选择与本企业相同的记账本位币；如果境外经营对其所从事的活动具有很强的自主性，那么境外经营不能选择与本企业记账本位币相同的货币作为记账本位币。

（2）境外经营活动中与企业的交易是否占有较大比重。

如果境外经营与企业的交易占境外经营活动的比例较高，那么境外经营应当选择与企业记账本位币相同的货币作为记账本位币；反之，应根据境外经营所处经济环境选择记账本位币。

（3）境外经营活动产生的现金流量是否直接影响企业的现金流量，是否可以随时汇回。

如果境外经营活动产生的现金流量直接影响企业的现金流量，并可随时汇回，境外经营应当选择与企业记账本位币相同的货币作为记账本位币；反之，应根据境外经营所处的主要经济环境选择记账本位币。

（4）境外经营活动产生的现金流量是否足以偿还其现有债务和可预期的债务。

在企业不提供资金的情况下，如果境外经营活动产生的现金流量难以偿还其现有债务和正常情况下可预期的债务，境外经营应当选择与企业记账本位币相同的货币作为记账本位币；反之，应根据境外经营所处的主要经济环境选择记账本位币。

（三）记账本位币的变更

企业的记账本位币一经确定，不得随意变更，除非与确定记账本位币相关的企业经营所处的主要经济环境发生了重大变化。

主要经济环境发生重大变化，通常是指企业主要产生和支出现金的环境发生重大变化，使用该环境中的货币最能反映企业的主要交易业务的经济结果。企业经营所处的主要经济环境发生了重大变化，需要提供确凿的证据，并应当在附注中披露变更的理由。

企业因经营所处的主要经济环境发生重大变化，确需变更记账本位币的，应当采用变更当日的即期汇率将所有项目折算为变更后的记账本位币，折算后的金额作为以新的记账本位币计量的历史成本。由于采用同一即期汇率进行折算，因此不会产生汇兑差额。

企业记账本位币发生变更的，在按照变更当日的即期汇率将所有项目折算为变更后的记账本位币时，其比较财务报表也应当以可比当日的即期汇率折算所有资产负债表和利润表项目。

二、外币与外币交易

（一）外币的概念

按照我国会计准则的规定，外币是指企业记账本位币以外的货币。例如，我国企业以人民币作为记账本位币，那么各种外国货币均是外币；如果我国企业采用美元作为记账本位币，那么美元以外的货币，包括人民币均是外币。因此，会计上的“外币”与经济学上的“外币”概念有本质区别，经济学上的外币是指本国货币以外的其他国家或地区的货币，即在经济学中，外币是“外国货币”的简称，它常用于企业因贸易、投资等经济活动引起的对外结算业务中。

（二）外币交易及类型

外币交易，是指企业以记账本位币以外的货币计价或者结算的交易。外币交易主要包括下列几类：

（1）买入或卖出以外币计价的商品或服务。例如，A公司以人民币为记账本位币，A公司向美国B公司出口商品，或者向国外C公司进口设备，均以美元结算货款，其销售和购买业务均属于外币交易。这里的商品，可以是具有实物形态的存货、固定资产等，也可以是不具有实物形态的无形资产等。

（2）借入或借出外币资金。例如，企业向银行或非银行金融机构借入以记账本位币以外的货币表示的资金，银行或非银行金融机构向人民银行、其他银行或非银行金融机构借贷以记账本位币以外的货币表示的资金，以及发行以记账本位币以外的货币计价或结算的债券等。

（3）外币兑换业务，即企业将一种货币兑换为另一种货币的交易。例如，以美元兑换人民币，或者以人民币兑换美元。

（4）其他以外币计价或者结算的交易。例如，企业接受外币资本投资。

三、外汇、汇率及汇兑损益

（一）外汇的概念

外汇是指一国持有的以外币表示的用以进行国际结算的支付手段。国际货币基金组织（IMF）对外汇的定义为：“外汇是货币行政当局（中央银行、货币管理机构、财政部门）以银行存款、财政部库券、长短期政府证券等形式，以确保在国际收支逆差时可以使用的债权”。《中华人民共和国外汇管理条例》所称的外汇是指外币表示的可以用作国际清偿的支付手段和资产，具体包括：①外国货币，包括纸币、铸币；②外币收支凭证，包括票据、银行存款凭证、邮政储蓄凭证等；③外币有价证券，包括政府债券、公司债券、股票等；④特别提款权、欧洲货币单位；⑤其他外汇资产。

（二）汇率及其标价方法

汇率又称为汇价，是指两个国家的货币相互兑换的比率。汇率有直接标价法和间接标价法两种标价方法。

1. 直接标价法

直接标价法又称应付标价法，是以一定单位的外国货币为标准，折合若干数额的本国货币的标价方法。这种标价法下相当于计算购买一定单位外国货币应付多少本国货币，所以称为应付标价法。在这种标价方法下，外国货币的数额固定不变，本国货币的数额随汇率的变化而变化，如1美元=6.5元人民币。直接标价法下，如果外币折合为本国货币的数额上升，则说明本国货币贬值；反之，如果外币折合为本国货币的数额下降，则说明本国货币升值。直接标价法下，本国货币币值的大小与汇率的高低成反比。包括我国在内的世界上绝大多数国家目前都采用直接标价法。

2. 间接标价法

间接标价法又称应收标价法，它是以一定单位的本国货币为标准，来计算应收若干单位外国货币的标价方法。在间接标价法中，本国货币的数额保持不变，外国货币的数额随着汇率变化而变化，如1元人民币=0.153美元。间接标价法下，如果外币折合为本国货币的数额上升，则说明本国货币升值；反之，如果外币折合为本国货币的数额下降，则说明本国货币贬值。间接标价法下，本国货币币值的大小与汇率的高低成正比。

（三）汇率的分类

按照不同的标准，汇率有以下几种分类方法。

1. 市场汇率和法定汇率

按照汇率的制定和使用方式划分，汇率可分为市场汇率和法定汇率。市场汇率是指外汇市场上由交易双方的供求关系形成的汇率，这种汇率随市场行情的变化而上下波动；法定汇率又称官方汇率，是由各国政府根据发展经济的政策和交易性质而制定的汇率。

2. 现行汇率和历史汇率

按照汇率记入账中的时间划分，汇率可分为现行汇率和历史汇率。现行汇率是指企业将外汇款项记入账中，或者编制财务报表时采用的汇率，又称为记账汇率；历史汇率是指最初取得外币资产、承担外币负债时记入账中的汇率，又称为账面汇率。可见，现行汇率与历史汇率是整个外币业务核算的重要内容，是形成汇兑损益的基础。

3. 买入汇率和卖出汇率

按照从事外汇经营的银行和经纪人的角度划分，汇率可分为买入汇率和卖出汇率。买入汇率是指银行等在买进外汇时使用的汇率。例如，企业将外汇卖给银行时，企业实际收取的记账本位币金额只能按银行的买入汇率来结算。卖出汇率是指银行等在卖出外汇时使用的汇率。例如，企业从银行购入外汇时，企业实际支付的记账本位币金额应按银行的卖出汇率来结算。银行是通过买入汇率与卖出汇率之间的差价来赚取利润的，因此，卖出汇率一般高于买入汇率。买入汇率和卖出汇率是外币兑换业务会计处理的关键。

4.即期汇率和远期汇率

按照外汇交易的交割期限划分，汇率可分为即期汇率和远期汇率。一般来说，即期汇率是指外汇买卖的双方在成交后即期（原则上不超过两个工作日）办理交割业务时采用的汇率；在我国，通常是指中国人民银行公布的当日人民币外汇牌价的基准价。远期汇率则是特指外汇买卖双方在成交时只是订立合同，规定外汇买卖的数额、汇率、期限等条款，到合同约定日再办理外汇实际交割的远期外汇业务所使用的汇率，即在远期外汇交易订立合同时使用的约定汇率。

在实际工作中，还有一种近似汇率，它是指按照系统合理的方法确定的与交易发生日即期汇率近似的汇率，通常采用当期平均汇率或加权平均汇率等。企业通常应当采用即期汇率进行折算，汇率变动不大的，也可以采用即期汇率的近似汇率进行折算。

音频

汇兑损益

（四）汇兑损益

1.汇兑损益的概念

汇兑损益是指发生的外币业务折算为记账本位币记账时，由于业务发生的时间不同，所采用的汇率不同而产生的记账本位币的差额，或者是不同货币兑换，由于两种货币采用的汇率不同而产生的折算为记账本位币的差额，它给企业带来收益或者损失，也是衡量企业外汇风险的一个指标。

2.汇兑损益的分类

（1）按业务类型划分

外币业务汇兑损益根据其业务类型划分，一般可分为四种经常性汇兑损益：

① 交易损益，是指企业发生的外币债权债务在结算时，由于时间的不同，汇率发生了变化使其折合为记账本位币的金额发生差额，产生汇兑损益。例如，企业采用赊购方式进口产品一批，价值10 000美元，销售日的即期汇率为1美元=6.55元人民币，折合人民币65 500元入账，2个月后收到货款，当时的即期汇率上升为1美元=6.60元人民币，折合人民币66 000元，即产生了500元的汇兑损失。

② 兑换损益，是指在发生外币与记账本位币，或一种外币与另一种外币进行兑换时，由于实际兑换汇率与企业记账汇率或账面汇率不同而产生汇兑损益。例如，企业将10 000美元卖给中国的开户行，当时的银行买入汇率为1美元=6.55元人民币，折合人民币65 500元，银行存款（美元户）账面汇率为1美元=6.60元人民币，折合人民币66 000元，这一兑换业务产生了500元的汇兑损失。

③ 调整损益，是指在会计期末将所有外币债权、债务和外币货币资金账户，按规定的汇率进行调整时，由于账面汇率与期末即期汇率不同而产生的汇兑损益。例如，2020年12月31日，企业银行存款（美元户）为100 000美元，假设账面汇率为1美元=6.70元人民币，折合人民币670 000元，12月31日的期末即期汇率为1美元=6.50元人民币，折合人民币650 000元，将银行存款（美元户）的外币金额按期末即期汇率调整为人民币金额时，会产生20 000元的汇兑损失。

④ 折算损益，是指在会计期末，为了编制合并财务报表或为了重新表述会计记录和财务报表金额，而把按外币计量的金额转化为按记账本位币计量的金额的过程中产生的折算汇兑损益。

（2）按本期实现与否划分

汇兑损益按其是否已经在本期实现，可分为以下两类：

① 已实现的汇兑损益，是指产生汇兑损益的外币业务在本期内已经全部完成所产生的汇兑损益。例如，收到的外币存款在实际支付时，应收的外币债权在实际收回时，应付的外币债务在实际偿还时，不同货币在实际兑换时。

② 未实现的汇兑损益，是指产生汇兑损益的外币业务尚未完成。例如，收到的外币存款尚未实际支付，应收的外币债权尚未实际收回，应付的外币债务尚未实际偿还，一种货币尚未兑换为另一种货币。

对于交易损益，还可以将其划分为已结算交易损益和未结算交易损益两种。已结算交易损益是因在原始交易日与结算日所应用的汇率不同而产生的汇兑损益；未结算交易损益是在原始交易日与结算日跨越了两个会计期间的情况下，为了在会计期末编制财务报表的需要，对于尚未结算的债权债务按照编表日的汇率加以表述，我们将这种在交易结算日之前为编制报表所产生的损益，称为未结算交易损益。

汇兑损益各种分类的关系如图5-1所示。

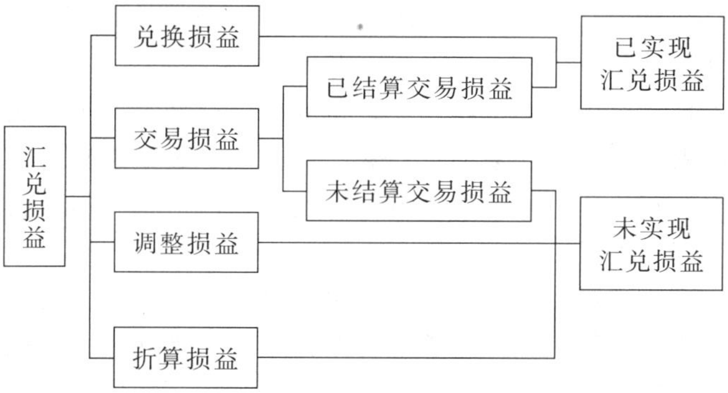

图5-1　汇兑损益的分类

自测题5-1

第二节　外币交易的会计处理

一、外币交易会计处理的两种观念

外币交易的会计处理主要涉及两个环节：一是在交易日对外币交易进行初始确认，将外币金额折算为记账本位币金额；二是在月末或资产负债表日对相关项目进行折算，确认因汇率变动产生的差额。如何确认因汇率变动而产生的差额，在会计上有两种观念：单一交易观和两项交易观。

（一）单一交易观

单一交易观认为，企业以外币结算的购销和收付款业务是一个完整交易中不可分割的两个阶段，只有在账款结算之日购销业务才算完成。因此，不仅外币应收、应付款等货币性项目在结算之前要承受汇率变动的风险，销货收入、购货成本等非货币性项目在结算之前也要承受汇率变动的风险，即在结算时要按即期汇率重新折算为记账本位币，其差额直接调整销货收入、购货成本等非货币性项目折合的记账本位币。

这种方法的核算要点是：

（1）在交易发生日，按即期汇率将交易发生的外币金额折算为记账本位币金额入账。

（2）在资产负债表日，如果交易尚未结算，应按资产负债表日的即期汇率将交易发生额折算为记账本位币金额，并对有关外币资产、负债、收入、成本账户进行调整。

（3）在交易结算日，应按结算日即期汇率将交易发生额折算为记账本位币金额，并对有关外币资产、负债、收入、成本账户进行调整。

（二）两项交易观

两项交易观认为，购、销业务和账款结算是两项独立的交易，以外币结算的销货收入和购货成本折合为记账本位币金额，应取决于购、销业务发生时的即期汇率，如果在结算日汇率发生变动，则形成“汇兑损益”，但不影响购货成本或者销售收入的入账金额。按照两项交易观，在购货或销货交易中形成的应付或应收外币账款，将承受汇率变动的风险，而购货成本或者销售收入不承担汇率变动的风险，一经确认入账，则不再调整。

这种方法的核算要点是：

（1）在交易发生日，按即期汇率将交易发生的外币金额折算为记账本位币金额入账。

（2）在资产负债表日，如果交易尚未结算，应按资产负债表日的即期汇率将交易发生额折算为记账本位币金额，并对有关外币资产、负债账户进行调整，由汇率变动产生的外币折算差额确认为“汇兑损益”。

（3）在交易结算日，应按结算日即期汇率将交易发生额折算为记账本位币金额，并对有关外币资产、负债账户进行调整，结算日即期汇率与上期期末即期汇率变动产生的外币折算差额确认为“汇兑损益”。

（三）两种观念的比较

单一交易观与两项交易观相比较，二者的共同点是，交易日至结算日之间的汇率变动带来的汇兑差额都会影响并调整外币货币性项目的计量；二者的实质区别是，交易日至结算日之间的汇率变动带来的汇兑差额是影响销售收入和购货成本的计量还是应计入当期损益。

在单一交易观下，购货成本或者销售收入最终按照结算时的即期汇率折算的记账本位币入账，其基础是收付实现制，这与现行会计确认基础权责发生制不符，因此，实务中一般不采用单一交易观进行外币交易的会计处理。两项交易观的基础是权责发生制，已被会计界所公认。我国企业会计准则规定，企业应采用两项交易观进行外币业务核算。

【例5-1】 **两种交易观外币业务的会计处理比较**

资料： A公司2022年5月16日向B公司销售一批产品，货款共计10 000美元，当日的即期汇率为1美元=6.30元人民币，5月31日的即期汇率为1美元=6.28元人民币。6月15日，A公司收到B公司支付的全部货款，当日的即期汇率为1美元=6.32元人民币。假设A公司的记账本位币为人民币，按月计算汇兑损益，不考虑相关税费。

要求：对相关业务进行账务处理。

分析：

1. 对于上述业务，如果采用单一交易观

（1）A公司应编制如下会计分录（单位：人民币元）：

①2022年5月16日销售产品时：

借：应收账款——美元户（\$10 000×6.30）　　63 000

　贷：主营业务收入　　63 000

②5月31日进行期末调整时：

借：主营业务收入　　200

　贷：应收账款——美元户（\$100 000×（6.30−6.28））　　200

③6月15日收到销售货款时：

借：银行存款——美元户（\$100 000×6.32）　　63 200

　贷：应收账款——美元户　　62 800

　　主营业务收入　　400

由此可见，在单一交易观下，汇兑损益直接调整销售收入，销售收入最终按照结算时的即期汇率确定的金额入账。

（2）B公司应编制如下会计分录（单位：人民币元）：

①2022年5月16日采购产品时：

借：库存商品　　63 000

　贷：应付账款——美元户（\$10 000×6.30）　　63 000

②5月31日进行期末调整时：

借：应付账款——美元户（\$10 000×（6.30−6.28））　　200

　贷：库存商品　　200

③6月15日支付采购货款时：

借：应付账款——美元户　　62 800

　库存商品　　400

　贷：银行存款——美元户（\$100 000×6.32）　　63 200

由此可见，在单一交易观下，汇兑损益直接调整购货成本，购货成本最终按照结算时的即期汇率确定的金额入账。

2. 对于上述业务，如果采用两项交易观

（1）A公司应编制如下会计分录（单位：人民币元）：

①2022年5月16日销售产品时：

借：应收账款——美元户（\$10 000×6.30）　　63 000

　贷：主营业务收入　　63 000

②5月31日进行期末调整时：

借：财务费用——汇兑损益　　200

　贷：应收账款——美元户（\$10 000×（6.30−6.28））　　200

③6月15日收到销售货款时：

借：银行存款——美元户（\$100 000×6.32）　　63 200

贷：应收账款——美元户 62 800

财务费用——汇兑损益 400

由此可见，在两项交易观下，汇兑损益直接计入当期损益（财务费用），销售收入按照销售时的即期汇率确定的金额入账。

（2）B公司应编制如下会计分录（单位：人民币元）：

①2022年5月16日采购产品时：

借：库存商品 63 000

贷：应付账款——美元户（\$10 000×6.30） 63 000

②5月31日进行期末调整时：

借：应付账款——美元户（\$10 000×（6.30−6.28）） 200

贷：财务费用——汇兑损益 200

③6月15日支付采购货款时：

借：应付账款——美元户 62 800

财务费用——汇兑损益 400

贷：银行存款——美元户（\$100 000×6.32） 63 200

由此可见，在两项交易观下，汇兑损益直接计入当期损益（财务费用），购货成本按照购货时的即期汇率确定的金额入账。

二、外币交易的核算方法和程序

（一）外币交易的核算方法

1.统账制

外币统账制，是指发生外币交易时需要将外币按照一定的汇率折算为记账本位币的方法。具体来说，企业的会计核算是以记账本位币为记账单位，对外币业务涉及的外币一律折算成记账本位币金额加以入账。同时，为反映外币金额情况，在外币账户中辅助记录外币。外币统账制具有简单明了、便于记账的优点，被工业企业广泛运用。目前我国大部分企业采用外币统账制进行外币交易的核算。

2.分账制

外币分账制，是指外币业务发生时，直接用原币记账，发生涉及两种货币的业务时，直接用原币记账，不需要按照一定汇率折算为记账本位币。期末再将各种外币账户折算为记账本位币，同时确认汇兑损益。外币分账制能够准确、及时地反映外币业务情况，一般适用于银行、保险等外币交易频繁的金融企业。

（二）外币交易的核算程序

1.账户设置

在外币统账制方法下，需要设置外币账户来核算外币交易。而外币交易中可能涉及的项目有两大类，外币货币性项目和外币非货币性项目。对于外币非货币性项目，包括存货、长期股权投资、固定资产、无形资产等，不需要单独设置科目，其账页格式设置基本上都是“借”“贷”“余”三栏。而对于外币货币性项目，包括库存现金、银行存款、应收账款、应收票据等，需要在“借”“贷”“余”三个栏目之下再设置“外币金额”“折算汇率”“记账本位币金额”三个栏目。外币货币性项目不需要单独设置一级科目来核算外币交易，只需要在相应的一级科目下设置二级科目，例如在“银行存款”“应收账款”等科目下设置二级科目“美元户”来反映这些一级科目中以美元计价的交易金额。对外币交易金额因汇率变动而产生的差额可在“财务费用”科目下设置二级科目“汇兑损益”反映。

2.核算程序

（1）交易日、结算日会计核算原则

企业对外币交易进行初始确认时，应采用交易发生日的即期汇率将外币金额折算为记账本位币金额；也可以按照系统合理的方法确定的与交易日即期汇率近似的汇率折算，近似汇率通常为当期平均汇率或加权平均汇率等。但是，对于收到的投资者以外币投入的资本，只能采用交易日即期汇率折算。

结算外币货币性项目时，将其外币结算金额按照当日即期汇率折算为记账本位币金额，并与原记账本位币金额相比较，其差额记入“财务费用——汇兑损益”科目。

（2）资产负债表日会计核算原则

①外币货币性项目调整

对于外币货币性项目，在资产负债表日应按照期末的即期汇率（即现行汇率）折合为记账本位币金额，按照期末即期汇率折合的记账本位币金额与原账面记账本位币的差额，确认汇兑损益，记入“财务费用”科目。

②以历史成本计量的外币非货币性项目调整

对于以历史成本计量的外币非货币性项目，已在交易发生日按当日即期汇率折合为记账本位币入账的，资产负债表日不应改变其原记账本位币金额，不产生汇兑差额。因为这些项目在取得时已按取得时的即期汇率折算，从而构成这些项目的历史成本，如果再按资产负债表日的即期汇率折算，就会导致这些项目价值不断变动，从而使这些项目的折旧、摊销和减值不断地随之变动。这与这些项目的实际情况不符，并且会增加会计处理的工作量。

对于以成本与可变现净值孰低法计量的存货项目，当期末采用了以外币反映的可变现净值计量时，需要将外币表示的可变现净值与期末的即期汇率折算的记账本位币金额与原账面记账本位币金额的差额，确认汇兑损益，记入“资产减值损失”科目。

③以公允价值计量的外币非货币性项目调整

对于以公允价值计量的外币非货币性项目，应当先将该项目按照外币公允价值确定当日的即期汇率折算为记账本位币金额，再与原记账本位币金额进行比较，其差额作为“公允价值变动损益”，计入当期损益。如属于其他权益工具投资外币项目，形成的汇兑差额记入“其他综合收益”科目。

三、外币交易的会计处理举例

下面举例说明外币交易在交易日、结算日的会计处理，以及在资产负债表日的会计调整。以下例题均假定企业以人民币作为记账本位币。

（一）交易日、结算日会计处理举例

1.外币兑换业务

外币兑换主要是指企业将本国货币兑换为外币或将外币兑换为本国货币。在外币兑换

过程中，企业实际支付或收取的本国货币金额需要按照银行的卖出汇率或买入汇率进行结算，登记外币账户所采用的是即期汇率（或即期汇率的近似汇率），两种汇率折算的记账本位币的差额记入“财务费用——汇兑损益”科目。

（1）企业将外币兑换成人民币

【例 5-2】 **将外币兑换成人民币的会计处理**

资料： 2022 年 6 月 20 日，A 公司到银行将 100 000 美元兑换为人民币，假设银行当日的美元买入价为 1 美元=6.50 元人民币，中间价为 1 美元=6.54 元人民币。A 公司对外币交易采用交易日银行中间价作为即期汇率进行外币折算。

要求： 对相关业务进行账务处理。

分析： A 公司应编制如下会计分录（单位：人民币元）：

借：银行存款——人民币户　　650 000

　　财务费用——汇兑损益　　4 000

　贷：银行存款——美元户（$100 000×6.54）　　654 000

（2）企业将人民币兑换成外币

【例 5-3】 **将人民币兑换成外币的会计处理**

资料： 2022 年 8 月 10 日，因外币支付需要，A 公司从银行购入 100 000 美元，银行当日的美元卖出价为 1 美元=6.60 元人民币，当日的中间价为 1 美元=6.50 元人民币。A 公司对外币交易采用交易日银行中间价作为即期汇率进行外币折算。

要求： 对相关业务进行账务处理。

分析： A 公司应编制如下会计分录（单位：人民币元）：

借：银行存款——美元户（$100 000×6.60）　　660 000

　贷：财务费用——汇兑损益　　10 000

　　　银行存款——人民币户　　650 000

2.外币购销业务

（1）外币销售业务

【例 5-4】 **外币销售业务的会计处理**

资料： A 公司 2022 年 12 月 9 日向境外某公司销售 10 000 美元的商品，当日的即期汇率为 1 美元=6.20 元人民币；购货方于 20 日后支付货款，付款当日的即期汇率为 1 美元=6.25 元人民币。A 公司采用交易日即期汇率作为折算汇率。

要求： 对相关业务进行账务处理。

分析： A 公司应编制如下会计分录（单位：人民币元）：

（1）2022 年 12 月 9 日销售商品时：

借：应收账款——美元户（$10 000×6.20）　　62 000

　贷：主营业务收入　　62 000

（2）20 天后结算时：

借：银行存款——美元户（$10 000×6.25）　　62 500

　　贷：应收账款——美元户（$10 000×6.20）　　62 000
　　　　财务费用——汇兑损益　　500

（3）假设A公司期末一次性对所有外币货币性项目进行调整，则结算日会计分录可以简化为：

借：银行存款——美元户（$10 000×6.25）　　62 500
　　贷：应收账款——美元户（$10 000×6.25）　　62 500

（2）外币采购业务

【例5-5】　外币采购业务的会计处理

资料： B公司2022年11月9日进口10 000美元的商品，当日的即期汇率为1美元=6.45元人民币；公司于15日后支付货款，付款当日的即期汇率为1美元=6.50元人民币。B公司对外币交易采用交易日即期汇率作为折算汇率。

要求： 对相关业务进行账务处理。

分析： B公司应编制如下会计分录（单位：人民币元）：

（1）2022年11月9日采购时：

借：库存商品　　64 500
　　贷：应付账款——美元户（$10 000×6.45）　　64 500

（2）15日后结算时：

借：应付账款——美元户（$10 000×6.45）　　64 500
　　财务费用——汇兑损益　　500
　　贷：银行存款——美元户（$10 000×6.50）　　65 000

（3）假设B公司期末一次性对所有外币货币性项目进行调整，则结算日会计分录可以简化为：

借：应付账款——美元户（$10 000×6.50）　　65 000
　　贷：银行存款——美元户（$10 000×6.50）　　65 000

3.外币借贷业务

【例5-6】　外币借贷业务的会计处理

资料： A公司2021年7月1日从银行借入一年期贷款10 000美元，年利率为10%，借款日即期汇率为1美元=6.50元人民币；2021年12月31日的即期汇率为1美元=6.40元人民币；2022年7月1日偿还贷款本金，还款日即期汇率为1美元=6.45元人民币。A公司对外币交易采用交易日即期汇率作为折算汇率。假设A公司期末一次性对所有外币货币性项目进行调整。

要求： 对相关业务进行账务处理。

分析： A公司应编制如下会计分录（单位：人民币元）：

（1）2021年7月1日借款时：

借：银行存款——美元户（$10 000×6.50）　　65 000
　　贷：短期借款——美元户（$10 000×6.50）　　65 000

（2）2021年12月31日计息时：

应付利息=\$10 000×10%×6/12×6.40=3 200（元）

借：财务费用——利息支出　　3 200

　贷：应付利息——美元户　　3 200

（3）2021年12月31日期末调整时：

借：短期借款——美元户（\$10 000×（6.50−6.40））　　1 000

　贷：财务费用——汇兑损益　　1 000

（4）2022年7月1日偿还本金时：

借：短期借款——美元户（\$10 000×6.45）　　64 500

　贷：银行存款——美元户（\$10 000×6.45）　　64 500

（5）2022年7月1日支付利息时：

应付利息=\$10 000×10%×6/12×6.45=3 225（元）

借：应付利息——美元户　　3 225

　　财务费用——利息支出　　3 225

　贷：银行存款——美元户　　6 450

（6）2022年12月31日期末调整时：

借：财务费用——汇兑损益　　500

　贷：短期借款——美元户　　500

借：财务费用——汇兑损益　　25

　贷：应付利息——美元户　　25

4.接受外币投资业务

【例5-7】 接受外币投资业务的会计处理

资料：2022年8月3日，C股份有限公司收到外商投入资本200 000美元，假定当日即期汇率为1美元=6.48元人民币；投资合同约定的汇率是1美元=6.50元人民币。C公司对外币交易采用交易日的即期汇率折算。

要求：对相关业务进行账务处理。

分析：C公司应编制如下会计分录（单位：人民币元）：

2022年8月3日收到外币投资时：

借：银行存款——美元户（\$200 000×6.48）　　1 296 000

　贷：股本　　1 296 000

（二）资产负债表日会计处理举例

1.外币货币性项目调整

【例5-8】 外币货币性项目的会计调整

资料：A公司7月1日的外币账户余额见表5-4，外币交易按发生时的即期汇率折算为人民币统一记账。

表 5-4

A公司外币账户期初余额

项目	外币金额（美元）	人民币金额（元）
银行存款——美元户	10 000	63 000
应收账款——美元户	20 000	126 000
短期借款——美元户	30 000	189 000

A公司7月发生如下外币业务（不考虑相关税费）：

（1）7月10日，出口商品一批，价款20 000美元，款项尚未收到，当日的即期汇率为1美元=6.32元人民币。

（2）7月15日，从中国银行取得短期借款10 000美元，当日的即期汇率为1美元=6.40元人民币。

（3）7月20日，收回赊销客户欠款5 000美元，当日的即期汇率为1美元=6.35元人民币。

7月31日的即期汇率为1美元=6.33元人民币。

要求：对相关业务进行账务处理。

分析：A公司应编制如下会计分录（单位：人民币元）：

（1）7月10日销售时：

借：应收账款——美元户（$20 000×6.32）　　126 400

　贷：主营业务收入　　126 400

（2）7月15日取得借款时：

借：银行存款——美元户（$10 000×6.40）　　64 000

　贷：短期借款——美元户（$10 000×6.40）　　64 000

（3）7月20日收回客户欠款：

借：银行存款——美元户（$5 000×6.35）　　31 750

　贷：应收账款——美元户（$5 000×6.35）　　31 750

（4）7月31日，按月末即期汇率调整“银行存款——美元户”“应收账款——美元户”“短期借款——美元户”外币货币性项目的人民币金额。

外币账户调整前后余额及汇兑损益的情况见表5-5。

表 5-5

A公司外币账户调整前后余额及汇兑损益

项目	期末外币金额（美元）	账面折合为人民币金额（元）	期末即期汇率	按期末即期汇率折合为人民币金额（元）	汇兑损益（元）
银行存款——美元户	25 000	158 750	6.33	158 250	-500
应收账款——美元户	35 000	220 650	6.33	221 550	900
短期借款——美元户	40 000	253 000	6.33	253 200	-200
汇兑损益					200

注：正数为汇兑收益，负数为汇兑损失。

根据期末即期汇率调整外币账户的会计分录为：

借：应收账款——美元户　　900

　贷：银行存款——美元户　　500

　　短期借款——美元户　　200

　　财务费用——汇兑损益　　200

2.以历史成本计量的外币非货币性项目调整

前已述及，以历史成本计量的外币非货币性项目通常情况下不需要在期末对其外币账户折合记账本位币的金额进行调整。但是，以成本与可变现净值孰低法计量的存货，如果期末采用了以外币反映的可变现净值计量时，则需要确认汇兑损益，记入“资产减值损失”科目。

【例5-9】 以历史成本计量的外币非货币性项目的会计调整

资料： A公司2022年10月20日进口H商品2 000件，每件价格为150美元，货款以美元支付，当日的即期汇率为1美元=6.52元人民币；2022年12月31日库存H商品尚有100件。期末，国内市场并无同类商品，但在国际市场上该种商品的价格已降至每件120美元，当日的即期汇率为1美元=6.48元人民币。该公司对外币交易采用交易日即期汇率作为折算汇率。假设不考虑相关税费。

要求： 对相关业务进行账务处理。

分析： A公司应编制如下会计分录（单位：人民币元）：

（1）2022年10月20日采购时：

借：库存商品——H商品　　1 956 000

　贷：银行存款——美元户（\$150×2 000×6.52）　　1 956 000

（2）2022年12月31日期末计量时：

借：资产减值损失（\$150×100×6.52−\$120×100×6.48）　　20 040

　贷：存货跌价准备　　20 040

期末确认的20 040元人民币资产减值损失中，实际上包括了商品美元价格变动的损失（（150−120）×6.52×100=19 560（元））和汇率变动的汇兑损失（120×（6.52−6.48）×100=480（元））。

3.以公允价值计量的外币非货币性项目调整

【例5-10】 以公允价值计量的外币非货币性项目的会计调整

资料： A公司2021年12月20日以每股2美元的价格购入B公司股票20 000股，确认为交易性金融资产，当日即期汇率为1美元=6.30元人民币。2021年12月31日，B公司股票市价为每股3美元，当日即期汇率为1美元=6.35元人民币；2022年1月18日，A公司将其持有的B公司股票以每股2.9美元全部售出，当日即期汇率为1美元=6.20元人民币。A公司对外币交易采用交易日即期汇率作为折算汇率。假设不考虑相关税费。

要求： 对相关业务进行账务处理。

分析： A公司应编制如下会计分录（单位：人民币元）：

（1）2021年12月20日，购入股票时：

借：交易性金融资产——成本　252 000

　贷：银行存款——美元户（\$2×20 000×6.30）　252 000

（2）2021年12月31日，确认公允价值变动损益时：

借：交易性金融资产——公允价值变动　129 000

　贷：公允价值变动损益（\$3×20 000×6.35−\$2×20 000×6.30）　129 000

公允价值变动损益129 000元人民币，既包含公允价值变动的影响（（3−2）×6.35×20 000=127 000（元）），也包含汇率变动的汇兑损益（2×（6.35−6.30）×20 000=2 000（元））。

（3）2022年1月18日，出售股票时：

借：银行存款——美元户（\$2.9×20 000×6.20）　359 600

　　投资收益　21 400

　贷：交易性金融资产——成本　252 000

　　　　　　　　　——公允价值变动　129 000

同时，

借：公允价值变动损益　129 000

　贷：投资收益　129 000

自测题5−2

第三节　外币财务报表折算

一、外币财务报表折算的概念及作用

（一）外币财务报表折算的概念

外币财务报表折算是指企业为了把境外经营反映在企业的财务报表里，将境外经营以外币表示的财务报表折算为以企业记账本位币表示的财务报表的过程。一般来讲，外币财务报表折算只是改变表述的货币单位，并不改变报表项目之间的关系。

（二）外币财务报表折算的作用

外币财务报表折算的作用主要体现在以下几个方面：

（1）编制跨国公司合并会计报表的需要。编制合并报表首先需要母子公司的编报货币统一，否则无法直接编制合并报表。由于编制合并报表的主要目的是满足母公司股东和债权人等的需要，因而合并报表通常应以母公司报表所用货币来表述。因此，对纳入合并范围的境外经营子公司或者分支机构以外币表示的财务报表需要折算为以母公司记账本位币表示的财务报表。

（2）母公司为了考核、评价国外子公司的财务状况、经营成果以及现金流量，需要将国外子公司用外币表述的报表转换为按母公司所用货币表述的报表。

（3）在国外资本市场有资本需求的公司，必须按上市地区的货币披露财务报告，且有义务向其他国家的投资者和债权人报告财务信息。因此，也需要将以本国货币编制的财务报表折算为以某种外国货币表示的财务报表。

如果外币报表折算的目的是编制合并报表，则应特别注意以下两点：

(1) 在折算之前，应当统一母公司与国外子公司的财务报表决算日和会计期间，使子公司财务报表决算日和会计期间与母公司保持一致。

(2) 母公司应当尽可能统一母公司与国外子公司所采用的会计政策和会计处理方法，使国外子公司所采用的会计政策和会计处理方法与母公司保持一致。

二、外币财务报表折算的基本问题

外币财务报表折算的基本问题是折算汇率的选择以及折算差额的处理。折算汇率的选择是指报表项目应该采用何种汇率进行折算，目前国际上有四种不同的方法：流动与非流动项目法、货币性与非货币性项目法、时态法、现行汇率法，其中比较流行的是时态法和现行汇率法。关于折算差额的处理，主要问题是计入当期损益，还是作递延处理。

(一) 折算汇率的选择

1.流动与非流动项目法

流动与非流动项目法是将资产与负债项目区分为流动性项目与非流动性项目两大类。对于流动性项目，按现行汇率折算；对于非流动性项目，则按照历史汇率折算。

具体折算方法是：流动资产与流动负债项目按编表日的现行汇率折算，其他资产负债表项目（包括非流动性项目以及所有者权益项目），除未分配利润项目之外，均按历史汇率折算；资产负债表上的未分配利润需要计算确定。对于利润表项目，除了折旧费用、摊销费用项目按有关资产取得时的历史汇率折算外，其他项目均按编表期的平均汇率折算。

流动与非流动项目法的理论依据是非流动资产不会在短期内转变为现金，非流动负债在短期内也不需偿还，因此不受现行汇率变动的影响。但这种方法的理论依据并不充分，即不能说明流动项目和非流动项目要采用不同汇率的原因。例如，按现行汇率折算流动资产，表明货币性资产和非货币性资产均要承受同样的汇率波动风险，但这对按历史成本计价的非货币性资产项目来说就不合理了。

2.货币性与非货币性项目法

货币性与非货币性项目法是将资产与负债项目区分为货币性项目与非货币性项目，将货币性项目按现行汇率折算，将非货币性项目按历史汇率折算的一种外币财务报表折算方法。

具体折算方法是：资产负债表上的货币性项目，包括货币性资产与货币性负债（如库存现金、应收账款、应付账款、长期借款等），均按现行汇率折算；非货币性资产与负债项目（如存货、固定资产、交易性金融资产及长期股权投资等），均按其取得时的历史汇率折算；所有者权益项目中除未分配利润项目外，均按历史汇率折算，未分配利润项目属于平衡数。利润表上的折旧费用与摊销费用项目，同流动与非流动项目法一样，按有关资产取得时的历史汇率折算；销售成本一般根据存货按倒挤法确定；其他项目均按业务发生时的汇率或编表期的平均汇率折算。

货币性与非货币性项目法认为货币性项目暴露在外汇风险之中，需要承受汇率变动的风险，因此要按现行汇率折算；非货币性项目不受汇率变动的影响，因此按历史汇率折算是合理的。但是，这种方法也是根据报表项目的分类来确定折算汇率的，没有充分的依据来说明这种分类与汇率折算之间的联系。如果非货币性项目采用现行市价计量，则按历史汇率进行折算就显得不太合理。

3.时态法

时态法是一种以资产、负债项目的计量属性作为选择折算汇率依据的一种外币财务报表折算方法。时态法和货币性与非货币性项目法相比较，绝大部分内容相同，不同之处表现在资产负债表上按现行市价计价的非货币性资产项目（如按可变现净值计量的存货、以公允价值计量的金融资产等）应按编表日的现行汇率折算。

时态法的理论依据是，外币的折算实际上是将外币财务报表按一种新的货币单位重新表述的一个过程，其改变的只是被计量项目的计量单位，而不是计量属性。因此，各个外币财务报表项目应按其计量日期的实际汇率折算，这样才能保证不改变各外币财务报表项目的计量基础。其主要缺点在于由于不同的资产、负债项目采用不同的汇率进行折算，因而会改变原资产负债表的结构和比例关系。

4.现行汇率法

现行汇率法是一种以现行汇率为主要折算汇率的外币财务报表折算方法。由于这种方法基本采用统一的汇率进行折算，因此又称为单一汇率法。其基本折算方法是：资产负债表上所有资产与负债项目均按现行汇率折算；所有者权益项目中除未分配利润项目外，均按历史汇率折算；未分配利润项目属于平衡数，通过倒轧计算获得。利润表上的收入和费用项目，按现行汇率折算，或者按编表期内的平均汇率折算。

现行汇率法由于采用单一的汇率对资产、负债进行折算，因此，折算后报表各项目能够与原外币报表各项目之间的比例关系保持一致，不会改变原报表的结构与比例关系。这一方法的缺点在于，对资产、负债项目折算汇率的选择缺乏足够的理论依据，如对以历史成本计量的资产项目，按照现行汇率折算的结果，既不代表资产的历史成本，也不代表资产的现行市价，没有意义。

尽管现行汇率法存在缺陷，但仍是实务中广为应用的一种折算方法。我国外币财务报表折算实务采用的就是现行汇率法。

（二）折算差额的处理

外币折算差额，是指在外币财务报表折算时，由于资产、负债及所有者权益项目所采用的折算汇率不同而产生的差额。企业无论采用哪种折算方法都会产生折算差额，即折算损益。折算损益仅仅是外币财务报表折算过程中形成的一种未实现汇兑损益。对折算差额的处理方法包括当期损益法、递延法。

1.当期损益法

当期损益法是将外币财务报表折算差额作为当期损益处理，全部计入当期利润表中。

主张这种方法的人认为，汇率变动会引起资产和负债折算后价值的变化，而净资产价值的变动必然会使企业收益受到影响。只有将折算损益计入当期损益，才能给报表信息使用者提供真实信息，满足报表信息使用者对会计信息相关性的决策需求。

但是，在通货膨胀情况下，将大幅度的汇率变动所造成的外币折算损益计入当期损益，会导致利润表中企业的收益难以反映企业的正常经营成果。另外，把未实现的折算损益计入当期损益，合并会计报表提供的收益信息也会使信息使用者产生误解。

2.递延法

递延法是将外币财务报表折算差额在资产负债表的所有者权益项目中单独列示，作递延项目处理。

主张这种方法的人认为，折算损益只是外币财务报表重新表述过程的产物，折算过程中形成的折算损益均为未实现损益。此外，折算损益也不会影响境外经营子公司所创造的当地货币的现金流量，把它作为当期损益计入利润表，可能会使人产生误解。因此，应作为合并业务权益的一部分单独列示，将折算损益以单独项目列示于资产负债表的股东权益内，作为累计递延项目处理。

三、我国境外经营财务报表的折算

（一）一般情况下外币财务报表的折算

一般情况下，企业对境外经营外币财务报表进行折算时，应遵循以下原则：

（1）资产负债表中的资产和负债项目，采用资产负债表日的即期汇率折算，所有者权益项目除“未分配利润”项目外，其他项目采用发生时的即期汇率折算。

（2）利润表中的收入和费用项目，采用交易发生日的即期汇率或即期汇率的近似汇率折算。

（3）产生的外币财务报表折算差额，在编制合并财务报表时，应在合并资产负债表中计入“其他综合收益”。

显然，我国外币财务报表折算总体依据的是现行汇率法。

【例5-11】 **现行汇率法外币财务报表折算**

资料：A公司以人民币作为记账本位币，B公司是A公司设在美国的一家子公司并以美元作为记账本位币。B公司的有关资料如下：

假如2022年12月31日的即期汇率是1美元=6.50元人民币，2022年度的平均汇率是1美元=6.45元人民币，实收资本发生时的汇率为1美元=7.00元人民币。2021年12月31日的累计盈余公积为10 000美元，折算的记账本位币金额为71 000元人民币；累计未分配利润36 000美元，折算的记账本位币金额为257 400元人民币；2022年提取盈余公积5 000美元。

B公司相关资产负债表、利润表资料见表5-6、表5-7。

表5-6 **资产负债表**

编制单位：B公司 2022年12月31日 单位：美元

资产	期末余额	负债和所有者权益	期末余额
流动资产：		流动负债：	
货币资金	30 000	短期借款	20 000
交易性金融资产	15 000	应付账款	28 000
应收账款	20 000	应付职工薪酬	18 000
存货	90 000	应交税费	8 000
流动资产合计	155 000	流动负债合计	74 000
非流动资产：		非流动负债：	

续表

资产	期末余额	负债和所有者权益	期末余额
固定资产	150 000	长期借款	100 000
无形资产	100 000	长期应付款	28 000
非流动资产合计	250 000	非流动负债合计	128 000
		负债合计	202 000
		所有者权益：	
		实收资本	150 000
		资本公积	0
		其他综合收益	0
		盈余公积	15 000
		未分配利润	38 000
		所有者权益合计	203 000
资产总计	405 000	负债和所有者权益总计	405 000

表5-7　**利润表**

编制单位：B公司　2022年度　单位：美元

项目	本年发生额
一、营业收入	550 000
减：营业成本	350 000
税金及附加	80 000
销售费用	15 000
管理费用	46 000
财务费用	30 000
二、营业利润	29 000
加：营业外收入	20 000
减：营业外支出	8 000
三、利润总额	41 000
减：所得税费用	10 000
四、净利润	31 000
五、其他综合收益	0
六、综合收益总额	31 000

要求：根据上述资料，对B公司的财务报表进行折算。

分析：B公司财务报表的折算过程见表5-8、表5-9和表5-10。

表5-8 **资产负债表**

编制单位：B公司 2022年12月31日

项目	期末余额（美元）	折算汇率	折算人民币金额（元）
流动资产：			
货币资金	30 000	6.50	195 000
交易性金融资产	15 000	6.50	97 500
应收账款	20 000	6.50	130 000
存货	90 000	6.50	585 000
流动资产合计	155 000		1 007 500
非流动资产：			
固定资产	150 000	6.50	975 000
无形资产	100 000	6.50	650 000
非流动资产合计	250 000		1 625 000
资产总计	405 000		2 632 500
流动负债：			
短期借款	20 000	6.50	130 000
应付账款	28 000	6.50	182 000
应付职工薪酬	18 000	6.50	117 000
应交税费	8 000	6.50	52 000
流动负债合计	74 000		481 000
非流动负债：			
长期借款	100 000	6.50	650 000
长期应付款	28 000	6.50	182 000
非流动负债合计	128 000		832 000
负债合计	202 000		1 313 000

续表

项目	期末余额（美元）	折算汇率	折算人民币金额（元）
所有者权益：			
实收资本	150 000	7.00	1 050 000
其他综合收益**	0		-258 850
盈余公积*	15 000		103 250
未分配利润*	62 000		425 100
所有者权益合计	203 000		1 319 500
负债和所有者权益总计	405 000		2 632 500

注：*“盈余公积”“未分配利润”折算人民币金额见表5-10。

**“其他综合收益”为倒轧数。

表5-9

利润表

编制单位：B公司 2022年度

项目	本年发生额（美元）	折算汇率	折算人民币金额（元）
一、营业收入	550 000	6.45	3 547 500
减：营业成本	350 000	6.45	2 257 500
税金及附加	80 000	6.45	516 000
销售费用	15 000	6.45	96 750
管理费用	46 000	6.45	296 700
财务费用	30 000	6.45	193 500
二、营业利润	29 000		187 050
加：营业外收入	20 000	6.45	129 000
减：营业外支出	8 000	6.45	51 600
三、利润总额	41 000		264 450
减：所得税费用	10 000	6.45	64 500
四、净利润	31 000		199 950
五、其他综合收益			
外币报表折算差额	0		-258 850
六、综合收益总额	31 000		-58 900

表 5-10

所有者权益变动表

2022 年度

编制单位：B公司

项目	实收资本			其他综合收益			盈余公积			未分配利润		所有者权益合计（元）
	美元	折算汇率	折算人民币金额（元）	美元	折算汇率	折算人民币金额（元）	美元	折算汇率	折算人民币金额（元）	美元	折算人民币金额（元）	
一、上年年末余额	150 000	7.00	1 050 000				10 000		71 000	36 000	257 400	1 378 400
二、本年增减变动金额												
（一）净利润										31 000	199 950	199 950
（二）其他综合收益												
其中：外币报表折算差额						−258 850						−258 850
（三）利润分配												
其中：提取盈余公积							5 000	6.45	32 250	−5 000	−32 250	0
三、本年年末余额	150 000	7.00	1 050 000			−258 850	15 000		103 250	62 000	425 100	1 319 500

（二）恶性通货膨胀环境下外币财务报表的折算

1.恶性通货膨胀经济的判定

恶性通货膨胀经济通常按照以下特征判断：

（1）最近三年累计通货膨胀率接近或超过100%；

（2）利率、工资和物价与物价指数挂钩；

（3）公众不是以当地货币而是以相对稳定的外币为单位作为衡量货币金额的基础；

（4）公众倾向于以非货币性资产或相对稳定的外币来保存自己的财富，持有的当地货币立即用于投资以保持购买力；

（5）即使信用期限很短，赊销、赊购交易仍按补偿信用期预计购买力损失的价格成交。

2.恶性通货膨胀经济环境下外币财务报表折算的要求

我国企业会计准则要求，当企业处于恶性通货膨胀经济环境下，对境外经营的外币财务报表应遵循“先重述、再折算”的基本要求。具体来讲，首先对资产负债表项目运用一般物价指数予以重述，对利润表项目运用一般物价指数变动予以重述；然后再按照资产负债表日即期汇率进行财务报表折算。

（1）对资产负债表项目的重述。

①由于货币性项目已经以资产负债表日的计量单位表述，因此，所有的货币性项目都不需要重述。②如果非货币性项目已经按照资产负债表日的计量单位表述（如以可变现净值计量的存货、按公允价值计量的金融资产、投资性房地产等），就不需要重述。③其他以历史成本计量的非货币性项目，应按一般物价指数变动对各项目的历史成本和累计折旧（累计摊销）等进行重述。

（2）对利润表项目的重述。

对利润表的所有项目，都需要自其初始确认之日起，以一般物价指数变动予以重述，以使利润表所有项目都以资产负债表日的计量单位表示。重述过程产生的差额计入净利润。

（3）重述后外币报表折算。

企业应对重述后的外币财务报表，按照资产负债表日的即期汇率进行折算。需要注意的是，通常情况下对外币报表进行折算时，不同的报表项目可能需要采用不同的折算汇率；而对处于恶性通货膨胀环境的境外经营的外币报表在按一般物价指数消除了通货膨胀影响之后进行折算时，所有项目采用单一汇率——资产负债表日即期汇率。

在境外经营不再处于恶性通货膨胀经济中时，停止重述，按照停止之日的价格水平重述的财务报表进行折算。

（三）境外经营的处置

企业处置境外经营的方式包括出售、清算、返还股东或放弃全部或部分权益等。

企业应在处置境外经营的当期，将已列入合并财务报表所有者权益的外币报表折算差额中与该境外经营有关的部分，自所有者权益项目转入处置当期损益，即将未实现的折算损益转换为已实现的折算损益。如果是部分处置境外经营的，则按处置比例计算处置部分的外币报表折算差额，转入处置当期损益。

（四）外币财务报表折算的披露

我国《企业会计准则第19号——外币折算》对外币业务的披露要求着重于与记账本

位币有关的事项和汇兑损益差额在本期的变动情况。具体来说：

（1）企业应当披露与记账本位币及汇率有关的事项。主要包括：①企业及其境外经营选定的记账本位币及选定的原因，记账本位币发生变更的，说明变更理由。②采用近似汇率的，说明近似汇率的确定方法。

（2）企业应当披露汇兑损益差额在本期的变动情况。即企业应当披露包括在当期损益中的汇兑差额以及处置境外经营对外币报表折算差额的影响。

自测题5-3

【本章小结】

本章基于《企业会计准则第19号——外币折算》的规范，主要阐述了外币商品购销等外币业务的会计核算方法、期末外币货币性账户和外币非货币性账户的调整方法以及外币报表的折算方法。

【学思践悟】

[目的] 理解外汇管理的基本规定

[资料] 国家外汇管理局关于外汇违规案例的通报

根据《中华人民共和国外汇管理条例》（中华人民共和国国务院令第532号），国家外汇管理局加强外汇市场监管，严厉打击虚假、欺骗性外汇交易，维护外汇市场健康良性秩序。根据《中华人民共和国政府信息公开条例》（中华人民共和国国务院令第711号）等相关规定，国家外汇管理局将部分违规典型案例通报如下：

2020年3月至4月，邵阳市信成医疗科技发展有限公司利用32名境内个人的个人年度购汇额度，违规以分拆购付汇形式向境外转移资金158.25万美元。根据《中华人民共和国外汇管理条例》第三十九条，处罚款53.64万元人民币。

2021年7月至8月，江苏顺哲电子科技有限公司虚构贸易背景，对外付汇300.05万美元。根据《中华人民共和国外汇管理条例》第三十九条，处罚款104.63万元人民币。

资料来源：国家外汇管理局．国家外汇管理局关于外汇违规案例的通报［EB/OL］．(2022-10-11) http：//www.safe.gov.cn/safe/2022/1011/21527.html.

[问题]

1.上述外汇违规业务违反了外汇管理的什么规定？

2.是否涉及财务人员造假？

【复习思考题】

1.什么是记账本位币？如何确定记账本位币？

2.什么是汇兑损益？如何分类？关系如何？

3.外币货币性项目期末的汇兑损益与外币非货币性项目的汇兑损益分别如何确认？

4.什么是“单一交易”观点和“两项交易”观点？二者的区别是什么？

5.如何选择折算汇率对外币交易进行初始确认与计量？

6.为什么要进行外币报表的折算？外币报表折算方法有哪几种？

7.根据我国现行会计准则，如何对外币报表进行折算？

8. 根据我国现行会计准则，如何对处于恶性通货膨胀环境中的境外经营的财务报表进行折算？

9. 我国企业会计准则对会计期末外币业务的信息披露是如何规定的？

【练习题】

[目的] 练习外币交易的账务处理。

[资料] A公司发生外币交易时采用交易日的即期汇率进行折算，以人民币作为记账本位币。有关外币交易的资料如下：

2021年6月30日，为购建固定资产借入一笔款项，本金为1 000万美元，年利率5%，期限2年，到期一次还本付息。该笔借款符合资本化条件的时点是2021年12月初，该资产达到预定可使用状态的时点是2022年末。假设不考虑相关税费，有关汇率如下：

2021年6月30日：1美元=6.60元人民币；

2021年11月30日：1美元=6.45元人民币；

2021年12月31日：1美元=6.30元人民币；

2022年12月31日：1美元=6.35元人民币；

2023年6月30日：1美元=6.50元人民币。

[要求] 对上述外币交易进行相关的账务处理。

引导案例分析要点

第六章

租赁会计

【学习目标】

1. 掌握与租赁会计相关的概念。
2. 掌握承租人租赁的会计核算原则和会计处理方法。
3. 掌握出租人租赁的会计核算原则和会计处理方法。
4. 掌握转租赁、制造商和经销商租赁及售后租回的会计核算方法。
5. 通过“学思践悟”课堂讨论了解与融资租赁相关的法规道德问题。

【本章结构导图】

【引导案例】　　　　南方航空运营机队租赁情况分析

中国南方航空股份有限公司（600029）是中国运输飞机最多、航线网络最发达、年客运量最大的航空公司。中国南方航空机队规模为亚洲第一、世界前列。截至2021年末，中国南方航空集团运营机队包括波音787系列、777系列、737系列，以及空客380系列、350系列、330系列、320系列等各种型号客货运输飞机共878架，截至报告期末机队的具体结构和架数以及飞机交付和退出情况见表6-1。

表6-1　　中国南方航空2021年飞机构成情况　　单位：架

飞机型号		自购飞机架数	融资租赁架数	经营租赁架数	报告期交付	报告期退出	报告期末合计
客机	A380 系列	4	1	0	0	0	5
	A350 系列	6	6	0	4	0	12
	A330 系列	4	29	7	0	5	40
	A320 系列	116	95	123	10	1	334
	B787 系列	4	25	10	2	0	39
	B777 系列	1	14	0	0	0	15
	B737 系列	161	72	166	0	2	399
	EMB190	6	0	0	0	3	6
	ARJ21	6	6	0	6	0	12
货机	B777 系列	7	7	0	0	0	14
	B747 系列	2	0	0	0	0	2
合计		317	255	306	22	11	878

从表6-1可以看出，截至2021年12月31日，南航集团运营的运输飞机中有经营租赁飞机306架，占比34.9%；融资租赁飞机255架，占比29.0%，租赁飞机占机队飞机总架数的63.9%。根据南方航空2021年度合并财务报表，该集团基于租赁的使用权资产为13 272 500万元，其中与飞机租赁相关的使用权资产为13 012 300万元，约占总资产32 294 800万元的40.3%。

资料来源：中国南方航空股份有限公司.中国南方航空股份有限公司（600029）2021年度报告[EB/OL]. http://www.cninfo.com.cn/new/disclosure/detail?plate=sse&orgId=gssh0600029&stockCode=600029&announcementId=1212748163&announcementTime=2022-03-31.

问题：

（1）什么是租赁？航空公司为何大量租赁飞机，而不是购买飞机？

（2）租赁如何分类？经营租赁与融资租赁有何区别？

本章内容将会对以上问题进行解答。

第一节　租赁会计概述

一、租赁的含义、种类及识别

（一）租赁的含义

2006年2月15日，在会计准则国际化背景下，财政部借鉴国际会计准则委员会

（IASC）发布的《国际会计准则第17号——租赁》（IAS17），制定并发布了《企业会计准则第21号——租赁》（CAS21）。CAS21（2006）将租赁定义为“在约定的期间内，出租人将资产的使用权让与承租人，以获取租金的协议”。此定义与IAS17中租赁的定义“租赁是在约定的期间内，出租人将资产的使用权让与承租人，以获取一项或一系列租金的协议”基本相同。

视频

租赁准则修订的背景

2016年，根据不断变化的租赁市场环境，国际会计准则理事会（IASB）发布了《国际财务报告准则第16号——租赁》（IFRS16），取代了原租赁准则IAS17。随后，我国财政部根据《中国企业会计准则与国际财务报告准则持续趋同路线图》（2010）的规定，启动了修改我国CAS21（2006）的工作，并于2018年12月7日发布了新的《企业会计准则第21号——租赁》，取代了原租赁准则。

CAS21（2018）将租赁定义为：在一定期间内，出租人将资产的使用权让与承租人以获取对价的合同。该定义与IFRS16对租赁的定义“租赁是让渡在一定期间内使用资产（标的资产）的权利以换取对价的合同或合同的一部分”基本相同。

从字面上看，新、旧准则对租赁的定义几乎无实质性区别，都是指租赁期内转让资产使用权以获取租金的合同。但通过CAS21（2018）和CAS21应用指南（2019）对租赁定义的进一步解释可以看出，新租赁准则强调了对租赁合同的判断。就是说，甲乙双方对于签订的资产使用合同首先要根据新租赁准则的要求判断它是否属于租赁合同或包含租赁。新租赁准则规定，作为租赁合同必须满足以下两个条件：第一，租赁合同的标的资产必须是已识别资产；第二，租赁合同应转移了租赁期内控制已识别资产使用的权利。

（二）租赁的种类

租赁有多种分类方式：按照租赁资产对象的不同，可分为不动产租赁（包括土地租赁、建筑物租赁）和动产租赁（包括各种设备租赁）；根据与租赁资产相关的风险和报酬是否转移，可分为融资租赁和经营租赁；按照租赁资产投资的来源不同，可分为直接租赁、生产商或经销商租赁、售后租回和转租赁等。直接租赁是指购置租赁资产所需的资金全部由出租人筹集垫付；生产商或经销商租赁是指租赁资产所需的资金由生产商或经销商筹集垫付（即生产商或经销商出租其产品或商品）；售后租回是指承租人将自制或外购的资产出售给出租人后再从出租人租赁回来的行为（简称“回租”）；转租赁是指承租人将租入的资产转租给第三者的行为（简称“转租”）。

从我国企业租赁情况来看，直接租赁比较普遍，本教材将结合我国2018年修订并发布的《企业会计准则第21号——租赁》（即现行租赁准则）的规定，阐述承租人和出租人直接租赁的会计处理方法。除此之外，本教材还将阐述生产商或经销商租赁、售后租回和转租赁等特殊租赁业务。

（三）租赁合同的识别

从本质上看，租赁合同是一项资产使用合同，该类合同有三个核心要素：标的资产（租赁资产）、资产提供方（企业/出租人）和资产使用方（客户/承租人）。根据现行CAS21的规定，企业应对一定期间内使用资产的合同进行评估，以识别该合同是否为租赁合同或包含租赁。识别租赁合同主要分为以下两个步骤：

1.判断标的资产是否为已识别资产

已识别资产是指根据合同条款或相关描述，客户能够明确识别出其租用或使用的是此项资产而非其他资产。已识别资产通常具有以下特征：

（1）物理上可区分。

已识别资产在物理上必须是可以明确识别出来的非常具体的资产，具有排他性。比如，某建筑物的某一层楼、某商场的某一个固定柜台、某船运公司的某条或若干固定船只等。如果合同只赋予客户使用某类资产的权利，而没有特指可明确辨别的某项资产，则标的资产被认为在物理上不能够识别。例如，某咖啡馆和机场签订了一项使用机场某处空间销售商品的5年期合同，咖啡厅定制了易于移动的售货亭销售咖啡及相关商品，机场有很多处空间可安置该售货亭，该售货亭的位置不是固定的，因此，本例中售货亭占用的空间在物理上是不能区分的，本合同无已识别资产。

（2）可明确指定或隐性指定。

已识别资产通常应该是合同中明确指定的，但也可以表现为隐性指定。例如，甲公司与乙铁路运输公司签订了一项使用一节火车车厢运输货物的合同，期限为5年，合同没有明确指明车厢。在合同签订后，乙公司根据合同条款的要求，为甲公司专门设计并改造了一节车厢，专门用于甲公司运输其特殊材料时使用，未经重大改造，这节车厢不适合其他客户使用，乙公司也仅有这一节适合甲公司使用的车厢。因此，在本例中，车厢是隐性指定的，在物理上是可以区分的。

（3）出租人无实质替换资产的能力。

对于已识别资产，出租方是没有实质性替换能力的。如果在使用期内，出租方有能力根据其利益需求随意替换资产，那么，资产在物理上是不能被区分的。比如，某客户与一家公用设施公司签订了一项为期10年的合同，取得了连接客户所在地与北京地区光缆中三条明确指定的直驳光纤使用权。合同规定，供应商仅可因光纤损毁或故障原因才可以替换客户的光纤。因此，在本例，供应商无实质性替换标的资产的能力，标的资产在物理上是可以区分的。

2.判断使用期内控制资产使用的权利是否转移

如果在使用期内，控制资产使用的权利由资产的供应方转移给了客户，则意味着在这期间内与资产相关的几乎全部经济利益将归属于客户，根据现行租赁准则的规定，这类合同属于租赁合同或者合同包含租赁。同时具备以下两个条件意味着资产的控制权已由资产提供方转移给客户：

（1）客户在使用期内有主导资产使用的权利。

主导权意味着控制权。客户在使用期内有主导资产使用的权利，是指在整个使用期内，资产的使用目的、使用方式等重大决策权掌控在客户手中。根据现行租赁准则的规定，存在下列情形之一的，应视为客户主导整个使用期内资产的使用：

①客户主导在整个使用期内资产的使用目的和使用方式。

这种情况是指，在使用期内，与资产的使用目的和使用方式相关的决策可能会发生变更。比如，标的船舶运输的货物、开船的时间及目的地，标的发电厂发电的时间及发电量，标的集装箱储存货物还是运输货物等，如果类似决策发生变更，则决定相关决策的权利应由客户所掌控。

【例 6-1】 **客户直接主导租赁资产使用的情形**

资料： 甲公司与乙公司签订了其使用指定船只的合同，期限为10年。合同规定：甲公司在这10年期间有权决定运输的货物、航行路线、航行时间和目的港等具体运营事宜，但需遵守相关限制性条件。这些限制性条件是为了防止甲公司将船只驶入遭遇海盗风险较高的水域或装载危险品。在合同期间，船只只能由乙公司负责操作、维护及运输，其他公司或甲公司不能操作。

要求： 分析甲公司是否有权主导指定船只的使用。

分析： 本例中，已识别资产（指定船只）虽然由乙公司负责操作、维护及运输，但运输何种货物、何时运输及目的港等与船只使用目的和使用方式相关的决策完全由甲公司安排。因此，根据现行租赁准则的规定，甲公司拥有10年内主导指定船只使用的权利。

②资产的使用目的和使用方式在资产开始使用前已经确定，且客户在该期间可自行或主导他人按预先确定的方式运营该资产。

在这种情况下，尽管资产的使用目的和使用方式可能在开始使用前已经确定，但在使用期内，与资产的使用目的和使用方式相关的决策依然可能会发生变更，如果变更时的决策权由客户所掌控，仍可推断客户主导整个使用期内资产的使用。如果合同预先确定的资产使用目的和使用方式不允许变更，即在资产使用期间内，不涉及与资产使用相关的任何决策，则不能判断客户主导着使用期内资产的使用。

【例 6-2】 **客户不能主导租赁资产使用的情形**

资料： 沿用例6-1的资料，假设合同明确规定了使用期内的船只、运输的货物、装卸日期及运输路线等与船只运营相关事宜，甲公司不能改变合同确定的运输日期、运输的货物及目的地。在使用期内，不会出现与指定船只运营相关的其他决策。

要求： 分析甲公司是否有权主导指定船只的使用。

分析： 本例中，在10年使用期内，已识别资产（指定船只）的使用目的及使用方式已由合同预先明确，甲公司无权更改，运营期间也不会出现与指定船只运营相关的其他决策，因此，不能判断甲公司在这10年内有权主导指定船只的使用，甲公司只是购买了乙公司指定船只的运输服务而已。

③资产由客户设计，且在设计时已经预先确定了该资产在整个使用期内的使用目的和使用方式。

这种情况是指，资产在开始使用时，其使用目的和使用方式已经预先按照客户的要求确定下来，在使用期内，资产实质上是在以客户主导的目的和方式运营，因此，是客户主导着整个使用期内资产的使用。

【例 6-3】 **客户因设计而主导租赁资产使用权的情形**

资料： 甲公司与乙公司签订一项购买一家新太阳能电厂30年全部电力的合同。该太阳能电厂由甲公司设计，且由甲公司聘请了太阳能专家协助其确定了该厂的选址和各项设备工程。乙公司负责按照甲公司的设计建造太阳能电厂，并负责电厂的运行和维护。该太阳能电厂的产权归乙公司所有。合同明确规定，乙公司只能通过该电厂向甲公司供电，没有可能选择其他电厂向甲公司供电（即乙公司没有替换供电厂的可能性）。该太阳能电厂在设计时已经预先按甲公司的要求确定了发电时间和发电量，合同期间不存在其他相关决策。

要求：分析甲公司是否有权主导太阳能电厂的使用。

分析：在本例中，合同明确指定了太阳能电厂，且乙公司无权替换，因此，合同存在已识别资产。另外，由于太阳能电厂的使用目的、使用方式等相关决策在太阳能电厂设计时已按照甲公司的要求预先确定，在合同期间内，发电厂只需要按照预先设计的发电时间和发电量发电，不存在其他相关决策，这说明甲公司在实质上掌控着30年内该太阳能电厂的使用。

（2）客户在使用期内能获得资产几乎全部经济利益。

通常情况下，如果在使用期内，控制标的资产使用的权利已由资产的供应方转移给了客户，那么，在这期间内，与资产相关的几乎全部经济利益应该归客户所有。在评估客户在使用期内能否获得资产几乎全部经济利益时，应注意以下两点：

第一，应当在合同约定的客户权利范围内考虑资产所产生的经济利益。例如，如果合同规定标的资产汽车仅限在某一个特定的区域内使用，则企业应当仅考虑在该区域内使用汽车所产生的经济利益，而不包括在该区域以外使用该汽车所产生的经济利益。

第二，应当考虑在整个使用期间客户通过多种方式使用资产所产生的经济利益，包括使用、持有或转租资产。在考虑使用资产所产生的经济利益时，不仅要考虑主要产品带来的经济利益，还要考虑副产品和通过与第三方之间交易所产生的其他经济利益。

综上所述，在合同开始日，企业应对资产使用合同进行评估，如果合同存在一项（或多项）已识别资产，且已识别资产在使用期内的控制权已由资产的供给方转移给了客户，则该项合同为租赁合同或包含租赁。

租赁合同识别的流程如图6-1所示。

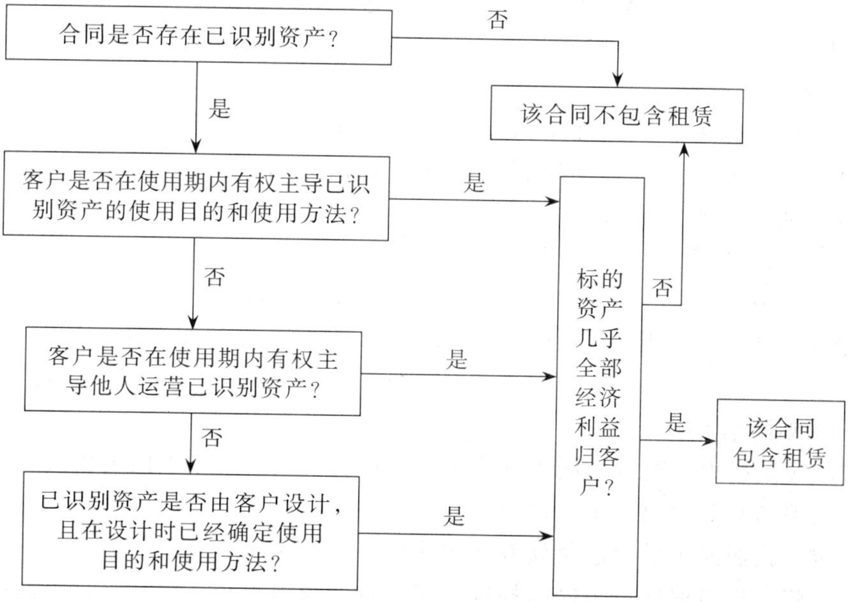

图6-1　识别租赁合同流程图

二、租赁会计涉及的主要概念

租赁会计涉及很多专业术语，为便于学习，这里将集中解释以下常见概念：

1.租赁开始日

租赁开始日是指租赁合同签署日与租赁合同双方就合同主要条款做出承诺日的较早者。

2.租赁期开始日

租赁期开始日是指租赁合同载明的租赁期的起始日。租赁期开始日是出租人提供租赁资产供承租人使用的起始日期，也是承租人依据合同控制租赁资产使用权的日期。在租赁期开始日，承租人应对租赁付款额、租赁负债、使用权资产及未确认融资费用等进行初始确认与计量；出租人应对租赁收款额、租赁投资净额和未实现融资收益等进行初始确认和计量。

3.租赁期

租赁期是指租赁合同载明的承租人有权控制租赁资产的不可撤销的期间。租赁合同签订后一般不可撤销，但以下特殊情况除外：①承租人和出租人双方同意；②承租人与出租人就租赁资产签订了新的租赁合同；③要求撤销方支付足够多的罚金；④其他极少发生的不可控事项等。

承租人在确定租赁期时，应在不可撤销租赁期的基础上，同时考虑以下因素的影响：

（1）续租选择权。

如果租赁协议包含续租选择权，且在租赁开始日承租人可以合理确定将会行使这种选择权，那么，续租期应包含在租赁期之内。例如，A公司签订了一项房屋租赁合同，不可撤销的租赁期为4年，续租选择权是2年。在搬入该房屋之前，A公司对房屋进行了装修与改良，在装修与改良时，A公司预期使用该房屋至少6年，据此，A公司在租赁开始日确定的租赁期应为6年。

（2）终止租赁选择权。

如果租赁协议包含承租人终止租赁选择权，在租赁开始日，承租人应考虑未来能否行使该项权利，如果能合理确定将会行使终止租赁选择权，则在确定租赁期时，应考虑其对租赁期的影响，否则，不予考虑。例如，A公司与B公司签订一项写字楼一楼的租赁合同，租赁期为10年，租金每年150 000元；A公司可以在第5年年末提前终止该租赁合同，罚金为1年的租金。A公司对各方面情况进行综合分析后，认为有理由确定不会在第5年年末提前终止合同，因此，在租赁开始日，A公司确定的租赁期应为10年。

4.租赁付款额

租赁付款额是指根据租赁合同条款确定的、租赁期内由承租人向出租人支付的与租赁资产使用权相关的全部款项，主要包括：

（1）固定付款额或实质固定付款额（扣除租金激励）。

固定付款额是指根据租赁合同的规定，在租赁期内由承租人定期支付给出租人的金额固定的租金。有些租赁合同的租金从形式上看是不固定的，比如其中有不同的支付方案可选择，但从实质上看，这些租赁合同中总会有一个最低租赁付款额，这个最低租赁付款额在实质上是固定的，这就是实质固定付款额。

租金激励是指出租人为达成租赁协议向承租人提供的租金方面的优惠。比如，出租人向承租人支付的与租赁有关的一些款项以及替承租人承担的一些成本等。如果出租人给承租人提供了租金激励，则租金激励应从固定付款额或实质固定付款额中扣除。

（2）取决于指数或比率的可变租赁付款额。

可变租赁付款额是指与消费者价格指数、基准利率或市场租金费率以及其他相关因素等变量挂钩的租赁付款额。这里应注意的是，只有基于价格指数、基准利率或市场租金费率确认的可变租赁付款额才能计入租赁付款额；其他因素导致的可变租赁付款额，应计入当期损益。

（3）预计能行使购买选择权的行权价格。

购买选择权是指租赁合同规定的承租人在租赁期界满时可以购买租赁资产的选择权。如果租赁合同中包含承租人在租赁期届满时的购买选择权，并且在租赁开始日，承租人能够合理确定届时将会行使该选择权，则购买选择权的行权价格应计入租赁付款额。

（4）预计能行使终止租赁选择权需支付的款项。

终止租赁选择权是指租赁合同规定的在租赁期期间可以终止租赁合同的选择权。如果租赁合同中包含承租人终止租赁的选择权，并且在租赁开始日，承租人能够合理确定将会行使该选择权，则承租人应将行使终止租赁选择权时所支付的罚金计入租赁付款额。

（5）预计将会赔付的担保余值。

承租人担保余值是指承租人对租赁资产余值提供的担保金额。如果承租人对租赁资产余值提供了担保，则承租人应于会计期末评估未来因担保可能赔付的金额，并将该金额计入租赁付款额。

5.租赁收款额

租赁收款额是指出租人因让渡租赁期内使用租赁资产的权利而应向承租人收取的款项，主要包括以下内容：

（1）承租人支付的固定付款额或实质固定付款额；

（2）取决于指数或比率的可变租赁付款额；

（3）预计能行使购买选择权的行权价格；

（4）预计承租人行使终止租赁选择权需支付的款项；

（5）由承租人、承租人的关联方或独立的第三方向出租人提供的担保余值。

这里应注意，租赁收款额中的担保余值与租赁付款额中的担保余值在计量上是有差异的，前者是按担保余值的金额计入租赁收款额，而后者是按担保余值中预计应赔付的金额计入租赁付款额。

6.初始直接费用

初始直接费用是指承租人和出租人在租赁谈判和签订合同过程中发生的、可直接归属于某租赁项目的增量成本。增量成本是指若企业不取得该租赁合同，则不会发生的成本，主要包括印花税、佣金、律师费、差旅费、谈判费等。

7.增量借款利率

增量借款利率是指承租人在类似经济环境下为获得与使用权资产价值接近的资产，在类似租赁期间以类似抵押条件借入资金须支付的利率。根据现行会计准则的规定，在租赁期开始日，承租人应选择出租人的租赁内含利率对租赁付款额进行折现，但如果承租人无法获得租赁内含利率，可以选择增量借款利率作为折现率。

8.资产余值

资产余值是指在租赁开始日能够合理预计的租赁资产在租赁期届满时的公允价值。资产余值是合理确定担保余值和未担保余值的基础。

9.担保余值

担保余值是指与出租人无关的一方向出租人提供担保，保证在租赁期结束时租赁资产的价值至少为某指定的金额。资产余值的担保人通常是承租人、承租人的关联方或独立的第三方。由承租人或其关联方提供的担保余值称为对承租人而言的担保余值，它反映了承租人未来预计可能赔付给出租人的担保余值；对于出租人而言的担保余值不仅包括对承租人而言的担保余值，还包括由独立的第三方提供的担保余值。

10.未担保余值

未担保余值是指租赁资产余值中，出租人无法保证能够实现的部分或由与出租人有关的一方提供担保的部分。未担保余值对于出租人来讲是一项资产，在金额上等于资产余值与对于出租人而言的担保余值的差额。例如，某租赁资产的资产余值预计为10万元，其中，由承租人担保的余值为5万元，由独立的担保公司担保的余值为3万元，则未担保余值应该为2万元。

11.租赁投资总额

租赁投资总额是指出租人的租赁收款额和未担保余值之和。该金额代表租赁业务未来能够给出租人带来的经济利益的总流入，其中租赁收款额代表在租赁期内和租赁期结束时能从承租人处陆续收回的经济利益；未担保余值代表租赁期届满时没有任何担保的租赁资产的残余价值。

12.租赁投资净额

现行租赁规范对租赁投资净额有三种表达：(1) CAS21 (2018) 第三十八条指出，租赁投资净额等于租赁收款额现值与未担保余值现值之和。(2) CAS21应用指南 (2019) 中的两种解释：①租赁投资净额等于租赁期开始日租赁资产的公允价值与初始直接费用之和；②租赁投资净额等于租赁投资总额与未实现融资收益的差额[①]。

以上三种表达从不同角度解释了租赁投资净额的含义。根据上述相关概念可知，租赁投资总额、租赁投资净额和未实现融资收益之间存在如图6-2所示的内在关系。

13.租赁内含利率

租赁内含利率是出租人在融资租赁业务中取得的收益率，它是使租赁投资总额现值等于租赁投资净额的折现率，计算公式如下：

①参见中国财政经济出版社出版的《〈企业会计准则第21号——租赁〉应用指南》(2019) 第70页“第四步，确认租赁投资净额的金额和未实现融资收益”。

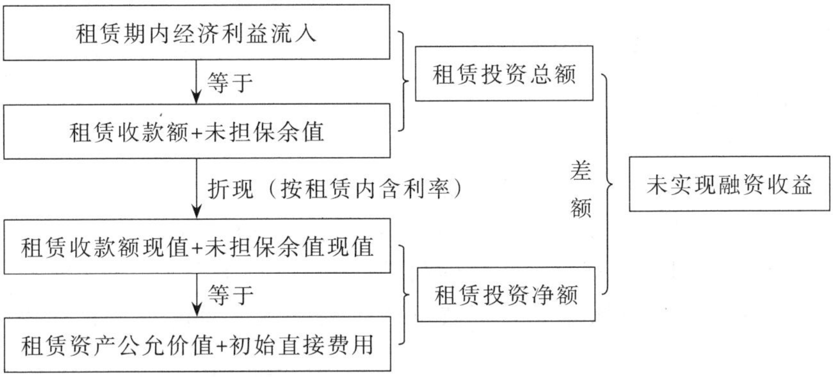

图6-2　租赁投资总额、租赁投资净额和未实现融资收益关系图

租赁收款额的现值+未担保余值的现值=租赁资产公允价值+初始直接费用

租赁内含利率是出租人确认租金收入（未实现融资收益）时的摊销率。未实现融资收益是租赁投资总额与租赁投资净额的差额，代表出租人融资租赁的租赁收入。

14.短期租赁

短期租赁是针对承租人而言的租赁业务，是指在租赁期开始日，租赁期不超过12个月的租赁。附带购买选择权的租赁合同不能作为短期租赁处理。

15.低价值资产租赁

低价值资产租赁也是针对承租人而言的租赁业务，是指单项租赁资产为全新资产时价值较低的租赁。承租人对低价值资产租赁的判定仅与资产的绝对价值有关，不受承租人规模、性质和其他情况影响。低价值资产租赁不能进行转租，即转租赁不包含低价值资产租赁。

16.融资租赁

融资租赁是针对出租人而言的租赁业务，是指实质上转移了与租赁资产所有权有关的几乎全部风险和报酬的租赁。

17.经营租赁

经营租赁也是针对出租人而言的租赁业务，是与融资租赁相对应的业务，指出租人除融资租赁以外的其他租赁业务。

自测题6-1

第二节　承租人的会计处理

为便于阐述，本教材将承租人的租赁业务区分为一般租赁业务和简单租赁业务。其中，简单租赁业务包括短期租赁和低价值资产租赁，一般租赁业务指简单租赁业务之外的租赁。除简单租赁和一般租赁的会计处理方法之外，本节还将阐述承租人租赁合同变更的会计处理方法。

一、承租人一般租赁的会计处理

（一）涉及的主要会计科目

1.“使用权资产”科目

该科目用于核算承租人持有的使用权资产的原值。在租赁期开始日，承租人应将以下项目计入使用权资产的成本：①租赁付款额（扣除租金激励）的现值，即租赁负债的初始入账价值；②在租赁期开始日或之前支付的租赁付款额；③初始直接费用；④预计移除租赁资产、复原租赁资产所在场地、将租赁资产恢复至租赁合同规定状态将发生成本的现值。

2.“租赁负债”科目

该科目用于核算承租人尚未支付的租赁付款额现值。在该科目下，承租人应设置“租赁付款额”和“未确认融资费用”两个二级科目。其中“租赁负债——租赁付款额”科目贷方用于反映承租人应向出租人支付的租金等款项，借方用于反映承租人支付的租金等款项；“租赁负债——未确认融资费用”科目借方用于反映租赁付款额及其现值之间的差额，即租赁期间的融资费用，贷方用于反映采用实际利率法摊销的融资费用金额。

3.“使用权资产累计折旧”科目

该科目用于核算使用权资产的累计折旧情况。承租人通常应当自租赁期开始日起按规定计提使用权资产折旧费用，借记“制造费用”“销售费用”“管理费用”“研发支出”等科目，贷记“使用权资产累计折旧”科目。

4.“使用权资产减值准备”科目

该科目用于核算使用权资产的减值准备。使用权资产发生减值的，应按减值的金额，借记“资产减值损失”科目，贷记“使用权资产减值准备”科目。使用权资产减值准备一旦计提，不得转回。

（二）租赁期开始日的会计处理

在租赁期开始日，承租人对于租赁合同，首先应正确计量租赁负债和使用权资产的入账价值，按使用权资产的成本借记“使用权资产”科目；按尚未支付的租赁付款额，贷记“租赁负债——租赁付款额”科目；按租赁付款额及其现值的差额，借记“租赁负债——未确认融资费用”科目；按当日或之前支付的租赁付款额，贷记“银行存款”“预付账款”等科目。会计分录框架为：

借：使用权资产　　[使用权资产的成本]
　　租赁负债——未确认融资费用　　[未确认融资费用]
　贷：租赁负债——租赁付款额　　[租赁付款额]
　　　银行存款　　[支付的租金、初始直接费用等]

在编制上述会计分录时，最重要的步骤是对租赁负债和使用权资产的初始计量，因此，下面将首先阐述对租赁负债和使用权资产的初始计量，然后举例说明租赁期开始日的会计处理方法。

1.租赁负债的初始计量

租赁负债的初始入账价值等于租赁期开始日尚未支付的租赁付款额的现值，在会计分录中表现为“租赁负债——租赁付款额”和“租赁负债——未确认融资费用”的差额。未确认融资费用是租赁付款额及其现值之间的差额，因此，计量租赁负债的步骤应分为以下三步：第一，对租赁付款额进行初始计量；第二，选定折现率；第三，计算租赁付款额的现值，即租赁负债。

（1）租赁付款额的初始计量。

前已述及，租赁付款额包括承租人应支付给出租人的固定付款额或实质固定付款额、取决于指数或比率的可变租赁付款额、购买选择权的行权价格、行使终止租赁选择权需支付的款项和承租人预计将会赔付的担保余值，下面分别阐述各要素的计量要点。

①固定付款额或实质固定付款额的初始计量。

这里应注意的是实质固定付款额的确定。租赁合同中的租赁付款额一般是固定的金额，如果租赁合同中的租赁付款额不是固定的金额，支付条款存在某些变量，使得一项租赁合同出现多套支付方案，承租人应基于租赁合同条款确定最低租赁付款额，并将其作为实质固定付款额。

【例6-4】 **实质固定付款额的确定**

资料：承租人甲公司签订了一项为期5年的卡车租赁合同。合同中关于租赁付款额的条款为：如果该卡车在某月份的行驶里程不超过2万千米，则该月份应付的租金为20 000元；如果该卡车在某月份的行驶里程超过2万千米但不超过3万千米，则该月份应付的租金为30 000元；该卡车1个月内的行驶里程最高不能超过3万千米，否则承租人需支付巨额罚款。

要求：确定甲公司的实质固定租赁付款额。

分析：在本例中，甲公司应支付的租金是基于卡车的行驶里程的，月租金可能是20 000元，也可能是30 000元，租金不是完全固定的，但不论卡车每月实际行驶多少里程，每月至少需要支付20 000元租金。因此，20 000元/月是最低租赁付款额，属于实质固定付款额，应将其计入租赁付款额。

【例6-5】 **实质固定付款额的确定**

资料：承租人甲公司租入一台预计使用寿命为5年的机器，不可撤销的租赁期为3年，租金为20 000元/年。在第3年年末，甲公司必须以39 000元的价格购买该机器，或者续租2年，续租期租金仍为20 000元/年。在租赁期开始时，甲公司不能合理确定在第3年年末是购买该机器还是续租2年。

要求：确定甲公司的实质固定租赁付款额。

分析：在本例中，甲公司在租赁期开始时不能合理确定在第3年年末是购买该机器还是续租2年，但第3年年末，不论甲公司如何选择，最低也要支付39 000元，因此，39 000元属于实质固定付款额，应将其计入租赁付款额。

②可变租赁付款额的初始计量。

可变租赁付款额主要包括与下列指标挂钩的付款额：A.基准利率、消费者价格指数和市场租金费率等比率或指数；B.承租人租赁资产的绩效，如零售业租赁不动产所取得的销售收入；C.租赁资产的使用情况，如租赁车辆行驶的里程数等。

需要注意的是，在上述各类可变租赁付款额中，只有基于指数或比率的可变租赁付款额才能计入租赁付款额，由其他因素导致的可变租赁付款额应计入当期损益。

【例6-6】 **可变租赁付款额的确定**

资料： 承租人甲公司签订了一项为期10年的不动产租赁合同，每年的租赁付款额为50 000元，于每年年初支付。合同规定，租赁付款额在租赁期开始日后每2年基于过去24个月消费者价格指数的上涨进行上调。租赁期开始日的消费者价格指数为125，假设2年后消费者价格指数为135。

要求： 请确定甲公司的可变租赁付款额。

分析： 在本例中，甲公司租赁不动产的租金是基于消费者价格指数确定的，属于应计入租赁付款额的可变租赁付款额。在租赁期开始日，消费者价格指数为125，由此确定的可变租赁付款额50 000元/年应计入初始租赁付款额。2年后，即第3年年初，消费者价格指数为135，由此确定的租赁付款额应为54 000元/年（50 000×135÷125），因此，从第3年开始应计入租赁付款额的租金变为54 000元/年。在后续计量中，租金需要每2年根据消费者价格指数重新计量一次。

③购买选择权行权价格的初始计量。

如果租赁合同包含租赁期届满时购买标的资产的选择权，则在租赁开始日，承租人应评估未来是否能够行使该选择权。在评估时，承租人应考虑对其行使或不行使购买选择权经济后果有影响的所有相关事实和情况。经综合评估后，如果承租人能够合理确定将行使购买选择权，则承租人应将行权价格计入租赁付款额；否则，行权价格不能计入租赁付款额。

【例6-7】 **租赁资产购买选择权的计量**

资料： 甲公司与乙公司签订一项不可撤销的A设备租赁合同，期限为8年。合同规定，甲公司可以选择在租赁期结束时以10 000元的价格购买A设备。已知A设备应用于不断更新、迅速变化的科技领域，因此，租赁期结束时的公允价值可能出现大幅波动，且租赁期内，尤其是租赁期结束之后，有很大可能会出现更好的替代产品。

要求： 请确定A设备的购买价款是否应计入租赁付款额。

分析： 在本例中，甲公司租赁的设备应用于高科技领域，更新换代较快，在租赁期届满时，租赁资产公允价值具有较大的不确定性，且在租赁期间或租赁期届满时，很可能会出现更好的替代产品，因此，在租赁开始日，甲公司无法合理确定未来是否将行使这项购买选择权，所以10 000元的行权价格不能计入租赁付款额。

④行使终止合同选择权时支付款项的初始计量。

如果租赁合同中包含承租人终止租赁的选择权，则在租赁开始日，承租人应评估未来是否能够行使该终止租赁选择权。在评估时，承租人应考虑对其行使或不行使终止租赁选择权经济后果有影响的所有相关事实和情况。经综合评估后，如果承租人能够合理确定未来将行使终止租赁选择权，则应将行使终止租赁选择权时需支付的款项计入租赁付款额；否则，承租人不应该考虑这项选择权对租赁付款额的影响。

【例6-8】 **提前终止租赁合同补偿的计量**

资料：承租人甲公司与乙地产商签订了一项租赁合同，租入乙公司办公楼的一层楼，为期10年。甲公司有权选择在第5年后提前终止租赁，但需向乙公司支付一年的租金作为罚金。合同规定，该楼层每年租金为12万元，基本与市场正常租金水平相符。乙公司的办公楼是全新的，并且在周边商业园区的办公楼中处于技术领先水平。甲公司的经营具有可持续性，在同等条件下，5年后很难以更优惠的价格在此处租入类似办公楼。

要求：判断提前终止租赁合同补偿款是否应计入租赁付款额。

分析：在本例中，甲公司的经营具有可持续性，在同等条件下，5年后甲公司很难以更优惠的价格租入类似办公楼；另外，12万元的罚金金额不小，甲公司不可能轻易损失。因此，在租赁开始日，甲公司完全有理由确定不会提前终止该租赁合同，也不能将提前终止租赁需支付的罚金计入租赁付款额。

⑤承租人担保余值的初始计量。

如果承租人在租赁合同中对租赁资产余值提供了担保，则应该考虑该担保余值对租赁付款额的影响。这里应注意的是，根据新租赁准则的规定，租赁付款额只应包含预计未来可能赔付给出租人的担保余值，而不是承租人承诺的全部担保余值。

【例6-9】 **承租人担保余值的计量**

资料：承租人甲公司与出租人乙公司签订了汽车租赁合同，租赁期为10年。甲公司为标的汽车的余值提供了担保，担保余值为50 000元。如果在租赁期结束时，汽车的公允价值低于50 000元，则甲公司需向乙公司支付50 000元与租赁期届满时汽车公允价值之间的差额。假设在租赁期开始日，甲公司预计因担保未来可能赔付给乙公司的金额为0。

要求：判断担保余值是否应计入租赁付款额。

分析：在本例中，根据租赁合同的规定，甲公司为租赁的汽车提供了50 000元的担保余值，即租赁期届满时，甲公司就租赁的汽车可能赔付给出租人的最大金额为50 000元。但在租赁期开始日，甲公司预计因提供担保未来可能赔付给乙公司的金额为0，因此，当日应计入租赁付款额的担保余值为0。

（2）折现率的确定。

根据现行租赁准则的规定，在租赁期开始日，如果承租人知悉出租人的租赁内含利率，应首选租赁内含利率作为折现率；如果无法知悉租赁内含利率，则应采用增量借款利率作为折现率。承租人增量借款利率主要受以下因素影响：①借款人的状况，即承租人自身的偿债能力和信用状况；②借款期限，即租赁期限；③借入金额，即租赁负债的金额；④抵押条件，即租赁资产的性质和质量；⑤经济环境，包括承租人所处的司法管辖区、计价货币、合同签订时间等。

在选择折现率的具体操作方面，承租人可以先根据所处经济环境，以可观察的利率作为确定增量借款利率的参考基础，然后根据承租人自身情况、标的资产情况、租赁期和租赁负债金额等租赁业务具体情况，对参考的基础利率进行调整，得出适用的承租人增量借款利率。企业应当对确定承租人增量借款利率的依据和过程做好记录。在会计实务中，确定承租人增量借款利率时常见的参考基础利率包括：承租人同期银行贷款利率、相关租赁合同利率、承租人最近一期类似资产抵押贷款利率、与承租人信用状况相似的企业发行的同期债券利率等。

【例6-10】 承租人增量借款利率的确定方法

资料：2022年1月1日，承租人甲公司签订了一项租期为10年的不动产租赁合同，租金为90万元/年。在租赁期开始日，甲公司无法获悉出租人租赁内含利率，因此，需采用承租人增量借款利率作为折现率。假设：①甲公司有在公开市场上发行的债券；②甲公司有非公开市场上发行的债券；③甲公司没有任何借款。

要求：确定甲公司的增量借款利率。

分析：根据上述资料，在确定甲公司的增量借款利率时，可参考以下做法：

①甲公司发行的债券有公开市场的情况。

当甲公司发行的债券有公开市场时，通常可以考虑该债券的市场价格及市场利率，因为它能够反映甲公司现有的信用状况及债权投资者所要求的现实回报率。甲公司可以在此基础上，结合租赁合同中的租赁付款总额、租赁期间、租金偿还方式以及抵押情况等进行调整，确定其增量借款利率。

②甲公司发行的债券没有公开市场的情况。

当甲公司发行的债券没有公开市场但有可观察到的信用评级时，甲公司可以参考与其信用评级相同企业发行的公开交易债券的利率，以其作为基础参考利率，再结合租赁合同中的租赁付款总额、租赁期间、租金偿还方式以及抵押情况等进行调整，确定其增量借款利率。

③甲公司没有任何借款的情况。

当甲公司没有任何借款时，可以通过银行询价的方式获取相关借款利率，并通过适当调整后，确定其增量借款利率。甲公司也可以通过第三方评级机构获取其信用等级，并参考上述②的方法，确定其增量借款利率。

（3）租赁负债的计量。

承租人在确定了租赁付款额和折现率后，应按下面的公式确定租赁负债的金额：

租赁负债=年租赁付款额×年金现值系数+租赁期届满时支付的金额×复利现值系数

租赁负债的金额确定后，未确认融资费用的金额也相应确定：

未确认融资费用=租赁付款额-租赁付款额现值（租赁负债）

2.使用权资产的初始计量

前已述及，使用权资产的成本包括租赁负债的初始入账价值、租赁期开始日前已支付的租赁付款额、初始直接费用、移除恢复租赁资产预计将发生的成本等。对于使用权资产的初始计量，应注意以下两个问题：

（1）关于租赁期开始日前已支付的租赁付款额。

在某些情况下，承租人可能会在租赁期开始日前发生一些与标的资产无关的支出。例如，根据租赁合同的规定，标的资产需经过重新建造或设计后方可供承租人使用，而对标的资产重新建造或设计的成本费用由承租人自行承担，不属于租赁付款额的范畴，因此，类似支出不能计入使用权资产成本。

（2）关于预计的移除恢复成本。

这类成本是在租赁期开始日预计的未来拆除或移除租赁资产、复原租赁资产所在场地或将租赁资产恢复至租赁合同约定的状态时很可能发生的成本等。如果存在这类成本，承租人应按《企业会计准则第13号——或有事项》的规定，将这类成本费用按现值计入使用权资产成本。

3.租赁期开始日承租人租赁会计示例

【例6-11】 **承租人租赁期开始日的会计处理**

资料：甲公司与乙公司签订了一项租赁合同，有关条款如下：

（1）租赁资产：A建筑物。

（2）租赁期从2022年1月1日起至2031年12月31日止，共10年。

（3）租金为50 000元/年，甲公司应于租赁期开始日支付50 000元租金，其余租金于每年年初支付。

（4）甲公司于租赁期开始日向房地产中介支付了5 000元中介费（初始直接费用），作为对甲公司的激励，乙公司同意补偿甲公司5 000元的中介费。

（5）在租赁开始日，甲公司无法确定租赁内含利率，以增量借款利率5%作为租赁付款额的折现率。

假设9年期、利率为5%的年金现值系数为7.10782，不考虑税费等其他因素的影响。

要求：编制甲公司在租赁期开始日的会计分录。

分析：在本例中，甲公司作为初始直接费用的5 000元中介费由出租人承担，不计入使用权资产成本，因此，在租赁期开始日，甲公司的租赁付款额、未确认融资费用和使用权资产的入账价值分别为：

租赁付款额=50 000×9=450 000（元）

租赁付款额现值= 50 000×（P/A，5%，9）= 355 391（元）

未确认融资费用= 450 000 - 355 391 = 94 609（元）

使用权资产= 355 391 + 50 000 = 405 391（元）

会计分录如下：

借：使用权资产——A建筑物	405 391	
租赁负债——未确认融资费用	94 609	
贷：租赁负债——租赁付款额		450 000
银行存款		50 000

（三）租赁期内的后续会计处理

承租人在租赁期内的后续核算主要包括支付租赁付款额、摊销未确认融资费用、计提使用权资产累计折旧和减值准备，以及因租赁负债和使用权资产影响因素的变化对租赁负债和使用权资产的调整。

1.租赁负债的常规后续核算

租赁负债的常规后续核算包括支付租赁付款额和摊销未确认融资费用。承租人在支付租赁付款额时，借记“租赁负债——租赁付款额”科目，贷记“银行存款”科目；摊销未确认融资费用时，借记“财务费用”等科目，贷记“租赁负债——未确认融资费用”

科目。

【例 6-12】 **承租人常规后续业务的会计处理**

资料：沿用例 6-11 的资料。

要求：编制甲公司未确认融资费用分摊表，并编制各期摊销未确认融资费用和支付租赁付款额的会计分录。

分析：甲公司于每年年初支付租赁付款额，于每年年末摊销未确认融资费用。因此，在租赁期开始日，甲公司应编制未确认融资费用分摊表，见表 6-2。

表 6-2 **未确认融资费用分摊表（保留整数）**

2022 年 1 月 1 日 单位：元

租赁期	租赁负债（期初）①	摊销的融资费用 ②=①×5%	支付的租赁付款额 ③	租赁负债减少额 ④=③-②	租赁负债（期末）⑤=①-④
第 1 年	355 391	17 770	50 000	32 230	323 161
第 2 年	323 161	16 158	50 000	33 842	289 319
第 3 年	289 319	14 466	50 000	35 534	253 785
第 4 年	253 785	12 689	50 000	37 311	216 474
第 5 年	216 474	10 824	50 000	39 176	177 298
第 6 年	177 298	8 865	50 000	41 135	136 163
第 7 年	136 163	6 808	50 000	43 192	92 971
第 8 年	92 971	4 649	50 000	45 351	47 620
第 9 年	47 620	2 380	50 000	47 620	0
第 10 年	—	0	50 000	—	—
合计	—	94 609	500 000	355 391	—

根据表 6-2，在租赁期内，甲公司应编制如下会计分录：

（1）2022 年 1 月 1 日

借：租赁负债——租赁付款额 50 000

　贷：银行存款 50 000

（2）2022 年 12 月 31 日

借：财务费用 17 770

　贷：租赁负债——未确认融资费用 17 770

（3）2023 年 1 月 1 日

借：租赁负债——租赁付款额 50 000

　贷：银行存款 50 000

（4）2023 年 12 月 31 日

借：财务费用 16 158

贷：租赁负债——未确认融资费用 16 158

其余年份会计分录略。

2.使用权资产的常规后续核算

使用权资产的常规后续核算主要是计提使用权资产的累计折旧；在涉及资产减值的情况下，还需要计提使用权资产减值准备。使用权资产的折旧应根据《企业会计准则第4号——固定资产》的规定进行。通常，承租人应按直线法对使用权资产计提折旧，如果其他折旧方法更能够反映使用权资产预计经济利益的实现方式，应采用其他折旧方法。

在对使用权资产计提折旧时应注意：

（1）关于折旧年限：承租人能够合理确定租赁期届满时取得租赁资产使用权的，应在租赁资产剩余使用年限内计提折旧；承租人不能够合理确定租赁期届满时取得租赁资产使用权的，应在租赁期与租赁资产使用寿命两者孰短的期间内计提折旧。

（2）关于计提基础：承租人应基于租赁期开始日使用权资产的账面价值计提；在租赁期内，使用权资产账面价值调整时，应根据调整后的账面价值计提折旧。

【例6-13】 **使用权资产的后续会计处理**

资料：沿用例6-11的资料，并假设甲公司编制季度报表，A建筑物按季度计提折旧。

要求：编制甲公司每季度摊销使用权资产的会计分录。

分析：根据题中资料，A建筑物使用年限为10年，如果按季度计提折旧，则每季度应计提的折旧额为：

405 391÷（10×4）=10 134.78（元）

会计分录为：

借：管理费用 10 134.78

贷：使用权资产累计折旧——A建筑物 10 134.78

3.对租赁负债和使用权资产的后续调整

在租赁期内，如果影响租赁付款额的某项要素发生变动并引起租赁付款额变动，则承租人应重新计量租赁负债，确认租赁付款额和未确认融资费用的变动，并据以调整使用权资产和租赁负债的账面价值。下面举例加以说明。

（1）基于可变租赁付款额变动的调整。

这里应注意的是，导致可变租赁付款额变动的因素可能是浮动利率，也可能是浮动利率外的其他因素。如果是浮动利率变动而导致租赁付款额变动并重新计量租赁负债，应选择新的折现率；如果是消费者价格指数或其他比率等变动而导致租赁付款额变动并重新计量租赁负债，则折现率保持不变。

【例6-14】 **基于消费者价格指数变动的调整**

资料：承租人甲公司签订一项10年期不动产租赁合同，租金属于可变租赁付款额，根据每两年消费者价格指数水平进行调整，于每年年初支付。第1年年初的消费者价格指数为125，据此确定的租金为50 000元/年；租赁期第3年年初的消费者价格指数为135，据此确定的调整后的租金为54 000元/年（50 000×135÷125）。假设甲公司在租赁期开始日的折现率为5%，7年期、5%的年金现值系数为5.7864。

要求：确认第3年年初租赁负债的相关变动，并编制相应的调整分录。

分析：在第3年年初，由于消费者价格指数变化而导致租金由50 000元/年升至54 000元/年，因此，甲公司应重新计量租赁负债，确定租赁付款额变动额和未确认融资费用变动额，并编制相关调整分录。会计处理步骤如下：

第一步，计算第3年年初租赁负债的相关变动额。

①租赁负债变动额=［54 000+54 000×（P/A，5%，7）］－［50 000+50 000×（P/A，5%，7）］
=366 466−339 320=27 146（元）

②租赁付款额变动额=（54 000−50 000）×8=32 000（元）

③未确认融资费用变动额= 32 000−27 146 = 4 854（元）

第二步，调整第3年年初使用权资产和租赁负债的账面价值。

借：使用权资产	27 146	
租赁负债——未确认融资费用	4 854	
贷：租赁负债——租赁付款额		32 000

（2）基于购买选择权、续租选择权及终止租赁选择权变动的调整。

在租赁期内，如果发生承租人可控范围内的重大事件或变化，且影响承租人合理判断是否将行使购买选择权、续租选择权或终止租赁选择权时，承租人应当对是否行使相应选择权进行重新评估。如果评估结果导致承租人改变了对相关选择权的选择，承租人应当重新确定租赁付款额，并根据重新确定的折现率，重新计量租赁负债。

【例6-15】　基于购买选择权变动的调整

资料：承租人甲公司与出租人乙公司于2021年年初签订了一项为期5年的A设备租赁合同，租赁付款额为10 000元/年，于每年年末支付，A设备剩余使用年限为7年。甲公司拥有在租赁期结束时以5 000元购买A设备的选择权，预计A设备在租赁期届满时的资产余值为20 000元。在租赁开始日，甲公司计划将研究和开发自有设备以替代A设备，并预期该自有设备将在5年内投入使用，因此，甲公司在租赁开始日确定不会行使购买选择权。

在租赁的第4年年初，甲公司对经营进行了战略调整，决定停止开发替代A设备的资产，并决定在租赁期届满时将购买该租赁资产。甲公司无法取得租赁内含利率，以增量借款利率作为折现率。在租赁期开始日，甲公司的增量借款利率为5%；在第4年年初，甲公司的增量借款利率为5.5%。假设5年期、5%的年金现值系数为4.33。

要求：编制与A设备租赁相关的会计分录。

分析：在租赁开始日，甲公司确定不会行使购买选择权；在第4年年初，甲公司又决定行使购买选择权，因此，甲公司在第4年年初应该重新计量租赁负债，确定租赁付款额变动额和未确认融资费用变动额，并编制相关的调整分录。租赁期内与A设备租赁相关的会计分录如下：

首先，编制租赁期开始日的会计分录。

租赁付款额=10 000×5=50 000（元）

租赁负债=10 000×（P/A，5%，5）=43 300（元）

未确认融资费用=50 000−43 300=6 700（元）

会计分录为：

借：使用权资产　43 300

　　租赁负债——未确认融资费用　6 700

　贷：租赁负债——租赁付款额　50 000

其次，编制与A设备租赁相关的后续会计分录。

甲公司应于每年年末支付租金，摊销未确认融资费用，并计提使用权资产累计折旧。其中，每年计提的使用权资产累计折旧为8 660元（43 300÷5）；未确认融资费用的摊销应根据甲公司在租赁开始日编制的未确认融资费用分摊表进行，具体见表6-3。

表6-3　**未确认融资费用分摊表**　单位：元

租赁期	年租赁付款额	摊销的融资费用	租赁负债减少额	租赁负债余额
①	②	③=期初⑤×5%	④=②-③	期末⑤=期初⑤-④
2021年年初				43 300
第1年年末	10 000	2 165	7 835	35 465
第2年年末	10 000	1 773	8 227	27 238
第3年年末	10 000	1 362	8 638	18 600
第4年年末	10 000	930	9 070	9 530
第5年年末	10 000	470	9 530	0
合计	50 000	6 700	43 300	—

根据表6-3，甲公司各年应编制的会计分录如下：

①第1年年末的会计分录：

借：租赁负债——租赁付款额　10 000

　贷：银行存款　10 000

借：财务费用　2 165

　贷：租赁负债——未确认融资费用　2 165

借：制造费用　8 660

　贷：使用权资产累计折旧　8 660

②第2年年末的会计分录：

借：租赁负债——租赁付款额　10 000

　贷：银行存款　10 000

借：财务费用　1 773

　贷：租赁负债——未确认融资费用　1 773

借：制造费用　8 660

　贷：使用权资产累计折旧　8 660

③第3年年末的会计分录：

借：租赁负债——租赁付款额　10 000

贷：银行存款　　10 000

借：财务费用　　1 362

贷：租赁负债——未确认融资费用　　1 362

借：制造费用　　8 660

贷：使用权资产累计折旧　　8 660

④第4年年初，甲公司应重新计量租赁负债，并编制相关会计分录，假设2年期、5.5%的年金现值系数为1.8464；2年期、5.5%的复利现值系数为0.8985。

租赁负债增加额=［10 000×（P/A，5.5%，2）+5 000×（P/F，5.5%，2）］−18 600

= 22 957 – 18 600 = 4 357（元）

租赁付款额增加额=20 000+5 000−20 000=5 000（元）

未确认融资费用增加额=5 000−4 357=643（元）

调整租赁分录为：

借：使用权资产　　4 357

租赁负债——未确认融资费用　　643

贷：租赁负债——租赁付款额　　5 000

⑤第4年年末，甲公司应重新计算未确认融资费用摊销额和使用权资产累计折旧，其中：

未确认融资费用摊销额=22 957×5.5%=1 263（元）

使用权资产累计折旧=（43 300−8 660×3+4 357）÷4=5 419（元）

会计分录为：

借：租赁负债——租赁付款额　　10 000

贷：银行存款　　10 000

借：财务费用　　1 263

贷：租赁负债——未确认融资费用　　1 263

借：制造费用　　5 419

贷：使用权资产累计折旧　　5 419

第5年至第7年会计分录略。

视频

租赁负债后续调整的原则

二、承租人租赁合同变更的会计处理

租赁变更是指在原合同条款之外关于租赁范围、租赁对价、租赁期限的变更，主要包括增加或减少一项或多项租赁资产使用权、增加或缩减租赁范围、延长或缩短租赁期等。

承租人对于租赁合同的变更，主要有以下两种会计处理方法：

（一）作为单独租赁的处理

当租赁变更为扩大租赁范围或延长租赁期限而增加了租赁资产使用权，且增加的对价与租赁范围扩大部分或延长租赁期限的单独对价基本相当，则合同变更应作为单独的合同处理。

例如，甲公司就某写字楼一层楼与乙公司签订了一项为期10年的租赁合同。在租赁的第3年，甲、乙公司就该租赁合同的变更达成协议，在原来一层楼的基础上，增加了一层楼。合同变更增加的租赁付款额基本上与当前市价相当，因此，甲公司应该将该租赁变更作为一项独立的租赁合同，单独进行会计处理。

（二）未作为单独租赁的处理

如果租赁变更不符合作为单独租赁处理的条件，可区分以下情形分别进行处理：

（1）租赁变更导致租赁范围缩小或租赁期缩短的，承租人应首先按缩减比例分别调减使用权资产和租赁负债的账面价值，以反映租赁合同的部分终止，并将终止部分的相关利得或损失计入当期损益；然后根据变更后条款，重新计量租赁负债，并根据租赁负债的变动额，同时调整租赁负债和使用权资产的账面价值。

（2）其他租赁变更的情况，承租人可直接根据变更条款重新计量租赁负债，并调整租赁负债和使用权资产的账面价值。

这里应注意的问题是，在计算变更后租赁付款额的现值时，承租人应当采用剩余租赁期间的租赁内含利率作为折现率；无法确定剩余租赁期间的租赁内含利率的，应当采用租赁变更日的增量借款利率作为折现率。

【例6-16】 租赁合同变更——缩减租赁面积的情形

资料：承租人甲公司与出租人乙公司就5 000平方米的办公场所签订了10年期的租赁合同，租赁付款额为100 000元/年，在每年年末支付。租赁期开始日，甲公司无法确定租赁内含利率，增量借款利率为6%。在第6年年初，甲公司经营出现困难，和乙公司商量后决定对原租赁合同进行修改，将原租赁场所缩减至2 500平方米，修改后的租赁付款额为60 000元/年。承租人在第6年年初的增量借款利率为5%。假设（P/A，6%，10）为7.3600，（P/A，6%，5）为4.2124，（P/A，5%，5）为4.3295。

要求：根据上述资料，编制与甲公司合同变更相关的会计分录。

分析：在租赁期开始日，租赁付款额为1 000 000元（100 000×10）；租赁负债和使用权资产的初始确认金额均为736 000元（100 000×（P/A，6%，10））。在第6年年初，使用权资产账面余额为368 000元（736 000÷10×5）；租赁付款额账面余额为500 000元（100 000×5）；租赁负债账面余额为421 240元（100 000×（P/A，6%，5））；未确认融资费用账面余额为78 760元（500 000−421 240）。据此，在第6年年初租赁合同发生变更时，甲公司应进行如下会计处理：

（1）终止确认缩减部分租赁资产使用权和租赁负债。

终止确认的使用权资产＝368 000×50%=184 000（元）

终止确认的租赁付款额=500 000×50%=250 000（元）

终止确认的未确认融资费用=78 760×50%=39 380（元）

会计分录如下：

借：租赁负债——租赁付款额	250 000	
贷：租赁负债——未确认融资费用		39 380
使用权资产		184 000
资产处置损益		26 620

经上述调整后，使用权资产账面价值为184 000元；租赁付款额账面价值为250 000元；未确认融资费用账面价值为39 380元；租赁负债账面价值为210 620元。

（2）计算租赁负债、租赁付款额和未确认融资费用变动额。

租赁负债调整数=［60 000×（P/A，5%，5）］−210 620=49 150（元）

租赁付款额调整数=60 000×5−250 000=50 000（元）

未确认融资费用调整数=50 000−49 150=850（元）

（3）编制调整分录。

借：使用权资产	49 150	
租赁负债——未确认融资费用	850	
贷：租赁负债——租赁付款额		50 000

【例6-17】 **租赁合同变更——延长租赁期的情形**

资料： 承租人甲公司与出租人乙公司就5 000平方米的办公场所签订了一项为期10年的租赁合同，租赁付款额为100 000元/年，每年年末支付。甲公司无法确定租赁内含利率，租赁期开始日的增量借款利率为6%。在第7年年初，甲公司和乙公司对租赁合同进行了修订，将租赁期延长4年，延期的年租赁付款额仍享受原来的价格，低于当时的市场水平。在合同变更日，剩余租赁期为8年。甲公司在租赁合同变更日的增量借款利率为7%。假设（P/A，7%，8）为5.9713，（P/A，6%，4）为3.4651。

要求： 根据上述资料，编制与甲公司租赁合同变更相关的会计分录。

分析： 在本例中，甲、乙公司于租赁第7年年初变更了租赁合同，延长了租赁期，延期期间的租金未反映当时市价，因此，此变更不能作为单独的租赁进行处理。在租赁合同变更日，甲公司的会计处理如下：

（1）计算租赁负债、租赁付款额和未确认融资费用的变动额。

租赁负债变动额=［100 000×（P/A，7%，8）］−［100 000×（P/A，6%，4）］

=597 130−346 510=250 620（元）

租赁付款额变动额=100 000×4=400 000（元）

未确认融资费用变动额=400 000−250 620=149 380（元）

（2）编制租赁变更日的调整分录。

借：使用权资产	250 620	
租赁负债——未确认融资费用	149 380	
贷：租赁负债——租赁付款额		400 000

三、承租人简单租赁的会计处理

在本教材中，简单租赁是指短期租赁和低价值资产租赁。对于简单租赁，会计准则允许采取简单的会计处理方法，不要求按一般租赁会计的要求通过“使用权资产”和“租赁负债”科目核算。一般情况下，承租人支付的租金可直接计入当期损益。

（一）短期租赁的会计处理

短期租赁，是指在租赁期开始日，租赁期不超过12个月的租赁。根据现行会计准则的规定，包含购买选择权的租赁不属于短期租赁。

对于短期租赁，承租人可以按照租赁资产的类别，采用简化的会计处理方法。现行会计准则规定，如果承租人对某类别租赁资产按短期租赁作了简化会计处理，则未来对于该类别资产的租赁都应采用简化会计处理，比如企业运营中租用的具有类似性质和用途的一组集装箱车。

对于短期租赁发生的租赁变更或者其他原因导致租赁期发生变化的，承租人应当将其视为一项新租赁，重新按照上述原则判断该类租赁是否适合选择简化会计处理方法。

（二）低价值资产租赁的会计处理

低价值资产租赁，是指单项租赁资产为全新资产时价值较低的租赁。对于低价值资产租赁，应注意三个问题：

第一，应满足租赁合同的判断标准，只有承租人能够从单独使用该资产或将其与承租人易于获得的其他资源一起使用中获利，且该项资产与其他租赁资产没有高度依赖或高度关联关系时，才能作为独立的租赁合同处理。第二，承租人在判断一项租赁是否为低价值资产租赁时，应基于租赁资产在全新状态下的价值进行评估。判断低价值资产租赁的标准应该是一个绝对金额，仅与资产全新状态下的绝对价值有关，不应受承租人规模、性质等因素影响，也不必考虑该资产对于承租人或相关租赁交易的重要性。第三，如果承租人已经或预期要把低价值资产进行转租赁，则不能选择对其进行简化会计处理。

【例6-18】 **低价值资产租赁的核算**

资料：承租人甲公司与出租人乙公司签订了一组资产租赁合同，主要有：（1）IT设备，包括供员工个人使用的笔记本电脑、台式电脑、平板电脑、桌面打印机和手机等。其中笔记本电脑全新时的单独价格不超过人民币10 000元；台式电脑、平板电脑、桌面打印机和手机全新时的单独价格不超过人民币5 000元。（2）服务器相关组件。相关组件根据承租人的需要应陆续添加到服务器中，以增加服务器存储容量。服务器单个组件的单独价格不超过人民币10 000元。（3）办公家具。例如桌椅和办公隔断等，单独价格均不超过人民币10 000元。（4）饮水机。单独价格不超过人民币1 000元。

甲公司日常将租赁的这类单价低于40 000元的资产均按照低价值租赁资产处理。

要求：分析资料中的租赁是否为低价值资产租赁。

分析：在上述租赁资产中，除服务器组件之外，其他办公设备、办公家具、饮水机等都有独立功能，且与其他租赁资产没有高度依赖或关联关系，因此，均符合低价值资产租赁的标准，可以作为低价值资产租赁，选择简易方法进行会计处理。但对于服务器组件，尽管它有单独的租金，但由于组件与服务器高度相关，承租人若不租赁服务器就不会租赁这些组件，因此，服务器组件的租赁不构成单独租赁，应将其与服务器作为一项租赁业务，按一般租赁业务进行会计处理。

自测题6-2

第三节 出租人的会计处理

根据现行租赁准则的规定，出租人的租赁业务应分为融资租赁和经营租赁。因此，本节出租人的会计处理主要分为融资租赁会计处理和经营租赁会计处理两部分。

一、租赁的分类及判断标准

根据我国现行租赁准则的规定，出租人的租赁业务可分为融资租赁和经营租赁两类。融资租赁是指出租人实质上将与租赁资产所有权相关的几乎全部风险和报酬转移给承租人的租赁。与租赁资产所有权有关的风险是指由于生产能力的闲置或工艺技术的陈旧可能造成的损失，以及由于某些情况变动可能造成的相关收入的减少；与租赁资产所有权有关的报酬是指在资产的有效使用年限内直接使用租赁资产而可能获取的经济利益，以及因资产升值或变卖余值可能实现的额外收入。

如果与租赁资产所有权有关的几乎全部风险和报酬实质上并未转移给承租人，那么租赁就应归类为经营租赁。经营租赁资产的所有权不会发生转移，在租赁期届满后，承租人有退租或续租的选择权，但不存在购买或无偿拥有租赁资产所有权的情况。

确认一项租赁是融资租赁还是经营租赁，应根据租赁业务的实质，即与租赁资产所有权有关的几乎全部风险和报酬是否转移来判断，而不能根据租赁合同的形式来判断。我国现行租赁准则规定，满足下列标准之一的，应将其确定为融资租赁，否则，应为经营租赁：

（1）在租赁期届满时，租赁资产的所有权转移给承租人。此种情况通常是指租赁合同中已经约定，在租赁期届满时，租赁资产的所有权应由出租人转移给承租人；或者在租赁开始日，根据其他相关条件能够做出合理判断，在租赁期届满时，出租人会将租赁资产的所有权转移给承租人。

（2）在租赁期届满时，承租人有购买租赁资产的选择权，并且所确定的购买价格预计将远低于行使选择权时租赁资产的公允价值，因而，在租赁开始日就可以合理确定承租人将会行使这种选择权。例如，某承租人和出租人签订了一项租赁协议，租赁期为3年，根据该协议的规定，在租赁期届满时，承租人有权以1 000元的价格购买该项租赁资产，而该项租赁资产预计租赁期届满时的公允价值为10 000元。因此，可以合理断定承租人在租赁期届满时将会购买该项租赁资产。

（3）租赁期占租赁资产使用寿命的大部分。这里的“大部分”，一般指租赁期占租赁资产使用寿命的75%以上（含75%）。需要说明的是，这里的“租赁期占租赁资产使用寿命的75%”是对全新租赁资产而言的，如果租赁资产在开始租赁前已使用，且已使用年限超过了该资产全新时可使用寿命的大部分（75%及以上）时，即使租赁期占租赁资产剩余使用寿命的大部分，也不应该确定为融资租赁，而应确定为经营租赁。

例如，某项设备全新时可使用年限为10年，在第4年年初开始对外租赁，在签订租赁协议时该资产已经使用了3年，剩余使用年限为7年，租赁协议中约定的租赁期为6年。由于在租赁开始时，该设备已使用年限只占其全部使用年限的30%（3÷10×100%），而租赁期占资产剩余使用年限的85.7%（6÷7×100%），因此，该项租赁属于融资租赁。假如该设备在开始出租时已经使用了8年，租赁期为2年，剩余使用年限为2年，即使租赁期占该资产剩余使用年限的100%，也不能认定该租赁为融资租赁。

（4）出租人在租赁开始日的租赁收款额现值几乎相当于租赁开始日租赁资产的公允价值。这里的“几乎相当于”，一般应在90%以上（含90%）。例如，某出租人和承租人就某项设备签订了租赁合同，在租赁开始日，该设备的公允价值为100万元，租赁期为10年，租金为15万元/年，租赁收款总额为150万元，假如该租赁收款额的现值大于或等于90万元，则可判断该项租赁属于融资租赁。

（5）租赁资产性质特殊，如果不做较大调整，只有承租人才能使用。一般来讲，经营租赁和融资租赁在租赁过程中的主要区别是：在经营租赁方式下，出租方在购买租赁资产时，一般不会考虑个别承租人的特殊需要，而会根据大多数承租人的需求提供通用资产；但在融资租赁方式下，出租方在购买租赁资产时，可能会根据承租人的特殊需要，为其量身定做，即根据承租人对租赁资产的生产厂家、型号、规格等方面的特殊要求专门购买或建造租赁资产，因此，融资租赁的资产一般具有专供的性质，若不做较大改动，其他企业通常难以使用，只有承租人才能使用。

另外，根据现行租赁准则的规定，如果租赁合同存在以下特征，通常也应分类为融资租赁：

（1）如果承租人撤销租赁合同，应由承租人承担对出租人造成的一切损失。

（2）租赁资产余值公允价值波动所产生的利得或损失完全归属于承租人。

（3）在租赁期届满时，承租人有能力以远低于市场水平的租金继续租赁标的资产，因此，可以合理判断在租赁期届满时，承租人将会续租。

上述第一种情况和第二种情况都能说明承租人在实质上承担着与租赁资产所有权相关的几乎全部风险和报酬；上述第三种情况与承租人享有租赁期届满时的购买选择权的情况是类似的。

二、融资租赁的会计处理

（一）涉及的主要会计科目

1.“应收融资租赁款”科目

该科目下设“租赁收款额”、“未担保余值”和“未实现融资收益”三个明细科目，用于核算租赁收款总额（即租赁收款额和未担保余值）及未实现融资收益（即未实现租赁收入）。其中“应收融资租赁款——租赁收款额”科目用于核算出租人应向承租人收取的融资租赁款；“应收融资租赁款——未担保余值”科目用于核算融资租赁资产的未担保余值；“应收融资租赁款——未实现融资收益”科目用于核算融资租赁资产的未实现融资收益。该科目的余额反映租赁投资净额。

2.“融资租赁资产”科目

该科目用于核算出租人为开展融资租赁业务取得的融资租赁资产的成本。对于租赁业务不多的企业，也可通过“固定资产——融资租赁资产”科目核算用于融资租赁的资产。融资租赁资产可比照固定资产进行会计核算。

3.“应收融资租赁款减值准备”科目

该科目用于核算应收融资租赁款发生减值时计提的减值准备。应收融资租赁款的减值损失属于信用减值损失，因此，应记入“信用减值损失”科目。应收融资租赁款的减值准备允许转回，转回已计提的减值准备时，应同时冲减“应收融资租赁款减值准备”和“信用减值损失”科目。

4."租赁收入"科目

该科目用于核算租赁企业作为出租人确认的融资租赁和经营租赁的租金收入。对经营租赁，出租人应按每期收到或应收的租金，借记"银行存款""应收账款"等科目，贷记"租赁收入"科目；对于融资租赁，出租人按每期确认的租金收入，借记"应收融资租赁款——未实现融资收益"科目，贷记"租赁收入"科目。

（二）融资租赁的初始确认与计量

融资租赁意味着租赁资产在租赁期开始日后，几乎全部风险和报酬由出租人转移给了承租人，因此，出租人在租赁期开始日应终止确认融资租赁资产，同时确认租赁投资总额和未实现租赁投资收益。

在租赁开始日，出租人融资租赁会计确认与计量步骤如下：

1.确认租赁投资总额

租赁投资总额，即租赁收款总额，是指租赁业务未来能给出租人带来的经济利益总流入，等于租赁收款额和未担保余值之和。其中租赁收款额包括承租人应支付的固定付款额及实质固定付款额（扣除租赁激励金额）；取决于指数或比率的可变租赁付款额；可合理确定的承租人行使购买选择权的行权价格；可合理确定的承租人行使终止租赁选择权支付的款项；由承租人及其关联方和独立的第三方提供的担保余值。未担保余值是指租赁资产余值与租赁资产担保余值的差额。对于出租人来讲，未担保余值属于租赁资产在租赁期届满时的未被担保的残值，应在租赁开始日确认为资产，计入应收融资租赁款。

2.确认租赁投资净额和未实现融资收益

前已述及，租赁投资净额有三种计算方法：一为租赁收款额现值与未担保余值现值之和；二为租赁资产公允价值与初始直接费用之和；三为租赁投资总额与未实现融资收益的差额。在租赁期开始日，出租人可根据租赁资产的公允价值与初始直接费用计算确定租赁投资净额；然后根据租赁投资总额和租赁投资净额的差额确定未实现融资收益，其计算公式如下：

租赁投资净额=租赁资产的公允价值+初始直接费用

未实现融资收益=租赁投资总额-租赁投资净额

3.编制租赁期开始日的会计分录

在租赁期开始日，出租人应根据上面的计算结果，一方面确认租赁收款总额，另一方面终止确认融资租赁资产（公允价值与账面价值的差额计入资产处置损益），并将扣除初始直接费用后的差额确认为未实现融资收益。会计分录框架为：

<table>
<tr><td>借：应收融资租赁款——租赁收款额
——未担保余值</td><td>租赁投资总额</td></tr>
<tr><td>贷：融资租赁资产
资产处置损益
银行存款（初始直接费用）</td><td>租赁投资净额</td></tr>
<tr><td>应收融资租赁款——未实现融资收益</td><td></td></tr>
</table>

【例6-19】　**出租人融资租赁的初始确认与计量**

资料： 2020年12月31日，甲公司从乙公司租入一台塑钢机，用于生产塑钢窗。承租人甲公司与出租人乙公司签订的租赁合同主要条款如下：

（1）租赁标的物：塑钢机。

（2）起租日：2021年1月1日。

（3）租赁期：2021年1月1日—2026年12月31日，共6年。

（4）固定租赁付款额：固定租金为160 000元/年，甲公司应于租赁期内每年年末支付。如果甲公司能准时在每年年末付款，则乙公司将给予10 000元/年的租金激励。

（5）租赁期开始日塑钢机账面价值为600 000元，公允价值为700 000元。

（6）乙公司支付初始直接费用10 000元。

（7）租赁期届满时，甲公司享有优惠购买塑钢机的选择权，购买价为20 000元。估计租赁期届满时塑钢机的公允价值为80 000元。

（8）该塑钢机为全新塑钢机，预计使用寿命为7年。

（9）关于基准利率的影响：在租赁期内，如果中国人民银行贷款基准利率调整，则租赁合同利率将做出同幅度、同方向调整，并将同时调整下一期固定租金。

（10）承租人可提前终止租赁合同，但需支付剩余租赁期的全部租金。

根据甲公司的财务状况，可以合理判断它会于每年12月31日前将固定租金支付给乙公司。本例不涉及担保余值和未担保余值，不考虑税金等其他相关因素的影响。

要求： 判断租赁类型，编制出租人（乙公司）在租赁期开始日的会计分录。

分析：

（1）判断租赁的类型。

本例中，在租赁期届满时，甲公司可优惠购买租赁资产，购买价款为20 000元，远低于租赁期届满时租赁资产的公允价值80 000元，所以，在租赁开始日，可以合理确定甲公司在租赁期届满时将会行使这项购买选择权。另外，在本例中，塑钢机的租赁期限为6年，占租赁开始日塑钢机使用寿命（7年）的86%。根据以上两种情况的任意一项，都可以确定该租赁应为融资租赁。

（2）确定租赁投资总额。

本例中，影响租赁投资总额的因素有以下四项：

①固定租金。合同规定的固定租金为160 000元/年，由于合理预计甲公司每年都会按时支付租金，按规定可享10 000元/年的租金激励，因此，实质固定租金为150 000元/年。

②购买选择权。在本例中，承租人甲公司拥有在租赁期届满时购买塑钢机的选择权，由于行权价格远低于行权日预计租赁资产的公允价值，因此，可以合理判断，甲公司在租赁期届满时将会行使购买选择权，行权价格20 000元应计入租赁收款额。

③基准利率的影响。如果未来国家基准利率进行调整，固定租金将会受到影响，但在租赁开始日无须考虑此因素。

④承租人提前终止租赁合同的权利。虽然合同规定了承租人可以提前终止租赁合同的权利，但需支付剩余租赁期的全部租金，因此，可以合理判断甲公司不会选择提前终止租赁合同，此因素不予考虑。

基于以上分析，乙公司在租赁开始日的租赁投资总额应为：

租赁投资总额=（160 000-10 000）×6+20 000=920 000（元）

（3）确定租赁投资净额和未实现融资收益。

在本例中，塑钢机公允价值为700 000元，初始直接费用为10 000元，因此：

租赁投资净额=700 000+10 000=710 000（元）

未实现融资收益=920 000-710 000=210 000（元）

（4）甲公司应根据上述计算结果，编制如下会计分录：

借：应收融资租赁款——租赁收款额	920 000	
贷：融资租赁资产——塑钢机		600 000
资产处置损益——塑钢机		100 000
银行存款		10 000
应收融资租赁款——未实现融资收益		210 000

（三）融资租赁的后续确认与计量

出租人融资租赁的后续核算主要包括确认租金收入等常规业务，以及租赁收款额或未担保余值发生变化时对应收融资租赁款进行的调整。

1.租赁期内的常规核算

出租人在租赁期内融资租赁的常规核算主要包括收回租金、摊销未实现融资收益、确认租赁收入，下面举例说明其会计核算方法。

【例6-20】 **出租人常规后续会计处理**

资料：沿用例6-19的资料。假设（P/A，7%，6）=4.767；（P/F，7%，6）=0.666；（P/A，8%，6）=4.623；（P/F，8%，6）=0.630。

要求：编制乙公司在2021年1月1日至2026年12月31日期间的未实现融资收益分摊表，并编制各期收款及未实现融资收益摊销的会计分录。

分析：

（1）计算租赁期开始日的租赁内含利率。

乙公司应于租赁期开始日计算租赁内含利率、编制未实现融资收益分摊表，据以确认每期的租赁收入。在本例中，租赁期为6年；实质固定租金为150 000元/年；租赁期行使买权价格为20 000元；租赁期开始日租赁投资净额为710 000元。

假设租赁内含利率为r，则r应为使下面公式成立的折现率：

150 000×（P/A，r，6）+20 000×（P/F，r，6）=710 000

根据上述等式，可在多次测试的基础上，用插入法计算租赁内含利率，计算过程如下：

第一步：首先以同期银行贷款利率7%测试。当利率为7%时，现值为：

150 000×（P/A，7%，6）+20 000×（P/F，7%，6）=150 000×4.767+20 000×0.666=728 370（元）

因为按7%折现的金额728 370元大于710 000元，所以，内含利率应大于7%。

第二步：继续按8%测试。当利率为8%时，现值为：

150 000×（P/A，8%，6）+20 000×（P/F，8%，6）

=150 000×4.623+20 000×0.630=706 050（元）<710 000元

根据上面的测试结果，可以判断r应该位于7%~8%之间。

第三步：用插入法计算r。

根据上面的计算可知，利率与现值之间的对应关系见表6-4。

表6-4　　利率与现值之间的对应关系　　金额单位：元

利　率	现　值
7%	728 370
r	710 000
8%	706 050

根据表6-4，用插入法计算r，计算公式如下：

（7%-r）÷（7%-8%）=（728 370-710 000）÷（728 370-706 050）

通过计算，得知：r=7.82%

（2）编制未实现融资收益分摊表，见表6-5。

表6-5　　未实现融资收益分摊表（实际利率法）

2021年1月1日　　单位：元

日期	租金	确认的融资收入	租赁投资净额减少额	租赁投资净额余额
①	②	③=期初⑤×7.82%	④=②-③	期末⑤=期初⑤-④
2021年1月1日				710 000
2021年12月31日	150 000	55 522	94 478	615 522
2022年12月31日	150 000	48 134	101 866	513 656
2023年12月31日	150 000	40 168	109 832	403 824
2024年12月31日	150 000	31 579	118 421	285 403
2025年12月31日	150 000	22 319	127 681	157 722
2026年12月31日	150 000	12 278	137 722	20 000
合计	900 000	210 000	690 000	—

（3）编制租赁期内相关会计分录。

①2021年12月31日

借：银行存款　　150 000

　贷：应收融资租赁款——租赁收款额　　150 000

借：应收融资租赁款——未实现融资收益　　55 522

　贷：租赁收入　　55 522

②2022年12月31日

借：银行存款　　150 000

贷：应收融资租赁款——租赁收款额 150 000

借：应收融资租赁款——未实现融资收益 48 134

贷：租赁收入 48 134

③2023年12月31日

借：银行存款 150 000

贷：应收融资租赁款——租赁收款额 150 000

借：应收融资租赁款——未实现融资收益 40 168

贷：租赁收入 40 168

④2024年12月31日

借：银行存款 150 000

贷：应收融资租赁款——租赁收款额 150 000

借：应收融资租赁款——未实现融资收益 31 579

贷：租赁收入 31 579

⑤2025年12月31日

借：银行存款 150 000

贷：应收融资租赁款——租赁收款额 150 000

借：应收融资租赁款——未实现融资收益 22 319

贷：租赁收入 22 319

⑥2026年12月31日

借：银行存款 150 000

贷：应收融资租赁款——租赁收款额 150 000

借：应收融资租赁款——未实现融资收益 12 278

贷：租赁收入 12 278

2.租赁期届满时的会计处理

在租赁期届满时，融资租赁资产通常有三种处理方法：承租人将资产退回给出租人；承租人续租资产；承租人留购资产。

（1）承租人退回租赁资产时的处理。

当租赁期满承租人将租赁资产退回给出租人时，涉及以下三种情况：

①资产余值全部担保的情况。

在租赁资产余值全部担保的情况下，出租人应按收回资产余值，借记“融资租赁资产”“其他应收款”等科目，贷记“应收融资租赁款——租赁收款额”科目。

②资产余值部分担保的情况。

在租赁资产余值部分担保的情况下，出租人应按收回租赁资产余值，借记“融资租赁资产”“其他应收款”等科目；按担保余值，贷记“应收融资租赁款——租赁收款额”科目；按未担保余值，贷记“应收融资租赁款——未担保余值”科目。

③资产余值全部未担保的情况。

在租赁资产余值全部未担保的情况下，出租人在收回租赁资产时，应按未担保资产余值，借记“融资租赁资产”科目，贷记“应收融资租赁款——未担保余值”科目。

④担保余值和未担保余值均不存在的情况。

无须进行任何账务处理，只需做相应的备查登记。

（2）承租人续租资产时的处理。

在租赁期届满时，如果承租人选择续租，则出租人应根据续租的具体情况，对续租业务进行相关的会计处理。

（3）承租人留购租赁资产时的处理。

在租赁期届满时，如果承租人行使了优惠购买租赁资产的选择权，则出租人应按购买价款，借记“银行存款”等科目，贷记“应收融资租赁款——租赁收款额”科目。

【例6-21】 出租人租赁期届满时的会计处理

资料：沿用例6-20的资料，并假设于2026年12月31日租赁期届满时，甲公司行使了优惠购买租赁资产的选择权，乙公司收到租赁资产的购买价款20 000元。

要求：编制租赁期届满时乙公司的会计分录。

分析：在租赁期届满时，乙公司应于收到购买价款时，编制如下会计分录：

借：银行存款	20 000	
贷：应收融资租赁款——租赁收款额		20 000

3.租赁期内对租赁投资额的后续调整

在租赁期内，当租赁收款额或未担保余值发生变化时，出租人应重新计量租赁收款总额和租赁内含利率，确认租赁投资净额的变动，并调整应收融资租赁款。

【例6-22】 因未担保余值变动对租赁投资额的调整

资料：沿用例6-19的资料，并假设：（1）在租赁开始日不存在购买选择权，资产余值1 100元，且未进行担保；（2）2023年12月31日，未担保余值发生了500元的减值损失，其余资料不变。

要求：编制租赁期开始日和2023年12月31日的会计分录。

分析：本例中，在租赁期开始日编制租赁分录的同时，应计算租赁内含利率，并编制未实现融资收益分摊表；在2023年12月31日，因未担保余值发生了减值，应重新计算租赁内含利率，并重新编制未实现融资收益分摊表。

（1）租赁期开始日的会计分录。

本例中，在租赁期开始日，影响租赁投资总额的因素只有固定租赁收款额900 000元和未担保余值1 100元，因此，租赁投资总额为901 100元；租赁投资净额仍为710 000元；未实现融资收益为191 100元（901 100−710 000）。会计分录如下：

借：应收融资租赁款——租赁收款额	900 000	
——未担保余值	1 100	
贷：银行存款（初始直接费用）		10 000
融资租赁资产——塑钢机		600 000
资产处置损益——塑钢机		100 000
应收融资租赁款——未实现融资收益		191 100

（2）计算租赁开始日租赁内含利率，编制未实现融资收益分摊表。

在租赁期开始日，乙公司应按下面公式计算租赁内含利率：

150 000×（P/A，r，6）+1 100×（P/F，r，6）=710 000

经计算：r=7.27%

由此，乙公司应编制未实现融资收益分摊表，见表6-6。

表6-6 未实现融资收益分摊表（实际利率法）

2021年1月1日 单位：元

日期	固定租金	确认的融资收入	租赁投资净额减少额	租赁投资净额余额
①	②	③=期初⑤×7.27%	④=②-③	期末⑤=期初⑤-④
2021年1月1日				710 000
2021年12月31日	150 000	51 617	98 383	611 617
2022年12月31日	150 000	44 464.56	105 535.44	506 081.56
2023年12月31日	150 000	36 792.13	113 207.87	392 873.69
2024年12月31日	150 000	28 561.92	121 438.08	271 435.61
2025年12月31日	150 000	19 733.37	130 266.63	141 168.98
2026年12月31日	150 000	9 931.02*	140 068.98**	1 100
合计	900 000	191 100	708 900	—

注：*9 931.02=150 000-140 068.98；**140 068.98=141 168.98-1 100。

（3）2023年12月31日的会计处理。

2023年12月31日，未担保余值减值500元，乙公司应同时调减“应收融资租赁款——未担保余值”科目和“应收融资租赁款——未实现融资收益”科目，金额为500元，会计分录如下：

借：应收融资租赁款——未实现融资收益 500

　贷：应收融资租赁款——未担保余值 500

2023年12月31日，乙公司还应根据下面公式重新计算租赁内含利率：

150 000×（P/A，r，3）+600×（P/F，r，3）=392 873.69

计算得知：r=7.19%

根据新租赁内含利率，乙公司应重新编制未实现融资收益分摊表（见表6-7），并在2024年至2026年三年期间，根据表6-7确认租赁收入。

表6-7 未实现融资收益分摊表（实际利率法）

2023年12月31日 单位：元

日期	固定租金	确认的融资收入	租赁投资净额减少额	租赁投资净额余额
①	②	③=期初⑤×7.19%	④=②-③	期末⑤=期初⑤-④
2023年12月31日				392 873.69
2024年12月31日	150 000	28 247.62	121 752.38	271 121.31

续表

日期	固定租金	确认的融资收入	租赁投资净额减少额	租赁投资净额余额
2025年12月31日	150 000	19 493.62	130 506.38	140 614.93
2026年12月31日	150 000	9 985.07*	140 014.93**	600
合计	450 000	57 726.31	392 273.69	—

注：*9 985.07=150 000−140 014.93；**140 014.93=140 614.93−600。

（四）出租人融资租赁变更的处理

出租人融资租赁变更的会计处理与承租人租赁变更的会计处理类似，也分为单独处理和不能单独处理两种情况。其中，单独处理的规定与承租人的相关规定大同小异，下面主要阐述融资租赁变更不能单独处理的情况。

如果融资租赁变更不满足单独处理的条件，出租人应按下面的步骤处理：

（1）假定租赁变更发生在租赁开始日，据此重新判断出租人是否应改变租赁合同在租赁开始日的分类。

（2）根据上述判断结果，分以下情况进行处理：

①租赁变更导致租赁重分类的情况。

如果合同变更导致原融资租赁重新分类为经营租赁，出租人应按租赁变更日租赁投资净额，重新确认融资租赁资产或固定资产，冲减应收融资租赁款账面价值，并在之后的租赁期间，按照经营租赁的有关规定进行会计处理。会计分录为：

借：融资租赁资产

　　应收融资租赁款——未实现融资收益

　贷：应收融资租赁款——租赁收款额

②租赁变更没有导致租赁重分类的情况。

如果合同变更没有导致租赁的重分类，则出租人应在租赁合同变更日，重新计算应收融资租赁款，并将其与原账面价值之间的差额计入当期损益（租赁收入）。

【例6-23】 **融资租赁合同的变更：重分类的情况**

资料：2021年1月1日，承租人甲公司就A设备与出租人乙公司签订了一项为期5年的租赁合同，从2021年1月1日起至2025年12月31日止。该租赁合同在租赁开始日被分类为融资租赁。合同规定，每年年末甲公司应向乙公司支付租金10 000元，租赁期开始日A设备的公允价值为37 908元，未实现融资收益为12 092元，租赁内含利率为10%。

在租赁第2年年初，甲公司和乙公司经协商同意对租赁合同做出修改。修改后，租赁期变为3年，从2021年1月1日起至2023年12月31日止，3年内的租金总额为33 000元。因第1年已经支付租金10 000元，因此，后2年租金为11 500元/年。如果该合同在租赁开始日确定的租期为3年，则应分类为经营租赁。

要求：编制租赁合同变更日乙公司相关的会计分录。

分析：在本例中，假定租赁合同变更发生在租赁开始日2021年1月1日，则该租赁合同不符合融资租赁条件，乙公司应将该租赁分类为经营租赁。因此，此例中的租赁合同变更导致了租赁的重分类。由此，乙公司应做如下会计处理：

（1）确定变更前有关账户的账面余额：

租赁收款额=50 000−10 000=40 000（元）

未实现融资收益=12 092−37 908×10%=8 301（元）

租赁投资净额=40 000−8 301=31 699（元）

（2）根据上述计算结果，编制如下会计分录：

借：融资租赁资产	31 699	
应收融资租赁款——未实现融资收益	8 301	
贷：应收融资租赁款——租赁收款额		40 000

在2022年和2023年，乙公司应按经营租赁处理该租赁合同。

【例6-24】 **融资租赁合同的变更：未重分类的情况**

资料：沿用例6-23的资料。假设合同只修改了租金，租赁期没有发生变化。修改后，从2022年开始，每年租金变为9 500元，租金总额从原来的50 000元变更为48 000元。假设折现率在合同变更前后均为10%。假设（P/A，10%，4）的值为3.1699。

要求：编制租赁合同变更日出租人乙公司相关的会计分录。

分析：在本例中，如果租赁合同变更发生在租赁开始日，则乙公司仍会将该租赁分类为融资租赁，因此，变更未导致租赁重分类。据此，乙公司应进行如下会计处理：

（1）计算租赁变更日应收融资租赁款的变动：

租赁收款额变动额=9 500×4−10 000×4 = −2 000（元）

租赁投资净额变动额=9 500×（P/A，10%，4）−［37 908−（10 000−37 908×10%）］

≈30 114−31 699=−1 585（元）

未实现融资收益变动额=−2 000−（−1 585）=−415（元）

（2）根据以上计算结果，编制如下会计分录：

借：租赁收入	1 585	
应收融资租赁款——未实现融资收益	415	
贷：应收融资租赁款——租赁收款额		2 000

三、出租人经营租赁的会计处理

经营租赁资产的所有权没有发生改变，出租人仍然作为自有资产核算。经营租赁的会计处理原则如下：

（1）经营租赁的固定资产在会计上仍作为自有资产核算，在租赁期内正常计提折旧和资产减值损失，具体的会计处理方法可比照类似资产。

（2）经营租赁的租金应在租赁期内按照直线法摊销计入当期收益。在摊销时，如果其他方法更为系统合理，也可以采用其他方法核算。

（3）对承租人提供免租期的，应将租金总额在不扣除免租期的整个租赁期内，按直线法或其他合理方法进行分配，即免租期内也应该确认租金收入。

（4）出租人发生的初始直接费用应当资本化计入租赁资产成本，在租赁期内按照与租金收入相同的确认基础分期计入当期损益。

（5）如果出租人经营租赁的租金与指数或比率挂钩，应在租赁期开始日考虑并计入租金，除此之外的变动均应计入当期损益。

（6）经营租赁发生变更的，出租人应自变更生效日开始，将其作为一项新的租赁进行会计处理，对于变更前的预收或应收租金可按变更后条款进行调整。

自测题6-3

第四节　特殊租赁的会计处理

前面阐述了承租人和出租人直接租赁业务的会计处理方法，本节将继续阐述几种特殊租赁业务的会计处理方法，包括生产商或经销商融资租赁、售后租回和转租赁。

一、生产商或经销商融资租赁的处理

有些生产商或经销商（以下简称“生产经销商”）会为客户提供购买或租赁其产品或商品的选择，生产经销商的租赁业务通常属于融资租赁。当生产经销商提供融资租赁业务时，其收益应来自两个方面：一是销售产品或商品取得的营业收入；二是提供融资租赁服务取得的租金收入。因此，生产经销商在融资租赁开始日，既要按融资租赁的要求确认租赁收款额和未实现融资收益，还要按商品交易的要求确认营业收入并结转营业成本。

生产经销商融资租赁业务会计处理要点如下：

（一）租赁期开始日的确认与计量

1.确认租赁收款额、营业收入和未实现融资收益

在租赁期开始日，生产经销商应按租赁期内的租赁收款额，借记“应收融资租赁款——租赁收款额”科目；按租赁收款额现值和租赁资产公允价值的较低者，贷记“主营业务收入”科目；按两者之间的差额，贷记“应收融资租赁款——未实现融资收益”科目。

2.结转营业成本

如果租赁资产存在未担保余值，则生产经销商在租赁开始日结转租赁资产营业成本时，应将未担保余值的现值扣除，即按租赁资产账面价值扣除未担保余值现值的差额，借记“主营业务成本”科目；按未担保余值的金额，借记“应收融资租赁款——未担保余值”科目；按资产账面价值贷记“库存商品”等科目；按借贷差额贷记“应收融资租赁款——未实现融资收益”科目。

3.初始直接费用的处理

与出租人直接租赁初始直接费用的处理不同，生产经销商发生的初始直接费用应计入当期损益。在租赁期开始日，生产经销商应按支付的初始直接费用，借记“销售费用”科目，贷记“银行存款”科目。

（二）租赁期内的确认与计量

生产经销商在租赁期内的会计处理主要包括：

1.摊销未实现融资收益，确认租赁收入

在租赁期内，生产经销商应编制未实现融资收益分摊表，并据以确认租赁收入，借记

“应收融资租赁款——未实现融资收益”科目，贷记“租赁收入”科目。

这里应特别注意的是，如果在租赁期开始日确认的营业收入是租赁收款额的现值，则未实现融资收益的摊销率就是租赁收款额折现时使用的折现率；如果在租赁期开始日确认的营业收入是租赁资产的公允价值，则应重新计算租赁内含利率，并按租赁内含利率摊销未实现融资收益。

2.收取租金

在租赁期内，出租企业收到租金时，应借记“银行存款”科目，贷记“应收融资租赁款——租赁收款额”科目。

3.在租赁期届满时，可比照直接租赁进行相应的会计处理

【例6-25】 **生产商租赁：按租赁收款额现值确认营业收入的情况**

资料：甲公司是一家设备生产企业。2019年年初，甲公司向乙公司以融资租赁的方式出租一台其生产的A设备，合同主要条款如下：

（1）租赁标的物：A设备。

（2）租赁期：2019年1月1日—2025年12月31日，共7年。

（3）租金支付：自租赁期开始日，每年年末支付固定租金475 000元。

（4）甲公司选择市场利率6%作为租赁期开始日的折现率。

（5）A设备的公允价值为2 700 000元，账面价值为2 000 000元。

（6）甲公司发生的初始直接费用为5 000元，以银行存款支付。

（7）A设备预计使用寿命为7年，预计资产余值为72 800元，资产余值均未被担保。

（8）租赁期届满后，甲公司收回A设备，并以72 800元的价格将其出售。

假设不考虑其他相关因素的影响，（P/A，6%，7）=5.5824，（P/F，6%，7）=0.6651。

要求：根据上述资料，编制与生产商甲公司融资租赁相关的会计分录。

分析：根据题中资料，生产商甲公司应进行如下会计处理：

（1）在租赁期开始日的会计处理。

①确定租赁收款额和营业收入。

租赁收款额=475 000×7=3 325 000（元）

租赁收款额现值=475 000×（P/A，6%，7）=2 651 600（元）

由于A设备的公允价值为2 700 000元，因此，在本例中，在租赁期开始日，A设备应确认的营业收入为2 651 600元，由此产生的未实现融资收益为：

未实现融资收益=3 325 000−2 651 600=673 400（元）

注：475 000×（P/A，6%，7）=2 651 640（元），为便于计算，作尾数调整，取2 651 600元。

②确定营业成本。

在本例中，租赁期届满时的未担保余值为72 800元，其现值为48 400元（72 800×（P/F，6%，7），为便于计算，这里作了尾数调整），因此，

营业成本=2 000 000−48 400=1 951 600（元）

由此产生的未实现融资收益为：

未实现融资收益=1 951 600+72 800−2 000 000=24 400（元）

③编制租赁期开始日会计分录。

借：应收融资租赁款——租赁收款额　　　　3 325 000

贷：主营业务收入 2 651 600

应收融资租赁款——未实现融资收益 673 400

借：主营业务成本 1 951 600

应收融资租赁款——未担保余值 72 800

贷：库存商品——A设备 2 000 000

应收融资租赁款——未实现融资收益 24 400

借：销售费用 5 000

贷：银行存款 5 000

上述前两笔分录可以合并编制会计分录如下：

借：应收融资租赁款——租赁收款额 3 325 000

——未担保余值 72 800

主营业务成本 1 951 600

贷：主营业务收入 2 651 600

库存商品——A设备 2 000 000

应收融资租赁款——未实现融资收益 697 800

这笔合并会计分录能较为清楚地解释生产经销商融资租赁的来龙去脉。在本例中，租赁收款总额为3 397 800元（租赁收款额3 325 000元+未担保余值72 800元），租赁投资净额为2 700 000元（A设备成本2 000 000元+销售毛利700 000元（2 651 600−1 951 600）），未实现融资收益为697 800元。

（2）编制未实现融资收益分摊表。

在本例中，因出租A设备时确认的营业收入是租赁收款额的现值，因此，未实现融资收益的摊销率应为6%。在租赁期开始日编制的未实现融资收益分摊表见表6-8。2019年至2025年，甲公司应根据表6-8确认租金收入。

表6-8 未实现融资收益分摊表 单位：元

日期	租赁收款额	未实现融资收益摊销额	应收租赁款减少额	应收租赁款净额
①	②	③=期初⑤×6%	④=②−③	期末⑤=期初⑤−④
2019年1月1日				2 700 000
2019年12月31日	475 000	162 000	313 000	2 387 000
2020年12月31日	475 000	143 220	331 780	2 055 220
2021年12月31日	475 000	123 313	351 687	1 703 533
2022年12月31日	475 000	102 212	372 788	1 330 745
2023年12月31日	475 000	79 845	395 155	935 590
2024年12月31日	475 000	56 135	418 865	516 725
2025年12月31日	475 000	31 075*	443 925	72 800
合计	3 325 000	697 800	2 627 200	—

注：*31 075=697 800−162 000−143 220−123 313−102 212−79 845−56 135。

（3）编制2019年年末的会计分录。

①摊销未实现融资收益时：

借：应收融资租赁款——未实现融资收益　　162 000

　贷：租赁收入　　162 000

②收取租金时：

借：银行存款　　475 000

　贷：应收融资租赁款——租赁收款额　　475 000

（4）其他各期的会计分录略。

（5）编制2025年租赁期届满时的会计分录。

①摊销未实现融资收益：

借：应收融资租赁款——未实现融资收益　　31 075

　贷：租赁收入　　31 075

②收取租金时：

借：银行存款　　475 000

　贷：应收融资租赁款——租赁收款额　　475 000

③收回租赁资产时：

借：融资租赁资产　　72 800

　贷：应收融资租赁款——未担保余值　　72 800

④处置租赁资产时：

借：银行存款　　72 800

　贷：融资租赁资产　　72 800

【例6-26】 生产商租赁：按公允价值确认营业收入的情况

资料： 沿用例6-25的资料，并假设租赁期为3年，自2019年1月1日起至2021年12月31日止；固定租金为1 000 000元/年；折现利率为5%；A设备预计使用寿命为8年，无残值，租赁期届满时，乙公司可以100元购买该设备，预计该设备租赁期届满时的公允价值不低于150 000元。乙公司提供的担保余值为150 000元。假设不考虑其他因素的影响，（P/A，5%，3）=2.7232，（P/F，5%，3）=0.8638。

要求： 编制与生产商甲公司租赁相关的会计分录。

分析：

（1）租赁期开始日的会计处理。

①确认租赁收款额和营业收入。

租赁收款额=1 000 000×3+100=3 000 100（元）

租赁收款额现值=1 000 000×（P/A，5%，3）+100×（P/F，5%，3）

=1 000 000×2.7232+100×0.8638=2 723 286（元）

因A设备的公允价值为2 700 000元，小于租赁收款额现值2 723 286元，因此，租赁期开始日，A设备应确认的营业收入为2 700 000元。

②确定营业成本。

因本例无未担保余值，因此，营业成本为2 000 000元。

③编制租赁期开始日的会计分录：

借：应收融资租赁款——租赁收款额　　3 000 100

　贷：主营业务收入　　2 700 000

　　应收融资租赁款——未实现融资收益　　300 100

借：主营业务成本　　2 000 000

　贷：库存商品　　2 000 000

借：销售费用　　5 000

　贷：银行存款　　5 000

（2）计算租赁内含利率，编制未实现融资收益分摊表。

在本例中，因出租A设备时确认的营业收入是该资产的公允价值，因此，应在租赁开始日按下面公式计算租赁内含利率（假设租赁内含利率为r）：

1 000 000×（P/A，r，3）+100×（P/F，r，3）=2 700 000（元）

计算得：r=5.46%

甲公司在租赁期开始日应根据租赁内含利率5.46%编制未实现融资收益分摊表，见表6-9（本表保留整数）。在2019年至2021年租赁期间，甲公司应根据表6-9摊销未实现融资收益，确认租金收入。

表6-9　**未实现融资收益分摊表**　单位：元

日期	租赁收款额	未实现融资收益摊销额	应收租赁款减少额	应收租赁款净额
①	②	③=期初⑤×5.46%	④=②-③	期末⑤=期初⑤-④
2019年1月1日				2 700 000
2019年12月31日	1 000 000	147 420	852 580	1 847 420
2020年12月31日	1 000 000	100 869	899 131	948 289
2021年12月31日	1 000 000	51 811*	948 189	100
合计	3 000 000	300 100	—	—

注：*51 811=300 100-147 420-100 869。

（3）编制2019年年末的会计分录：

①摊销未实现融资收益时：

借：应收融资租赁款——未实现融资收益　　147 420

　贷：租赁收入　　147 420

②收取租金时：

借：银行存款　　1 000 000

　贷：应收融资租赁款——租赁收款额　　1 000 000

（4）2020年和2021年的会计分录略。

（5）租赁期届满时的会计处理：

借：银行存款　　100

　贷：应收融资租赁款——租赁收款额　　100

二、售后租回的会计处理

售后租回是指销售方将所有权资产销售给购买方，同时又从购买方租回该项资产的业务。售后租回是一种特殊的租赁业务，它在一项合同中针对一项标的资产签署了两项交易，一项是购销业务，另一项是租赁业务，其主要目的是融资。在售后租回合同中，销售方也是承租人，购买方也是出租人。

对于售后租回，出租人（购买方）首先应根据固定资产准则等对购进资产进行正常的会计处理，然后再根据租赁准则对出租资产进行正常的会计处理，相关会计处理没有特殊之处，现行会计准则（CAS21）主要对售后租回中承租人（销售方）的会计核算进行了规范。对于承租人（销售方），首先应当按照《企业会计准则第14号——收入》（2017）的规定，评估其售后租回交易中的资产转让是否属于销售行为，然后再根据不同情形分别进行会计处理。下面主要阐述承租人（销售方）售后租回的会计核算方法，为便于阐述，后面将承租人（销售方）简称为承租人。

（一）售后租回不属于销售的情况

如果售后租回交易中的资产转让不属于销售，则此类业务属于质押融资的行为，承租人不能终止确认所转让的资产，而应将交易中收到的款项作为金融负债，并按照《企业会计准则第22号——金融工具确认和计量》的规定进行会计处理。对于出租人（购买方）也不能将标的资产确认为资产，而应基于支付的款项确认金融资产，并按照《企业会计准则第22号——金融工具确认和计量》的规定进行会计处理。

（二）售后租回属于销售的情况

对于售后租回属于销售的情况，承租人一方面应该终止确认出售的资产，确认资产处置收益；另一方面应按现行会计准则（CAS21）的规定确认使用权资产和租赁负债。现行会计准则（CAS21）对承租人售后租回属于销售情况的会计处理方法进行了规范，要点如下：

1.售后租回应区分以下两种不同情况

（1）如果售后租回中资产的销售价格低于其公允价值，属于预付租金情形，应将该差额作为预付租金进行会计处理；

（2）如果售后租回中资产的销售价格高于其公允价值，属于额外融资情形，应将该差额作为额外融资进行会计处理。

2.售后租回中相关要素的计量

（1）租赁负债：应基于合同付款额和租赁内含利率计算的合同付款额现值计量。如果售后租回属于额外融资情形，则应将合同付款额现值扣除额外融资，剩余部分为租赁负债，也是租赁开始日租回资产使用权的公允价值。

（2）使用权资产：应以售后租回资产原账面价值为基础，乘以租回占比计算确定。租回占比是指租赁开始日租回使用权资产公允价值占售后租回资产公允价值的比例。

（3）资产处置损益：该损益为售后租回资产销售利得扣除与租回有关利得后的金额。与租回有关的利得是指在租赁开始日基于公允价值计量的租赁负债与基于历史成本计量的使用权资产之间的差额。

【例6-27】 **售后租回：额外融资的情况**

资料：甲公司拥有一幢B建筑物，账面原值为2 400万元，累计折旧为400万元，账面净值为2 000万元，公允价值为3 600万元，剩余使用年限为40年。2019年1月1日，甲公司以4 000万元的价格将B建筑物出售给乙公司。与此同时，甲公司与乙公司签订了租赁B建筑物的合同，取得了B建筑物18年的使用权，合同规定的付款额为240万元/年，于租赁期内每年年末支付。假设甲、乙公司均使用4.5%的内含利率作为折现率，不考虑初始直接费用和其他各项税费因素的影响，（P/A，4.5%，18）=12.1599917。

要求：分析该业务类型，编制租赁期开始日与甲公司相关的会计分录。

分析：本例中，甲公司转让了其拥有的B建筑物，同时又将其租回，取得了B建筑物18年的使用权。B建筑物售价为4 000万元，公允价值为3 600万元，售价高于其公允价值，属于额外融资型售后租回。据此，甲公司应按下面步骤进行会计处理：

（1）计算租赁负债和租赁付款额。

本例中，年合同付款额为240万元，其中包括年租赁付款额本息与年额外融资付款额本息。根据题中资料，年租赁付款额和年额外融资付款额可按下面步骤计算：

①合同付款总额现值=2 400 000×（P/A，4.5%，18）= 29 183 980（元）

②租赁付款总额现值（租赁负债）=29 183 980−4 000 000=25 183 980（元）

③年额外融资付款额=4 000 000÷29 183 980×2 400 000=328 948（元）

④年租赁付款额=25 183 980÷29 183 980×2 400 000=2 071 052（元）

⑤租赁付款额=2 071 052×18=37 278 936（元）

（2）计算使用权资产。

使用权资产入账价值是以B建筑物原账面价值为基础计算的。在租赁期开始日，B建筑物账面价值为20 000 000元，公允价值为36 000 000元；甲公司回租资产的公允价值（即租赁付款额现值）为25 183 980元，据此，根据现行会计准则（CAS21）的规定，可按下面公式计算租回资产使用权的入账价值：

使用权资产=B建筑物账面价值×（租赁付款额现值÷B建筑物公允价值）

=20 000 000×（25 183 980÷36 000 000）=13 991 100（元）

（3）计算资产处置损益。

在本例中，资产处置损益有两笔：① B建筑物公允价值（售价）为36 000 000元，账面价值为20 000 000元，价差16 000 000元应计入资产处置损益；② 由于租回部分使用权资产入账价值13 991 100元是基于账面价值计算的，而租赁负债基于公允价值的入账价值为25 183 980元，由此产生的价差是与租回建筑物相关的利得，也应计入资产处置损益，金额为−11 192 880元。

（4）计算未确认融资费用。

租回B建筑物的未确认融资费用应为租赁付款额与其现值的差额：

37 278 936−25 183 980=12 094 956（元）

（5）根据上述计算结果，编制租赁期开始日的会计分录。

①取得额外融资的会计分录为：

借：银行存款 4 000 000

贷：长期应付款——额外融资 4 000 000

②转让B建筑物的会计分录为：

借：银行存款 36 000 000

固定资产——累计折旧 4 000 000

贷：固定资产——原值 24 000 000

资产处置损益 16 000 000

③回租B建筑物的会计分录为：

借：使用权资产 13 991 100

租赁负债——未确认融资费用 12 094 956

资产处置损益（与租回相关） 11 192 880

贷：租赁负债——租赁付款额 37 278 936

（6）租赁业务的后续核算（以租赁后第1年为例）。

①偿还合同付款额。

借：长期应付款——额外融资 328 948

租赁负债——租赁付款额 2 071 052

贷：银行存款 2 400 000

②确认额外融资利息费用。

借：财务费用（4 000 000×4.5%） 180 000

贷：长期应付款——额外融资 180 000

③摊销未确认融资费用。

借：财务费用（25 183 980×4.5%） 1 133 279

贷：租赁负债——未确认融资费用 1 133 279

三、转租赁的会计处理

在转租的情况下，原租赁合同中的承租人既是原租赁合同的承租人，也是转租赁合同的出租人（即转租人）。由于原租赁合同和转租赁合同是两个不同的合同，因此，转租人应根据租赁准则的要求，分别从承租人和出租人的角度，对原租赁合同和转租赁合同进行会计处理。转租人在对转租赁合同进行会计处理时，应首先按出租人会计处理的要求对转租赁进行分类。应注意的是，如果原租赁为短期租赁，且转租人作为承租人已按简化的会计处理方法进行了会计处理，则应将该转租赁分类为经营租赁。下面举例说明转租形成融资租赁或经营租赁的会计处理原则。

【例6-28】 **转租形成融资租赁的情形**

资料：甲企业（原租赁承租人）与乙企业（原租赁出租人）就5 000平方米办公场所签订了一项为期5年的租赁合同（原租赁）。在租赁的第3年年初，甲企业将5 000平方米办公场所转租给了丙企业，期限为3年。假设不考虑其他相关因素的影响。

要求：请分析甲企业的转租赁类型及会计处理要点。

分析：在本例中，转租的标的资产预计使用年限为5年，已经使用2年，剩余使用年限为3年。转租赁期限为3年，覆盖了原租赁标的资产的全部剩余期限，甲企业应将该转租赁分类为融资租赁。甲企业对该转租赁的会计处理要点为：

（1）终止确认原租赁合同确认的使用权资产，同时确认转租赁形成的租赁投资净额，将终止确认的使用权资产与转租赁形成的投资净额之间的差额计入当期损益。

（2）继续确认原租赁合同的租赁负债，在转租赁期间，正常支付租赁付款额和分摊未确认融资费用。

（3）在转租赁期间，按融资租赁的方法确认转租赁形成的租赁收入。

【例6-29】 **转租形成经营租赁的情形**

资料： 甲企业（原租赁承租人）与乙企业（原租赁出租人）就5 000平方米办公场所签订了一项为期5年的租赁合同（原租赁）。在原租赁的租赁期开始日，甲企业将该5 000平方米办公场所随即转租给丙企业，转租期限为2年。综合考虑各种因素后，甲企业将该转租赁分类为经营租赁。

要求： 分析甲企业在转租赁期间的会计处理要点。

分析： 在本例中，由于甲企业将转租赁分类为经营租赁，因此，在转租赁期间，甲企业应：

（1）对于原租赁合同：对使用权资产和租赁负债正常进行后续确认和计量。

（2）对于转租赁合同：按经营租赁的会计处理方法，确认相关的租赁收入。

自测题6-4

【本章小结】

本章基于《企业会计准则第21号——租赁》中的规定，首先阐述了租赁的含义及其识别；其次重点阐述了承租人和出租人的会计核算方法，包括承租人和出租人的一般租赁业务和租赁变更的核算；最后阐述了三种特殊租赁业务的核算，包括生产商或经销商租赁业务、售后租回业务和转租赁业务。

【学思践悟】

［**目的**］探讨融资租赁中的法律法规和道德问题。

［**资料**］汉鼎宇佑融资租赁有限公司（出租人）2017年12月与华创公司（承租人）签订了一份售后租回《融资租赁合同》，租期2年，租赁物为A建筑物，售价15 000 000元，租金总额16 264 636.02元。租赁日，担保人杨晓江、中筑城投建设发展有限公司等与出租人签订了《保证合同》，为承租人租赁付款额担保。随后，汉鼎宇佑（购买方/出租人）按照《委托付款书》等文件，将购买款项支付给了担保人中筑公司的某债权人；但华创公司（出售方/承租人）一直未依约支付租金。2018年12月，出租人将承租人和担保人告上法庭，请求支付到期租金及违约金。案件审理中，杨晓江未到庭，后反诉汉鼎宇佑。杨晓江辩解，《融资租赁合同》无效，因而《保证合同》也无效，拒绝承担法律责任，主要举证如下：（1）汉鼎宇佑与华创公司没有租赁事实。在租赁合同订立时，租赁物尚在施工期内，三方均了解这个情况，仍订立了融资租赁合同，真实目的是出借款项而非融资租赁；

（2）购买租赁物的款项直接用于偿还担保人中筑公司的欠款，违反了《融资租赁合同》租赁物价款用于华创公司日常经营用途的约定；（3）租金总金额与价值严重不符。

资料来源：爱企查. 汉鼎宇佑融资租赁有限公司与杨晓江保证合同纠纷一审民事判决书［EB/OL］.（2020-07-30）. https：//aiqicha.baidu.com/wenshu？wenshuId=08a5a51c97a62e590608623ded9a23164a79cc85.

［问题］

根据党的二十大报告关于弘扬诚信文化以及民法典的相关条款要求，讨论如下问题：

1.本案例《融资租赁合同》的合法性（参考民法典第七百三十七条）。

2.华创公司是否有违反民法典的行为（参考民法典第七百五十二条）。

3.担保人杨晓江的行为是否有失德失信之处。

【复习思考题】

1.租赁合同应具备哪些特征？

2.试述租赁收款额和租赁付款额的构成及差别。

3.试述租赁投资总额、租赁投资净额及未实现融资收益的关系。

4.试述使用权资产成本的构成及相关账户核算要点。

5.何为租赁负债？试述租赁负债账户的设置及核算要点。

6.承租人一般租赁包括哪些业务？简述相关会计处理要点。

7.试述出租人融资租赁的会计处理要点。

8.比较出租人融资租赁与生产商融资租赁在会计处理上的主要差别。

9.何为售后租回？试述销售方兼承租人售后租回的会计处理要点。

10.试述转租赁的会计处理要点。

【练习题】

练习一

［目的］练习租赁合同的识别。

［资料］

（1）甲咖啡馆和机场签订了使用机场某处空间销售商品的5年期合同。合同规定了空间的大小，在使用期间，机场有权随时变更咖啡厅的位置，而且变更空间的成本极低，因为该咖啡厅使用了易于移动的售货亭销售其商品。机场有很多符合合同规定的空间可安置咖啡厅的售货亭。

（2）乙客户与一家公用设施公司（供应商）签订了一份为期15年的合同，取得连接客户所在地与另一地区的光缆中三条明确指定的直驳光纤的使用权。乙客户通过将这些光纤的两端连接至其电子设备的方式来决定光纤的使用（即客户“点亮”光纤并决定这些光纤将传输的数据内容和数据量）。若光纤损坏，供应商应负责修理和维护。供应商拥有额外的光纤，但仅可因修理、维护或故障原因替换客户的光纤。

（3）丙客户与一家房地产公司（供应商）签订了一份使用其零售单元A的5年期合同，丙客户可以决定A单元所销售的商品、商品的价格和存货量。单元A是某较大零售空间的一部分，其包含许多零售单元。合同规定，供应商可要求丙客户搬至另一零售单元。

在这种情况下，供应商应向客户提供与零售单元A质量和规格类似的零售单元，并向客户支付搬迁费用。仅当有大的新租户决定租用较大零售空间，并支付足够涵盖丙客户及其他租户的搬迁费用时，供应商方能因客户的搬迁获得经济利益。尽管这种情况有可能发生，但在合同开始时，合同双方一致认为不大可能出现这种情况。

（4）丁客户与飞机所有者（供应商）签订了使用被明确指定的一架飞机的2年期合同。合同详细规定了飞机的内部和外部规格。合同中存在对飞机飞行区域的合同和法律限制；合同规定由客户决定飞机飞行的地点和时间以及搭载的乘客和货物，但需遵守一些限制条件。供应商负责飞机的操作，并使用自己的机组人员。合同期内，客户不得雇用其他人员操作飞机或自行操作。在2年期间内，允许供应商随时替换飞机，且在飞机出现故障时必须替换飞机。替换的飞机须符合合同中规定的内部和外部规格。在供应商的机队中配备符合客户要求规格的飞机涉及高昂的成本。

[要求] 判断上述几种情形是否属于租赁，并简要说明理由。

练习二

[目的] 练习承租人一般租赁的会计处理。

[资料] 甲企业与位于城市繁华地段的乙商场签订了一项租用其某一指定零售单元的合同。其他相关资料如下：

（1）合同规定不可撤销租赁期为3年，从2020年1月1日起至2022年12月31日止，续租期2年。

（2）租赁期内租金为200 000元/年，于每年1月1日支付；续租期间租金仍为200 000元/年。

（3）甲公司于2020年1月1日支付了第一年200 000元租金，并支付初始直接费用20 000元。

（4）因乙商场位于繁华地段，周边商铺租金逐年上涨，因此，在租赁期开始日，甲公司可以合理确定在租赁期届满时将行使续租权。

（5）甲公司无法确定租赁内含利率，以增量借款利率5%作为整个租赁期内租赁付款额的折现率。

（6）甲公司于每年年末摊销当年的未确认融资费用及使用权资产。

本题涉及的年金现值系数可查表确认，不考虑税费等其他因素的影响。

[要求] 编制甲公司在租赁期开始日的会计分录及未确认融资费用分摊表，并编制租赁期内相关的会计分录。

练习三

[目的] 练习出租人一般租赁的会计处理。

[资料] 2020年1月1日，A公司与B公司签订了一份租赁合同，合同主要条款如下：

（1）租赁标的物：甲生产设备。

（2）起租日：2020年1月1日。

（3）租赁期：2020年1月1日至2023年12月31日。

（4）租金支付：2020年至2023年每年年末支付租金800万元。

（5）租赁期届满时，设备余值估计为400万元，其中A公司担保300万元，未担保余值为100万元。

（6）甲生产设备于2020年1月1日的账面原值为3 500万元，已提折旧400万元，公允价值为3 100万元，已经使用3年，预计还可使用5年，期满无残值。

（7）甲生产设备于2019年12月31日运抵A公司，当日投入使用。2023年12月31日，A公司将甲生产设备归还给B公司。

[要求]

（1）判断该租赁的类型，并说明理由。

（2）编制B公司在租赁期开始日与租赁期内的会计分录。

练习四

[目的] 练习售后租回的会计处理。

[资料] 2021年年末，A公司以200万元的价格向B公司出售了一栋建筑物，该建筑物当日评估确认的公允价值为180万元，原账面价值为100万元。A公司在出售该建筑物的同时，与B公司签订了租赁该建筑物的合同，租赁期为18年，每年的租金为12万元。根据双方交易的条款和条件，A公司转让该建筑物的合同符合收入确认的条件。假设A公司按增量借款利率5%进行相关的会计处理。

[要求] 编制与A公司售后租回相关的会计分录（计算结果取整数）。

引导案例分析要点

第七章

企业合并

【学习目标】

1. 掌握企业合并的含义及分类。
2. 了解购买法与权益联合法的核算要点。
3. 掌握同一控制下企业合并的会计处理方法。
4. 掌握非同一控制下企业合并的会计处理方法。
5. 通过“学思践悟”课堂讨论了解企业合并业务中的法律责任与道德担当。

【本章结构导图】

- 企业合并
  - 企业合并概述
    - 企业合并的概念
    - 企业合并的分类
  - 同一控制下企业合并的会计处理
    - 一次交易实现企业合并的核算
    - 多次交易实现企业合并的核算
  - 非同一控制下企业合并的会计处理
    - 一次交易实现企业合并的核算
    - 多次交易实现企业合并的核算

【引导案例】　关于大连港与营口港合并的案例分析

大连港股份有限公司（大连港）与营口港务集团有限公司（营口港）于2020年7月7日签订了《换股吸收合并协议》。根据协议的约定，大连港以发行A股方式换股吸收合并营口港，即大连港向营口港的所有换股股东发行A股股票，交换该等股东所持有的营口港股票。本次合并完成后，营口港将终止上市并注销法人资格，大连港将继承及承接营口港的全部资产、负债、业务、人员、合同及其他一切权利与义务。2020年9月4日，双方就此次合并又签订了《换股吸收合并协议补充协议》，最终确定大连港的换股价格为1.69元/股；营口港的换股价格为2.54元/股；换股比例为1∶1.5030，即每1股营口港股票可以换得1.5030股大连港A股股票。根据本次交易方案，大连港本次换股吸收合并发行的A股股份数量合计为9 728 893 454股，其中，营口港拟换股取得7 616 325 313股A股股票。本次收购后，营口港将直接持有大连港股份7 616 325 313股A股股票，占大连港总股本的33.67%，成为大连港的第一大股东。

资料来源：巨潮资讯.大连港股份有限公司收购报告书［EB/OL］.（2021-01-07）.http：//static.cninfo.com.cn/finalpage/2021-01-07/1209058200.PDF#page=42&zoom=100，116，521.

问题：

（1）说明上述企业合并中的合并方与被合并方。

（2）分析上述企业合并的类型。

通过对本章内容的学习，上述问题将得到解决。

第一节 企业合并概述

一、企业合并的含义

（一）企业合并的定义

企业合并也称公司合并，其含义有法律和会计两种解释。《中华人民共和国公司法》（以下简称《公司法》）从法律角度对企业合并进行了解释，我国《企业会计准则第20号——企业合并》（CAS20）从会计角度对企业合并进行了解释，两种解释并不完全相同。

我国《公司法》（2006）对企业合并的定义是：公司合并是指两个或两个以上的公司依照公司法规定的条件和程序，通过订立合并协议，共同组成一个公司的法律行为。这个定义与国际法律惯例对企业合并的解释基本相同。法律上的企业合并强调在合并前后，至少应有一个参与合并企业的法律地位要有所变化，比如合并后，某一个法律主体消失了。如果合并前后，所有参与合并企业的法律地位都没有发生变化，都依然保持原有的法律主体地位，那么，从法律角度来看，这不属于企业合并行为。

我国《企业会计准则第20号——企业合并》（2006）对企业合并的定义是：企业合并是指将两个或两个以上单独的企业合并形成一个报告主体的交易或事项。这个定义与美国财务会计准则委员会（FASB）和国际会计准则理事会（IASB）对企业合并的定义大同小异。

美国财务会计准则委员会（FASB）在第141号《企业合并》公告（2001）中指出：当一个主体取得了构成一项业务的净资产，或者取得了一个或几个其他主体的权益并取得了对后者的控制时，即发生了企业合并。国际会计准则理事会（IASB）在第3号国际财务报告准则《企业合并》（2004）中指出：企业合并就是将几个独立的主体或业务置于一个报告主体。

可见，会计上的企业合并强调参与合并的单独企业在合并后要形成一个报告主体，而非强调参与合并企业在合并前后法律地位的改变。在理解我国CAS20关于企业合并定义时，应注意以下问题：

1.关于单独企业

CAS20企业合并定义中的单独企业通常是独立的法律主体。但在极个别情况下，被投资方可分割的一部分也可以作为单独主体被合并。[①]

2.关于报告主体

CAS20企业合并定义中的报告主体既包括单独财务报告主体（编制个别财务报告），也包括合并财务报告主体（编制合并财务报告）。从概念上看，法律上所指的两个或两个以上的公司合并形成一个公司的法律行为属于会计上企业合并的范畴，并且一个主体通过股权投资取得另一个主体控制权而形成母子公司关系的非法律行为也属于会计上企业合并的范畴。

3.关于交易或事项

CAS20企业合并定义中所指的"交易"指购买行为（基于公允价值计量），"事项"可理解为非交易行为（基于账面价值计量）。

从本质上看，企业合并都属于购买行为。从法律定义的企业合并角度看，购买方（即实施合并方）通过合并从被购买方（即被合并方）取得了其相关的资产和负债（即净资产）；从会计定义的企业合并角度看，购买方通过合并从被购买方取得了净资产或者控股权（即长期股权投资）。在会计核算上，企业会计准则CAS20将企业合并区分为交易行为和非交易行为分别进行了规范。

综上所述，我国企业会计准则所指的企业合并是两个或两个以上独立的法律主体形成了一个报告主体的交易或事项。

视频

对企业合并中"业务"的理解

（二）企业合并与资产购买的区别

企业合并本质上是一种购买行为，但它不同于单项资产的购买，而是一组有内在联系、为某一既定生产经营目的存在的多项资产组合或是多项资产、负债构成的净资产的购买。企业合并的结果是取得被并企业全部净资产或对其一个或多个业务的控制权。会计上的企业合并，其前提是被购买的资产或资产负债组合要形成"业务"。如果一个企业取得了对另一个或多个企业的控制权，而被购买方（或被合并方）并不构成业务，则该交易或事项不形成企业合并。

这里的"业务"是指企业内部某些生产经营活动或资产负债的组合，该组合具有投入、加工处理过程和产出能力，能够独立计算其成本费用或所产生的收入。企业合并中的"构成业务"并不要求被合并方有关资产、负债一定要构成一个企业，或具有某一法律形式的组织。在实务中，虽然也有企业只经营单一业务，但一般情况下企业的分公司、独立的生产车间、不具有独立法人资格的分部等也会构成业务。

值得注意的是，有关的资产组合或资产负债组合是否构成业务，不是看其在出售方手中如何经营，也不是看购买方在购入该部分资产或资产负债组合后准备如何使用，而是看在正常的市场条件下，从一定的商业常识和行业惯例出发，相关的资产组合或资产负债组合能否被作为具有内在关联度的、为达到某一生产经营目的而整合起来使用的营利组织。

区分构成企业合并的交易与不构成企业合并的资产组合或资产负债组合的购买，其意义在于两者在会计处理方面具有实质上的差异，主要体现在：

① 关于被投资方可分割的部分可参见第八章第一节合并范围（一）中的阐述。

（1）企业取得了不形成业务的一组资产或资产负债的组合时，应识别并确认所取得的单独可辨认资产，如固定资产、无形资产等，在计量上与购入资产组类似，将打包购买成本基于各项资产、负债的相对公允价值进行分配，分配后不会存在差额，不会产生企业合并业务中的商誉或购买利得；而企业取得构成业务的资产组合时，应按企业合并的会计方法进行处理，在同一控制下企业合并中，可能会涉及股东权益的调整，在非同一控制下企业合并中，可能会产生合并商誉或购买利得。

（2）在资产购买业务中，交易费用通常要资本化，计入所购买资产的成本；而在企业合并业务中，交易费用要费用化，直接计入当期损益。

（3）在资产购买业务中，不会涉及暂时性差异和递延所得税确认的问题；而在企业合并业务中，可能会涉及暂时性差异和递延所得税确认的问题。

二、企业合并的种类

企业合并有多种分类。常见的分类包括基于法律形式的分类、基于合并性质的分类、基于合并前后最终控制方是否改变的分类以及基于合并所涉及行业的分类。

（一）基于法律形式的分类

这是从法律角度对企业合并的分类，根据合并前后参与合并企业的法律地位是否改变以及怎样改变，企业合并可分为：

1.吸收合并

吸收合并也称兼并，是指两个或两个以上独立的法律主体合并后只保留一个法律主体，其他参与合并的法律主体全部解散的企业合并。合并后继续存在的法律主体称为主并企业，被解散的法律主体称为被并企业。在吸收合并中，主并企业将取得被并企业全部的资产和负债，保留原法人地位，继续经营；被并企业注销，结束原有账目，成为主并企业的分公司或分部。例如甲公司吸收合并了乙公司，合并后甲公司继续保留原法律主体的地位，乙公司的资产和负债并入甲公司的财务报表，乙公司结束会计账目并解散。从法律的角度看，吸收合并可用公式形象地表示如下：

甲公司+乙公司=甲公司

在该企业合并中，如果甲公司以支付资产的方式合并乙公司，则乙公司原来的股东（所有者）拿钱离场，与合并后甲公司不再有任何关系；如果甲公司以发行债券的方式合并乙公司，则乙公司原来的股东（所有者）将成为合并后甲公司的债权人；如果甲公司以发行股票的方式合并乙公司，则乙公司原来的股东（所有者）将成为合并后甲公司新的所有者。

2.新设合并

新设合并也称创立合并，是指两个或两个以上独立的法律主体合并成立一个新的法律主体、参与合并的所有公司均解散的企业合并。企业合并后新设立的法律主体称为主并企业，被解散的法律主体称为被并企业。在新设合并中，主并企业将承接所有被并企业的资产和负债（即净资产）及业务，开始新的经营；被并企业注销，结束原有会计账目，成为新设企业的分公司或分部。例如，甲公司与乙公司以新设合并的方式组成了丙公司，合并后丙公司承接了原甲公司和乙公司的资产和负债，将其记入丙公司的财务报表，甲公司和乙公司解散。从法律角度看，该新设合并可用公式形象地表示如下：

甲公司+乙公司=丙公司

在该企业合并中，新组建的丙公司在接受了甲、乙两家公司资产和负债的同时，应向两家公司原股东或所有者支付合并对价，如果合并对价为丙公司自身的权益性证券，则原甲、乙两家公司原股东或所有者将成为新组建丙公司的股东或所有者，并继续参与丙公司的经营管理；如果合并对价采用丙公司自身权益性证券以外的方式支付（如现金、发行债券等），则原甲、乙两家公司原股东或所有者不再是新组建丙公司的股东或所有者。

3.控股合并

控股合并属于长期股权投资业务，是指一家公司通过支付资产、发行债券或发行股票等方式取得另一家公司的表决权，且通过该表决权能够控制另一家公司的交易或事项。从法律角度来看，这类合并不属于合并范畴，因为在合并前后，参与合并各方的法律地位均没有发生改变，没有新的法律主体产生，原法律主体也没有解散；但从会计角度来看，两家独立的公司在合并后形成了一个报告主体，符合会计准则关于企业合并的定义，因此，属于企业合并的行为。

例如，甲公司以控股合并的方式取得了原来没有关联关系的乙公司的控制权。合并后，两家公司依然继续各自的经营，但甲公司成为乙公司的母公司，甲、乙公司共同组成了一个企业集团，并由母公司定期编制合并报表。由于在合并之前，甲、乙两家公司没有关联关系，因此，是两个独立的报告主体。合并后，甲公司作为母公司必须提供合并财务报表，因此，甲、乙公司成为一个报告主体。控股合并可用公式形象地表示如下：

甲公司+乙公司=企业集团［甲公司+乙公司］

在控股合并中，企业合并对价同样会影响被合并方股东或所有者在合并后与主并企业之间的关系，具体影响与吸收合并和新设合并相同。

（二）基于合并性质的分类

这是从人们对企业合并性质认知角度的分类。根据对企业合并性质的不同认定，可将企业合并分为购买式合并和权益联合式合并。

1.购买式合并

购买式合并属于交易的范畴，是指主并企业通过购买被并企业所有者在被并企业的表决权而拥有被并企业的净资产或被并企业的控制权，合并后被并企业所有者将失去其在被并企业原有的净资产或控制权。这类合并在本质上是购买行为，企业合并的目标就是收购买卖标的的净资产或控制权，合并结果是买卖标的的净资产或控制权转移，即买方（主并企业）通过买卖（企业合并）拥有了卖方（被并企业）原来拥有的净资产或企业的控制权。

这里应该注意的是，在购买式合并中必须能识别出购买方，即合并后主体资源和权利的控制方。购买式合并在会计处理中应按市场交易的原则来处理，在合并中涉及的所有要素都应按照公允价值计量，并确认合并中涉及的损益。

2.权益联合式合并

权益联合式合并起源于20世纪的美国，是指参与合并的企业通过换股的方式，将其在参与合并企业中拥有的净资产和股东权益联合起来，参与合并企业的股东在合并后的企业中将继续保持其在合并前股东权益中的相对份额，继续参与合并后主体的重大决策，继续分享合并后主体的风险与利益。权益联合式企业合并的目标是使参与合并企业的股东们联合经营，而非买卖标的企业的控制权。

权益联合式合并在会计处理中按非交易原则来处理，在合并中涉及的所有要素按照账面价值计量，不确认合并损益。

（三）基于合并前后最终控制方是否改变的分类

我国现行会计准则中对合并的分类，是基于合并前后最终控制方是否改变的分类。我国CAS20在第一章总则中指出：企业合并分为同一控制下的企业合并和非同一控制下的企业合并。

基于合并前后最终控制方是否改变对企业合并的分类在国际会计领域尚属首次，我国会计准则对企业合并的这种分类主要是基于我国国情。改革开放之后，我国出现了众多国家控股的企业集团，上市公司中大多数也都是国有控股，企业合并更多地表现为国家控股企业集团内部企业之间的合并。通常认为，集团内部企业之间的合并很难按照公平交易的规则运作。因此，我国CAS20将企业合并分为同一控制下的企业合并和非同一控制下的企业合并，并分别规范了集团内部和不同集团企业合并的会计处理方法。

1.同一控制下的企业合并

同一控制下的企业合并，是指参与合并的企业在合并前后均受同一方或相同的多方最终控制且该控制并非暂时性的合并事项。这里的非暂时性通常指参与合并企业在合并前后1年或1年以上由同一方或相同的多方最终控制。

同一控制下的企业合并主要是指集团内部企业之间的合并情形。根据同一控制下的企业合并的定义，由终端母公司控制下的集团内部公司之间的合并，只要参与合并的公司在合并前后1年或1年以上均属于该集团的企业，则属于同一控制下的企业合并。另外，受相同多方非暂时性最终控制公司间的合并也属于同一控制下企业合并。同一控制下企业合并的情形如图7-1和图7-2所示。

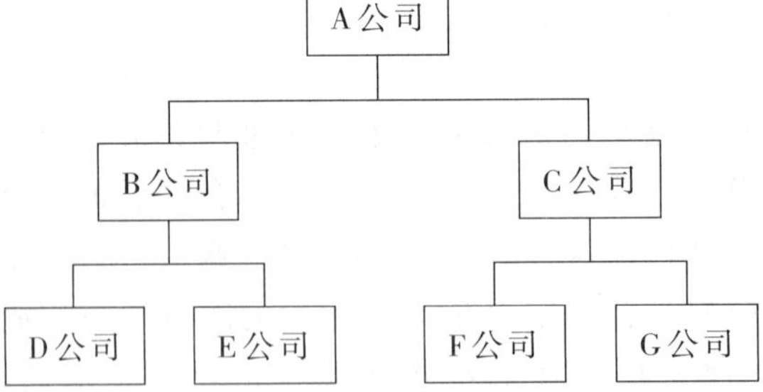

图7-1　受同一方最终控制情形

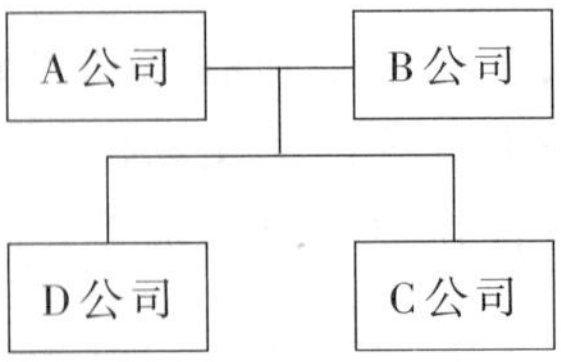

图7-2　受相同多方最终控制情形

在图7-1中，假设从B公司至G公司均受A公司控制1年以上，则B、C、D、E、F、

G公司之间的合并都属于同一控制下的企业合并。在图7-2中，假设C公司和D公司同受A公司和B公司的控制，且控制时间都在1年以上，则C公司和D公司的合并也属于同一控制下的企业合并。

对于同一控制下的企业合并，可将其看作集团内部两个或多个参与合并企业权益的重新整合。从最终控制方来看，集团内部的企业合并不会造成企业集团整体经济利益的流入或流出，最终控制方在企业合并前后实际控制的经济资源没有发生变化，控制权也没有发生转移。因此，同一控制下的企业合并中的交易和事项不作为交易来处理，在会计核算上，与权益联合式合并的处理方法类似。

2.非同一控制下的企业合并

非同一控制下的企业合并是指参与合并的企业在合并前后不受同一方或相同的多方最终控制的合并交易。在实务中，除了判断属于同一控制下的企业合并外，其他合并交易都属于非同一控制下的企业合并。从性质上看，非同一控制下的企业合并属于没有关联关系的企业之间发生的一种购买与被购买的交易，由购买方支付对价收购被购买方的净资产或股权的控制权，与购买式合并基本相同。

（四）基于合并所涉及行业的分类

1.横向合并

横向合并，是指同行业中生产工艺、产品、劳务相同或接近的两个或两个以上企业的合并。例如，一个汽车制造公司收购了另外一家或几家汽车制造公司，一个客运汽车公司收购了另外一家或几家客运汽车公司等，均属于这种合并。横向合并可以充分有效地利用现有生产设备和生产技术，提高产品质量，改进品种结构，提高市场占有率和竞争能力；通过同行业的强强联合、强弱联合实现优势互补，提高管理水平和生产能力。

2.纵向合并

纵向合并，是指处于生产经营的不同阶段，但具有前后联系的两个或两个以上企业的合并。例如，汽车制造公司合并零配件企业、橡胶轮胎企业，钢铁冶炼企业合并煤炭、矿石开采企业以及运输企业等，均属于这种合并。纵向合并可以节约再加工成本、运输成本，减少磋商价格、签订合同、收取货款、发布广告等成本，促进企业集团内部之间供、产、销的良性循环。

3.混合合并

混合合并，是指从事不相关类型经营的、没有内在联系的两个或两个以上企业的合并。例如，钢铁冶炼企业合并建筑公司、房地产公司、电脑公司等。混合合并一般会形成跨行业的企业集团。混合合并可以分散经营风险，提高企业的生存能力并拓展发展空间；利用不同行业的环境条件，开阔市场；吸收不同行业先进的管理经验，通过协同效应，实现经济效益；便于现金流量的内部调度，实现资源的优化配置。

以上几种分类是兼容的，比如同一控制下企业合并同时也可以是吸收合并、新设合并或控股合并的一种以及横向合并、纵向合并或混合合并的一种，非同一控制下企业合并也一样。企业合并分类的关系如图7-3所示。

在我国企业合并的会计实务中，应基于合并前后最终控制方是否改变和企业合并的法律形式两个角度进行分类，从而选择恰当的会计处理方法。

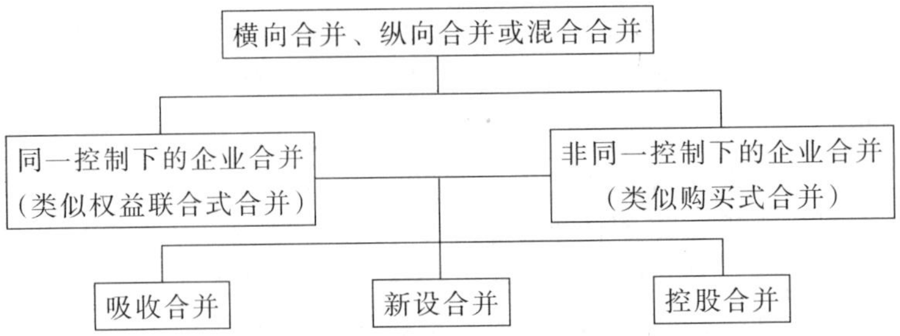

图7-3 企业合并分类关系图

三、企业合并中的主要会计问题

(一) 主并企业的确定

在企业合并中，参与合并的企业分为主并企业（acquiring firm）与被并企业（target firm）。主并企业是指在企业合并中以支付现金资产、发行债券、发行股票等方式取得被并企业净资产或被并企业经营和财务等重大活动控制权的企业；被并企业是指在合并中失去原有企业净资产或控制权的企业。在合并会计中，必须在参与合并的企业中识别出主并企业。主并企业在企业合并中负责编制企业合并的会计分录及合并日合并报表，在控股合并中，主并企业还应编制合并日后合并报表。

通常情况下，主并企业应该是企业合并后继续存在并取得了被并企业净资产的主体或拥有被并企业控制权的主体。在判断一家企业是否拥有另一家企业的控制权时，可以结合《企业会计准则第33号——合并财务报表》(CAS33) 中“控制”的判断标准，考虑其在另一家企业是否因拥有以下权利从而主导着该企业：

(1) 拥有半数以上的表决权；

(2) 合同赋予其主导相关活动的权利；

(3) 有能力在董事会上行使半数以上表决权；

(4) 能够控制其管理团队等。

主并企业在通常情况下是比较容易认定的，对于某些比较复杂的合并业务，以下标志有助于判断主并企业：

(1) 如果参与合并中的一家企业的公允价值显著大于其他参与合并企业的公允价值，那么，公允价值大的这家企业很可能就是主并企业。

(2) 如果合并是以现金等资产换取有表决权股份的方式完成，那么放弃现金等资产换取股权的企业很可能就是主并企业。

(3) 如果参与合并企业中的一家公司管理层能够主导合并后主体管理团队的选举，那么，能够主导管理团队的一方企业很可能就是主并企业。

(4) 在以发行权益性证券进行的非同一控制下换股合并中，通常发行权益性证券的一方为主并企业[①]。

在我国企业会计准则中，通常将同一控制下企业合并中的主并企业称为合并方，将被并企业称为被合并方；将非同一控制下企业合并中的主并企业称为购买方，将被并企业称

①在某些企业换股合并中，发行权益性证券一方因其生产经营决策在合并后被参与合并的另一方所控制，因此，被合并的一方成为实质性的主并企业，该类合并通常被称为“反向购买”。《企业会计准则第20号——企业合并》对此类合并有专门的会计处理规定，本教材不予阐述。

为被购买方。

（二）合并日的确定

如何确定合并日，既涉及财务会计的基本理论问题，又关乎主并企业各方的利益。企业合并涉及合并方案的设计、有关方面的谈判、董事会和股东大会决议、确定资产评估基准日、政府有关部门审批、办理产权交割手续等事项，往往耗时较长。从理论上说，合并日应以被并企业净资产和经营活动的控制权转移到主并企业的日期为判断标准，即以被并企业净资产和经营活动控制权上的主要风险和报酬已转移至主并企业，且相关利益能够流入主并企业为标志。

在具体会计实务中，控制权转移应同时具备以下五个条件：

（1）企业合并合同或协议已获股东大会等通过；

（2）企业合并事项需要经过国家有关主管部门审批的，已获得批准；

（3）参与合并各方已办理了必要的财产权转移手续；

（4）合并方或购买方已支付了合并价款的大部分（一般应超过50%），并且有能力、有计划支付剩余款项；

（5）合并方或购买方实际上已经控制了被合并方或被购买方的财务和经营决策，并享有相应的利益、承担相应的风险。

在我国企业会计准则中，合并日通常是同一控制下企业合并中的称谓，非同一控制下企业合并中的合并日一般称为购买日。

（三）被并企业净资产在合并后主体中的计量

从理论上讲，参与合并企业的资产和负债在合并后报告主体中的计量方法有以下三种情况：

（1）主并企业按原账面价值计量，被并企业按公允价值计量。

这是购买式企业合并的做法。在购买式企业合并中，主并企业购买被并企业，正如其购买其他资产一样，购入的资产应该按照公允价值计量，购入资产不会影响购买方净资产本身的计量。因此，在合并后报告主体中，主并企业依然按原账面价值计量，被并企业按合并日公允价值计量。

（2）所有参与合并企业的资产与负债均按原账面价值计量。

这是权益联合式企业合并的做法。在权益联合式企业合并中，由于参与合并企业的股东们在合并前后的权益没有实质性的改变，企业的联合意味着原参与合并企业股东们之间的联合与企业的持续经营。因此，基于持续经营理论，所有参与合并企业的资产与负债在合并后的主体中均按原账面价值计量。

（3）所有参与合并企业的资产与负债均按合并日公允价值计量。

这是基于合并后主体是一个全新实体理念下的做法。比如在新设合并中，如果合并后主体与参与合并主体的所有者及控制权有实质性的变动，无法简单地认定其属于购买行为或是权益联合行为，则可认为参与合并的企业重新组合成了一个全新的实体，所有参与合并企业的资产与负债均按合并日公允价值计量。

（四）被并企业净利润及留存收益的合并处理

在企业合并中，被并企业在合并当期的净利润及留存收益是否可以并入合并方财务报表或合并报表中，这是企业合并中最敏感的一个问题。在合并日，被并企业当期合并前净利润及留存收益是否可以并入主并企业财务报表，直接影响主并企业合并当日净利润和留存收益，进而影响主并企业合并日及合并日后的财务状况。

从理论上讲，如果认为企业合并是一种买卖行为，则被并企业的利润和留存收益不能够并入主并企业，但如果企业合并是一种所有者权益联合的行为，是参与合并企业股东们在经营上的持续，则被并企业合并前净利润和留存收益可以并入主并企业。

（五）合并对价的计量

合并对价就是主并企业在企业合并中为了取得被并企业的净资产或控制权所付出的成本。从理论上讲，合并对价应该包括购买方为实施企业合并所支付的现金或非现金资产、发行的债券或承担的其他债务或发行的权益性证券等对价的公允价值以及企业合并中发生的各项直接相关费用之和。在会计实务中，由于对企业合并性质的不同认定，合并对价在会计处理中会按不同的计量属性核算：在购买式合并中，合并对价按公允价值计量；在权益联合式合并中，合并对价按账面价值计量。

在企业合并中，合并对价并不是支付给被并企业，而是支付给被并企业股东或所有者，因为合并方所取得的净资产或股权在合并前是属于被合并方股东或所有者的，合并方将合并对价支付给被合并方的股东或所有者后即可获取被并企业的净资产或股权。如果合并对价是现金或非现金资产，则合并后被合并方的所有者或股东与合并后企业就脱离了关系；如果合并对价是主并企业发行的债券，则合并后被合并方的所有者或股东将成为合并后企业的债权人；如果合并对价是主并企业增发的权益性证券（即换股合并），则被合并方所有者或股东将成为合并后企业的新股东。

（六）合并费用的处理

企业合并中，合并方会发生与企业合并相关的交易费用。企业合并中的交易费用，是指可直接归属于企业合并的增量费用。增量费用，是指合并方不发生企业合并就不会发生的费用。从理论上讲，合并方为进行企业合并支付的各种直接相关费用，如审计费用、评估费用、法律服务费用等直接交易费用，应根据企业合并性质的不同而做不同的会计处理。

对于购买式合并来讲，合并费用应该计入合并成本；对于权益联合式合并来讲，合并费用可计入当期损益。但在会计实务中，如果将购买式合并中的交易费用计入合并成本，最终会影响商誉计量的正确性。因此，在现行会计准则中，对于两种不同性质企业合并中发生的直接合并费用均计入当期损益。

另外，企业为合并而发行的债券或承担其他债务所支付的手续费、佣金等，应当计入所发行债券及其他债务的初始计量金额；为合并而发行的权益性证券发生的交易费用（如登记费，承销费，法律、会计、评估及其他专业服务费用，印刷成本和印花税等），可直接归属于权益性交易的，应当从权益（资本溢价）中扣减，溢价收入不足冲减的，冲减留存收益。

四、企业合并的会计处理方法

从国际会计惯例来看，企业合并会计处理方法有两种：购买法和权益联合法。这两种方法源自对企业合并性质的不同认识，在会计处理上差异较大。

（一）购买法

购买法是目前国际上主流的企业合并会计处理方法，它是基于对企业合并购买交易的认识而采取的会计处理方法，适合对所有非权益联合式合并业务的会计处理。购买法在会计处理上主要有以下特点：

1.会计计量的基础是公允价值。

在购买法下，购买方取得的净资产或股权及支付的合并对价，都按公允价值计量。这是购买法的核心特征，也是区别于权益联合法的核心特征。

购买法将企业合并视为一家企业购买另一家或几家企业的交易行为，该交易与企业从外界购买机器设备等资产的性质是一样的，因此，要求在购买日对被并企业可辨认资产和负债的价值进行评估，明确购买日被购买方所有资产与负债的公允价值，以确定公允的交易价格。对于吸收合并和新设合并，购买方从被购买方取得的可辨认净资产（即被并企业原账面资产和负债）均按购买日的公允价值入账；对于控股合并，购买方取得的股权应按其实际支付的合并成本入账。

合并成本通常等于合并日购买方所支付的合并对价的公允价值。购买方支付的合并对价可能是现金资产，也可能是非现金资产或企业发行的债务性证券或权益性证券，不论哪种合并对价，在合并日均以公允价值计量。如果合并对价为非现金资产，其账面价值与公允价值之间的差额，应按正常转让或处置该资产来处理。

2.可能涉及商誉资产的确认。

企业合并与一般资产交易不同，因为被并企业通常都是有业务和盈利能力的实体，且其盈利能力通常会影响企业合并中的交易价格，对于盈利能力比较强的被并企业，购买价格往往会高于从被合并方取得的可辨认净资产公允价值的份额。当然，交易价格还会受到其他因素的影响，比如因急于交易，可能会导致购买价格低于从被并企业取得的可辨认净资产公允价值的份额。在现行企业合并会计惯例中，在合并日，如果合并对价公允价值高于从被并企业取得的可辨认净资产公允价值的份额，应将其差额作为商誉资产处理，反之则直接计入当期损益。

商誉一般源于企业卓越的管理队伍、优越的地理位置和良好的社会声誉等，如果一家企业拥有商誉，意味着该企业的盈利能力超过了本行业平均水平或正常的投资回报水平，或者说商誉代表了企业获取超额收益的能力。商誉分为自创商誉和外购商誉。自创商誉是企业在长期的生产经营过程中，自己创立和积累起来的能够为企业带来超额利润的无形资源，外购商誉则是在企业合并中取得的因交易价格高于被并企业可辨认净资产公允价值份额的差额。商誉属于不可单独辨认的资产，它不能单独在市场上销售或交换，只能与企业整体一起确认与转让。

从国际会计惯例来看，商誉曾经有三种会计处理方法：（1）系统摊销法：将外购商誉作为一项没有实物形态的特殊资产予以确认，并在特定的期间内摊销；（2）永久保留、减值测试法：将商誉作为一项永久性资产确认，不予摊销，除非有证据表明其价值确实发生了持续下跌；（3）直接冲销法：将外购商誉作为购买方所有者权益的抵减项目，直接冲减留存收益。商誉采用不同的会计核算方法对合并日后财务报表信息以及企业管理层利益都有非常大的影响，其中永久保留减值测试法因对留存收益和未来利润影响较小，最受企业管理当局的推崇。

自20世纪70年代到21世纪初，国际会计领域一直流行商誉的定期摊销法，国际会计准则委员会（IASC）和美国财务会计准则委员会（FASB）都要求商誉在不超过40年的期限内摊销。在21世纪初，美国财务会计准则委员会①取消了对商誉的定期摊销法，要求采取永久保留、定期减值测试的方法。随后，国际会计准则理事会（IASB）也采纳了这种方法。我国2006年发布的《企业会计准则第20号——企业合并》中，基于会计准则国际趋同的背景，也采纳了商誉的“永久保留、定期减值测试”的会计处理方法。

为便于讲授，本教材有时将合并成本低于所取得的被购买方可辨认净资产公允价值份额的差额称为“负商誉”。负商誉只是计算结果为负数的商誉，并不代表“坏商誉”，其形成的原因可能是资产估值方面的原因，也可能是其他方面的原因。对于负商誉的处理，国际会计曾要求根据不同情形采取不同的会计处理方法，比如冲减资产成本、调整留存收益和计入当期损益等。进入21世纪后，IASB和FASB等主要会计准则制定机构统一了对负商誉的会计处理规定，要求将负商誉作为利得直接计入当期损益。

3.被并企业合并前净利润及留存收益不并入合并后报表。

在购买法下，只有被并企业在合并之后的利润才能并入合并后的主并企业单独报表或合并报表，被并企业合并前的净利润及留存收益不能并入合并后报表。因此，在购买法下，主并企业在合并日合并报表中的当期损益就是其自身的当期损益，留存收益也是其自身在合并前的留存收益。

（二）权益联合法

权益联合法，又称股权合并法，其本质特征是将企业合并视为参与合并的企业的股东为了继续在合并后实体分享利益和分担风险而联合控制它们的全部或实际上全部的净资产和经营活动的行为。权益联合法曾经在美国流行了半个多世纪，主要适合于换股合并的情形。权益联合法当时在美国应用时，必须严格满足12个条件，包括主并企业必须以发行股票的方式与其他参与合并企业的股东实施90%以上的换股等。这些条件主要用于保证参与合并企业的股东在新的会计主体中，仍然能与以前一样，继续保持其股东权益的相对份额，并参与合并后主体的重大决策。

基于持续经营的理念，权益联合法在会计处理上将参与合并企业的资产、负债与留存收益均按合并前各主体账面价值合在一起，作为合并后主体的资产、负债和留存收益，合并中不会产生任何损益，如果涉及合并价差，则调整股东权益。权益联合法在会计处理上有以下特点：

1.会计计量的基础是账面价值。

权益联合法下，合并方取得的净资产或股权投资以及支付的合并对价，都按账面价值计量。权益联合法将企业合并看成股东权益上的联合和业务上的持续经营。因此，在会计处理中，坚持了持续经营的原则，不重新计量资产与负债的公允价值，对参与合并企业的净资产一律按原账面价值计量。对于吸收合并和新设合并来讲，主并企业从被并企业取得的所有可辨认净资产均按合并日原账面价值入账；对于控股合并，主并企业取得的股权按合并日拥有的被并企业净资产账面价值的份额入账。

---

①FASB取消商誉的摊销法可能是受到来自各方面相关利益团体的游说。在美国，会计准则的制定时常会受到强大相关利益集团的影响。

2.企业合并中不涉及损益，只涉及股东权益的调整。

在购买法下，主并企业合并成本和被并企业净资产都按公允价值计量，在会计核算中可能涉及商誉及相关损益的确认，但是在权益联合法下，由于主并方从被合并方取得的净资产或股权以及支付的对价都按账面价值计量，因此，不会涉及相关损益，并且对于合并中借贷双方账面价值出现差额的，基于权益联合法的理念，也不确认为损益，而是调整股东权益。

从企业合并的实际操作过程来看，采用权益联合法核算的企业合并与采用购买法核算的企业合并，并无实质性差别。在企业合并谈判过程中，合并双方都是以有关资产和负债的公允价值而不是账面价值为基础进行讨价还价的，企业合并转让的资产、承担的负债都是以公允价值为基础的。也就是说，不论会计上选择哪种处理方法，主并企业在客观上都会发生合并成本，被并企业净资产都将以公允价值转让，企业合并在本质上是基于公允价值的交易，只是人们基于对企业合并的不同认识而选择了不同的会计处理方法。

3.被合并方合并前的留存收益和净利润可并入合并后主体。

这是权益联合法区别于购买法的核心特征，也是权益联合法最具诱惑力的特征。由于权益联合法被认为是不同股东权益组合在一起的非购买行为，因此，参与合并企业合并前财务报表中的会计要素都可按原账面价值合计列示在合并后主体财务报表中，包括留存收益和净利润。因此，在权益联合法下，主并企业在合并日合并利润表中既包括合并前自身的净利润，也包括合并前被并企业的净利润；主并企业在合并日合并资产负债表中的留存收益既包括合并前自身的留存收益，也包括合并前被并企业的留存收益；主并企业合并当期的合并利润包括自身当期实现的净利润，也包括被并企业在合并当期实现的全部利润。

参与合并主体合并前留存收益和净利润允许并入合并后主体的做法大大增加了权益联合法的魅力。在20世纪的美国，尽管FASB对权益联合法有着非常严格的应用条件，但依然无法阻挡企业合并采用这种方法的热情，有些企业甚至不惜代价满足相关条件而使用这种方法。20世纪末，权益联合法最终因被滥用且难以监管等原因被FASB禁止使用。

我国现行会计准则对同一控制下企业合并的会计处理方法实质上就是权益联合法，所不同的是，我国不再要求FASB当年提出的换股合并等12条规定，只要满足同一控制下企业合并的条件，就可以使用这种方法。

企业合并除了上述两种会计处理方法之外，近年来在会计理论上又出现了新起点法。新起点法也称新主体法或新起点会计，主要是针对新设合并的理论探讨。根据新起点法的理念，如果参与合并企业在合并后全部注销，产生了一个新的法律主体，应视同原合并主体的全部消亡，新主体应视为新的会计主体。因此，所有参与合并的企业的净资产都应该根据合并日公允价值注入这个新会计主体，参与合并企业在合并前的留存收益都不能注入合并后的新主体，新主体所有者权益只有实收资本和资本公积，没有留存收益。新起点法比较复杂，对合并后主体的财务影响也比较大，目前基本处于理论探讨阶段。

（三）购买法与权益联合法的财务影响比较

通过以上阐述可以看出，购买法和权益联合法在会计处理上差异较大，对财务信息具有不同的影响，主要表现在对合并后主体财务报表净资产、净利润和留存收益等方面的影响。

1.对合并后主体财务报表净资产价值的影响

采用购买法核算的企业合并，其合并后单独主体或合并报表的净资产价值通常会高于采用权益联合法下净资产的价值。在购买法下，主并企业在合并中取得的净资产按合并日公允价值入账；而在权益联合法下，主并企业对合并中取得的净资产按原账面价值记账。因此，在物价上涨的环境中，购买法下主并企业合并后的净资产通常将高于权益联合法下净资产的金额。

另外，在溢价合并比较普遍的情况下，如果采用购买法核算，通常会因为合并对价公允价值高于被并企业合并日可辨认净资产的公允价值份额，在合并后主体单独报表或合并报表中产生新的商誉资产；但采用权益联合法核算时不会产生新的资产。

2.对合并后主体财务报表净利润的影响

采用购买法核算时，合并后主体单独报表或合并报表的净利润通常低于采用权益联合法下的净利润。理由如下：

（1）购买法只允许被并企业合并后的净利润并入主并企业，而权益联合法允许被并企业在合并当年的净利润并入主并企业。因此，只要不是年初合并，采用权益联合法核算的合并后主体当年净利润通常将高于采用购买法核算时的净利润。

（2）由于购买法下取得的被并企业净资产按公允价值计量，而且可能存在金额较高的商誉资产，因此，在合并日后的后续核算中，这些资产折旧额或摊销额以及转让时结转的成本通常都高于权益联合法下的相关成本；另外，商誉可能还会面临较大的减值损失，这些情况都会导致购买法下合并后主体的净利润显著低于权益联合法下合并后主体的净利润。

3.对合并后主体财务报表留存收益的影响

采用购买法核算时，合并后主体单独报表或合并报表的留存收益通常低于采用权益联合法时的留存收益。因为在购买法下，被购买方合并前的留存收益不能并入购买方的留存收益中，而权益联合法下被并企业在合并前的留存收益可以并入主并企业。这种情况对权益联合法下吸收合并或新设合并有着直接的影响，因为权益联合法可以导致吸收合并或新设合并后的主体拥有更多可以向股东支付股利的未分配利润。

综上所述，与购买法相比，采用权益联合法核算，会导致合并后主体在合并当年资产计价较低、收益较高的情况，而且，因较低的资产计价还会导致以后各年拥有较高的利润率和净资产收益率。另外，在吸收合并和新设合并中，采用权益联合法还有可能为合并后主体带来更多的可供分配利润。

五、企业合并会计处理的框架

企业合并的会计分录由主并企业编制。在企业合并中，主并企业以货币资金或非货币性资产、发行债券或发行股票为对价，从被并企业取得相关资产及负债（净资产）或股权投资，其会计分录的基本框架如下：

借：长期股权投资

　　有关资产

贷：有关负债

银行存款等资产

应付债券

股本

资本公积

上述分录是企业合并的基本框架，在编制具体的企业合并会计分录时，必须明确：第一，借方科目是净资产还是股权投资？如何计量？第二，贷方是资产、负债还是股本？如何计量？第三，借贷双方出现价差如何处理？这三个问题主要取决于企业合并是同一控制下企业合并还是非同一控制下企业合并，以及属于吸收合并、新设合并还是控股合并。企业合并的分类不同，会计分录也不相同。不同种类企业合并的会计分录框架见表7-1。

自测题7-1

表7-1　不同种类企业合并会计分录框架

合并类别	吸收合并/新设合并	控股合并
同一控制下企业合并	借：有关资产 　贷：有关负债 　　银行存款 　　应付债券 　　股本等 （以上基于账面价值计量） 借（贷）：资本公积	借：长期股权投资 　贷：银行存款 　　应付债券 　　股本等 （以上基于账面价值计量）
非同一控制下企业合并	借：有关资产 　商誉 　贷：有关负债 　　银行存款 　　应付债券 　　股本等 　　营业外收入 （以上基于公允价值计量）	借：长期股权投资 　贷：银行存款 　　应付债券 　　股本 　　资本公积等 （以上基于公允价值计量）

第二节　同一控制下企业合并的会计处理

一、同一控制下企业合并会计处理要点

在同一控制下企业合并中，合并方应在合并日编制企业合并的会计分录，其会计处理方法与国际惯例中的权益联合法相似；被合并方是否需要进行会计处理取决于企业合并的种类。在同一控制下吸收合并中，被合并方应注销并结束账簿；在同一控制下控股合并中，被合并方无须进行任何会计处理。

根据我国CAS20的规定，合并方对同一控制下企业合并会计处理的要点如下：

视频

同控下取得的净资产或长投的初始计量

1.合并方取得的净资产或股权投资的计量

在同一控制下的企业合并中，合并方从被合并方取得的资产和负债应按合并日被合并方资产或负债在最终控制方合并报表中的账面价值入账[①]；取得的股权投资应按被合并方在其最终控制方合并财务报表中的净资产账面价值的份额计量。

对于吸收合并和新设合并，合并方应按取得的有关资产和负债账面价值，借记有关资产账户，贷记有关负债账户；对控股合并，合并方应根据合并后享有被合并方净资产账面价值的份额，借记“长期股权投资”科目。

这里应该注意的问题是，如果被合并方是企业集团最终控制方投资设立的，则其净资产账面价值应与其在最终控制方合并财务报表中的账面价值一致；如果被投资方是企业集团通过非同一控制下企业合并购买的，则其净资产账面价值可能与其在最终控制方合并财务报表中的账面价值不一致。合并方在同一控制下企业合并中取得的净资产或股权投资的计量基础是被合并方在其最终控制方合并财务报表中的账面价值。

2.合并方支付的合并对价的计量

在同一控制下的企业合并中，合并方支付的合并对价应该按原账面价值计量。以非现金资产作为合并对价时，应按其原账面价值，贷记有关非现金资产账户；以发行债券方式作为合并对价时，应按发行债券的面值，贷记“应付债券——面值”科目；以发行股票方式作为合并对价时，应按发行股票的面值，贷记“股本”科目。

3.对企业合并中借贷双方差额的处理

在同一控制下的企业合并中，如果合并方取得的净资产或长期股权投资的入账价值与支付的合并对价账面价值出现差额，应当调整资本公积：当差额在贷方时，直接记入“资本公积——资本（股本）溢价”科目；当差额在借方时，首先应冲减“资本公积——资本（股本）溢价”科目，该科目不足冲减的，按照“盈余公积”和“未分配利润”的顺序，分别冲减留存收益。

4.对被合并方合并前留存收益的处理

在同一控制下的企业合并中，被合并方合并前留存收益应并入合并后主体单独报表或合并财务报表。对于吸收合并和新设合并，合并方应根据被合并方在合并前留存收益的金额，借记“资本公积——资本（股本）溢价”科目；贷记“盈余公积”“利润分配——未分配利润”等科目；对于控股合并，合并方应根据被合并方在合并前留存收益中的份额，在合并财务报表中编制同样的调整分录。这里应注意的是，当调整分录涉及冲减资本公积时，应以“资本公积——资本（股本）溢价”科目的贷方金额为上限。

5.对企业合并中合并费用的处理

企业合并中发生的直接合并费用，应当于发生时记入“管理费用”科目；因发行债券等支付的手续费和佣金等费用，应当记入“应付债券——利息调整”科目；因发行权益性证券所发生的手续费、佣金等费用，应借记“资本公积——资本（股本）溢价”科目，资本公积中的溢价不足冲减的，应分别冲减“盈余公积”和“利润分配——未分配利润”科目。

6.对合并中或有对价的处理

或有对价是指在企业合并中基于未来一项或多项或有事项的发生而确定的合并对价。

①合并方从被合并方取得的资产中可能包括最终控制方往年取得被合并方控制权时确认的商誉资产，该商誉资产在合并中应正常确认为资产。同一控制下企业合并本身不会产生新的商誉资产。

为了规避风险，现在越来越多的企业合并采用将并购价格与并购标的未来经营业绩或某特定事项挂钩。典型的例子包括：如果被并企业未来经营业绩达到了约定目标，则合并方将被要求额外支付被合并方一笔约定对价；如果被并企业未来按期完成了某项工作并获得相关部门认可，则合并方将被要求额外支付被合并方一笔约定对价；如果被合并方没有完成约定的经营业绩，或者没有达成某个预先设定的目标，则被合并方作为补偿，可能被要求返还合并方已支付的部分对价或给予合并方一定补偿。诸如此类并购对价的安排，就是企业合并中的“或有对价”[①]。

在同一控制下的企业合并中，对于合并协议中约定的、未来根据一项或多项或有事项确定的或有对价，应按《企业会计准则第13号——或有事项》的规定，确认是否应就或有对价确认相应的预计负债或者资产；如果后续预计负债或资产与实际支付金额出现差额，应调整资本公积（资本溢价或股本溢价），资本公积不足冲减的，应冲减留存收益。

二、同一控制下企业合并会计处理示例

（一）一次交易实现企业合并的会计处理

【例7-1】　吸收合并/不涉及合并费用的情形

资料：2021年1月1日，天健公司以吸收合并的方式收购了地坤公司，地坤公司的资产和负债全部转入天健公司，地坤公司注销。假设在该合并中，天健公司以100万股普通股作为合并对价，面值为1元/股，市价为2元/股。天健公司和地坤公司属于同一个集团内的两家公司，此合并符合同一控制下企业合并的要求。2021年1月1日，天健公司、地坤公司（在最终控制方合并财务报表）资产和负债的账面价值见表7-2。

表7-2　资产和负债合并前账面价值

2021年1月1日　单位：万元

项目	天健公司	地坤公司	合计
银行存款	80	10	90
应收账款	100	30	130
存货	140	40	180
固定资产	460	120	580
资产总计	780	200	980
应付账款	28	42	70
应付债券	112	8	120
负债合计	140	50	190
股本	200	30	230
资本公积	140	40	180
盈余公积	200	50	250
未分配利润	100	30	130
所有者权益合计	640	150	790
负债和所有者权益总计	780	200	980

①企业合并中的这类或有对价也称为“对赌”。如果是并购方增加支付对价，通常称之为“或有对价支付”或“Earn-out”；如果是被并购方退还对价，则称之为“或有对价收回”或“Claw-back”。

要求：（1）编制天健公司合并地坤公司的会计分录。

（2）分析天健公司合并后资产、负债与所有者权益的变动情况。

分析： 在本例中，天健公司发行了账面价值为100万元的股票（100万股×1元/股）收购了地坤公司，取得了地坤公司账面价值为150万元的净资产（资产200万元−负债50万元）。由于天健公司和地坤公司为同一控制下的企业合并，因此，借贷双方差额50万元应记入“资本公积”科目。合并日，天健公司应编制如下会计分录：

①取得地坤公司净资产时：

借：银行存款　　100 000

　　应收账款　　300 000

　　存货　　400 000

　　固定资产　　1 200 000

　贷：应付账款　　420 000

　　　应付债券　　80 000

　　　股本　　1 000 000

　　　资本公积　　500 000

②调整地坤公司合并前留存收益时：

借：资本公积——股本溢价　　800 000

　贷：盈余公积　　500 000

　　　未分配利润　　300 000

天健公司合并前后有关资产、负债和所有者权益情况见表7−3。

表7−3　**天健公司合并前后资产负债表**　单位：万元

项目	合并前	合并分录		合并后
		借方	贷方	
银行存款	80	①10		90
应收账款	100	①30		130
存货	140	①40		180
固定资产	460	①120		580
资产总计	780	200		980
应付账款	28		①42	70
应付债券	112		①8	120
负债合计	140		50	190
股本	200		①100	300
资本公积（溢价）	140	②80	①50	110
盈余公积	200		②50	250
未分配利润	100		②30	130
所有者权益合计	640	80	230	790
负债和所有者权益总计	780	80	280	980

通过表7-3可以看出，在本例中，天健公司吸收合并地坤公司后的资产、负债和所有者权益金额均等于这两家公司在合并日个别报表资产、负债和所有者权益账面价值的合计数。其中：

合并日资产=780（天健）+200（地坤）=980（万元）

合并日负债=140（天健）+50（地坤）=190（万元）

合并日所有者权益=640（天健）+150（地坤）=790（万元）

除此之外，在本例中，天健公司合并后的每一项资产和负债金额也都等于这两家公司在合并日个别报表相关资产、负债账面价值的合计数，这主要是因为天健公司是以增发股份的方式实施合并，因此，合并后的资产和负债金额没有受到影响。如果合并对价不是股票，而是资产或债券，则天健公司合并后资产、负债将会受到相应影响。

【例7-2】　吸收合并/涉及合并费用的情形

资料：沿用例7-1的资料，并假设在该合并中，天健公司以现金支付了与发行股票相关的手续费和佣金10万元，审计费用10万元，法律服务费5万元。

要求：编制天健公司吸收合并地坤公司的有关会计分录。

分析：与例7-1相比，本例增加了合并费用25万元，其中直接费用15万元（审计费用和法律服务费）应计入管理费用；与发行股票相关的手续费、佣金等费用10万元应冲减资本溢价。

有关的会计分录如下：

①天健公司取得净资产时：

借：银行存款	100 000	
应收账款	300 000	
存货	400 000	
固定资产	1 200 000	
贷：应付账款		420 000
应付债券		80 000
股本		1 000 000
资本公积——股本溢价		500 000

②将地坤公司合并前留存收益并入天健公司时：

借：资本公积——股本溢价	800 000	
贷：盈余公积		500 000
未分配利润		300 000

③支付合并费用时：

借：管理费用	150 000	
资本公积——股本溢价	100 000	
贷：银行存款		250 000

天健公司吸收合并地坤公司前后的资产负债表数据见表7-4。

表 7-4 天健公司合并前后资产负债表 单位：万元

项目	账面价值（合并前）	合并分录		账面价值（合并后）
		借方	贷方	
银行存款	80	①10	③25	65
应收账款	100	①30		130
存货	140	①40		180
固定资产	460	①120		580
资产总计	780	200	25	955
应付账款	28		①42	70
应付债券	112		①8	120
负债合计	140		50	190
股本	200		①100	300
资本公积（股本溢价）	140	②80 ③10	①50	100
盈余公积	200		②50	250
未分配利润	100	③15	②30	115
所有者权益合计	640	105	230	765
负债和所有者权益总计	780	105	280	955

【例 7-3】 吸收合并/冲减资本公积的情形

资料：沿用例 7-1 的资料，并假定：（1）天健公司发行普通股 190 万股吸收合并了地坤公司；（2）天健公司发行普通股 400 万股吸收合并了地坤公司。其他条件不变。

要求：分别编制天健公司合并地坤公司的会计分录。

分析：

（1）假设天健公司发行了 190 万股普通股。

如果天健公司发行 190 万股普通股实施合并，则合并对价账面价值为 190 万元（190 万股×1 元/股），与取得的地坤公司净资产账面价值 150 万元的差额在借方，金额为 40 万元，应冲减资本公积；地坤公司的留存收益可正常调整。有关会计分录如下：

①取得地坤公司净资产时：

借：银行存款	100 000
应收账款	300 000
存货	400 000
固定资产	1 200 000
资本公积	400 000

贷：应付账款 420 000

应付债券 80 000

股本 1 900 000

②调整地坤公司合并前留存收益时：

借：资本公积——股本溢价 800 000

贷：盈余公积 500 000

未分配利润 300 000

（2）假设天健公司发行了400万股普通股。

如果合并方发行400万股普通股实施合并，则合并方合并对价账面价值为400万元（400万股×1元/股），与取得的地坤公司净资产账面价值150万元的差额在借方，金额为250万元，应先冲减资本公积，不足部分冲减盈余公积；因资本公积被冲减后余额为零，因此，地坤公司的留存收益无法调整。有关会计分录如下：

借：银行存款 100 000

应收账款 300 000

存货 400 000

固定资产 1 200 000

资本公积 1 400 000

盈余公积 1 100 000

贷：应付账款 420 000

应付债券 80 000

股本 4 000 000

【例7-4】 控股合并的情形

资料：沿用例7-1的资料，并假设天健公司发行100万股普通股收购地坤公司100%的股权。其他条件不变。

要求：编制天健公司合并地坤公司的会计分录。

分析：合并日地坤公司净资产账面价值为150万元，在100%控股合并的情况下，天健公司的长期股权投资应按150万元入账；合并对价账面价值为100万元（100万股×1元/股）；借贷双方的差额在贷方，计入资本公积。会计分录如下：

借：长期股权投资 1 500 000

贷：股本 1 000 000

资本公积——股本溢价 500 000

例7-4属于控股合并的情形，因此，地坤公司合并前留存收益应在合并报表工作底稿中进行调整。

【例7-5】 部分控股合并的情形

资料：沿用例7-1的资料，并假设天健公司发行100万股普通股收购了地坤公司60%的股权。其他条件不变。

要求： 编制天健公司合并地坤公司的会计分录。

分析： 合并日地坤公司净资产账面价值为150万元，在60%控股合并的情况下，天健公司的长期股权投资入账价值为90万元（150万元×60%）；合并对价的账面价值为100万元（100万股×1元/股）；借贷双方的差额在借方，金额为10万元，应冲减资本公积。有关会计分录为：

借：长期股权投资　　900 000

　资本公积　　10 0000

　贷：股本　　1 000 000

例7-5属于控股合并的情形，因此，地坤公司留存收益应在合并报表工作底稿中进行调整，且只能按控股比例60%进行调整。

【例7-6】 被合并方与其在最终控制方合并报表中账面价值不同的情形

资料： 假设P公司和S公司的最终控制方都是甲公司，其中S公司是甲公司于2019年从集团外收购的全资子公司。2022年6月30日，P公司定向增发了1 000万股普通股（每股面值为1元，市价为8.68元）取得了S公司100%的股权，并于当日开始对S公司实施控制。2022年6月30日，S公司单独报表中净资产的账面价值为2 200万元，而其在甲公司合并报表中净资产的账面价值为4 000万元（含商誉）。假定不考虑相关税费等其他因素的影响。

要求： 编制合并日P公司合并S公司的会计分录。

分析： 在本例中，P公司和S公司的合并为同一控制下的企业合并。在合并日，S公司净资产在其单独报表中的金额为2 200万元，与其在最终控制方甲公司合并报表中的金额4 000万元不一致。根据现行会计准则的规定，P公司在该合并中取得的长期股权投资应按S公司在甲公司合并财务报表中净资产账面价值的份额入账。会计分录为：

借：长期股权投资（40 000 000×100%）　　40 000 000

　贷：股本　　10 000 000

　　资本公积——股本溢价　　30 000 000

在例7-6中，S公司合并前留存收益应在合并资产负债表工作底稿中进行调整。

（二）多次交易实现企业合并的会计处理

多次交易实现的企业合并主要是针对控股合并而言的。在同一控制下控股合并中，如果合并方通过多次交易取得了被合并方控制权，合并方应当首先判断该交易是否属于“一揽子交易”。“一揽子交易”是指经多次交易才完成同一个企业合并方案。比如，甲公司2019年与乙公司签订了企业合并方案，计划收购乙公司60%的股权，该计划预计分3次交易完成，2019年收购了25%的股权，2020年收购了25%的股权，2021年收购了10%的股权，最终完成收购，该交易就属于一揽子交易。我国会计准则规定，对于一揽子交易，合并方应当将交易的每个阶段都按取得控制权的交易进行会计处理。

对于多次交易实现的同一控制下企业合并，如果不属于一揽子交易，则其会计处理要点如下：

（1）合并日长期股权投资初始成本的计量。对于多次交易实现的同一控制下企业合并，合并日在合并方长期股权投资的初始成本等于当日被合并方在其最终控制方合并财务报表中享有的净资产账面价值的份额。

（2）合并日合并对价的计量。在合并日，经多次交易实现的同一控制下企业合并对价等于合并日前持有的长期股权投资、其他权益工具投资或交易性金融资产的账面价值加上合并日进一步收购股权支付对价的账面价值之和。

（3）借贷双方差额的处理。在合并日，长期股权投资的初始投资成本与合并对价账面价值的差额，调整资本公积（资本溢价或股本溢价），资本公积不足冲减的，冲减留存收益。

（4）合并日前持有股权确认的其他综合收益和其他所有者权益变动的处理。在合并日，合并方对于合并之前股权投资确认的其他综合收益和其他所有者权益变动，由于是同一控制下企业合并，所以暂不结转至当期损益或留存收益，待处置该项投资时再相应结转至当期损益或留存收益。

应该注意的是，合并方在处置上述股权时，如果处置后的剩余股权依然采用成本法或权益法核算，则其他综合收益和其他权益变动应按比例结转；如果处置后的剩余股权被分类为金融资产，则其他综合收益和其他所有者权益变动应全部结转。

（5）被合并方合并前留存收益的会计处理。多次交易实现的同一控制下的企业合并与一次交易实现的同一控制下的企业合并一样，在合并日，被合并方合并前留存收益应并入合并报表。

【例 7-7】　同一控制下/从权益法到控股合并的情形

资料：2020 年 1 月 1 日，天健公司支付 6 000 万元取得同一控制下的地坤公司 25% 的股份，采用权益法核算。当日，地坤公司可辨认净资产账面价值为 22 000 万元（假定与公允价值相等）。2020 年度，地坤公司实现净利润 1 000 万元，无其他所有者权益变动。2021 年 1 月 1 日，天健公司定向增发 2 000 万股普通股（面值 1 元/股，公允价值 4.5 元/股），再次取得地坤公司 40% 的股权，并于当日取得地坤公司的控制权。合并当日，地坤公司在最终控制方合并财务报表中的净资产账面价值为 23 000 万元。假定该合并不属于一揽子交易，不考虑税费等其他相关因素的影响。

要求：编制与天健公司投资与合并相关的会计分录。

分析：在本例中，天健公司分两次交易于 2021 年 1 月 1 日取得了同一控制下地坤公司的控制权，因不属于一揽子交易，因此，应按正常多次交易实现企业合并的方法处理。有关会计分录如下：

（1）2020 年年初天健公司取得地坤公司 25% 股权时：

借：长期股权投资——投资成本　　60 000 000

　贷：银行存款　　60 000 000

（2）2020 年年末按权益法确认投资收益 2 500 000 元（1 000 万元×25%）时：

借：长期股权投资——损益调整　　2 500 000

　贷：投资收益　　2 500 000

（3）2021年1月1日天健公司合并地坤公司时：

长期股权投资初始投资成本=23 000×65%=14 950（万元）

合并对价=（6 000+250）+2 000=8 250（万元）

借贷差额=14 950-8 250=6 700（万元）

会计分录如下：

借：长期股权投资——投资成本	149 500 000	
贷：长期股权投资——投资成本		60 000 000
——损益调整		2 500 000
股本		20 000 000
资本公积——股本溢价		67 000 000

在例7-7中，地坤公司合并前留存收益应并入合并报表。

【例7-8】 **同一控制下/从其他权益工具投资到控股合并的情形**

资料：沿用例7-7的资料，并假设2020年1月1日持有的25%股权投资被指定为以公允价值计量且其变动计入其他综合收益的金融资产，且2020年年末该投资的公允价值为6 250万元。其他资料不变。

要求：编制与天健公司投资与合并相关的会计分录。

分析：在本例中，天健公司经过两次交易实现了对同一控制下地坤公司的控股合并，有关会计分录如下：

（1）2020年取得其他权益工具投资时：

借：其他权益工具投资——成本	60 000 000	
贷：银行存款		60 000 000

（2）2020年年末确认其他权益工具公允价值变动时：

借：其他权益工具投资——公允价值变动	2 500 000	
贷：其他综合收益		2 500 000

（3）2021年取得地坤公司控股权时：

借：长期股权投资——投资成本	149 500 000	
贷：其他权益工具投资——投资成本		60 000 000
——公允价值变动		2 500 000
股本		20 000 000
资本公积——股本溢价		67 000 000

例7-8应注意的是：第一，因天健公司与地坤公司属于同一控制下的企业合并，因此，合并日暂不能将250万元的其他综合收益结转到留存收益。第二，地坤公司合并前留存收益应并入合并报表。

自测题7-2

第三节　非同一控制下企业合并的会计处理

一、非同一控制下企业合并处理要点

（一）购买方取得的净资产或长期股权投资的计量

在非同一控制下的企业合并中，购买日购买方取得的净资产应以相关资产和负债的公允价值计量；取得的长期股权投资应按照购买日的合并成本计量。

（二）合并成本的确定

合并成本是购买方在购买日收购被购买方净资产或控制权时支付对价的公允价值，包括付出资产、发行债券或权益性证券等的公允价值。当购买方支付的对价为非现金资产时，应将相关资产公允价值与账面价值的差额作为资产转让损益计入当期损益。

在企业合并的合同或者协议中，可能存在影响合并成本的或有对价。如果或有对价在未来很可能发生且对合并成本的影响金额能够可靠计量，符合预计负债条件的，购买方应将其计入合并成本。

现行会计准则允许对购买日确定的合并成本进行调整。在购买日，如果合并中取得的可辨认资产、负债及或有负债的公允价值无法可靠计量，则购买方可根据暂估价值或账面价值进行确认和计量。如果购买日后12个月内对暂估价值进行调整，可视为对购买日合并成本的调整；超过12个月后的调整，应按照会计差错的更正处理。

（三）合并商誉和负商誉的确认

1.商誉的确认与计量

根据我国《企业会计准则第20号——企业合并》（CAS20）的规定，购买方应当将合并成本超过合并中取得的被购买方可辨认净资产公允价值份额的差额，确认为商誉。

商誉有两种确认方法：部分商誉法和全部商誉法。按合并成本大于合并中取得的被购买方可辨认净资产公允价值份额的差额来确定合并商誉的方法，属于部分商誉法。在部分商誉法下，合并商誉是购买方在企业合并中的购入溢价，只代表购买方在被购买方拥有的商誉，不包括归属于少数股东的商誉。全部商誉法，也称为完全商誉法。从理论上讲，全部商誉法是以购买方和少数股东共同收购被购买方时支付的合并成本与被购买方可辨认净资产公允价值的差额来确认合并商誉的。因此，在全部商誉法下，合并商誉既包括母公司享有的商誉，也包括少数股东享有的商誉。在会计实务中，通常是基于母公司在企业合并中购入的商誉及其持股比例，推算出被购买方的全部商誉。

我国现行的企业合并准则（CAS20）要求企业采用部分商誉法确认商誉，而国际财务报表准则（IFRS3）允许企业在部分商誉法和全部商誉法之间选择。

在不同企业合并方式下，商誉的确认及披露方式有所不同。在吸收合并和新设合并中，购买方应在编制企业合并会计分录的同时确认合并商誉，并在主并企业个别资产负债表中披露；而在控股合并中，合并商誉是在编制合并财务报表时确认和披露的。

2.负商誉的确认与计量

前面已经阐述，为便于讲授，本教材将企业合并中计算结果为负数的商誉，暂称为负商誉。我国现行会计准则CAS20规定，购买方应当将合并成本小于取得的被购买方可辨认净资产公允价值份额的差额（即负商誉），计入当期损益。应该注意的是，当出现购买方合并成本小于取得的被购买方可辨认净资产公允价值份额时，购买方首先要分析该差额产生的原因，一方面要对取得的被购买方各项可辨认资产、负债的公允价值进行复核，另一方面要对购买方确定的合并成本进行复核；经过认真复核认定合并成本确实小于取得的被购买方可辨认净资产公允价值份额后，才应将负商誉作为利得计入当期损益。

（四）或有对价的处理

在非同一控制下企业合并中，合并各方可能会在合并协议中约定，根据未来一项或多项或有事项的发生，购买方通过发行额外证券、支付额外现金或其他资产等方式追加合并对价，或者要求返还之前已经支付的对价，这将导致企业合并的或有对价的问题。

关于非同一控制下企业合并中的或有对价，现行会计准则规定的处理原则如下：（1）购买方应当将合并协议约定的或有对价按照其在购买日的公允价值计入企业合并成本。（2）当或有对价义务符合权益工具和金融负债的定义时，购买方应当将其确认为一项权益或负债。（3）当或有对价权利符合资产的定义并满足资产的确认条件时，购买方应当将其确认为一项资产。（4）如果购买日12个月内出现新的或进一步证据（指与购买日不同的情况）需要调整或有对价的，应当同时调整购买日确定的商誉金额；对于超过12个月等其他情况的或有对价变化，属于权益性质的，不进行会计处理；属于资产或负债性质的，若为金融工具，应按公允价值计量，且将其价值变动计入当期损益。

（五）递延所得税的处理

在非同一控制下企业合并中，往往会涉及所得税会计问题。关于非同一控制下企业合并的所得税问题，主要包括以下三个方面：

（1）与免税合并有关的递延所得税。在免税合并的情况下，购买方取得的被购买方可辨认资产和负债在会计上是按公允价值计量的，但这些资产和负债的计税基础应为原计税基础，由此可能导致暂时性差异的产生。根据现行会计准则的规定，除商誉之外的其他有关资产与负债，在企业合并中应正常确认所得税影响。

在免税合并中确认的递延所得税资产或递延所得税负债，最终将会影响合并时确认的合并商誉或当期损益（负商誉）的金额。

（2）对合并中取得的可抵扣暂时性差异的处理。在企业合并中，如果购买方从被购买方取得了可抵扣暂时性差异，在购买日不符合递延所得税资产确认条件的，不应予以确认；在购买日后12个月内，如取得新的信息满足了递延所得税资产的确认条件，可以确认相关的递延所得税资产，同时冲减合并商誉，当合并商誉不足冲减的，计入当期损益。

（3）与被合并方未弥补亏损相关的所得税。在企业合并中，对于被购买方的未弥补亏损，如果估计未来很可能产生足够的应税利润予以抵扣，则可据以确认相关的递延所得税资产，同时调整所得税费用。

（六）合并费用的处理

非同一控制下企业合并中合并费用的处理方法和同一控制下企业合并中合并费用的处理方法完全一致，这里不再赘述。

二、非同一控制下企业合并示例

（一）一次交易实现的企业合并

【例7-9】　非同控/吸收合并/商誉的情形

资料： 2020年1月1日，天健公司以80万元现金和100万股普通股股票（每股面值为1元，每股市价为2元）作为对价吸收合并了非同一控制下的地坤公司，并支付股票发行的手续费和佣金10万元，审计费用10万元，法律服务费5万元。在购买日，天健公司和地坤公司的资产与负债情况见表7-5。

表7-5　购买日天健公司和地坤公司资产与负债情况　单位：万元

项目	天健公司 账面价值	地坤公司	
		账面价值	公允价值
银行存款	80	10	10
应收账款	100	30	30
存货	140	40	48
固定资产	460	120	200
资产总计	780	200	288
应付账款	28	42	42
应付债券	112	8	8
负债合计	140	50	50
股本	200	30	
资本公积（股本溢价）	140	40	
盈余公积	200	50	
未分配利润	100	30	
所有者权益合计	640	150	
负债和所有者权益总计	780	200	

假设不考虑所得税等其他相关因素的影响。

要求： 编制天健公司合并地坤公司的会计分录。

分析： 在本例中，天健公司合并地坤公司的业务属于非同一控制下的吸收合并。在购买日，天健公司合并成本、取得的可辨认净资产公允价值和商誉的计算如下：

合并成本=80+100×2=280（万元）

可辨认净资产公允价值=（10+30+48+200）-（42+8）=238（万元）

商誉=合并成本-可辨认净资产公允价值=280-238=42（万元）

购买日会计分录如下：

（1）取得相关资产和负债时：

借：银行存款	100 000	
应收账款	300 000	
存货	480 000	
固定资产	2 000 000	
商誉	420 000	
贷：应付账款		420 000
应付债券		80 000
银行存款		800 000
股本		1 000 000
资本公积——股本溢价		1 000 000

（2）支付直接合并费用时：

借：资本公积——股本溢价	100 000	
管理费用	150 000	
贷：银行存款		250 000

【例7-10】 **非同控/吸收合并/负商誉的情形**

资料：沿用例7-9的资料，并假定天健公司以现金20万元和100万股普通股（每股面值为1元，每股市价为2元）吸收合并了地坤公司。其他条件不变，且不考虑所得税等其他相关因素的影响。

要求：编制天健公司合并地坤公司的会计分录。

分析：在本例中，天健公司合并成本、取得的被购买方可辨认净资产公允价值和商誉的金额计算如下：

合并成本=20+100×2=220（万元）

可辨认净资产公允价值=（10+30+48+200）－（42+8）=238（万元）

商誉=合并成本－可辨认净资产公允价值=220−238= −18（万元）

有关的会计分录如下：

（1）取得相关资产和负债时：

借：银行存款	100 000	
应收账款	300 000	
存货	480 000	
固定资产	2 000 000	
贷：应付账款		420 000
应付债券		80 000
银行存款		20 0000
股本		1 000 000
资本公积——股本溢价		1 000 000
营业外收入		180 000

（2）支付直接合并费用时：

借：资本公积——股本溢价 100 000

　　管理费用 150 000

　贷：银行存款 250 000

【例7-11】 非同控/控股合并/商誉的情形

资料： 仍沿用例7-9的资料，并假设天健公司以80万元现金和100万股普通股（每股面值为1元，每股市价为2元）取得了地坤公司80%的控股权。其他条件不变，且不考虑所得税等其他相关因素的影响。

要求： 编制天健公司合并地坤公司的会计分录。

分析： 在本例中，天健公司以280万元（80+100×2）的合并成本取得了非同一控制下地坤公司80%的股权。相关会计分录如下：

（1）借：长期股权投资 2 800 000

　　贷：银行存款 800 000

　　　　股本 1 000 000

　　　　资本公积——股本溢价 1 000 000

（2）借：资本公积——股本溢价 100 000

　　　　管理费用 150 000

　　贷：银行存款 250 000

【例7-12】 非同控/涉及或有对价的情形

资料： A公司于2020年1月1日以3亿元现金从集团外B公司购买了其持有的C公司100%的股权，并于当日控制了C公司。在股权转让协议中，B公司向A公司承诺：C公司2020年、2021年、2022年度经审计扣除非经常性损益后归属于母公司股东的净利润应分别不低于2 000万元、3 000万元和4 000万元；如果C公司未达到承诺业绩，B公司将按C公司实际实现的净利润与承诺利润的差额，在审计结束后一个月内以现金方式对A公司进行补偿。在购买日，A公司预计C公司未来能够按期完成承诺利润。2020年，C公司实现净利润2 200万元。2021年，由于整体宏观经济形势发生不利变化，C公司当年实现的净利润为2 400万元，A公司估计这种不利的经济形势将延续到2022年，经与C公司沟通，预期C公司2022年的净利润与将2021年持平。假设不考虑所得税等其他相关因素的影响。

要求： 编制与A公司合并C公司有关的会计分录。

分析： 在本例中，购买日，A公司估计C公司未来能够实现承诺利润，不存在或有对价问题，因此，购买日确定的合并成本为3亿元；2021年，一项全新情况的出现，导致C公司在2021年和2022年均无法实现承诺利润，为此，A公司应于2021年年末，合理估计并确认应从B公司收到的补偿款（或有对价），且由于该或有对价的确认超过了合并日后12个月，应计入当期损益。

A公司合并C公司有关的会计分录如下：

（1）A公司2020年取得长期股权投资时：

借：长期股权投资 300 000 000

贷：银行存款　　300 000 000

（2）A公司2021年年末确认或有对价时：

一般情况下，如果被购买方的年报已经经过审计，可将企业合并中的或有补偿款确认为应收账款，否则可确认为交易性金融资产。假如2021年年末C公司年报尚未经过审计，则应确认的交易性金融资产为2 200万元（3 000+4 000−2 400×2），会计分录为：

借：交易性金融资产——B公司　　22 000 000

　贷：公允价值变动损益　　22 000 000

【例7-13】 **非同控/涉及所得税的情形**

资料：仍沿用例7-9的资料，假设该非同一控制下的吸收合并符合税法规定的免税合并条件，天健公司在企业合并中，考虑了取得的资产和负债的所得税影响。所得税税率为25%，其他资料不变。

要求：编制天健公司吸收合并地坤公司的会计分录。

分析：在本例中，地坤公司有两项资产的公允价值和账面价值不同，其中存货原账面价值为40万元，公允价值为48万元；固定资产账面价值为120万元，公允价值为200万元，其余资产和负债价值没变。在免税合并的情况下，存货和固定资产的入账价值为公允价值，而计税基础为原账面价值。根据现行会计准则的规定，在合并日，天健公司在编制企业合并的会计分录时应同时确认存货和固定资产对所得税的会计影响。

（1）对所得税影响金额的计算如下：

①存货对所得税的影响金额：

应纳税暂时性差异=账面价值−计税基础=48−40=8（万元）

递延所得税负债=8×25%=2（万元）

②固定资产对所得税的影响金额：

应纳税暂时性差异=账面价值−计税基础=200−120=80（万元）

递延所得税负债=80×25%=20（万元）

（2）相关会计分录如下：

借：银行存款	100 000	
应收账款	300 000	
存货	480 000	
固定资产	2 000 000	
商誉	640 000	
贷：应付账款		420 000
应付债券		80 000
银行存款		800 000
股本		1 000 000
资本公积——股本溢价		1 000 000
递延所得税负债		220 000

（二）多次交易实现的企业合并

多次交易实现的非同一控制下企业合并的会计核算要点如下：

（1）长期股权投资初始入账成本的计量。多次交易实现的非同一控制下企业合并长期股权投资初始入账成本等于权益法下长期股权投资原账面价值或其他权益工具投资、交易性金融资产等金融资产公允价值加上新增投资成本公允价值之和。

（2）对于原持有股权投资所确认的其他综合收益及其他所有者权益变动，如果原股权投资采用权益法核算，所确认的相关其他综合收益及其他所有者权益变动，暂时不予结转，待处置该项投资时相应转入处置期间的当期损益或留存收益；如果原股权投资为其他权益工具投资，原确认的其他综合收益应全部转入留存收益。

【例 7-14】　非同控/其他权益工具-企业合并情形

资料：假设2020年1月1日，天健公司以每股5元的价格购入集团外地坤公司100万股普通股股票（占2%股权），并将该投资指定为以公允价值计量且其变动计入其他综合收益的金融资产。2021年1月1日，天健公司筹集1.75亿元现金，再次收购了地坤公司50%的股权，并于当日开始实施对地坤公司的控制。合并日，地坤公司股价为每股7元，可辨认净资产公允价值为2亿元。假设天健公司与地坤公司的合并不构成一揽子交易；天健公司按10%计提盈余公积；不考虑相关税费等其他因素的影响。

要求：编制与天健公司投资与合并相关的会计分录。

分析：在本例中，天健公司2020年购买了地坤公司2%的股权，并将其分类为其他权益工具投资；2021年又购买了地坤公司50%的股权，最终取得了地坤公司的控制权。有关会计分录如下：

（1）2020年年初取得地坤公司2%的股权时：

借：其他权益工具投资——成本	5 000 000	
贷：银行存款		5 000 000

（2）2020年年末确认其他权益工具投资公允价值变动时：

借：其他权益工具投资——公允价值变动	2 000 000	
贷：其他综合收益——其他权益工具投资公允价值变动		2 000 000

（3）2021年年初实现控股合并时：

借：长期股权投资——投资成本	182 000 000	
贷：其他权益工具投资——成本		5 000 000
——公允价值变动		2 000 000
银行存款		175 000 000

（4）结转原2%股权确认的其他综合收益时：

借：其他综合收益——其他权益工具投资公允价值变动	2 000 000	
贷：盈余公积		200 000
利润分配——未分配利润		1 800 000

【例 7-15】　非同控/权益法-企业合并情形

资料：假设2019年1月1日，天健公司以3 000万元现金取得了集团外地坤公司20%

的股权，能够对其施加重大影响，采用权益法核算。当日，地坤公司可辨认净资产公允价值为1.4亿元。2021年7月1日，天健公司支付8 000万元现金，又取得了地坤公司40%的股权，并于当日取得对地坤公司的控制权。在购买日，天健公司原持有地坤公司的20%股权的公允价值为4 000万元，账面价值为3 500万元，累计确认的其他综合收益为400万元，累计确认的其他权益变动为100万元；地坤公司可辨认净资产公允价值为1.8亿元。假设天健公司与地坤公司的合并不构成一揽子交易；不考虑相关税费等其他因素的影响。

要求：编制与天健公司投资及合并相关的会计分录。

分析：在本例中，天健公司于2019年购买了地坤公司20%的股权，并将其分类为长期股权投资，采用权益法核算；2021年7月又购买了地坤公司40%的股权，最终取得了地坤公司的控制权。有关会计分录如下：

（1）2019年年初取得地坤公司20%的股权时：

借：长期股权投资——成本	30 000 000	
贷：银行存款		30 000 000

（2）2019年年末确认地坤公司权益变动时：

借：长期股权投资——其他综合收益	4 000 000	
——其他权益变动	1 000 000	
贷：其他综合收益		4 000 000
资本公积——其他资本公积		1 000 000

（3）2021年取得地坤公司控制权时：

合并成本=3 000+400+100+8 000=11 500（万元）

借：长期股权投资——成本	115 000 000	
贷：长期股权投资——成本		30 000 000
——其他综合收益		4 000 000
——其他权益变动		1 000 000
银行存款		80 000 000

或者

借：长期股权投资——成本	85 000 000	
贷：长期股权投资——其他综合收益		4 000 000
——其他权益变动		1 000 000
银行存款		80 000 000

例7-15应注意的是，在合并日，天健公司原持有20%投资确认的400万元其他综合收益和100万元其他所有者权益变动在购买日暂时不予结转至损益，待这笔长期股权投资转让时再做相应结转。

自测题7-3

【本章小结】

本章基于《企业会计准则第20号——企业合并》的规定，主要阐述了企业合并的含义、分类以及会计核算方法，包括同一控制下企业合并和非同一控制下企业合并，并分别就一次性交易和多次交易形成企业合并的会计处理方法进行了阐述。

【学思践悟】

［目的］探讨企业合并中被合并方的法律责任与社会诚信担当。

［资料］2016年10月，宜通世纪（SZ300310）从方炎林（倍泰健康实际控制人）等16名交易对手方收购了深圳倍泰健康测量分析技术有限公司（倍泰健康）100%的股权，交易总对价为10亿元，增值率高达476.76%。并购前，倍泰健康承诺2016—2019年累计实现的净利润不低于3.11亿元，而实际上倍泰健康在2016—2019年累计实现净利润为-2.96亿元。2018年，宜通世纪发现倍泰健康并购前涉嫌并购财务造假，将倍泰健康和方炎林告上法庭。通过对相关合同文件、记账凭证、银行账户等审核确认，倍泰健康在合并前的2014—2016年期间通过伪造公章、签订虚假合同、利用个人账户过账等财务舞弊方式，虚增营业收入3 934.11万元，虚增净利润1 586.94万元，虚增比例分别为6.83%和35.02%；方炎林在此次并购过程中，通过财务造假手段，将没有盈利能力的被并购标的包装成业绩亮丽的优良资产，导致宜通世纪支付明显不合理的高价购买被并购标的，骗得上市公司巨额财产，给上市公司造成巨额财产损失。

2016—2018年是我国上市公司实施企业并购的高峰，其中出现多起被并购方的财务造假行为，如宁波东力（002164）并购年富供应链、康尼机电（603111）并购广东龙昕科技、天山生物（300313）并购大象广告、鞍重股份（002667）并购九好集团等，我国企业并购中被合并方的财务造假行为不容忽视。

资料来源：

1.新浪财经.宜通世纪子公司倍泰健康财务造假 被处以60万元罚款［EB/OL］.（2021-05-13）.https：//baijiahao.baidu.com/s？id=1699626590148359860&wfr=spider&for=pc.

2.佚名.震惊！上市公司被骗10亿牵出财务造假大案，幕后操盘手领刑无期［EB/OL］.（2021-05-07）.https：//zhuanlan.zhihu.com/p/370282711.

［问题］党的二十大指出：要完善社会信用等市场经济基础制度，优化营商环境；提高全社会文明程度，弘扬诚信文化，健全诚信建设长效机制。请结合我党二十大报告精神以及证券法第一百九十三条、会计法第四十三条和刑法第二百二十四条等法律法规，讨论本案例中被合并方倍泰健康和其原控制人方炎林的财务造假行为属于道德问题、行政错误还是刑事犯罪？如何完善社会诚信长效机制？

【复习思考题】

1.试阐述企业合并的含义。

2.企业合并有几种分类方式？分别说明它们的含义及区别。

3.企业合并业务涉及哪些会计问题？

4.试阐述购买法和权益联合法的特点，并说明两者对财务信息的不同影响。

5.什么是同一控制下的企业合并？其会计处理要点有哪些？

6.什么是非同一控制下的企业合并？其会计处理要点有哪些？

【练习题】

练习一

[目的] 练习吸收合并的会计处理。

[资料] 2022年1月1日，甲公司以1 000万股（面值1元/股，市价1.5元/股）普通股股票对A公司进行了吸收合并，并支付合并过程中发生的审计和法律服务费用等15万元，股票发行过程中产生佣金等手续费用10万元。合并日，经评估A公司固定资产公允价值为1 350万元，其他各项可辨认资产和负债的公允价值等于账面价值。甲公司和A公司在合并日的资产负债表见表7-6。

表7-6　甲公司和A公司在合并日的资产负债表　单位：万元

项目	甲公司	A公司
银行存款	500	300
应收账款	100	150
存货	300	250
固定资产	3 100	1 300
资产总计	4 000	2 000
短期借款	300	150
应付账款	200	300
负债合计	500	450
股本	2 500	800
资本公积（股本溢价）	500	450
盈余公积	300	200
未分配利润	200	100
股东权益合计	3 500	1 550
负债和股东权益总计	4 000	2 000

[要求]

（1）假定该合并为同一控制下企业合并，编制甲公司吸收合并A公司的会计分录。

（2）假定该合并为非同一控制下企业合并，编制甲公司吸收合并A公司的会计分录。

练习二

[目的] 练习控股合并的会计处理。

[资料] 2022年3月1日，乙公司以1 500万元银行存款取得了B公司70%的控股权。合并日，B公司可辨认净资产的账面价值为2 500万元，其中，股本1 500万元，资本公积500万元，盈余公积和未分配利润分别为400万元和100万元。合并日，B公司可辨认净资产的公允价值为3 000万元，其中增值额500万元为固定资产的评估增值。与企业合并直接相关的费用为5万元，以银行存款支付。

［要求］

（1）假定该合并为同一控制下企业合并，编制乙公司控股合并B公司的会计分录。

（2）假定该合并为非同一控制下企业合并，编制乙公司控股合并B公司的会计分录。

练习三

［目的］练习多次交易实现企业合并的会计处理。

［资料］丙公司和C公司是两个不具有关联方关系的公司。2021年7月1日，丙公司以银行存款3 000万元取得C公司30%的股份，当日C公司可辨认净资产账面价值等于公允价值，为9 000万元。取得投资后丙公司派人参与C公司的生产经营决策。2021年C公司实现净利润1 200万元。在此期间，丙公司未宣告发放现金股利或利润，不考虑相关税费的影响。

2022年1月1日，丙公司以一项固定资产和银行存款1 500万元取得C公司40%的股份。该固定资产原值为4 500万元，已提折旧1 000万元，公允价值为3 700万元；发生合并直接相关费用50万元。C公司可辨认净资产的公允价值为10 500万元，公允价值超过账面价值的900万元为固定资产评估增值。

［要求］

（1）确定购买方和购买日。

（2）编制丙公司2021年7月1日取得C公司30%股份时的会计分录。

（3）编制丙公司2021年12月31日调整投资收益的会计分录。

（4）编制丙公司2022年1月1日进一步取得股份的会计分录。

引导案例分析要点

第八章

合并财务报表

【学习目标】

1. 理解合并财务报表编制的理念。
2. 掌握控制的含义及判断要点。
3. 掌握合并范围的确定方法。
4. 掌握股权投资的抵销与调整会计分录。
5. 掌握存货与固定资产抵销与调整的会计分录。
6. 了解现金流量抵销与调整的要点。
7. 了解合并报表编制中的所得税影响。
8. 通过“学思践悟”课堂讨论了解上市公司财务人员的职业道德及其对财务报告质量的法律责任。

【本章结构导图】

- 合并财务报表
  - 合并财务报表概述
    - 合并范围的确定
    - 合并报表编制理念
    - 合并报表编制流程
  - 合并报表的抵销与调整
    - 内部股权投资的抵销与调整
    - 内部债权债务的抵销与调整
    - 内部交易的抵销与调整
    - 内部现金流量的抵销与调整
    - 与所得税相关的抵销与调整

【引导案例】　关于瓦轴2021年度合并报表的分析

瓦房店轴承股份有限公司（200706）（以下简称“瓦轴”），于1997年3月25日在深圳证券交易所上市，是国内轴承制造的龙头企业。截止到2021年12月31日，瓦轴旗下拥有瓦轴辽阳轴承制造有限责任公司、大连瓦轴精密电机汽车轴承有限公司和瓦轴精密球面滚子轴承（瓦房店）有限责任公司三家全资子公司。瓦轴在2021年度报告中提供了瓦轴公司单独的资产负债表、利润表、现金流量表和所有者权益变动表，以及涵盖三家子公司在内的合并资产负债表、合并利润表、合并现金流量表和合并所有者权益变动表等8张财务报表及85条合并财务报表附注。表8-1和表8-2分别为2021年度瓦轴合并资产负债表及公司资产负债表的资产部分。

表8-1　　　　合并资产负债表（资产部分）

编制单位：瓦房店轴承股份有限公司　　　　单位：元

项目	2021年12月31日	2020年12月31日
流动资产：		
货币资金	286 476 701.69	194 152 280.08
结算备付金		
拆出资金		
交易性金融资产	322 037.93	228 046.00
衍生金融资产		
应收票据	507 971 133.69	416 044 578.48
应收账款	999 454 308.40	975 628 091.12
应收款项融资	28 115 340.20	130 600 545.59
预付款项	46 305 700.50	53 772 465.49
应收保费		
应收分保账款		
应收分保合同准备金		
其他应收款	9 531 860.12	14 204 144.25
其中：应收利息		
应收股利		
买入返售金融资产		
存货	710 611 964.20	615 656 946.30
合同资产	3 763 781.55	
持有待售资产		

续表

项目	2021年12月31日	2020年12月31日
一年内到期的非流动资产		
其他流动资产	5 627 951.08	24 610 448.93
流动资产合计	2 598 180 779.36	2 424 897 546.24
非流动资产:		
发放贷款和垫款		
债权投资		
其他债权投资		
长期应收款		
长期股权投资		
其他权益工具投资	11 926 856.64	11 926 856.64
其他非流动金融资产		
投资性房地产	68 862 311.38	117 516 482.39
固定资产	438 220 714.18	474 109 923.22
在建工程	25 929 699.29	24 254 985.16
生产性生物资产		
油气资产		
使用权资产		
无形资产	76 812 955.92	80 725 861.18
开发支出		
商誉		
长期待摊费用	192 788.24	511 188.11
递延所得税资产		
其他非流动资产		
非流动资产合计	621 945 325.65	709 045 296.70
资产总计	3 220 126 105.01	3 133 942 842.94

表 8-2

公司资产负债表（资产部分）

编制单位：瓦房店轴承股份有限公司

单位：元

项目	2021 年 12 月 31 日	2020 年 12 月 31 日
流动资产：		
货币资金	266 391 019.57	173 606 464.84
交易性金融资产	322 037.93	228 046.00
衍生金融资产		
应收票据	384 127 628.21	325 928 761.07
应收账款	989 131 349.43	1 051 197 353.63
应收款项融资	25 846 597.90	125 606 963.37
预付款项	45 293 827.24	52 961 548.88
其他应收款	216 805 848.85	13 357 080.42
其中：应收利息		
应收股利	11 843 105.36	
存货	432 948 513.08	472 723 348.67
合同资产	3 763 781.55	
持有待售资产		
一年内到期的非流动资产		
其他流动资产	5 578 651.12	17 971 682.31
流动资产合计	2 370 209 254.88	2 233 581 249.19
非流动资产：		
债权投资		
其他债权投资		
长期应收款		
长期股权投资	221 583 897.67	211 583 897.67
其他权益工具投资	11 926 856.64	11 926 856.64
其他非流动金融资产		
投资性房地产	62 467 475.43	103 505 103.77

续表

项目	2021年12月31日	2020年12月31日
固定资产	281 860 555.75	309 847 783.81
在建工程	16 015 536.23	21 933 710.72
生产性生物资产		
油气资产		
使用权资产		
无形资产	60 997 429.59	64 192 377.21
开发支出		
商誉		
长期待摊费用	169 515.71	432 059.78
递延所得税资产		
其他非流动资产		
非流动资产合计	655 021 267.02	723 421 789.60
资产总计	3 025 230 521.90	2 957 003 038.79

通过表8-1和表8-2可以看出，瓦轴公司单独资产负债表和合并资产负债表在结构上基本一致，但在内容上有所差异，其中合并财务报表中的内容会多一些，比如合并报表中包括结算备付金、拆出资金、应收保费、应收分保账单等金融业财务报表项目。

资料来源：瓦房店轴承有限股份公司（200706）2021年年报.http：//www.cninfo.com.cn/new/disclosure/detail？stockCode=200706&announcementId=1213119161&orgId=gssz0200706&announcementTime=2022-04-26.

问题：

（1）上市公司编制合并财务报表的意义是什么？

（2）合并财务报表与个别财务报表有何区别？

通过对本章内容的学习，以上问题将会得以解决。

第一节　合并财务报表概述

在合并财务报表准则中，涉及很多基本概念与基本理论，如合并报表的含义与种类、合并范围的确定、控制及其判断标准、合并报表的编制方法与理念、抵销分录与调整分录的概念等。本节将对这些基本概念及基本理论加以阐述。

一、合并财务报表的含义、构成及内容

（一）合并财务报表的含义

我国现行《企业会计准则第33号——合并财务报表》（2014）规定，合并财务报表是指反映母公司及其全部子公司形成的企业集团整体财务状况、经营成果和现金流量的财务报表。合并报表是与个别报表相对应的报表。个别报表是指由各会计主体单独编制、反映该主体自身财务状况、经营成果和现金流量的报表。与个别财务报表相比，合并财务报表具有下列特点：

（1）合并财务报表反映的对象是由母公司及其全部子公司组成的整个企业集团（即合并报告主体）；个别报表反映的对象是母公司或子公司单独的财务报告主体。母公司是指能够控制一个或一个以上主体的主体；子公司是指被母公司控制的主体。母子公司通过控制关系构成一个企业集团。

（2）合并财务报表是由母公司编制的；个别报表是母公司或子公司各自编制的。

（3）合并财务报表是站在企业集团的立场上，将企业集团视为一个会计主体，以纳入合并范围的子公司个别报表为基础，在合并报表工作底稿中，通过抵销与调整集团内部的交易，最终对集团外部提供作为一个主体（即合并主体）的企业集团的财务状况、经营成果和现金流量信息，与个别报表根据账簿提供企业个别财务信息的处理程序和方法完全不同。

（二）合并财务报表的构成

根据现行会计准则的规定，合并财务报表与个别财务报表一样，都是由资产负债表、利润表、现金流量表、所有者权益变动表及财务报表附注五个部分构成。合并财务报表根据编表日期的不同，可分为合并日合并报表和合并日后合并报表。合并日合并报表是在合并当天提供的合并报表；合并日后合并报表是在合并后各资产负债表日提供的合并报表，包括中期合并报告和年度合并报告。

根据现行会计准则CAS33的规定：在合并日，对于非同一控制下企业合并只需要编制合并资产负债表，对于同一控制下企业合并应编制合并资产负债表、合并利润表和合并现金流量表；在中期合并报表中，企业应提供合并资产负债表、合并利润表、合并现金流量表和财务报表附注，不需要提供合并所有者权益变动表，但我国有许多上市公司都自愿提供中期合并所有者权益变动表；在年度合并报表中，企业应提供合并资产负债表、合并利润表、合并现金流量表、合并所有者权益变动表及合并财务报表附注。合并财务报表的构成如图8-1所示。

（三）合并财务报表的内容

我国现行合并财务报表的格式是财政部于2019年9月19日发布的，其内容涵盖母公司和从事各类经济业务子公司需披露的信息，包括一般企业、商业银行、保险公司和证券公司等。在实际编制合并报表时，企业可根据重要性原则并结合本企业实际情况，对确需单独列示的内容，增加相关项目；对不存在相应业务的项目，可进行必要删减。以金融企业为主的企业集团，应以现行金融企业财务报表格式（2017年版）为基础，结合一般企业财务报表格式对合并财务报表项目进行调整后编制。表8-3、表8-4、表8-5和表8-6为一般企业集团合并资产负债表、合并利润表、合并现金流量表和合并所有者权益变动表的格式。

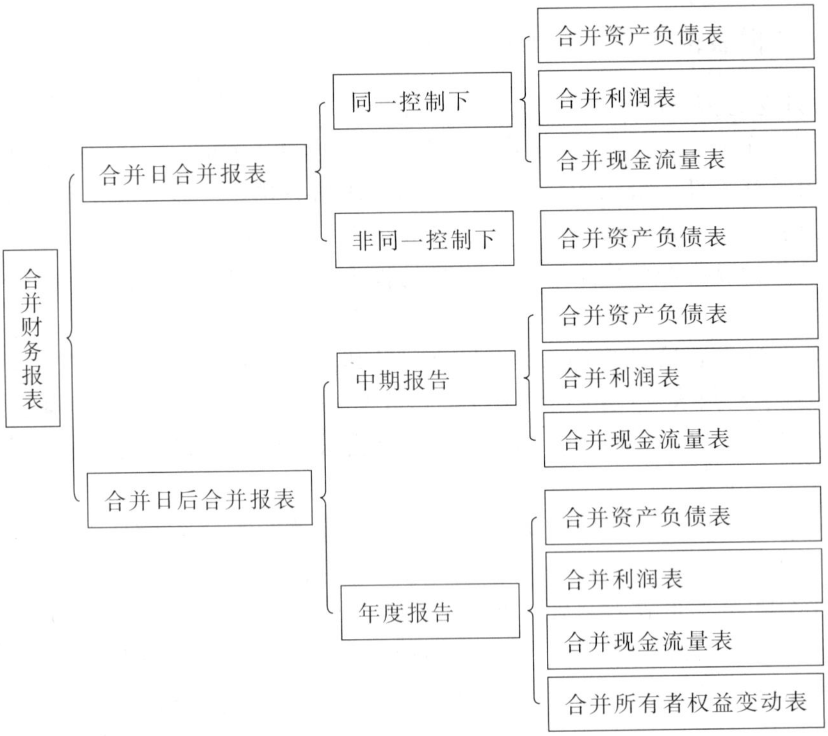

图 8-1 合并财务报表的构成

表 8-3

合并资产负债表

编制单位： ____年____月____日 单位：元

资产	期末余额	上年年末余额	负债和所有者权益（或股东权益）	期末余额	上年年末余额
流动资产：			流动负债：		
货币资金			短期借款		
结算备付金*			向中央银行借款*		
拆出资金*			拆入资金*		
交易性金融资产			交易性金融负债		
衍生金融资产			衍生金融负债		
应收票据			应付票据		
应收账款			应付账款		
应收款项融资			预收款项		
预付款项			合同负债		
应收保费*			卖出回购金融资产款*		
应收分保账款*			吸收存款及同业存放*		

续表

资产	期末余额	上年年末余额	负债和所有者权益（或股东权益）	期末余额	上年年末余额
应收分保合同准备金*			代理买卖证券款*		
其他应收款			代理承销证券款*		
买入返售金融资产*			应付职工薪酬		
存货			应交税费		
合同资产			其他应付款		
持有待售资产			应付手续费及佣金*		
一年内到期的非流动资产			应付分保账款*		
其他流动资产			持有待售负债		
流动资产合计			一年内到期的非流动负债		
非流动资产：			其他流动负债		
发放贷款和垫款*			流动负债合计		
债权投资			非流动负债：		
其他债权投资			保险合同准备金*		
长期应收款			长期借款		
长期股权投资			应付债券		
其他权益工具投资			其中：优先股		
其他非流动金融资产			永续债		
投资性房地产			租赁负债		
固定资产			长期应付款		
在建工程			预计负债		
生产性生物资产			递延收益		
油气资产			递延所得税负债		
使用权资产			其他非流动负债		
无形资产			非流动负债合计		
开发支出			负债合计		
商誉			所有者权益（或股东权益）：		
长期待摊费用			实收资本（或股本）		

续表

资产	期末余额	上年年末余额	负债和所有者权益（或股东权益）	期末余额	上年年末余额
递延所得税资产			其他权益工具		
其他非流动资产			其中：优先股		
非流动资产合计			永续债		
			资本公积		
			减：库存股		
			其他综合收益		
			专项储备		
			盈余公积		
			一般风险准备*		
			未分配利润		
			归属于母公司所有者权益（或股东权益）合计		
			少数股东权益		
			所有者权益（或股东权益）合计		
资产总计			负债和所有者权益（或股东权益）总计		

注：标注“*”的项目为金融企业专用行项目。

表 8-4 **合并利润表**

编制单位： ______年____月 单位：元

项目	本期金额	上期金额
一、营业总收入		
其中：营业收入		
利息收入*		
已赚保费*		
手续费及佣金收入*		
二、营业总成本		
其中：营业成本		
利息支出*		
手续费及佣金支出*		

续表

项目	本期金额	上期金额
退保金*		
赔付支出净额*		
提取保险责任准备金净额*		
保单红利支出*		
分保费用*		
税金及附加		
销售费用		
管理费用		
研发费用		
财务费用		
其中：利息费用		
利息收入		
加：其他收益		
投资收益（损失以“-”号填列）		
其中：对联营企业和合营企业投资收益		
以摊余成本计量的金融资产终止确认收益		
汇兑收益（损失以“-”号填列）*		
净敞口套期收益（损失以“-”号填列）		
公允价值变动收益（损失以“-”号填列）		
信用减值损失（损失以“-”号填列）		
资产减值损失（损失以“-”号填列）		
资产处置收益（损失以“-”号填列）		
三、营业利润（亏损以“-”号填列）		
加：营业外收入		
减：营业外支出		
四、利润总额（亏损总额以“-”号填列）		
减：所得税费用		
五、净利润（净亏损以“-”号填列）		
（一）按经营持续性分类		

续表

项目	本期金额	上期金额
1.持续经营净利润（净亏损以“-”号填列）		
2.终止经营净利润（净亏损以“-”号填列）		
（二）按所有权归属分类		
1.归属于母公司股东的净利润（净亏损以“-”号填列）		
2.少数股东损益（净亏损以“-”号填列）		
六、其他综合收益的税后净额		
（一）归属于母公司所有者的其他综合收益的税后净额		
1.不能重分类进损益的其他综合收益		
（1）重新计量设定受益计划变动额		
（2）权益法下不能转损益的其他综合收益		
（3）其他权益工具投资公允价值变动		
（4）企业自身信用风险公允价值变动		
……		
2.将重分类进损益的其他综合收益		
（1）权益法下可转损益的其他综合收益		
（2）其他债权投资公允价值变动		
（3）金融资产重分类计入其他综合收益的金额		
（4）其他债权投资信用减值准备		
（5）现金流量套期储备		
（6）外币财务报表折算差额		
……		
（二）归属于少数股东的其他综合收益的税后净额		
七、综合收益总额		
（一）归属于母公司所有者的综合收益总额		
（二）归属于少数股东的综合收益总额		
八　每股收益		
（一）基本每股收益		
（二）稀释每股收益		

注：标注“*”的项目为金融企业专用行项目。

表 8-5

合并现金流量表

编制单位：　　　　　　______年____月　　　　　　单位：元

项目	本期金额	上期金额
一、经营活动产生的现金流量		
销售商品、提供劳务收到的现金		
客户存款和同业存放款项净增加额*		
向中央银行借款净增加额*		
向其他金融机构拆入资金净增加额*		
收到原保险合同保费取得的现金*		
收到再保业务现金净额*		
保户储金及投资款净增加额*		
收取利息、手续费及佣金的现金*		
拆入资金净增加额*		
回购业务资金净增加额*		
代理买卖证券收到的现金净额*		
收到的税费返还		
收到其他与经营活动有关的现金		
经营活动现金流入小计		
购买商品、接受劳务支付的现金		
客户贷款及垫款净增加额*		
存放中央银行和同业款项净增加额*		
支付原保险合同赔付款项的现金*		
拆出资金净增加额*		
支付利息、手续费及佣金的现金*		
支付保单红利的现金*		
支付给职工及为职工支付的现金		
支付的各项税费		
支付其他与经营活动有关的现金		
经营活动现金流出小计		
经营活动产生的现金流量净额		
二、投资活动产生的现金流量		
收回投资收到的现金		

续表

项目	本期金额	上期金额
取得投资收益收到的现金		
处置固定资产、无形资产和其他长期资产收回的现金净额		
处置子公司及其他营业单位收到的现金净额		
收到其他与投资活动有关的现金		
投资活动现金流入小计		
购建固定资产、无形资产和其他长期资产支付的现金		
投资支付的现金		
质押贷款净增加额*		
取得子公司及其他营业单位支付的现金净额		
支付其他与投资活动有关的现金		
投资活动现金流出小计		
投资活动产生的现金流量净额		
三、筹资活动产生的现金流量		
吸收投资收到的现金		
其中：子公司吸收少数股东投资收到的现金		
取得借款收到的现金		
收到其他与筹资活动有关的现金		
筹资活动现金流入小计		
偿还债务支付的现金		
分配股利、利润或偿付利息支付的现金		
其中：子公司支付给少数股东的股利、利润		
支付其他与筹资活动有关的现金		
筹资活动现金流出小计		
筹资活动产生的现金流量净额		
四、汇率变动对现金及现金等价物的影响		
五、现金及现金等价物净增加额		
加：期初现金及现金等价物余额		
六、期末现金及现金等价物余额		

注：标注“*”的项目为金融企业专用行项目。

表 8-6

编制单位：

合并所有者权益变动表

______年____月____日

单位：元

项目	本年金额														上年金额													
	归属于母公司所有者权益												少数股东权益	所有者权益合计	归属于母公司所有者权益												少数股东权益	所有者权益合计
	实收资本（或股本）	其他权益工具			资本公积	减：库存股	其他综合收益	专项储备	盈余公积	一般风险准备*	未分配利润	小计			实收资本（或股本）	其他权益工具			资本公积	减：库存股	其他综合收益	专项储备	盈余公积	一般风险准备*	未分配利润	小计		
		优先股	永续债	其他												优先股	永续债	其他										
一、上年年末余额																												
加：会计政策变更																												
前期差错更正																												
其他																												
二、本年年初余额																												
三、本年增减变动金额（减少以“-”号填列）																												
（一）综合收益总额																												
（二）所有者投入和减少资本																												
1.所有者投入的普通股																												
2.其他权益工具持有者投入资本																												
3.股份支付计入所有者权益的金额																												
4.其他																												
（三）利润分配																												

续表

项目	本年金额														上年金额													
	归属于母公司所有者权益												少数股东权益	所有者权益合计	归属于母公司所有者权益												少数股东权益	所有者权益合计
	实收资本（或股本）	其他权益工具			资本公积	减：库存股	其他综合收益	专项储备	盈余公积	一般风险准备*	未分配利润	小计			实收资本（或股本）	其他权益工具			资本公积	减：库存股	其他综合收益	专项储备	盈余公积	一般风险准备*	未分配利润	小计		
		优先股	永续债	其他												优先股	永续债	其他										
1.提取盈余公积																												
2.提取一般风险准备*																												
3.对所有者（或股东）的分配																												
4.其他																												
（四）所有者权益内部结转																												
1.资本公积转增资本（或股本）																												
2.盈余公积转增资本（或股本）																												
3.盈余公积弥补亏损																												
4.设定受益计划变动额结转留存收益																												
5.其他综合收益结转留存收益																												
6.其他																												
四、本年年末余额																												

注：标注“*”的项目为金融企业专用项目。

二、合并报表编制的理念

合并报表编制的理念也称合并理论。通俗地讲，合并理论是指站在怎样的立场上来认识母公司与子公司的关系，即如何看待合并报表中少数股权的性质，据此在编制合并报表时确定合并范围，选择合并方法，以正确披露合并报表中控股股东（即母公司）和非控股股东（即少数股东）的财务信息。不同合并理论的焦点问题主要集中于：在合并报表中，对于非控股股东是否应与控股股东同等对待，还是应该突出控股股东。

关于合并理论，国际上主要有以下三种观点：

（一）母公司理论

母公司理论强调母公司股东的利益，认为合并报表是为母公司股东及其债权人服务的，将合并报表看作母公司自身财务报表的延伸，完全从母公司的角度来确定合并范围，选择合并方法，忽略少数股东的利益。母公司理论的主要观点是：

（1）子公司的资产和负债属于母公司的部分，按购买成本（公允价值）列示，属于子公司少数股权的资产和负债以原账面价值计列。

（2）商誉只列示母公司的部分，属于少数股东的商誉不予列示。

（3）在合并报表中，合并利润和合并所有者权益只提供属于母公司股东的部分，少数股东权益作为负债列示，少数股东损益作为费用列示。

（4）公司间发生的未实现的损益，顺销时，100%予以抵销；逆销时，仅抵销母公司所占有的部分。

（二）实体理论

实体理论将企业集团视为一个经济联合实体，认为合并报表是企业集团这个经济实体的财务报表，应不偏不倚地为这个实体中的每一个股东提供服务，而不仅仅是为控股股东服务。对于控股股东和非控股股东一视同仁，其拥有的权益及收益都按照共同的标准予以披露和列示。实体理论的主要观点是：

（1）对于子公司的资产及负债，无论多数股权还是少数股权均以公允价值列示。

（2）商誉既反映母公司的部分，也估算少数股东的部分。

（3）合并净利润和合并所有者权益反映合并实体所有股东拥有的部分。

（4）公司间发生的未实现的损益，无论顺销或逆销，均全部抵销。

（三）所有权理论

所有权理论实际上是一种比例合并法，在编制合并报表时，它既不强调控股股东母公司的利益，也不强调企业集团这个经济实体各股东们的利益，只强调一个企业对另一个企业经营和财务决策拥有重大影响的所有权，即表决权。根据所有权理论，企业在编制合并报表时，投资者应按照其在具有重大影响的企业的所有权比例，将被投资企业的资产、负债和净损益计入合并财务报表；商誉只列示母公司的部分；公司之间发生的未实现的损益，按比例抵销。

我国现行会计准则（CAS33）中所使用的合并理论以实体理论为主，但也体现出母公司理论的特征。比如CAS33规定：在非同一控制下企业合并报表中，子公司的资产与负债按公允价值列报；合并净利润中包括少数股东损益；合并股东权益合计中包括少数股东权益；公司之间发生的未实现损益，全部予以抵销。这些做法都是实体理论的特征，而商誉只列示母公司的部分等做法则是母公司理论的特征。

三、合并范围

合并范围是指在编制合并报表时纳入合并报表的公司或企业的范围。合并范围是编制合并报表的基础，企业在编制合并报表之前，需确定哪些公司或企业应该纳入合并报表中。

（一）关于合并范围的规定

我国《企业会计准则第33号——合并财务报表》（CAS33）第二十一条指出：母公司应当将其全部子公司纳入合并财务报表的合并范围。CAS33第二条指出：子公司是指被母公司控制的主体；母公司是指控制一个或一个以上主体（含企业、被投资方可分割的部分以及结构化主体）的主体。根据CAS33的规定，全部子公司应该包括：

1.企业

企业指母公司能够控制的子公司整体。通常情况下，纳入合并范围的主体是指被母公司控制的企业整体，是整个子公司（即企业），而不是企业的一部分。

2.被投资方可分割的部分

在某些特殊情况下，能够被母公司控制的同时满足下列条件的被投资企业中可分割的部分，属于“子公司”性质，要求并入母公司合并财务报表：

（1）该部分的资产是偿付该部分负债或该部分其他权益的唯一来源，不能用于偿还该部分以外的被投资方的其他负债；

（2）该部分之外的其他方不享有与该部分资产相关的权利，也不享有与该部分资产剩余现金流量相关的权利。

从法律角度看，作为合并范围内的被投资方可分割的部分，相关合同条款必须保证其资产、负债及相关权益与被投资方其他部分完全隔离，否则，就不能纳入合并范围。

3.结构化主体

结构化主体是指在确定控制权时没有将表决权或类似权利作为决定因素而设计的主体，这类主体的控制权通常依据相关合同安排来确定。根据CAS33的规定，母公司能够控制的结构化主体属于“子公司”性质，应纳入合并范围。

【例8-1】　关于合并范围中被投资方可分割的部分

资料：2019年年初，甲公司和乙公司成立了一家丙公司，生产和销售一种特殊建筑材料A，甲与乙共同控制丙公司。2022年初，甲公司想继续投资A材料的高端产品，由于种种原因，甲公司计划通过丙公司进行产品的生产和销售。因此，甲公司、乙公司与丙公司达成如下协议安排：在丙公司内部设立独立的项目部，专门负责A材料高端产品的生产和销售；该项目部所需要的资金全部由甲公司提供；独立核算；相关活动决策由甲公司独立决定；净利润全部归属于甲公司。

要求：请判断丙公司A材料高端产品项目部是否应该纳入甲公司合并报表。

分析：根据相关法律的规定，丙公司是一个法人主体，如果丙公司被其债务人起诉，要求以丙公司的资产来偿还债务，则可能出现A材料高端产品项目部的相关资产被用于偿还丙公司相关负债的情况。而在甲、乙、丙三方签订的协议中，并没有将A材料高端产品项目部的资产“保护”起来，该项目部并没有与丙公司完全隔离，不符合CAS33中关于特殊合并范围“被投资方可分割部分”的规定，因此，不能并入甲公司合并报表。

（二）关于控制的含义

我国《企业会计准则第33号——合并财务报表》（CAS33）第七条指出：合并财务报表的合并范围应当以控制为基础予以确定。什么是控制？CAS33的定义是：控制是指投资方拥有对被投资方的权力，通过参与被投资方的相关活动而享有可变回报，并且有能力运用对被投资方的权力影响其回报金额。通过这个定义可以看出，控制意味着投资方在被投资方拥有两大权利：一是对被投资方相关活动的主导权；二是对被投资方可变回报的获利权。

1.关于投资方对被投资方相关活动的主导权

投资方是否拥有主导被投资方相关活动的权利是判断控制的首个要素。在理解该要素时，应注意现行会计规范对相关活动和主导权的有关规定与解释。

（1）关于相关活动。

根据现行会计准则（CAS33）的解释，相关活动是指能够对被投资方的回报产生重大影响的活动，具体包括但不限于以下内容：商品或劳务的销售和购买；金融资产的管理；资产的购买和处置；研究与开发；融资活动等。可见，控制概念中的相关活动是指能够影响被投资方经营业绩的重大活动。

这里应注意的问题是，在个别情况下，可能会出现存在两个或两个以上相关活动的情况，这时需要进一步判断，属于最显著影响被投资方可变回报的活动应为相关活动，不同情况下的相关活动可能有所变化。例如：A公司持有B公司30%的表决权，剩余股份由十分分散的投资者持有。此外，B公司发行了大量债务，并将所筹集的资金进行金融资产组合投资。A公司与B公司在协议中明确规定：假如所持金融资产组合投资出现违约事项，B公司的权益工具持有人首先承担相关损失；当违约事项带来的损失超过权益工具金额之后，由债务工具持有人承担损失。在本例，在违约损失超过权益工具金额之前，B公司的相关活动是金融资产投资组合的管理；在违约损失超过权益工具金额之后，B公司的相关活动将变为对违约事项的资产及剩余金融资产投资的管理。

（2）关于主导权。

这里的主导权是指投资方在被投资方拥有的对其相关活动的决策权。投资方通过对被投资方相关活动的决策，最终会影响被投资方的可变回报。根据现行会计准则（CAS33）的规定，投资方在被投资方拥有的主导权具有以下特征：

①该权利是一种实质性权利，而非保护性权利。

实质性权利是投资者在对相关活动进行决策时，有实际能力行使的可执行的权利，该权利通常是表决权或相关合同赋予投资者的一种权利。保护性权利是为了保护权利持有人利益而赋予的、对相关活动决策权之外的其他权利，例如少数股东拥有的批准超过正常经营范围的资本性支出或发行权益工具、债务工具的权利。

②该权利是作为主要责任人的权利，而非代理人的权利。

主导权利必须是作为主要责任人拥有的权利，而不是作为投资代理人的代理权。在某些企业，作为决策人的投资方只是投资代理人，而不是真正的投资责任人。主要责任人可能将其对被投资方的某些或全部决策权授予代理人，代理人可以在被投资方代表主要责任人行使决策权，但并不对被投资方拥有控制权。

③该权利是对被投资方可变回报最具影响力的权利。

在某些情况下，被投资方可能存在两个或两个以上对相关活动拥有决策权的投资方，这时，需要进一步判断哪项活动是最显著影响被投资方可变回报的活动，谁拥有对该相关活动的决策权，谁就在被投资方拥有主导权。例如，A公司和B公司共同投资设立C公司。C公司的主营业务活动为药品研发、生产和销售。根据C公司章程和合资协议的约定，在研发药品获得相关监管部门生产批准前，A公司可单方面主导C公司药品研发活动；在获得相关监管部门生产批准后，则由B公司单方面主导药品的生产和营销决策。对于C公司来讲，药品研发、生产和营销活动均属于相关活动，因此，谁拥有主导C公司相关活动的权利，取决于哪项活动对C公司的可变回报最具影响力。

2.关于投资方从被投资方获得可变回报的权力

投资方是否拥有从被投资方获得可变回报的权力是判断控制的第二大要素。可变回报指非固定的、随业绩变化而变化的回报。可变回报是针对固定回报而言的。一般来讲，债权类投资者获得的回报通常为固定回报；而权益类投资人获得的回报通常为可变回报。

CAS33强调控制方必须拥有从被投资方取得可变回报的权力，主要是明确控制方作为投资人的特征：即控制方必须是从被投资方取得可变回报的权益类投资者，而不是按合同规定获得固定回报的债权类投资者。从性质上看，权益类投资者属于被投资方最次级投资者，其取得的回报完全取决于公司的业绩，或赢或亏。普通股持有人是最典型的权益类投资，投资者从被投资方获取的股利是典型的可变回报。

综上所述，确定合并范围的标准是控制。从概念上讲，如果投资方拥有主导被投资方相关活动且享有可变回报的权力，则投资方在控制着被投资方。

（三）关于控制权的判断

根据现行会计准则（CAS33）的规定，控制权主要源于表决权和合同安排。通常情况下，表决权（或类似权力）将赋予投资方在被投资方拥有决策的权力，但在有些情况下，投资方的权力可能并非来自于表决权，而是其他有关合同安排。

1.控制权源于表决权的情况

（1）拥有半数以上表决权的情况。

当投资方持有被投资方半数以上表决权时，通常意味着该投资方拥有控制权。表决权是对被投资方经营计划、投资方案、年度财务预算方案和决算方案、利润分配方案和弥补亏损方案、内部管理机构的设置、聘任或解聘公司经理及确定其报酬、公司的基本管理制度等事项进行表决而持有的实质性权利。表决权比例一般与其出资比例或持股比例是一致的。通常情况下，当被投资方的相关活动由持有半数以上表决权的投资方决定，或者主导被投资方相关活动的管理层由持有半数以上表决权的投资方聘任时，无论该表决权是否行使，持有被投资方过半数表决权的投资方将拥有对被投资方的控制权力。但下述两种情况除外：一是存在其他合同安排赋予被投资方的其他投资方拥有对被投资方的权力；二是投资方拥有的表决权不是实质性权利。

投资方持有被投资方半数以上表决权的情况通常包括如下三种：一是投资方直接持有

被投资方半数以上表决权；二是投资方间接持有被投资方半数以上表决权；三是投资方直接和间接持有被投资方半数以上表决权。

按照国际会计惯例，在计算间接持有表决权时，有两种方法：加法原则和乘法原则。加法原则在计算间接持有被投资方表决权比例时，直接按各级控股公司持股比例相加；乘法原则在计算间接持有被投资方表决权比例时，按各级控股公司持股比例相乘。根据我国现行会计准则（CAS33）的规定，在计算表决权并确定合并范围时，应采用加法原则。下面举例加以说明。

【例8-2】　基于表决权判断合并范围的情况

资料：A公司持有B公司80%的表决权；B公司分别持有C公司、D公司和E公司60%、45%和40%的表决权；C公司和D公司分别持有E公司15%和10%的表决权。假设本例各家公司的控股权均取决于表决权比例。

要求：请基于A公司在其他公司的表决权判断A公司的合并范围。

分析：在本例中，各公司的持股情况如图8-2所示。

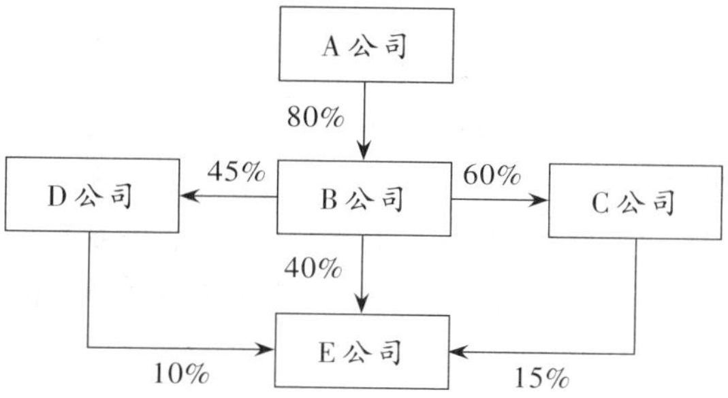

图8-2　各公司持股比例

通过图8-2可以看出，A公司直接持有B公司80%的表决权，但对其他几家公司均为间接持股。A公司在其他几家公司持股比例按加法原则和乘法原则计算如下（见表8-7）：

表8-7　A公司的表决权及合并范围

项目	直接持有表决权	间接持有表决权		合并范围（CAS33）
		加法原则	乘法原则	
B公司	80%	/	/	是
C公司	0	60%	48%（80%×60%）	是
D公司	0	45%	36%（80%×45%）	否
E公司	0	55%（40%+15%）	39.2%（80%×40%+80%×60%×15%）	是

通过表8-7可以看出，对于C公司和E公司来讲，如果基于加法原则判断，均在合并范围内；如果基于乘法原则判断，均不在合并范围内。根据我国现行会计准则（CAS33）的规定，C公司和E公司应并入合并范围。

（2）拥有半数及半数以下表决权的情况。

当投资方持有半数或半数以下表决权时，应综合考虑下列事实和情况，以判断投资方持有的表决权与相关事实和情况相结合是否赋予其权力：

①投资方持有的表决权份额比重及其他方持有表决权的分散程度。

投资方持有的绝对表决权比例或相对于其他投资方持有的表决权比例越高，其现时能够主导被投资方相关活动的可能性越大；为否决投资方意见而需要联合的其他投资方越多，投资方现时能够主导被投资方相关活动的可能性越大。

【例 8-3】 合并范围考虑股权分散程度的情况

资料：A公司持有B公司48%有表决权股份，剩余股份由分散的小股东持有，所有小股东单独持有的有表决权股份均未超过1%，且他们之间或其中一部分股东未达成进行集体决策的协议。

要求：判断A公司是否为B公司的控股股东。

分析：在本例中，虽然A公司持有B公司有表决权的股份不足50%，但是，根据其他股东持有股份的相对规模及分散程度，以及其他股东之间未达成集体决策协议等具体情况，可以判断，A公司拥有对B公司的控制权力，应将其纳入合并范围。

②投资方和其他投资方持有的潜在表决权。

潜在表决权是获得被投资方表决权的一种权利，如可转换工具、可执行认股权证、远期股权购买合同或其他期权所产生的权利。潜在表决权不是现实表决权，有些表决权根本不具有实质性意义，不能作为控制权判断的依据。在判断控制权时，只能考虑投资方持有的具有实质意义的潜在表决权，只有实质性的潜在表决权才能对投资方的控制权产生影响。

【例 8-4】 合并范围考虑潜在表决权的情况

资料：A公司持有被投资方B公司三分之一的表决权。除了权益工具外，A公司同时持有B公司发行的可转换债券，可以在当前及未来两年内任何时间以固定价格转换为B公司的普通股。如果可转换债券全部转换为普通股，A公司将持有B公司60%的表决权，A公司具备行权的财务能力。根据当前价格判断，两年内该可转债均属于价内期权。B公司的经营活动与A公司密切相关（可以降低其运营成本，确保稀缺产品的供应等），A公司非常注重对B公司的权力。

要求：判断A公司在确定合并范围时，是否应该考虑其持有B公司的可转换债券。

分析：在本例中，A公司持有的B公司可转换债券为价内期权，可随时行权，并且A公司与B公司关系密切，如果A公司控制B公司，必将从其相关活动中获益，因此，A公司在必要时（比如决定B公司的某些关键决策时），应该会选择行权。可见，A公司持有B公司的可转债属于具有实质性意义的潜在表决权，在判断控制权时，应予以考虑，A公司应将B公司纳入合并范围。

③其他合同安排产生的权利。

投资方可能通过持有的表决权和其他决策权相结合的方式使其当前能够主导被投资方的相关活动，例如，合同赋予投资方能够聘任被投资方董事会或类似权力机构多数成员，使其能主导被投资方相关活动。

【例8-5】 合并范围考虑相关合同安排的情况

资料：A公司持有B公司40%有表决权的股份，其他12个投资方各持有B公司5%有表决权股份，其他股东之间没有签订集体决策协议。B公司全体股东协议规定，A公司有权聘任和解聘董事会多数成员，公司的相关活动由董事会主导。

要求：判断A公司是否能够控制B公司。

分析：在本例中，A公司持有的B公司有表决权股份为40%，其他60%的股权分散在12个股东手中，且其他股东之间没有签订集体决策协议。根据全体股东协议，B公司相关活动的决策由董事会主导，而A公司能控制董事会，因为它有权聘任或解聘董事会多数成员，由此可见，A公司完全拥有对B公司的控制权。

④其他相关事实或情况。

在判断控制权时，对于某些比较特殊的投资，可遵循实质重于形式的原则，综合考虑一些相关因素，如被投资方设立的目的及相关活动的决策机制；投资方是否能够任命被投资方主导相关活动的关键管理人员；投资方是否有能力否决被投资方重大交易；投资方是否能够控制被投资方董事会等类似权力机构等。

【例8-6】 基于相关事实判断合并范围的情况

资料：A公司为有限合伙企业，经营期限为3年。A公司成立的目的是为B公司的全资子公司C提供增资，增资后，A公司持有C公司60%的股份，B公司持有C公司40%的股份。根据协议，3年后，B公司将按固定价格购买A公司持有C公司的全部股份。C公司是专门建造某大型资产并用于租赁的项目公司，建造期为5年，A公司增资时，该资产已经建造了2年，还有3年建成投产。

要求：根据上述资料，判断C公司的控制方是A公司还是B公司。

分析：在本例中，从形式上看，A公司拥有C公司60%的表决权，B公司拥有C公司40%的表决权，但从实质上看，A公司成立的目的是为C公司增资，且3年后该增资要全部转让给B公司，并结束运营。A公司为C公司增资时，C公司的项目已经按照B公司的安排开始建造；当其退出时，C公司刚刚完成建造，并由B公司主导运营。因此，C公司的相关活动从开始建造到开始运营全部由B公司主导，B公司是C公司的控制方。

2.控制源于合同安排的情况

控制源于合同安排的情况主要指结构化主体。投资方对被投资方的权力通常来自表决权，但在某些特殊情况下，投资方对一些主体的权力不是来自表决权，而是由一项或多项合同安排决定，如证券化产品、资产支持融资工具、部分投资基金等结构化主体。结构化主体是指在确定其控制方时没有将表决权或类似权力作为决定因素而设计的主体，主导该主体相关活动的依据通常是合同安排或其他安排形式。结构化主体在设立后的运营中，由其法律上的权力机构表决的事项通常仅与行政事务相关，表决权对投资方的回报往往不具有重大的直接联系。

控制权及其构成要素的关系如图8-3所示。

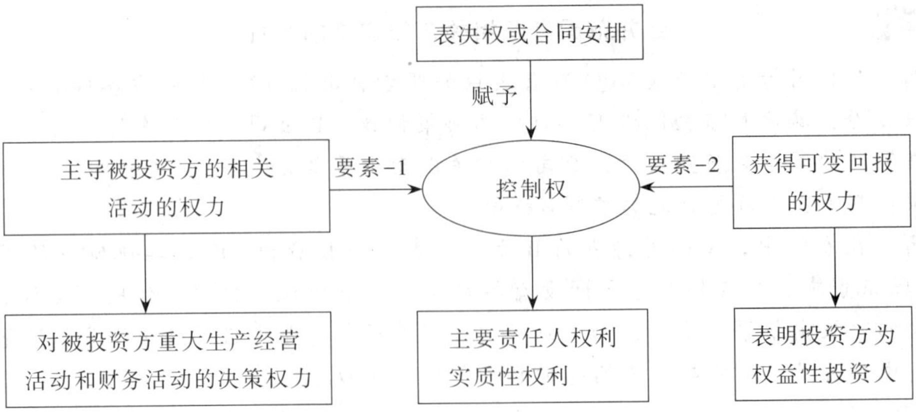

图8-3 控制权及其构成要素关系图

四、合并报表编制的原则与程序

在合并报表编制过程中，首先应明确合并报表编制的基本原则，做好编表前的一些准备工作，然后依照合并报表编制的流程，在合并报表工作底稿中编制相关的抵销与调整分录。

（一）合并报表编制的基本原则

企业在编制合并财务报表时，首先应坚持财务报表编制的一般原则，包括可靠性、相关性、重要性、及时性等，除此之外，还应特别遵循合并财务报表编制的“一体性”原则。

“一体性”原则是合并财务报表编制的基本原则，它是指母公司在编制合并财务报表时，应将集团内所有公司（包括母公司和所有子公司）视为一个会计主体（合并主体），通过编制抵销分录和调整分录的方法，消除集团内部公司之间在报告期内发生的内部交易和事项对合并财务报表的影响，据以反映企业集团作为一个财务报告主体的财务状况、经营成果和现金流量信息。

（二）合并财务报表编制前的准备工作

1.统一母子公司的会计政策。

现行会计准则（CAS33）要求，在编制合并财务报表时，合并范围内的所有子公司与母公司的会计政策必须统一，只有在母子公司个别财务报表反映的内容一致的情况下，才能对其进行加总，并编制合并财务报表，母子公司统一的会计政策是编制合并报表的基础。对于一些境外子公司，如果日常无法采用与母公司相同的会计政策，在编制合并财务报表之前，应按照母公司的会计政策，重新编制财务报表，也可以由母公司根据自身会计政策对境外子公司财务报表进行调整，并以子公司调整后财务报表为基础编制合并财务报表。

2.统一母子公司资产负债表日及会计期间。

母公司和子公司的个别财务报表只有在反映财务状况的日期和反映经营成果的会计期间都一致的情况下，才能进行合并。因此，为了编制合并财务报表，企业集团必须要求统一母公司及其所有子公司的资产负债表日和会计期间，使子公司的资产负债表日和会计期间与母公司保持一致。对于境外子公司，如果不能与母公司财务报表决算日和会计期间保持一致，母公司应当按照自身资产负债表日和会计期间对子公司的财务报表进行调整，或者要求子公司按照母公司资产负债表日和会计期间另行编制个别财务报表，并以调整后的境外子公司财务报表为基础编制合并财务报表。

3.对子公司以外币表示的财务报表进行折算。

对母子公司财务报表进行合并时，还有个前提，就是必须保证母子公司个别财务报表所采用的货币计量单位是一致的。在企业集团中，如果有境外经营子公司，并选择外币作为记账本位币，则母公司在编制合并财务报表时，应将境外经营子公司的外币报表按《企业会计准则第19号——外币报表折算》（CAS19）的规定折算成人民币报表后，再编制合并报表。

4.收集相关的资料。

合并财务报表以母公司和子公司的个别财务报表及其他与内部交易相关等资料为依据，由母公司通过编制合并报表工作底稿的方法进行编制。为顺利编制合并财务报表，母公司事前应当要求子公司及时提供下列有关资料，包括：子公司相应期间的财务报表；采用的与母公司不一致的会计政策及其影响金额；与母公司不一致的会计期间的说明；与母公司及与其他子公司之间发生的所有内部交易的相关资料，包括但不限于内部购销交易、债权债务、投资及其产生的现金流量和未实现内部销售损益的期初、期末余额及变动情况等。

（三）合并财务报表编制的流程

合并财务报表编制的流程主要包括以下几个方面：

1.开设合并报表工作底稿。

在会计实务中，合并报表一般是采用合并报表工作底稿法编制的。在合并报表工作底稿中，通过对母公司和子公司个别财务报表项目数据进行汇总、调整和抵销，最终计算得出合并财务报表各项目的合并数。

合并财务报表工作底稿通常包括两张表：一张是合并资产负债表、合并利润表和合并所有者权益变动表“三合一”的工作底稿；另一张是合并现金流量表工作底稿。由于与合并资产负债表、合并利润表和合并所有者权益变动表有关的抵销与调整分录往往相互联系，因此，这三张表应开设在一张工作底稿中，而与合并现金流量表有关的抵销与调整分录具有独立性，所以，应单独开设工作底稿。这两张合并报表工作底稿的格式大同小异，这里以“三合一”合并报表工作底稿为例，说明合并报表工作底稿的基本格式（见表8-8）。

表8-8 合并报表工作底稿（局部） 单位：元

项目	母公司	子公司	合计数	调整与抵销分录		少数股东权益	合并数
				借方	贷方		
资产负债表项目							
资产项目							
⋮							
负债项目							
⋮							
所有者权益项目							
⋮							

续表

项目	母公司	子公司	合计数	调整与抵销分录		少数股东权益	合并数
				借方	贷方		
利润表项目							
营业收入							
营业成本							
⋮							
营业利润							
⋮							
净利润							
股东权益项目							
期初未分配利润							
⋮							
期末未分配利润							

2.将个别财务报表数据过入合并报表工作底稿。

将母公司和纳入合并范围子公司个别资产负债表、利润表、现金流量表及所有者权益变动表各项目的数据过入合并报表工作底稿中，并对母子公司个别财务报表各项目的数据进行加总，计算得出母子公司个别资产负债表、利润表、现金流量表及所有者权益变动表各项目的合计数。

3.编制抵销分录和调整分录。

编制抵销分录和调整分录是合并财务报表编制流程中最关键的一步，是合并报表工作底稿中的核心内容。抵销与调整分录是基于“一体性”原则，为了消除因会计政策、计量基础的差异以及内部交易的影响等，在合并报表工作底稿中编制的有关分录。母公司只有通过编制抵销与调整分录，才能消除集团内部交易等相关因素的影响，满足合并报表“一体性”编制原则，提供企业集团作为一个报告主体的相关财务数据。

4.计算合并报表各项目的合并数。

合并报表工作底稿中的合并数是在母子公司个别报表项目合计数基础上，加减抵销和调整分录涉及的调整金额计算出来的。各项目合并数的具体计算方法如下：

（1）资产类项目，其合并数应根据该项目合计数，加上该项目调整与抵销分录的借方发生额，减去该项目调整与抵销分录的贷方发生额计算确定。

（2）负债类和所有者权益类项目，其合并数应根据该项目合计数，减去该项目调整与抵销分录的借方发生额，加上该项目调整与抵销分录的贷方发生额计算确定。

（3）有关收入、收益、利得类项目，其合并数根据该项目合计数，减去该项目调整与抵销分录的借方发生额，加上该项目调整与抵销分录的贷方发生额计算确定。

（4）有关成本费用、损失类项目和有关利润分配的项目，其合并数根据该项目合计数，加上该项目调整与抵销分录的借方发生额，减去该项目调整与抵销分录的贷方发生额计算确定。

5.填列合并财务报表。

这是编制合并财务报表的最后一步。根据合并报表工作底稿中计算出的财务报表各项目合并数，填列正式的合并财务报表。

（四）抵销与调整分录的主要内容

前已述及，编制抵销与调整分录是合并报表编制流程中的重要一环。从理论上讲，抵销分录和调整分录的作用及内容有较大的差异，现分别叙之。

1.抵销分录及其主要内容。

抵销分录编制的目的是基于“一体性”原则，将母公司与子公司、子公司相互之间发生的内部交易对合并财务报表的影响消除。集团公司内部发生的交易主要包括投资与被投资、债权债务、存货交易、固定资产交易、无形资产交易以及现金流往来等，这些业务在个别报表中都应正常确认与计量，但在合并报表中，因属于内部交易而不能正常确认，编制抵销分录就是为了消除这些内部交易对合并报表的影响。常见的抵销分录包括：

（1）内部股权投资的抵销：主要包括母公司对子公司的长期股权投资与子公司股东权益的抵销；子公司可供分配的利润与利润分配情况的抵销等。

（2）内部债权债务的抵销：主要包括集团公司内部发生的各种应收应付项目、应付债券与债权投资项目、投资收益与融资费用以及集团内部信用损失与坏账准备抵销等。

（3）内部交易的抵销：主要包括因集团公司内部发生的存货交易、固定资产交易和无形资产交易而对内部交易存货、固定资产和无形资产中包含的内部交易未实现利润和相关损益项目的抵销。

（4）内部现金流量的抵销：主要包括对集团内部各公司在报告期内发生的各类现金流入量和现金流出量的抵销。

2.调整分录及其主要内容。

调整分录与抵销分录的含义有所不同，抵销分录侧重于消除内部交易对资产负债价值和损益确认的影响，而调整分录主要是按照现行会计准则的要求或为了顺利编制抵销分录而对合并报表中某些项目所做的调整。常见的调整分录包括：

（1）对母子公司会计政策、会计期间不一致所做的调整：前已述及，编制合并报表的基础是集团内部母子公司之间的会计政策、会计期间必须保持一致。如果母子公司个别报表的会计政策和会计期间不一致，则在编制合并报表工作底稿时，应对这些差异编制相应的调整分录。

（2）对长期股权投资按权益法进行的调整：在合并报表中对母子公司内部股权投资进行抵销时，通常采用“先调整后抵销”的方法。由于母公司长期股权投资按成本法核算，因此，在合并日后对内部股权投资进行抵销时，为了将母公司长期股权投资与期末子公司所有者权益顺利抵销，应首先在合并报表工作底稿中将长期股权投资按权益法进行调整，使其与期末子公司净资产份额相对应，然后再编制抵销分录。

（3）非同一控制下企业合并对子公司净资产按公允价值进行的调整：根据我国现行会计准则的规定，在非同一控制下企业合并编制的合并报表中，子公司净资产是以其合并日公允价值为基础进行列示的，因此，在编制非同一控制下企业合并的合并报表时，应将子公司净资产的账面价值调整为公允价值，再与母公司净资产合并。

（4）同一控制下企业合并对子公司合并前留存收益进行的调整：根据我国现行会计准则的规定，在同一控制下企业合并编制的合并报表中，子公司在合并前的留存收益允许并入合并报表中。因此，在编制同一控制下企业合并的合并报表时，应将子公司留存收益属于母公司的份额，调整并计入合并报表留存收益中。

自测题8-1

编制抵销分录和调整分录是合并财务报表的关键步骤，也是本章合并财务报表的核心内容，本章从第二节至第六节将分别阐述集团内部股权投资、内部债权债务、内部资产交易、内部现金流交易及合并报表涉及的所得税的抵销与调整。在本章，有时会将“抵销与调整分录”称为“抵销分录”。

第二节　内部股权投资的抵销与调整

一、内部股权投资抵销与调整概述

（一）内部股权抵销与调整的内容

内部股权抵销与调整是关于母公司对子公司的长期股权投资与子公司所有者权益的抵销与调整，以下简称股权抵销。股权抵销分录层次较多，具体如图8-4所示。

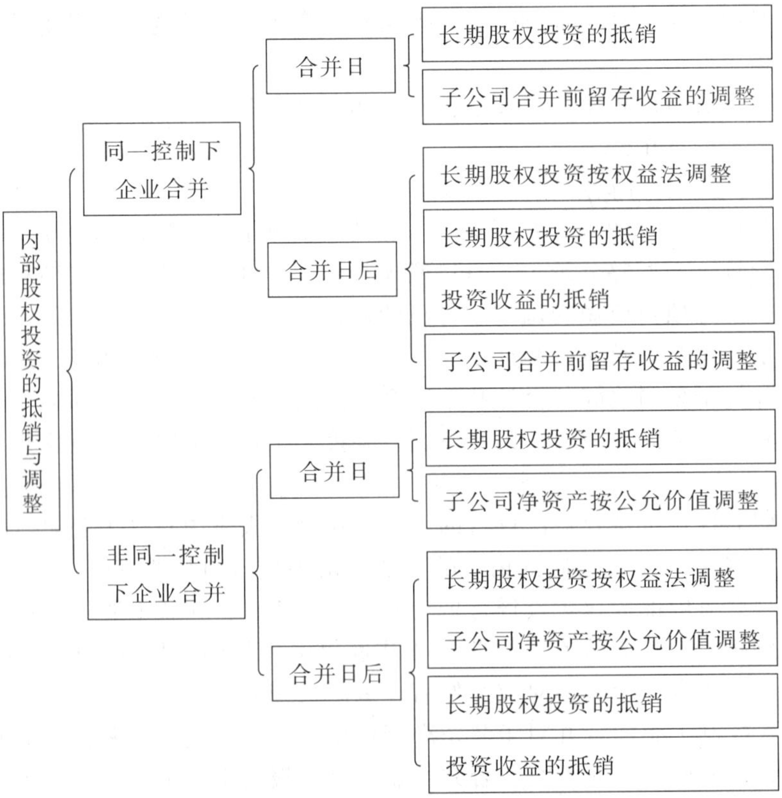

图8-4　内部股权投资抵销与调整分录的内容

对于股权抵销，应注意区别同一控制下企业合并和非同一控制下企业合并。同一控制下企业合并会涉及对子公司合并前留存收益的调整；非同一控制下企业合并会涉及对子公司净资产按公允价值的调整；另外，股权抵销在合并日后不仅涉及对长期股权投资的抵销，还涉及对投资收益的抵销。

视频

少数股东权益的计量方法

（二）股权抵销涉及的相关理论问题

1.关于少数股东权益的确认

少数股东权益也称为非控制性权益，是子公司所有者权益中属于少数股东（非控股股东）的权益。根据现行准则的规定，在合并报表中，应将子公司中属于少数股东的权益在合并报表中单独列示。从理论上讲，合并报表中列示的少数股东权益金额取决于合并理论。在母公司理论下，少数股东权益应以合并日子公司可辨认净资产账面价值为基础计量；在实体理论下，少数股东权益应以合并日子公司整体价值为基础计量。另外，还有一种方法，介乎于母公司理论和实体理论之间，是以合并日子公司可辨认净资产公允价值为基础计量。

【例8-7】　少数股东权益的计算方法

资料：甲公司支付150万元收购了乙公司80%的股权，在合并日，乙公司可辨认净资产账面价值和公允价值分别为160万元和180万元，基于甲公司合并对价推算的合并日乙公司整体价值为187.5万元（150÷0.8）。

要求：计算合并日的少数股东权益。

分析：在本例中，从理论上讲，合并日少数股东权益有以下三种算法：

（1）基于子公司可辨认净资产账面价值计算，金额为：160×20%=32（万元）

（2）基于子公司可辨认净资产公允价值计算，金额为：180×20%=36（万元）

（3）基于子公司整体价值计算，金额为：187.5×20%=37.5（万元）

目前在我国，同一控制下企业合并中少数股东权益的确认采用的是第一种计算方法，非同一控制下企业合并中少数股东权益的确认采用的是第二种方法。

根据我国现行CAS33的规定，在同一控制下企业合并的合并报表中，子公司的净资产应以账面价值并入合并报表，少数股东权益反映合并日子公司可辨认净资产账面价值的份额；在非同一控制下企业合并的合并报表中，子公司的净资产以公允价值并入合并报表，少数股东权益反映购买日子公司可辨认净资产公允价值的份额。

2.关于商誉的确认

商誉代表着一种超额盈利的能力，是能在未来给企业经营带来超过同行业利润的潜在经济价值，或一家企业预期的获利能力超过可辨认资产正常获利能力（如社会平均投资回报率）的资本化价值。商誉是企业整体价值的组成部分，属于不可辨认的资产，产生于非同一控制下企业合并，又称合并商誉。合并商誉的计量基于合并理论。在母公司理论下，商誉只列示属于母公司的商誉，不包含少数股东的商誉；在实体理论下，商誉列示子公司拥有的完整商誉。

【例8-8】　商誉的计算方法

资料：以例8-7中的资料为例，并假设甲、乙公司的合并属于非同一控制下企业合并。

要求： 计算合并日的商誉。

分析： 在本例中，合并日合并商誉有以下两种计算方法：

（1）基于母公司理论：合并商誉=150−180×80%=6（万元）

（2）基于实体理论：合并商誉=6÷0.8=7.5（万元）

根据我国CAS33的规定，企业在合并中取得的商誉应按照母公司理论计算并列示。

应注意的是，在非同一控制下的吸收合并中，合并商誉应在合并后母公司个别报表中列示；在非同一控制下的控股合并中，合并商誉应在合并后合并报表中列示。

视频

期初未分配利润的调整

3.关于期初未分配利润的调整

在编制合并报表的抵销与调整分录时，经常会涉及对“期初未分配利润”（或“未分配利润——期初”，后同）项目的调整，为什么要对“期初未分配利润”进行调整呢？下面举例加以解释。

在合并报表中对“期初未分配利润”的调整，通常是因为在上期合并报表中对损益项目进行了抵销，且对损益项目抵销的结果导致上期合并报表中“期末未分配利润”的合计数不等于合并数，即合并数高于或低于合计数。从理论上讲，在连续编制合并报表时，前后两个期间合并报表中各项目的合并数应该具有连贯性。假如2020年合并报表中“期末未分配利润”合并数为1 000万元，则2021年合并报表中“期初未分配利润”的合并数也应该是1 000万元。因此，如果在上期合并报表中因对损益项目调整而使“期末未分配利润”被调增或调减，则在本期合并报表中应对“期初未分配利润”相应调增或调减，从而使上期合并报表中“期末未分配利润”合并数与本期合并报表“期初未分配利润”合并数保持一致。例如，甲公司2020年末合并报表中“期末未分配利润”合计数为1 000万元，且当年合并报表工作底稿中只编制了如下一笔与损益有关的抵销分录（单位：元）：

借：资产处置收益　　100 000

　　贷：固定资产　　100 000

上面这笔抵销分录将甲公司2020年合并报表中“期末未分配利润”调减了10万元，使“期末未分配利润”的合并数变为990万元，则在2021年连续编制合并报表时，甲公司必须编制如下调整分录以消除上年那笔损益调整对当年“期初未分配利润”的影响（单位：元）：

借：期初未分配利润　　100 000

　　贷：固定资产　　100 000

这笔分录将甲公司2021年合并报表中“期初未分配利润”合并数调整为990万元，与2020年合并报表中“期末未分配利润”的合并数相等。

企业在编制合并报表时，对于上期调增或调减了合并报表中“期末未分配利润”的与损益相关的抵销或调整分录，在本期必须基于相同金额对“期初未分配利润”进行调整，以保证上期合并报表中“期末未分配利润”合并数与本期合并报表中“期初未分配利润”合并数相等。

（三）内部股权抵销与调整分录框架

1.合并日股权抵销分录框架

（1）合并日/同一控制下企业合并。

在合并日，对同一控制下企业合并股权抵销与调整的分录有两笔：一是抵销长期股权投资；二是将合并前子公司留存收益并入合并报表。

①抵销长期股权投资。

母公司对子公司的长期股权投资与子公司所有者权益属于内部投资与被投资关系，因此，在编制合并报表时应该抵销，抵销分录的基本框架为：

借：所有者权益　　　　　［子公司报告期末账面价值］

　贷：长期股权投资　　　［母公司股权投资入账价值］

根据我国现行会计准则的规定，在编制上述股权投资抵销分录时，应将子公司所有者权益全部抵销，同时确认子公司所有者权益中属于少数股东的权益。因此，长期股权投资完整的抵销分录框架应为：

借：股本
　　资本公积
　　其他综合收益　　［子公司股东权益账面价值］
　　盈余公积
　　未分配利润

　贷：长期股权投资　［长期股权投资账面价值］

　　　少数股东权益　［子公司股东权益账面价值×少数股东持股比例］

在同一控制下企业合并中，合并日长期股权投资成本等于子公司净资产账面价值中属于母公司的份额，少数股东权益等于子公司净资产账面价值中属于少数股东的份额，在编制上述抵销分录时，借贷双方不存在差额。

②调整合并前子公司留存收益。

现行企业会计准则（CAS33）第三十二条规定：对于当期增加的同一控制下企业合并，应视同最终控制方控制参与合并的母公司和子公司时，两者就已经合并。因此，对于同一控制下企业合并而言，参与合并企业在合并前的留存收益应予合并。母公司在合并日应将合并前子公司留存收益并入合并报表，调整分录为：

借：资本公积——资本（股本）溢价

　贷：盈余公积　　　［合并前子公司盈余公积×母公司持股比例］

　　　未分配利润　　［合并前子公司未分配利润×母公司持股比例］

在编制上述调整分录时，应注意以下问题：第一，冲减资本公积时应以合并后母公司“资本公积——资本（股本）溢价”为上限。第二，应按母公司持股比例分别调整子公司合并前的盈余公积和未分配利润。第三，在以后各年连续编制合并报表时，调整分录应为：

借：资本公积

　贷：盈余公积

　　　期初未分配利润

（2）合并日/非同一控制下企业合并。

在合并日，对非同一控制下企业合并股权抵销与调整的分录也有两笔：一是按公允价值调整子公司净资产；二是抵销长期股权投资与子公司所有者权益。

①调整子公司净资产公允价值。

根据现行企业会计准则（CAS33）的规定，对于非同一控制下企业合并，子公司净资产应以公允价值列示于合并报表中。因此，在合并日，应将子公司资产与负债按公允价值的变动进行调整，调整分录的框架为：

借：存货/固定资产等

　贷：资本公积

上述调整分录后，子公司的资产、负债及资本公积均反映了合并日公允价值。这里应注意的问题是，在按公允价值调整子公司净资产时，还应考虑所得税的影响，并确认相应的递延所得税资产或递延所得税负债，所得税的影响问题将在本章第六节阐述。

②抵销长期股权投资。

在非同一控制下企业合并中，长期股权投资成本等于合并成本。从理论上讲，合并成本反映了母公司从子公司取得的可辨认净资产和不可辨认商誉的成本。合并成本与母公司取得的子公司可辨认净资产账面价值份额的差额（合并价差）是由母公司从子公司取得的净资产公允价值的增值额和合并商誉构成，因此，在合并日，对非同一控制下企业合并长期股权投资，应编制如下抵销分录：

借：股本
　　资本公积（调整后）
　　其他综合收益
　　盈余公积
　　未分配利润
　　商誉
　　　　[子公司所有者权益公允价值]（以上各项）

　贷：长期股权投资　　[合并成本]

　　　少数股东权益　　[子公司股东权益公允价值×少数股东持股比例]

通过上述分录可以看出，在非同一控制下企业合并中，少数股东权益等于编表日子公司可辨认净资产公允价值中属于少数股东的份额，合并商誉等于合并成本与子公司可辨认净资产公允价值中属于母公司份额的差额。

2.合并日后股权抵销分录框架

（1）合并日后/同一控制下企业合并。

合并日后同一控制下企业合并股权抵销包括四笔分录：一是按权益法调整长期股权投资；二是抵销长期股权投资；三是抵销内部投资收益；四是调整合并前子公司留存收益。

①按权益法调整长期股权投资。

本教材对长期股权投资的抵销采用了先调整后抵销的原则，因此，在合并报表中抵销长期股权投资之前，应基于合并日至编表日期间子公司权益的变动，先按权益法对长期股权投资进行调整。母公司投资当年的调整分录如下：

借：长期股权投资

贷：投资收益等

在连续编制合并报表时，对于上期合并报表中已调整的损益，在本期应相应调整期初未分配利润，调整分录如下（或相反的分录）：

借：长期股权投资　　　［基于合并日权益变动的调整数］
　贷：期初未分配利润　［上期已调整权益变动数］
　　　投资收益　　　　［基于本期权益变动的调整数］

②抵销长期股权投资。

在连续编制合并报表时，每年都需要抵销长期股权投资。长期股权投资按权益法调整后，应编制如下抵销分录：

借：股本
　　资本公积
　　其他综合收益　　［子公司报告期末账面数］
　　盈余公积
　　未分配利润
　贷：长期股权投资　［股权投资调整后金额］
　　　少数股东权益　［子公司报告期末账面数×少数股东持股比例］

③抵销内部投资收益。

母公司基于子公司净利润确认的投资收益属于内部收益，应该抵销。经①调整后，母公司在合并报表中确认的投资收益包括收到的现金股利和按权益法调整的投资收益，在金额上等于子公司当期净利润中属于母公司的份额；子公司净利润中属于少数股东的部分，属于少数股东损益。母公司投资收益和少数股东损益的合计数等于子公司当期的净利润，属于子公司可供分配的利润，应与子公司当年利润分配相互抵销。

母公司在投资当年抵销与投资收益相关的会计分录为：

借：投资收益　　　　［子公司净利润×母公司持股比例］
　　少数股东损益　　［子公司净利润×少数股东持股比例］
　贷：利润分配——提取盈余公积
　　　　　　　——分配现金股利
　　　　　　　——期末未分配利润

在连续编制合并报表时，每年都应将子公司期末可供分配利润与其利润分配情况抵销，其中，对于上期抵销的净利润应相应抵销期初未分配利润，因此，与内部投资收益相关的抵销分录变为：

借：投资收益　　　　［子公司净利润×母公司持股比例］
　　少数股东损益　　［子公司净利润×少数股东持股比例］
　　期初未分配利润　［子公司上期期末未分配利润金额］
　贷：利润分配——提取盈余公积
　　　　　　　——分配现金股利
　　　　　　　——期末未分配利润

④调整合并前子公司留存收益。

在连续编制合并报表时，每年合并前子公司留存收益都应该调整，调整分录为：

借：资本公积

  贷：盈余公积

    期初未分配利润

（2）合并日后/非同一控制下企业合并。

合并日后非同一控制下企业合并股权抵销与调整分录也有四笔：一是按权益法调整长期股权投资；二是调整子公司净资产公允价值；三是抵销长期股权投资；四是抵销内部投资收益。

①按权益法调整长期股权投资。

该分录框架与上述合并日后/同一控制下企业合并按权益法调整长期股权投资的分录相同，这里不再赘述。

②调整子公司净资产公允价值。

对于非同一控制下企业合并，在合并日后的每年都需要基于合并日子公司净资产公允价值对子公司净资产进行调整。由于在合并日后子公司有关资产、负债的价值可能发生变化，比如存货被销售、固定资产计提折旧等，因此，在确认相关资产、负债时应注意其后续核算的变化，该调整分录框架为：

借：存货/固定资产等

  营业成本等

  贷：资本公积

③抵销长期股权投资。

该笔分录与合并日后同一控制下企业合并长期股权投资的抵销分录相同。

④抵销内部投资收益。

该笔分录与合并日后/同一控制下企业合并投资收益的抵销分录相同。

3.股权投资减值准备抵销分录框架

如果母公司在个别报表中就内部长期股权投资计提了长期股权投资减值准备，则该减值准备应在合并报表中予以抵销，抵销分录框架为：

借：长期股权投资——长期股权投资减值准备　　　［报告日应抵销减值准备］

  贷：期初未分配利润　　　［上期抵销的减值准备］

借（贷）：资产减值损失　　　［本期计提或冲减金额］

二、合并日股权投资抵销与调整示例

（一）合并日同一控制下抵销与调整示例

【例 8-9】　合并日/同一控制下/股权抵销与调整

资料： 天健公司2021年1月1日以28 600万元的银行存款取得了集团内地坤公司80%的股权，支付合并费用120万元。合并日地坤公司股东权益账面价值为32 000万元，其中：股本20 000万元，资本公积8 000万元，盈余公积1 200万元，未分配利润2 800万元。天健公司和地坤公司合并前个别财务报表见表8-9，假设不考虑所得税等其他因素的影响。

要求：

（1）编制天健公司合并地坤公司的会计分录；

（2）编制合并日对股权投资的抵销与调整分录；

（3）将抵销与调整分录过入合并报表工作底稿。

分析：

（1）天健合并地坤的会计分录。

天健公司合并地坤公司属于同一控制下企业合并，因此，长期股权投资应按合并日地坤公司净资产账面价值32 000万元的80%确认，金额为25 600万元。会计分录如下（单位：万元）：

①企业合并的会计分录。

借：长期股权投资　25 600
　　资本公积　3 000
　贷：银行存款　28 600

②对合并费用的处理。

借：管理费用　120
　贷：银行存款　120

（2）对股权投资的抵销与调整分录。

在合并日，天健公司对于同一控制下地坤公司的内部股权投资应编制如下两笔抵销与调整分录：

①抵销长期股权投资：

借：股本　20 000
　　资本公积　8 000
　　盈余公积　1 200
　　未分配利润　2 800
（以上四项：合并日地坤公司股东权益账面价值32 000万元）
　贷：长期股权投资　25 600
　　　少数股东权益　（32 000×20%）　6 400

②调整留存收益。

将地坤公司合并前留存收益4 000万元按母公司持股比例80%并入合并报表：

借：资本公积（4 000×80%）　3 200
　贷：盈余公积（1 200×80%）　960
　　　期末未分配利润（2 800×80%）　2 240

（3）天健公司合并日合并报表工作底稿见表8-9。

表8-9　**天健公司合并日合并报表工作底稿（部分）**　单位：万元

项目	天健公司	地坤公司	合计数	抵销与调整		少数股东权益	合并数
				借方	贷方		
流动资产：							
⋮	⋮	⋮	⋮				⋮
流动资产小计	62 000	35 000	97 000				97 000

续表

项目	天健公司	地坤公司	合计数	抵销与调整		少数股东权益	合并数
				借方	贷方		
非流动资产：							
债权投资	11 400	0	11 400				11 400
其他债权投资	10 000	0	10 000				10 000
长期股权投资	25 600	0	25 600		①25 600		0
固定资产	21 000	18 000	39 000				39 000
在建工程	20 000	3 400	23 400				23 400
无形资产	4 000	1 600	5 600				5 600
商誉	2 000	0	2 000				2 000
非流动资产小计	94 000	23 000	117 000		25 600		91 400
资产总计	156 000	58 000	214 000		25 600		188 400
负债：							
⋮	⋮	⋮	⋮				⋮
负债合计	86 000	26 000	112 000				112 000
股东权益：							
股本	40 000	20 000	60 000	①20 000			40 000
资本公积	10 000	8 000	18 000	①8 000 ②3 200			6 800
盈余公积	11 000	1 200	12 200	①1 200	②960		11 960
未分配利润	9 000	2 800	11 800	①2 800	②2 240		11 240
股东权益合计	70 000	32 000	102 000	35 200	3 200		70 000
少数股东权益						①6 400	6 400
负债和股东权益总计	156 000	58 000	214 000	35 200	3 200	6 400	188 400

（二）合并日非同一控制下抵销与调整示例

【例8-10】 合并日/非同一控制下/股权抵销与调整

资料： 天健公司2021年1月1日发行了1亿股股票收购了集团外地坤公司70%的股权，股票面值为1元/股，市场价格为2.95元/股。购买日地坤公司股东权益账面价值为32 000万元（其中：股本20 000万元，资本公积8 000万元，盈余公积1 200万元，未分配利润2 800万元），公允价值为36 000万元（其中：存货增值1 100万元；固定资产增值3 000万元；应收账款减值100万元）。假设不考虑对所得税的影响。

要求：

（1）编制天健公司合并地坤公司的会计分录；

（2）编制购买日内部股权投资的抵销与调整分录；

（3）编制购买日合并资产负债表。

分析：

（1）天健公司合并地坤公司的会计处理（单位：万元）。

在本例中，天健公司与地坤公司的合并，属于非同一控制下的控股合并，因此，长期股权投资应按合并成本入账，金额为29 500万元（10 000×2.95），会计分录为：

借：长期股权投资	29 500	
贷：股本		10 000
资本公积		19 500

（2）购买日股权投资的抵销与调整分录（单位：万元）。

在购买日，天健公司对于非同一控制下地坤公司的股权投资应编制如下两笔抵销与调整分录：

①按购买日公允价值调整子公司有关资产和负债。

借：存货	1 100	
固定资产	3 000	
贷：应收账款		100
资本公积		4 000

调整后，子公司资本公积的金额为12 000万元（8 000+4 000），子公司股东权益的金额为36 000万元（32 000+4 000）。

②抵销长期股权投资。

在此笔抵销分录中，应该确认的商誉为4 300万元（29 500−36 000×70%），少数股东权益为10 800万元（36 000×30%），会计分录如下：

借：股本	购买日子公司股东权益公允价值36 000万元	20 000	
资本公积		12 000	
盈余公积		1 200	
未分配利润		2 800	
商誉		4 300	
贷：长期股权投资			29 500
少数股东权益			10 800

（3）天健公司购买日合并报表工作底稿见表8-10。

表8-10　　天健公司购买日合并报表工作底稿（部分）　　单位：万元

项目	天健公司	地坤公司	合计数	抵销与调整		少数股东权益	合并数
				借方	贷方		
资产：							
货币资金	9 000	4 200	13 200				13 200
交易性金融资产	4 000	1 800	5 800				5 800
应收票据	4 700	3 000	7 700				7 700
应收账款	5 800	3 920	9 720		①100		9 620
预付款项	2 000	880	2 880				2 880
其他应收款	4 200	0	4 200				4 200
存货	31 000	20 000	51 000	①1 100			52 100
其他流动资产	1 300	1 200	2 500				2 500
流动资产小计	62 000	35 000	97 000	1 100	100		98 000
债权投资	6 000	0	6 000				6 000
其他债权投资	11 000	0	11 000				11 000
长期股权投资	61 500	0	61 500		②29 500		32 000
固定资产	21 000	18 000	39 000	①3 000			42 000
在建工程	20 000	3 400	23 400				23 400
无形资产	4 000	1 600	5 600				5 600
商誉	0	0	0	②4 300			4 300
非流动资产小计	123 500	23 000	146 500	7 300	29 500		124 300
资产总计	185 500	58 000	243 500	8 400	29 600		222 300
负债：							
负债合计	86 000	26 000	112 000				112 000
股东权益：							
股本	50 000	20 000	70 000	②20 000			50 000
资本公积	29 500	8 000	37 500	②12 000	①4 000		29 500
盈余公积	11 000	1 200	12 200	②1 200			11 000
未分配利润	9 000	2 800	11 800	②2 800			9 000
股东权益合计	99 500	32 000	131 500	36 000	4 000		99 500
少数股东权益						②10 800	10 800
负债和股东权益总计	185 500	58 000	243 500	36 000	4 000	10 800	222 300

三、合并日后股权投资抵销与调整示例

（一）合并日后同一控制下抵销与调整示例

【例8-11】 合并日后/同一控制下/股权抵销与调整（合并当年）

资料： 接例8-9，假设2021年，地坤公司实现净利润10 500万元，提取盈余公积2 000万元，向股东分配现金股利4 500万元。2021年年末，地坤公司股东权益账面价值为38 000万元，其中：股本20 000万元，资本公积8 000万元，盈余公积3 200万元，未分配利润6 800万元。

要求： 编制天健公司2021年年末与股权投资相关的抵销与调整分录（单位：万元）。

分析： 天健公司与地坤公司的合并属于同一控制下控股合并，因此，在合并日后合并报表中，应编制如下四笔与股权投资有关的抵销与调整分录：

①按权益法调整长期股权投资。

在此笔分录中，母公司长期股权投资的调整金额应该等于2021年子公司股东权益变动的份额4 800万元（（38 000−32 000）×80%），调整分录为：

借：长期股权投资	4 800	
贷：投资收益		4 800

上述调整分录后，长期股权投资金额为30 400万元（25 600+4 800）。

②抵销长期股权投资。

在此笔分录中，应确认的少数股东权益金额应为7 600万元（子公司期末股东权益账面价值38 000万元×20%），会计分录为：

借：股本	子公司股东权益账面价值38 000万元	20 000	
资本公积		8 000	
盈余公积		3 200	
未分配利润		6 800	
贷：长期股权投资			30 400
少数股东权益			7 600

③抵销投资收益。

在此笔抵销分录中，投资收益的金额为子公司2021年净利润的份额，亦即母公司从子公司收到的现金股利3 600万元（4 500×80%）与上述（1）中调增数4 800万元的合计数，会计分录为：

借：投资收益（10 500×80%）	8 400	
少数股东损益（10 500×20%）	2 100	
期初未分配利润	2 800	
贷：利润分配——提取盈余公积		2 000
——分派现金股利		4 500
——未分配利润		6 800

④调整子公司合并前留存收益。

借：资本公积	3 200	
贷：盈余公积（1 200×80%）		960
期初未分配利润（2 800×20%）		2 240

天健公司2021年年末合并报表工作底稿见表8-11。

表8-11　　**天健公司2021年年末合并报表工作底稿（部分）**　　单位：万元

项目	天健公司	地坤公司	合计数	抵销分录		少数股东权益	合并数
				借方	贷方		
资产负债表部分：							
流动资产小计	70 000	43 000	113 000				113 000
非流动资产：							
债权投资	8 000	0	8 000				8 000
其他债权投资	13 000	4 000	17 000				17 000
长期股权投资	40 000	0	40 000	①4 800	②30 400		14 400
固定资产	28 000	26 000	54 000				54 000
在建工程	13 000	4 200	17 200				17 200
无形资产	6 000	1 800	7 800				7 800
商誉	2 000	0	2 000				2 000
非流动资产小计	110 000	36 000	146 000				146 000
资产总计	180 000	79 000	259 000	4 800	30 400		233 400
负债合计	94 000	41 000	135 000				135 000
股东权益：							
股本	40 000	20 000	60 000	②20 000			40 000
资本公积	10 000	8 000	18 000	②8 000 ④3 200			6 800
盈余公积	18 000	3 200	21 200	②3 200	④960		18 960
未分配利润	18 000	6 800	24 800	20 100	20 340		25 040
股东权益合计	86 000	38 000	124 000	54 500	21 300		90 800
少数股东权益						②7 600	7 600
负债和股东权益总计	180 000	79 000	259 000	54 500	21 300	7 600	233 400
利润表部分：							
⋮							
投资收益	9 800	200	10 000	③8 400	①4 800		6 400
⋮							
营业利润	49 000	12 600	61 600	8 400	4 800		58 000
净利润	36 000	10 500	46 500	8 400	4 800		42 900
其中：归母公司净利润							40 800
少数股东损益				③2 100			2 100
所有者权益变动表部分：							
期初未分配利润	9 000	2 800	11 800	③2 800	④2 240		11 240
提取盈余公积	7 000	2 000	9 000		③2 000		7 000
分派现金股利	20 000	4 500	24 500		③4 500		20 000
期末未分配利润	18 000	6 800	24 800	②6 800 20 100*	③6 800 20 340**		25 040***

注：*20 100=8 400+2 100+2 800+6 800；**20 340=4 800+2 240+2 000+4 500+6 800；

***25 040=40 800+11 240-7 000-20 000。

【例8-12】 **合并日后/同一控制下/股权抵销与调整（以后各年）**

资料：接例8-11，假设2022年，地坤公司实现净利润12 000万元，提取盈余公积2 400万元，向股东分配现金股利6 000万元；期末股东权益为44 000万元，其中：股本20 000万元，资本公积8 000万元，盈余公积5 600万元，未分配利润10 400万元。

要求：编制天健公司2022年合并报表中有关抵销与调整分录（单位：万元）。

分析：天健公司在2022年合并报表中应编制的与同一控制下地坤公司股权投资有关的抵销与调整分录仍为四笔。

①按权益法调整长期股权投资。

在此笔分录中，母公司长期股权投资的调整金额应该等于合并日至2022年年末子公司股东权益变动的份额9 600万元（（44 000−32 000）×80%），其中2021年已调整的4 800元应继续调整期初未分配利润，调整分录为：

借：长期股权投资	9 600	
贷：期初未分配利润		4 800
投资收益		4 800

上述调整分录后，长期股权投资金额为35 200万元（25 600+9 600）。

②抵销长期股权投资。

在此笔分录中，应确认的少数股东权益为8 800万元（子公司期末股东权益账面价值44 000×20%），会计分录为：

借：股本	20 000	
资本公积	8 000	
盈余公积	5 600	
未分配利润	10 400	
贷：长期股权投资		35 200
少数股东权益		8 800

③抵销投资收益。

在此笔分录中，应抵销的投资收益金额为子公司2022年净利润的份额9 600万元（12 000×80%），亦即母公司从子公司收到的现金股利4 800万元（6 000×80%）与上述①中调整数4 800万元的合计数，会计分录如下：

借：投资收益　（12 000×80%）	9 600	
少数股东损益（12 000×20%）	2 400	
期初未分配利润	6 800	
贷：利润分配——提取盈余公积		2 400
——分派现金股利		6 000
——未分配利润		10 400

④调整子公司合并前留存收益。

借：资本公积	3 200	
贷：盈余公积（1 200×80%）		960
期初未分配利润（2 800×80%）		2 240

本例涉及的合并报表工作底稿略。

（二）合并日后非同一控制下抵销与调整示例

【例 8-13】 **合并日后/非同一控制下/股权抵销与调整（合并当年）**

资料： 接例 8-10，假设 2021 年，地坤公司实现净利润 10 500 万元；提取盈余公积 2 000 万元；向股东分配现金股利 4 500 万元；股利分配后净利润为 6 000 万元；年末股东权益账面价值为 38 000 万元，其中：股本 20 000 万元，资本公积 8 000 万元，盈余公积 3 200 万元，未分配利润 6 800 万元。2021 年年末，地坤公司应收账款减值损失已核销；存货全部对外销售；固定资产按 20 年计提折旧。假设不考虑对所得税的影响。

要求： 编制天健公司 2021 年年末与股权投资相关的抵销与调整分录（单位：万元）。

分析： 在本例中，天健公司与地坤公司的合并属于非同一控制下控股合并，因此，在 2021 年合并日后合并报表中，应编制如下四笔与股权投资有关的抵销与调整分录：

①调整子公司净资产公允价值。

先按购买日子公司净资产公允价值调整：

借：存货	1 100	
固定资产	3 000	
贷：应收账款		100
资本公积		4 000

因存货已销售，因此，应做如下调整：

借：营业成本	1 100	
贷：存货		1 100

在合并报表中应对固定资产补提折旧 150 万元（3 000÷20），会计分录为：

借：管理费用	150	
贷：固定资产——累计折旧		150

因应收账款减值损失已核销，因此，应做如下调整：

借：应收账款	100	
贷：信用减值损失		100

上述分录可以合并编制如下：

借：营业成本	1 100	
固定资产	2 850	
管理费用	150	
贷：信用减值损失		100
资本公积		4 000

这笔调整分录将 2021 年地坤公司损益调减 1 150 万元（1 100+150−100），因此，在合并报表中地坤公司的以下指标都相应调减 1 150 万元：

本年利润（调整后）=10 500−1 150=9 350（万元）

股利后净利润（调整后）=6 000−1 150=4 850（万元）

期末未分配利润（调整后）=6 800−1 150=5 650（万元）

股东权益公允价值（调整后）=（38 000+4 000）−1 150=40 850（万元）

②按权益法调整长期股权投资。

在此笔分录中，母公司长期股权投资的调整金额等于2021年子公司股利后净利润（调整后）的份额3 395万元（4 850×70%），会计分录为：

借：长期股权投资　　3 395

　贷：投资收益　　3 395

此笔调整分录后，长期股权投资金额为32 895万元（29 500+3 395）。

③抵销长期股权投资。

在此笔分录中，应确认的商誉仍为4 300万元，应确认的少数股东权益金额应为12 255万元（子公司期末股东权益公允价值（调整后）40 850万元×30%），会计分录为：

借：股本　　20 000

　　资本公积　　12 000

　　盈余公积　　3 200

　　未分配利润　　5 650

　　商誉　　4 300

　贷：长期股权投资　　32 895

　　　少数股东权益　　12 255

④抵销投资收益。

在此笔分录中，应抵销的投资收益金额等于子公司2021年调整后本年利润的份额6 545万元（9 350×70%），亦即母公司从子公司收到的3 150万元（4 500×70%）与上述②中调整数3 395万元的合计数，抵销分录为：

借：投资收益　（9 350×70%）　　6 545

　　少数股东损益（9 350×30%）　　2 805

　　期初未分配利润　　2 800

　贷：利润分配——提取盈余公积　　2 000

　　　　　　　——分派现金股利　　4 500

　　　　　　　——未分配利润　　5 650

天健公司2021年合并报表工作底稿见表8-12。

表8-12　**天健公司2021年合并报表工作底稿（部分）**　单位：万元

项目	天健公司	地坤公司	合计数	抵销与调整		少数股东权益	合并数
				借方	贷方		
资产部分：							
流动资产小计	70 000	43 000	113 000				113 000
债权投资	9 000	0	9 000				9 000
其他债权投资	14 000	4 000	18 000				18 000
长期股权投资	69 500	0	69 500	②3 395	③32 895		40 000
固定资产	28 000	26 000	54 000	①2 850			56 850
在建工程	13 000	4 200	17 200				17 200
无形资产	6 000	1 800	7 800				7 800

续表

项目	天健公司	地坤公司	合计数	抵销与调整		少数股东权益	合并数
				借方	贷方		
商誉				③4 300			4 300
非流动资产小计	139 500	36 000	175 500	10 545	32 895		175 500
资产总计	209 500	79 000	288 500	10 545	32 895		266 150
负债部分：							
其他应付款（应付股利）	5 000	4 500	9 500				9 500
负债合计	94 000	41 000	135 000				135 000
股东权益部分：							
股本	50 000	20 000	70 000	③20 000			50 000
资本公积	29 500	8 000	37 500	③12 000	①4 000		29 500
盈余公积	18 000	3 200	21 200	③3 200			18 000
未分配利润	18 000	6 800	24 800	19 050	15 645		21 395
股东权益合计	115 500	38 000	153 500	54 250	19 645		118 895
少数股东权益						③12 255	12 255
负债和股东权益总计	209 500	79 000	288 500	54 250	19 645	12 255	266 150
利润表部分：							
⋮							
营业成本	96 000	73 000	169 000	①1 100			170 100
管理费用	6 000	3 900	9 900	①150			10 050
信用减值损失	600	300	900		①100		800
投资收益	9 800	200	10 000	④6 545	②3 395		6 850
⋮							
营业利润	49 000	12 600	61 600	7 795	3 495		57 300
净利润	36 000	10 500	46 500	7 795	3 495		42 200
其中：归母公司净利润							39 395
少数股东损益				④2 805			2 805
所有者权益变动表部分：							
期初未分配利润	9 000	2 800	11 800	④2 800			9 000
提取盈余公积	7 000	2 000	9 000		④2 000		7 000
分派现金股利	20 000	4 500	24 500		④4 500		20 000
期末未分配利润	18 000	6 800	24 800	③5 650 19 050*	④5 650 15 645**		21 395***

注：*19 050 = 7 795+2 805+2 800+5 650；**15 645= 3 495+ 2 000+ 4 500+5 650；

***21 395=39 395+9 000−7 000−20 000。

【例8-14】 合并日后/非同一控制下/股权抵销与调整（以后各年）

资料： 接例8-13。假设2022年，地坤公司实现净利润12 000万元；提取盈余公积2 400万元；向股东分派现金股利6 000万元；期末所有者权益账面价值为44 000万元，其中：股本20 000万元，资本公积8 000万元，盈余公积5 600万元，未分配利润10 400万元。

要求： 编制天健公司2022年年末与股权投资相关的抵销与调整分录（单位：万元）。

分析： 在本例中，天健公司与地坤公司的合并属于非同一控制下控股合并，因此，在2022年合并日后合并报表中，应编制下面四笔与股权投资有关的抵销与调整分录：

①调整子公司净资产公允价值。

2022年是连续编制合并报表的第二年，子公司净资产公允价值的调整金额仍为4 000万元，其中在上年合并报表中调整的损益1 150万元，在本期应调整“期初未分配利润”；固定资产在本期应继续补提折旧150万元，固定资产的增值额应为2 700万元。调整分录如下：

借：期初未分配利润	1 150	
固定资产	2 700	
管理费用	150	
贷：资本公积		4 000

这笔调整分录将2022年地坤公司损益调减150万元，累计损益调减金额为1 300万元（1 150+150），在合并报表中地坤公司的以下指标都相应调减：

本年利润（调整后）=12 000−150=11 850（万元）

股利后净利润（调整后）=6 000−150=5 850（万元）

期末未分配利润（调整后）=10 400−1 150−150=9 100（万元）

股东权益公允价值（调整后）=（44 000+4 000）−1 150−150=46 700（万元）

②按权益法调整长期股权投资。

在此笔分录中，母公司长期股权投资的调整金额应该等于合并日至2022年年末子公司股东权益（调整后）变动的份额7 490万元（（46 700−36 000）×70%），调整分录为：

借：长期股权投资	7 490	
贷：期初未分配利润［上年调整数］		3 395
投资收益		4 095

上述调整分录后，长期股权投资金额为36 990万元（29 500+7 490）。

③抵销长期股权投资。

在此笔分录中，应确认的商誉仍为4 300万元，应确认的少数股东权益金额应为14 010万元（地坤公司股东权益公允价值（调整后）46 700×30%），会计分录为：

借：股本	20 000
资本公积	12 000
盈余公积	5 600
未分配利润	9 100
商誉	4 300

贷：长期股权投资　　36 990

　　少数股东权益　　14 010

④抵销投资收益。

在此笔分录中，抵销的投资收益等于子公司2022年本年利润（调整后）的份额8 295万元（11 850×70%），亦即母公司从子公司收到的股利4 200万元（6 000×70%）与上述②中投资收益调整数4 095万元的合计数，抵销的少数股东损益为3 555万元（11 850×30%），抵销分录如下：

借：投资收益　　8 295

　　少数股东损益　　3 555

　　期初未分配利润　　5 650

　贷：利润分配——提取盈余公积　　2 400

　　　　　　——分派现金股利　　6 000

　　　　　　——未分配利润　　9 100

本例合并报表工作底稿略。

自测题8-2

第三节　内部债权债务的抵销与调整

一、内部债权债务抵销与调整概述

内部债权债务是指集团内部母公司与子公司之间、子公司与子公司之间发生的债权和债务项目，主要包括应收账款与应付账款、预收账款与预付账款、应收票据与应付票据、其他应收款与其他应付款、应付债券与债权投资等。这些项目在集团内部债权方个别报表中表现为资产；在债务方个别报表中表现为负债。在编制合并报表时，依据“一体性”原则，应将这些内部的债权和债务以及内部债权计提的坏账准备全部抵销。

（一）债权债务抵销分录框架

在合并报表工作底稿中抵销债权债务的会计分录框架主要包括：

（1）抵销内部应收账款和应收票据时：

借：应付账款/应付票据

　贷：应收账款/应收票据

（2）抵销内部其他应收款、应收股利和应收利息时：

借：其他应付款

　贷：其他应收款

（3）抵销内部预收账款和预付账款时：

借：预收款项

　贷：预付款项

（4）抵销内部应付债券、债权投资及相关利息时：

①借：应付债券　［内部应付债券摊余成本］
　　财务费用　［借方差额］
　贷：债权投资　［内部债权投资摊余成本］
　　　投资收益　［贷方差额］

②借：投资收益　［内部投资收益和财务费用较低者］
　贷：财务费用

在集团内部发行和认购债券时，如果企业认购债券是在内部企业发行债券的时点，则应付债券和债权投资的摊余成本通常不存在价差，投资方确认的投资收益和发行方确认的财务费用通常也不存在价差；如果内部认购债券是在发行后二级市场认购的（相当于从市场赎回集团内部发行的债券），因市场价格与发行价格之间的差异，很可能导致同一笔债券在集团内部两家公司的摊余成本出现差额，在这种情况下，如果差额在借方，记入“财务费用”科目，如果差额在贷方，则记入“投资收益”科目。另外，在抵销内部债权投资收益和财务费用时，可从低抵销。

【例 8-15】　集团内部债权投资的抵销

资料：甲公司于2020年12月31日因资金周转需要，以7 755万元的价格发行3年期分期付息的A债券。A债券面值为8 000万元，票面年利率为4.5%，实际年利率为5.64%，每年付息一次，到期后按面值偿还，可上市交易。假设2021年12月31日，与甲公司同属于一个集团内的乙公司在二级市场以7 800万元的价格将A债券全部买入，并作为“债权投资”入账。假定甲、乙两家公司使用的实际利率相同，应付债券和债权投资均按摊余成本核算，不考虑相关税费的影响。

要求：编制2021年年末对上述债权投资和应付债券的抵销分录。

分析：在本例中，在2021年集团合并报表中，应将乙公司“债权投资——A债券”与甲公司“应付债券——A债券”予以抵销。在2021年年末，乙公司“债权投资——A债券”的摊余成本为7 800万元，甲公司“应付债券——A债券”的摊余成本为7 832.38万元，计算过程如下：

①A债券的利息费用：7 755×5.64%=437.38（万元）

②A债券应付利息：8 000×4.5%=360（万元）

③A债券利息调整=437.38−360= 77.38（万元）

④“应付债券——A债券”摊余成本=7 755+77.38=7 832.38（万元）

抵销分录为：

借：应付债券——A债券	78 323 800	
贷：债权投资——A债券		78 000 000
投资收益		323 800

（二）内部坏账准备的抵销

如果内部债权在个别报表中计提了坏账准备，在合并报表工作底稿中，应将其与内部债权一并抵销。在合并报表中抵销坏账准备的分录，应该与个别报表中计提坏账准备的分录相反。假如个别报表在当年计提了坏账准备，借记“信用减值损失”科目，贷记“应收账款——坏账准备”科目，则在当年的合并报表中，应编制如下抵销分录：

借：应收账款（坏账准备）　　［期末内部债权计提的坏账准备］

　贷：信用减值损失

在以后各年连续编制合并报表时，针对内部计提的坏账应编制如下抵销分录：

（1）调整上期抵销分录对“期初未分配利润”的影响，会计分录为：

借：应收账款（坏账准备）　　［上年内部债权计提的坏账准备］

　贷：期初未分配利润

（2）对本期个别财务报表补提或冲减的坏账准备予以抵销，会计分录为：

①当个别财务报表当期补提坏账准备时：

借：应收账款（坏账准备）　　［当年个别报表补提的坏账准备］

　贷：信用减值损失

②当个别财务报表当期冲减坏账准备时：

借：信用减值损失

　贷：应收账款（坏账准备）　　［当年个别报表冲减的坏账准备］

在会计实务中，通常可以将以上两步合并编制，分录如下：

借：应收账款（坏账准备）　　［期末内部债权计提的坏账］

　贷：期初未分配利润　　［上年抵销的内部坏账准备］

借（贷）：信用减值损失　　［差额］

二、内部债权债务与坏账准备抵销分录示例

【例8-16】　集团内部债权及坏账的抵销（合并当年）

资料： 假设2021年年初天健公司与地坤公司合并。2021年年末，天健公司因内部交易业务“应收账款——地坤公司”账户的金额为200万元；天健公司对所有应收账款均按5%计提坏账准备，因此，对应收地坤公司的款项计提了10万元的坏账准备。假设不考虑所得税等其他因素的影响。

要求： 编制与2021年集团内部债权债务相关的抵销分录。

分析： 在本例中，天健公司应收集团内地坤公司200万元款项，并计提了坏账准备10万元。在2021年合并报表中应分别予以抵销，会计分录为：

①抵销内部应收与应付款项：

借：应付账款　　2 000 000

　贷：应收账款　　2 000 000

②抵销内部坏账准备：

借：应收账款（坏账准备）　　100 000

　贷：信用减值损失　　100 000

将上述会计分录过入合并报表工作底稿（简表）后的情形见表8-13（其他数据略）。

表 8-13

天健公司合并报表工作底稿（简表）

单位：万元

项目	天健公司	地坤公司	合计数	抵销分录		少数股东权益	合并数
				借方	贷方		
资产负债表项目							
应收账款（地坤）	190			②10	① 200		0
应付账款（天健）		200		① 200			0
利润表项目							
信用减值损失	10				② 10		0
股东权益变动表项目							
期末未分配利润	X		X		10		X+10

【例 8-17】 集团内部债权及坏账的抵销与调整（以后各年）

资料：接例 8-16。2022 年年末，天健公司应收地坤公司款项为 400 万元。天健公司仍按 5% 计提坏账准备。假设地坤公司 2022 年没有发生坏账损失业务，且不考虑所得税等相关因素的影响。

要求：编制与 2022 年集团内部债权债务相关的抵销与调整分录。

分析：2022 年年末，天健公司与地坤公司间内部应收与应付款项为 400 万元；天健公司对该内部应收款计提了坏账准备 20 万元，其中上年计提了 10 万元，当年补提了 10 万元。相关抵销分录如下：

①抵销内部应收与应付款项：

借：应付账款　　4 000 000

　贷：应收账款　　4 000 000

②抵销内部坏账准备：

借：应收账款（坏账准备）　　200 000

　贷：期初未分配利润　　100 000

　　　信用减值损失　　100 000

将上述会计分录过入合并报表工作底稿（简表）后的情形见表 8-14（其他数据略）。

表 8-14

天健公司合并报表工作底稿（局部）

单位：万元

项目	天健公司	地坤公司	合计数	抵销分录		少数股东权益	合并数
				借方	贷方		
资产负债表项目							
应收账款（地坤）	380			②20	①400		0

续表

项目	天健公司	地坤公司	合计数	抵销分录		少数股东权益	合并数
				借方	贷方		
应付账款（天健）		400		①400			0
利润表项目							
信用减值损失	10				②10		0
股东权益变动表项目							
期初未分配利润	X		X		② 10		X+10

自测题 8-3

第四节　内部交易的抵销与调整

在编制合并财务报表时，母公司应基于“一体性”原则，将报告期内集团内部发生的存货交易、固定资产交易和无形资产交易等进行相应的抵销和调整。

一、内部存货交易的抵销与调整

（一）抵销与调整的原则

内部存货交易的抵销分录可区分为顺流交易和逆流交易。顺流交易是指母公司销售商品给子公司；逆流交易是指子公司出售商品给母公司。顺流交易与逆流交易的抵销与调整分录大同小异。

1.顺流交易的抵销与调整

根据现行会计准则（CAS33）的规定：母公司向子公司出售资产所发生的未实现内部交易损益，应当全额抵销“归属母公司所有的净利润”。对于集团内部发生的顺流交易，合并报表中反映的营业成本应为该存货初始进入企业集团时的成本；营业收入应反映该存货最终售出集团外时所取得的收入；期末结存的内部交易存货应反映其内部交易前的成本，不应该包括内部交易未实现的损益。对于顺流交易的抵销与调整，还应区分交易当年和以后各年两种情况。

（1）当年交易存货的抵销。

在交易当年，存货抵销分录有两种情况：第一种情况是当年交易的存货当年全部销售到集团以外；第二种情况是当年交易的存货在当年年末有结存的情形。

①当年交易存货当年全部销售的情形。

对于顺流交易，如果子公司在交易当年将存货全部销售到集团以外，则在合并报表中，因母子公司各自确认了营业收入并结转了营业成本，从而在合并报表中就该存货确认的收入和结转的成本均按内部交易价格进行了重复计量。因此，基于“一体性”原则，应按内部交易价格同时抵销营业收入和营业成本。抵销分录应为：

借：营业收入 [内部交易价格]

　贷：营业成本 [内部交易价格]

②当年交易存货当年年末有结存的情形。

如果当年顺流交易的存货，子公司当年没有全部销售，则对于已经销售的部分，可按上述分录抵销；对于期末结存的部分，在抵销营业收入和营业成本的同时，还应将其中包含的内部交易未实现的利润抵销。此种情形的抵销分录为：

借：营业收入 [内部交易价格]

　贷：营业成本 [内部交易成本]

　　存货 [结存存货内部交易未实现利润]

（2）以后各年连续编表时的抵销与调整。

与交易当年存货的抵销相比，连续编表时内部交易存货的抵销主要在于对期初未分配利润的调整。考虑到在连续编表的报告期内，通常还会有新的存货内部交易，期末内部交易存货可能是上期结存的部分，也可能是当期交易结存的部分，因此，在连续编表时，可以按“三步骤法”来抵销内部交易的存货。

①调整上期抵销的结存存货中包含的未实现利润对期初未分配利润的影响，视同其在本期全部销售，调整分录为：

借：期初未分配利润 [上期结存存货内部交易利润]

　贷：营业成本

②对于本期新发生的内部销售存货，视同其在本期全部销售，抵销分录为：

借：营业收入 [内部交易价格]

　贷：营业成本

③对于期末结存存货中的内部交易未实现利润进行调整，调整分录为：

借：营业成本

　贷：存货 [期末结存存货内部交易未实现利润]

2.逆流交易的抵销

根据现行会计准则（CAS33）的规定：子公司向母公司出售资产中包含的未实现内部交易损益，应当按照母公司与子公司的持股比例在“归属母公司所有的净利润”和“少数股东损益”之间分配。对于逆流交易中期末结存存货未实现内部交易利润不能全额抵销，属于少数股东的利润应反映在少数股东损益和少数股东权益中。因此，对于逆流交易中期末结存存货的抵销有两个步骤：首先，按顺流交易的方法抵销期末存货中的未实现内部交易利润；然后，按少数股东分摊的部分做如下调整：

借：少数股东权益

　贷：少数股东损益

3.存货跌价准备的抵销与调整

如果内部交易存货在个别报表中计提了存货跌价损失，则在合并财务报表工作底稿中，应将从集团角度看并没有发生跌价的减值损失（即内部交易存货可变现净值大于该存货内部交易前在母公司账面成本的差额）转回，会计分录为：

借：存货（跌价准备）［期末可变现净值大于其交易前成本的差额］

　贷：期初未分配利润　［上期抵销的存货跌价准备］

借（贷）：资产减值损失

假如A商品在母公司账面的成本为100万元，母公司以120万元的价格转让给子公司，期末A商品全部结存，可变现净值为110万元。因此，子公司在个别报表中计提了10万元的存货跌价准备。在本例中，由于A商品在内部交易前的价格为100万元，因此，从集团公司合并主体角度看，A商品并未跌价，因此，子公司计提的跌价准备10万元在合并报表中应该予以转回。假如A商品可变现净值低于100万元，则在合并报表中最多只能转回20万元，超过部分应该在合并报表中确认为内部交易存货跌价损失。

（二）内部交易存货的抵销与调整示例

【例8-18】　内部交易存货的抵销与调整（顺流交易）

资料：天健公司持有地坤公司60%的股权。2021年1月，天健公司将其成本为800万元的A商品以1 000万元的价格出售给地坤公司。地坤公司当年对集团外销售了70% A商品，取得收入875万元，结转成本700万元，期末A商品结存300万元（含内部交易未实现利润60万元）。

2022年1月，天健公司又向地坤公司销售了1 000万元A商品，成本也是800万元。2022年年底，地坤公司A商品结存400万元（含内部交易未实现利润80万元），其余900万元全部对外销售，取得销售收入为1 125万元。假设不考虑所得税等其他因素的影响。

要求：编制2021年年末和2022年年末与存货内部交易相关的抵销分录。

分析：

（1）2021年年末，内部交易1 000万元A商品年末有300万元结存，含内部交易未实现利润60万元（（1 000-800）×30%），抵销分录为：

借：营业收入	10 000 000	
贷：营业成本		9 400 000
存货		600 000

（2）2022年，地坤公司又从天健公司采购1 000万元A商品，对外出售900万元，期末结存400万元（内含未实现利润80万元）。就此业务，天健公司可按三步骤法做如下会计处理：

①调整上期结存存货对期初未分配利润的影响，视同其在本期全部销售，会计分录为：

借：期初未分配利润	600 000	
贷：营业成本		600 000

②抵销本期内部交易存货，视同其在本期全部销售，会计分录为：

借：营业收入	10 000 000	
贷：营业成本		10 000 000

③抵销期末结存存货未实现的利润，会计分录为：

借：营业成本	800 000	
贷：存货		800 000

将上述分录过入合并报表工作底稿（简表）后的情形见表8-15（其他数据略）。

表 8-15　　天健公司合并报表工作底稿（简表）　　单位：万元

项目	天健公司	地坤公司	合计数	抵销分录		少数股东权益	合并数
				借方	贷方		
2021 年							
资产负债表项目							
存货		300	300		60		240
利润表项目							
营业收入	1 000	875	1 875	1 000			875
营业成本	800	700	1 500		940		560
营业利润	200	175	375	1 000	940		315
净利润	200	175	375	1 000	940		315
股东权益变动表项目							
期初未分配利润	0	0	0				0
期末未分配利润	200	175	375	1 000	940		315
2022 年							
资产负债表项目							
存货		400	400		③80		320
利润表项目							
营业收入	1 000	1 125	2 125	②1 000			1 125
营业成本	800	900	1 700	③80	①60 ②1 000		720
营业利润	200	225	425	1 080	1 060		405
净利润	200	225	425	1 080	1 060		405
股东权益变动表项目							
期初未分配利润	200	175	375	① 60			315
期末未分配利润	400	400	800	1 140	1 060		720

【例 8-19】　内部交易存货的抵销与调整（逆流交易）

资料：仍以例 8-18 的资料为例，并假设地坤公司为供货方，天健公司为购买方，其他资料都保持不变。

要求：编制 2021 年和 2022 年与 A 商品内部交易相关的抵销分录。

分析：本例内部交易A商品属于逆流交易，在合并报表中的抵销与调整分录与例8-18中的抵销分录大同小异，涉及的抵销与调整分录如下：

（1）在2021年合并报表中的抵销分录为：

①借：营业收入　10 000 000
　贷：营业成本　9 400 000
　　存货　600 000

②借：少数股东权益　240 000
　贷：少数股东损益　240 000

（2）在2022年合并报表中的抵销与调整分录为：

①借：期初未分配利润　600 000
　贷：营业成本　600 000

②借：营业收入　10 000 000
　贷：营业成本　10 000 000

③借：营业成本　800 000
　贷：存货　800 000

④借：少数股东权益　320 000
　贷：少数股东损益　80 000
　　期初未分配利润　240 000

将上述分录过入合并报表工作底稿（简表）后的情形见表8-16（其他数据略）。

表8-16　**天健公司合并报表工作底稿（简表）**　单位：万元

项目	天健公司	地坤公司	合计数	抵销分录		少数股东权益	合并数
				借方	贷方		
2021年							
资产负债表项目							
存货	300		300		①60		240
少数股东权益			X	②24			X-24
利润表项目							
营业收入	875	1 000	1 875	①1 000			875
营业成本	700	800	1 500		①940		560
营业利润	175	200	375	1 000	940		315
净利润	175	200	375	1 000	940		315
其中：归母净利润							339
少数股东损益					②24		（24）
股东权益变动表项目							

续表

项目	天健公司	地坤公司	合计数	抵销分录		少数股东权益	合并数
				借方	贷方		
期初未分配利润			0				0
期末未分配利润	175	200	375	1 000	964		339
2022年							
资产负债表项目							
存货	400		400		③80		320
少数股东权益			X	④32			X-32
利润表项目							
营业收入	1 125	1 000	2 125	②1 000			1 125
营业成本	900	800	1 700	③80	①60 ②1 000		720
营业利润	225	200	425	1 080	1 060		405
净利润	225	200	425	1 080	1 060		405
其中：归母净利润							413
少数股东损益					④8		(8)
股东权益变动表项目							
期初未分配利润	175	200	375	①60	④24		339
期末未分配利润	400	400	800	1 140	1 092		752

【例8-20】 内部交易存货跌价准备的抵销（交易当年）

资料： 假设2021年天健公司向其子公司（地坤公司）销售了1 000万元A商品，成本800万元，A商品在2021年全部结存。2021年年末，地坤公司发现这批A商品的可变现净值已低于成本，并计提了减值准备。本例不考虑所得税等其他因素的影响，并假设：

（1）A商品可变现净值为950万元，地坤公司计提了50万元的存货跌价准备；

（2）A商品可变现净值为800万元，地坤公司计提了200万元的存货跌价准备；

（3）A商品可变现净值为700万元，地坤公司计提了300万元的存货跌价准备。

要求： 编制与2021年内部交易A商品计提跌价准备有关的抵销分录。

分析： 在本例中，内部交易A商品在交易前原账面价值为800万元，在合并报表中，只有可变现净值低于800万元时，A商品才发生减值损失。有关抵销分录如下：

（1）当可变现净值为950万元时，A商品没发生减值，个别报表中计提的50万元减值损失应全额抵销，会计分录为：

借：存货——跌价准备　　500 000
　贷：资产减值损失　　500 000

（2）当可变现净值为800万元时，A商品没发生减值，个别报表中计提的200万元减值损失应全额抵销，会计分录为：

借：存货——跌价准备　　2 000 000
　贷：资产减值损失　　2 000 000

（3）当可变现净值为700万元时，A商品发生100万元的减值损失，个别报表中计提的减值损失应抵销200万元，会计分录为：

借：存货——跌价准备　　2 000 000
　贷：资产减值损失　　2 000 000

【例8-21】 内部交易存货跌价准备的抵销（以后各年）

资料：仍沿用例8-20中的资料，并假设地坤公司在2021年针对A商品计提了50万元的存货跌价准备。2022年，A商品仍未对外销售，期末A商品可变现净值为900万元，地坤公司在个别报表中又计提了50万元存货跌价准备。本例不考虑所得税等其他因素的影响。

要求：编制天健公司2022年与A商品跌价准备有关的抵销分录。

分析：

（1）先调整2021年抵销的跌价准备对期初未分配利润的影响：

借：存货——跌价准备　　500 000
　贷：期初未分配利润　　500 000

（2）全额转回地坤公司2022年在个别报表中补提的50万元A商品减值损失，因2022年末A商品可变现净值为900万元，没发生减值，会计分录为：

借：存货——跌价准备　　500 000
　贷：资产减值损失　　500 000

上述两笔会计分录可合并编制如下：

借：存货——跌价准备　　1 000 000
　贷：资产减值损失　　500 000
　　期初未分配利润　　500 000

二、内部固定资产交易的抵销与调整

（一）抵销与调整概述

在合并财务报表中，对于内部交易的固定资产应按CAS33的要求编制相应的抵销与调整分录，包括对内部交易固定资产原值、累计折旧以及清理报废等业务的抵销和调整，这些抵销与调整分录也区分为交易当年和以后各年两种情况。

1.交易当年的抵销与调整

（1）对当期交易固定资产原值的抵销。

从内部交易固定资产的类型来看，可分为一方转让固定资产、另一方作为固定资产使用，及一方转让产品、另一方作为固定资产使用两种情形；从内部交易固定资产结果来看，可分固定资产的内部交易价格高于交易前原账面价值和固定资产的内部交易价格低于交易前原账面价值两种情况。在合并报表中，对于固定资产原值的调整就是将内部交易固定资产的成本调整为交易前的价格，并抵销内部交易损益。相关的抵销与调整分录如下：

①转让固定资产作为固定资产使用的情形，抵销分录为：

借：资产处置收益

　贷：固定资产——原值

或者

借：固定资产——原值

　贷：资产处置收益

②转让产品作为固定资产使用的情形，抵销分录为：

借：营业收入

　贷：营业成本

　　固定资产——原值

（2）对当期交易固定资产累计折旧的抵销。

在合并报表中，对累计折旧的抵销有两种情况：当资产的内部交易价格高于交易前原账面价值时，个别报表中将基于较高的内部价格多计提折旧；当资产的内部交易价格低于交易前原账面价值时，个别报表中将基于较低的交易价格少计提折旧。由于合并报表中已将固定资产原值调整为交易前原账面价值，因此，不论多计提或少计提折旧，都应该进行调整，使得合并报表中的折旧是基于交易前原账面价值计提的。此类抵销与调整分录为：

①内部交易价格高于交易前原账面价值时，冲减多计提的折旧：

借：固定资产——累计折旧

　贷：管理费用

②内部交易价格低于交易前原账面价值时，补提少计提的折旧：

借：管理费用

　贷：固定资产——累计折旧

（3）对当期交易资产减值准备的抵销。

如果当年交易固定资产计提了资产减值损失，则应基于资产交易前原账面价值判断其是否在合并报表中也发生了减值，对于合并报表中没有发生减值而个别报表中计提减值的部分，应该在合并报表中予以抵销：

借：固定资产——减值准备

　贷：资产减值损失

2.连续编制合并报表时的抵销与调整

在连续编制合并报表时，内部交易固定资产主要涉及对固定资产原值、固定资产累计折旧、固定资产减值准备以及固定资产清理报废的抵销和调整。

（1）连续编表时对固定资产原值的抵销。

在连续编制合并报表时，在内部交易固定资产的有效使用寿命内，每年都需要对固定资产原值中未实现内部交易利润进行抵销或调整，会计分录如下：

借：期初未分配利润

　贷：固定资产——原值

或者

借：固定资产——原值

　贷：期初未分配利润

（2）连续编表时对固定资产累计折旧的抵销。

在连续编制合并报表时，在内部交易固定资产的有效使用寿命内，每年都需要对固定资产累计折旧进行抵销或调整。在合并报表中，对于内部交易固定资产累计折旧多提的情形需要进行抵销，对于累计折旧少提的情形需要进行补提。会计分录如下：

借：固定资产——累计折旧　　　[累计多计提的折旧]

　贷：期初未分配利润　　　　[上期累计多计提的折旧]

　　　管理费用　　　　　　　[本期多计提的折旧]

或者

借：管理费用　　　　　　　　[本期补提的折旧]

　　期初未分配利润　　　　　[上期累计补提的折旧]

　贷：固定资产——累计折旧　[累计补提的折旧]

（3）连续编表时对固定资产减值准备的抵销。

在连续编制合并财务报表时，对于内部交易固定资产计提的减值准备，应编制如下抵销及调整分录：

借：固定资产——减值准备　　[本期应抵销的减值准备]

　贷：期初未分配利润　　　　[上期抵销的减值准备]

借（贷）：资产减值损失　　　[差额]

（4）固定资产清理时的抵销与调整。

由于内部交易固定资产在清理时，相关固定资产原值及累计折旧都已终止确认，因此，抵销与调整分录主要是消除上年抵销与调整分录对期初未分配利润的影响，具体分录可分为期满清理、提前清理和超期清理三种情况。

①期满清理的情形。

固定资产期满报废意味着累计折旧已经提足，即合并报表中固定资产原值和累计折旧的金额相等。假如固定资产在期满时不进行清理，则在合并报表中编制的抵销分录应为（以交易价格大于原值、使用年限为n年为例）：

借：期初未分配利润　　　　　　　　　　　　　　　　A

　贷：固定资产——原值　[原值中包含的内部交易未实现损益]　　A

借：固定资产——累计折旧　[本期累计多计提折旧]　　　A

　贷：期初未分配利润　　[上期累计多计提折旧]　　　　A-B

　　　管理费用　　　　　[第n年多计提的折旧]　　　　　B

通过上面两笔会计分录可以看出，如果固定资产在期满报废，因固定资产（原值）、固定资产（累计折旧）均已出表，则上期与该业务相关的抵销与调整分录对“期初未分配利润”的影响只有第n年的折旧数B，而B正是在报废的会计期间通过“管理费用”多计提的折旧，因此，在期满报废时，只需编制下面会计分录即可：

借：期初未分配利润　B

　贷：管理费用　B

②提前清理的情形。

固定资产提前清理意味着内部交易固定资产累计折旧在没提足之前就处置了，因此，上期与该业务相关的抵销与调整分录对“期初未分配利润”的影响等于报废当期及提前报废期间应计提折旧的合计数，这个金额扣除当期通过“管理费用”计提折旧后的差额，可记入“营业外收入”、“营业外支出”或“资产处置损益”账户。抵销分录为（以交易价格大于原值为例）：

借：期初未分配利润　［报废当期至期满应计提的折旧额］

　贷：营业外收入等　［差额］

　　管理费用　［清理当期计提的折旧］

③超期清理的情形。

在内部交易固定资产超期使用的情况下，如果继续在合并报表中编制抵销分录，则抵销分录应为（假设交易价格大于原值、内部交易未实现利润为A）：

借：期初未分配利润　A

　贷：固定资产——原值　A

借：固定资产——累计折旧　A

　贷：期初未分配利润　A

可见，内部交易固定资产在超期使用的情况下，对合并报表中的固定资产和期初未分配利润已无影响。因此，在超期清理时，无须再编制任何分录。

（二）内部固定资产交易抵销与调整示例

【例8-22】　内部交易固定资产原值与累计折旧的抵销与调整

资料：2021年1月1日，天健公司将账面价值为80万元的A产品以100万元的价格出售给集团内地坤公司，地坤公司将其作为办公设备使用，并从当月开始计提折旧，预计使用年限为5年，预计净残值为零。假设不考虑所得税等其他因素的影响。

要求：编制2021年和2022年与该固定资产内部交易有关的抵销与调整分录。

分析：A设备交易前原值为80万元，地坤公司入账价值为100万元，内部交易未实现利润为20万元；在合并报表中，A设备每年多计提的折旧额为4万元（（100-80）÷5）。据此，各年相关的抵销与调整分录如下：

（1）2021年的有关抵销分录。

①抵销固定资产原值中的内部交易利润。

借：营业收入　1 000 000

　贷：营业成本　800 000

　　固定资产——原值　200 000

②抵销合并报表中多计提的折旧。

借：固定资产——累计折旧　40 000

　贷：管理费用　40 000

（2）2022年的有关抵销分录。

①抵销固定资产原值中的内部交易利润。

借：期初未分配利润　　200 000

　贷：固定资产——原值　　200 000

②抵销合并报表中多计提的折旧。

借：固定资产——累计折旧　　80 000

　贷：期初未分配利润　　40 000

　　管理费用　　40 000

将上述会计分录过入合并报表工作底稿（简表）后对相关要素合并数的影响见表8-17，其他数据略。

表8-17　**天健公司合并报表工作底稿（简表）**　单位：万元

项目	天健公司	地坤公司	合计数	抵销分录		少数股东权益	合并数
				借方	贷方		
2021年							
资产负债表项目							
固定资产（原值）		100	100		①20		80
减：累计折旧		20	20	②4			16
固定资产净值		80	80	4	20		64
利润表项目							
营业收入	100		100	①100			0
营业成本	80		80		① 80		0
管理费用		20	20		②4		16
股东权益变动表项目							
期末未分配利润			X	100	84		X-16
2022年							
资产负债表项目							
固定资产（原值）		100	100		①20		80
减：累计折旧		40	40	②8			32
固定资产净值		60	60	8	20		48
利润表项目							
管理费用		20	20		②4		16
股东权益变动表项目							
期初未分配利润			X	①20	②4		X-16
期末未分配利润			Y	20	8		Y-12

通过表8-17可以看出，在连续编制合并报表时，在合并报表中对A设备原值和累计折旧抵销和调整后，"期末未分配利润"受到的影响以每年4万元的金额在减少，第一年的影响是16万元，第二年的影响是12万元，第三年的影响是8万元，第四年的影响是4万元，第五年的影响是0。这是因为固定资产原值中抵销的20万元内部交易未实现利润，在地坤公司每年通过折旧的方式逐渐变成了已实现利润。

【例8-23】 **处置内部交易固定资产的抵销与调整**

资料：接例8-22，并假设：(1) 2024年年末，地坤公司将A设备以25万元的价格转让给集团外，转让价差计入了资产处置损益；(2) 2025年年末，地坤公司将A设备报废；(3) 2026年年末，地坤公司将A设备报废。假设不考虑所得税等其他因素的影响。

要求：分别编制与A设备处置和报废有关的抵销与调整分录。

分析：

(1) A设备在2024年转让时，相当于提前一年被清理，因此，抵销分录为：

借：期初未分配利润　80 000

　贷：管理费用　40 000

　　资产处置收益　40 000

(2) A设备在2025年被报废时，属于期满报废，因此，抵销分录为：

借：期初未分配利润　40 000

　贷：管理费用　40 000

(3) A设备在2026年被报废时，属于超期报废，因此，无须编制抵销分录。

三、内部无形资产交易的抵销与调整

在合并财务报表中，对于内部交易的无形资产应按CAS33的要求编制相应的抵销与调整分录，包括对内部交易无形资产原值、累计摊销以及终止确认等业务的抵销和调整。

（一）抵销与调整概述

内部交易无形资产的抵销与调整与内部交易固定资产的抵销与调整大同小异，下面也分为交易当年和以后各年两种情况阐述。

1.交易当年的抵销与调整

内部交易无形资产在交易当年主要涉及对无形资产原值和无形资产摊销的抵销。这里以无形资产内部交易价格高于交易前账面价值为例，交易当年有关的抵销分录应为：

(1) 抵销无形资产中包含的内部交易未实现损益：

借：资产处置收益

　贷：无形资产——原值

(2) 抵销无形资产摊销中多摊的内部交易未实现损益：

借：无形资产——累计摊销

　贷：管理费用

如果无形资产的内部交易价格低于其交易前原账面价值，则编制相反的会计分录。另外，对于内部交易无形资产计提减值损失的处理，可比照内部交易固定资产减值抵销的处理方法。

2.连续编制合并报表时的抵销与调整

在连续编制合并报表时，仍以无形资产内部交易价格高于交易前原账面价值为例，相关的抵销与调整分录应为：

（1）抵销无形资产中包含的内部交易未实现损益：

借：期初未分配利润

　贷：无形资产——原值

（2）抵销无形资产摊销中多摊的内部交易未实现损益：

借：无形资产——累计摊销　　［期末累计多摊销的金额］

　贷：期初未分配利润　　［上期抵销的多摊销金额］

　　管理费用　　［本期多摊销的金额］

当无形资产内部交易价格低于其交易前原账面价值时，则编制相反的会计分录。

3.内部交易无形资产减值准备的抵销与调整

如果内部交易无形资产计提了资产减值损失，则应基于交易前无形资产原账面价值判断其是否在合并报表中也发生了减值，对于合并报表中没有发生减值而个别报表中计提减值的部分，应该在合并报表中予以抵销，会计分录为：

借：无形资产——减值准备　　［本期应抵销的减值准备］

　贷：期初未分配利润　　［上期抵销的减值准备］

　　资产减值损失　　［差额］

（二）内部无形资产交易抵销与调整示例

【例8-24】　内部交易无形资产的抵销与调整

资料： 2021年1月1日，天健公司将账面价值为690万元的无形资产以810万元的价格出售给集团内地坤公司。该无形资产预计使用年限为3年，地坤公司从交易当年开始摊销。2023年年末，地坤公司对该无形资产进行了终止确认。假设不考虑所得税等其他因素的影响。

要求： 编制2021年至2023年与该内部交易无形资产有关的抵销分录。

分析： 该内部交易无形资产原值为690万元，内部交易价格为810万元，内部交易利润为120万元；在合并报表中，每年多提的摊销额为40万元（（810−690）÷3）。基于这些资料，各年应该编制的抵销与调整分录如下：

（1）2021年，抵销分录为：

①借：资产处置收益　　1 200 000

　贷：无形资产——原值　　1 200 000

②借：无形资产——累计摊销　　400 000

　贷：管理费用　　400 000

（2）2022年，抵销分录为：

①借：期初未分配利润　　1 200 000

　贷：无形资产——原值　　1 200 000

②借：无形资产——累计摊销　　800 000

　贷：期初未分配利润　　400 000

　　管理费用　　400 000

（3）2023年，抵销分录为：

借：期初未分配利润　　400 000

　贷：管理费用　　400 000

将上述会计分录过入合并报表工作底稿（简表）后对相关要素合并数的影响见表8-18，其他数据略。

表8-18　**天健公司合并报表工作底稿（简表）**　单位：万元

项目	天健公司	地坤公司	合计数	抵销分录		少数股东权益	合并数
				借方	贷方		
2021年							
资产负债表项目							
无形资产原值		810	810		①120		690
减：无形资产累计摊销		270	270	②40			230
无形资产净值		540	540	40	120		460
利润表项目							
管理费用		270	270		②40		230
资产处置收益	120		120	①120			0
股东权益变动表项目							
期末未分配利润			X	120	40		X-80
2022年							
资产负债表项目							
无形资产原值		810	810		①120		690
减：无形资产累计摊销		540	540	②80			460
无形资产净值		270	270	80	120		230
利润表项目							
管理费用		270	270		②40		230
股东权益变动表项目							
期初未分配利润			X	①120	②40		X-80
期末未分配利润			Y	120	80		Y-40
2023年							
利润表项目							
管理费用		270	270		①40		230
股东权益变动表项目							
期初未分配利润			Y	①40			Y-40
期末未分配利润			Z	40	40		Z

通过表8-18可以看出，连续编制合并报表时，在合并报表中对内部交易无形资产和累计摊销抵销和调整后，“期末未分配利润”受到的影响以每年40万元的金额在减少，第一年的影响是80万元，第二年的影响是40万元，第三年的影响是0。这是因为无形资产原值中抵销的120万元内部交易未实现利润，在地坤公司个别报表中每年通过摊销的方式逐渐变成了已实现利润。

自测题8-4

第五节　内部现金流量的抵销与调整

一、内部现金流量抵销与调整的原则

内部现金流量的抵销与调整是在合并现金流量表工作底稿中进行的。合并现金流量表是综合反映集团内母公司及所有子公司在一定期间内的现金流入量、现金流出量及其增减变化情况的财务报表。根据合并报表编制的“一体性”原则，母公司在编制合并现金流量表时，应对集团内部各公司之间发生的现金收付业务予以抵销。

（一）合并现金流量表的编制流程

1.开设合并现金流量表工作底稿。

现金流量表工作底稿见表8-19。

表8-19　合并现金流量表工作底稿（局部）　单位：万元

项目	母公司	子公司	合计数	抵销分录		合并数
				借方	贷方	
一、经营活动现金流量						
⋮						
经营活动现金流入小计						
⋮						
经营活动现金流出小计						
经营活动现金流量净额						
二、投资活动现金流量						
⋮						
投资活动现金流入小计						
⋮						
投资活动现金流出小计						
投资活动现金流量净额						

续表

项目	母公司	子公司	合计数	抵销分录		合并数
				借方	贷方	
三、筹资活动现金流量						
⋮						
筹资活动现金流入小计						
⋮						
筹资活动现金流出小计						
筹资活动现金流量净额						
四、现金流量净增加额						
五、期初现金及现金等价物余额						
六、期末现金及现金等价物余额						

2.将个别财务报表的现金流数据过入合并报表工作底稿中。

将母公司和子公司个别现金流量表的数据过入合并现金流量表工作底稿中，并计算工作底稿中各项现金流量的合计数。

3.编制现金流量抵销分录。

在合并现金流量表工作底稿中，对集团内部发生的现金流入与现金流出，应编制相关的抵销分录予以抵销。合并现金流量表中的抵销分录通常都是抵减现金流项目，因此，合并现金流量项目的合并数通常都小于合计数。

合并现金流量项目抵销分录的规律是：贷方抵销现金流入量，借方抵销现金流出量，抵销分录的框架通常为：

借：××活动现金流量——××活动支出的现金

　贷：××活动现金流量——××活动收到的现金

4.计算现金流量表各项目的合并金额。

合并现金流量表各项目合并数等于合计数减抵销分录中抵销的金额，具体规则为：

（1）现金流入项目：工作底稿中各现金流入项目的合计数减去贷方的抵减金额即为各现金流入项目的合并数。

（2）现金流出项目：工作底稿中各现金流出项目的合计数减去借方的抵减金额即为各现金流出项目的合并数。

5.填列合并财务报表。

根据现金流量表合并报表工作底稿中各项目的合并数，填列正式的合并现金流量表。

（二）现金流量抵销分录的框架

在合并现金流量表工作底稿中涉及的现金流量抵销业务主要包括集团内部发生的经营活动现金流收支、投资活动现金流收支和筹资活动现金流收支之间彼此抵销，常见的抵销分录框架如下：

1.与内部商品交易有关的现金流抵销

此种类型包括以下两种情况：

（1）供货方销售商品，购买方作为存货处理的情况。

这种情况对于销售方和购货方来讲都属于经营活动现金流量。供货方将收到的现金计入现金流量表经营活动项下的"销售商品、提供劳务收到的现金"；购货方将支付的现金计入现金流量表经营活动项下的"购买商品、接受劳务支付的现金"。因此，抵销分录应为：

借：经营活动现金流量——购买商品、接受劳务支付的现金

　　贷：经营活动现金流量——销售商品、提供劳务收到的现金

（2）供货方销售商品，购买方作为固定资产、工程物资等处理的情况。

这种情况对供货方属于经营活动，其收到的现金计入现金流量表中经营活动项下的"销售商品、提供劳务收到的现金"；而对于购买方则属于投资活动，购货支付的现金计入现金流量表中投资活动项下的"购建固定资产、无形资产和其他长期资产支付的现金"。因此，抵销分录应为：

借：投资活动现金流量——购建固定资产、无形资产和其他长期资产支付的现金

　　贷：经营活动现金流量——销售商品、提供劳务收到的现金

2.与结算债权债务有关的现金流抵销

此种情形中的债权债务主要指在商品和劳务交易过程中形成的债权债务，包括应收账款、应付账款、应收票据、应付票据等，这类结算业务对于结算双方来讲都属于经营活动。债权方将收到的现金计入现金流量表中经营活动现金流量的"销售商品、提供劳务收到的现金"；债务方将支付的现金计入现金流量表中经营活动现金流量的"购买商品、接受劳务支付的现金"。因此，抵销分录应为：

借：经营活动现金流量——购买商品、接受劳务支付的现金

　　贷：经营活动现金流量——销售商品、提供劳务收到的现金

3.与内部金融资产投资有关的现金流抵销

此种类型包括以下两种情况：

（1）购买方认购金融资产、发行方发售金融资产的情形。

在这种情况下，发行方发售股票、债券的业务属于筹资活动，其取得的现金应计入筹资活动现金流量中的"吸收投资收到的现金"；购买方认购股权、债权的业务属于投资活动，投资支出的现金应计入投资活动现金流量中的"投资支付的现金"。因此，抵销分录应为：

借：投资活动现金流量——投资支付的现金

　　贷：筹资活动现金流量——吸收投资收到的现金

（2）购买方投资金融资产，转让方出售股权的情形。

在这种情况下，转让方出售股权、债权的业务属于投资的收回，转让收回的现金应计入投资活动现金流量中的"收回投资收到的现金"；购买方认购股权属于投资活动，投资支付的现金应计入投资活动现金流量中的"投资支付的现金"。因此，抵销分录应为：

借：投资活动现金流量——投资支付的现金

　贷：投资活动现金流量——收回投资收到的现金

4.与投资收益有关的现金流抵销

在这种情况下，投资方收到的股利和利息等属于投资活动范畴，取得的现金应计入投资活动现金流量中的“取得投资收益收到的现金”；而筹资方支付的股利和利息属于筹资活动范畴，其支出的现金应计入筹资活动现金流量中的“分配股利、利润或偿付利息支付的现金”。因此，抵销分录应为：

借：筹资活动现金流量——分配股利、利润或偿付利息支付的现金

　贷：投资活动现金流量——取得投资收益收到的现金

5.与处置固定资产等长期资产有关的现金流抵销

在这种情况下，处置固定资产和无形资产等业务属于长期资产投资的收回，处置收到的现金应计入投资活动现金流量中的“处置固定资产、无形资产和其他长期资产收回的现金净额”；购买固定资产和无形资产等长期资产的业务也属于投资活动，购买方支付的现金应计入投资活动现金流量中的“购建固定资产、无形资产和其他长期资产支付的现金”。因此，抵销分录应为：

借：投资活动现金流量——购建固定资产、无形资产和其他长期资产支付的现金

　贷：投资活动现金流量——处置固定资产、无形资产和其他长期资产收回的现金净额

二、内部现金流量抵销与调整示例

【例8-25】　**集团内部现金流量的抵销**

资料： 2021年，集团内天健公司和地坤公司发生了如下与现金流量有关的内部交易：

（1）天健公司收回地坤公司应收账款150万元；

（2）天健公司收到地坤公司支付的现金股利120万元；

（3）天健公司处置一台轿车给地坤公司，售价35万元，款项已如数收到。

要求： 编制2021年年末与上述现金流有关的抵销分录（单位：万元）。

分析： 根据上述资料，应在合并报表工作底稿中编制如下与现金流量有关的抵销业务：

①抵销与内部商品交易有关的现金流：

借：经营活动现金流量——购买商品、接受劳务支付的现金　150

　贷：经营活动现金流量——销售商品、提供劳务收到的现金　150

②抵销与内部股利收付有关的现金流：

借：筹资活动现金流量——分配股利、利润或偿付利息支付的现金　120

　贷：投资活动现金流量——取得投资收益收到的现金　120

③抵销与内部固定资产交易有关的现金流：

借：投资活动现金流量——购建固定资产、无形资产和其他长期资产支付的现金　35

　贷：投资活动现金流量——处置固定资产、无形资产和其他长期资产收回的现金净额　35

将上述会计分录过入合并现金流量表工作底稿（简表）后对相关要素合并数的影响见表8-20，假设表中所有项目现金流合计数均为1 000万元，其他数据略。

表 8-20　　　　合并现金流量表工作底稿（简表）　　　　单位：万元

项目	母公司	子公司	合计数	抵销分录		少数股东权益	合并数
				借方	贷方		
一、经营活动现金流量							
销售商品、提供劳务收到的现金	××	××	1 000		①150		850
⋮							
经营活动现金流入小计							
购买商品、接受劳务支付的现金	××	××	1 000	①150			850
⋮							
经营活动现金流出小计							
经营活动现金流量净额							
二、投资活动现金流量							
⋮							
取得投资收益收到的现金	××	××	1 000		②120		880
处置固定资产、无形资产和其他长期资产收回的现金净额	××	××	1 000		③35		965
⋮							
投资活动现金流入小计							
⋮							
购建固定资产、无形资产和其他长期资产支付的现金	××	××	1 000	③35			965
⋮							
投资活动现金流出小计							
投资活动现金流量净额							
三、筹资活动现金流量							
⋮							
筹资活动现金流入小计							
分配股利、利润或偿付利息支付的现金	××	××	1 000	②120			880
⋮							
筹资活动现金流出小计							
筹资活动现金流量净额							
四、现金流量净增加额							
五、期初现金及现金等价物余额							
六、期末现金及现金等价物余额							

第六节　合并报表中涉及的所得税会计

自测题 8-5

一、合并报表中涉及的所得税会计概述

在编制合并财务报表时，根据合并理论以及合并主体的“一体性”原则，经常涉及对某些资产和负债的价值进行调整，比如非同一控制下企业合并中对子公司净资产按公允价值进行的调整；对内部交易存货、固定资产、无形资产中包含的内部交易损益的抵销与调整；与内部交易债权以及各项资产计提的减值准备有关的抵销与调整等，这些抵销与调整通常会导致合并报表中相关资产和负债计税基础与账面价值的不一致。在合并财务报表中，相关资产和负债的计税基础通常是个别报表中资产和负债的交易价格，而其账面价值则为合并报表中相关资产和负债的合并数。

现行企业会计准则（CAS33）第三十条规定：因抵销未实现内部销售损益导致合并资产负债表中资产、负债的账面价值与其在所属纳税主体的计税基础之间产生暂时性差异的，在合并资产负债表中应当确认递延所得税资产或递延所得税负债。除此之外，对于个别报表中针对内部交易资产计提的减值准备而确认的递延所得税资产，在编制合并财务报表时也应予以抵销。

在合并财务报表中涉及与所得税相关的抵销和调整业务主要包括：

1.与内部交易资产减值有关的所得税会计处理

内部交易资产包括应收账款等金融资产和存货、固定资产等非金融资产，当这些资产在年末个别报表中计提了信用减值损失和资产减值损失时，必然也会在个别报表中相应地确认递延所得税资产。由于在编制合并报表时，对内部应收款及其减值准备都全额抵销，对内部交易存货跌价准备等也会做相应调整，因此，对于个别报表中已确认的递延所得税资产也应相应抵销。

这里以内部应收账款坏账准备为例，对于当期个别报表就内部应收账款计提的信用减值损失以及基于内部应收款坏账准备计算并确认的递延所得税资产，在合并报表中应做如下抵销：

（1）在交易发生当年：

①抵销个别报表中计提的信用减值损失。

借：应收账款（坏账准备）

　贷：信用减值损失

②抵销个别报表确认的递延所得税资产。

借：所得税费用

　贷：递延所得税资产

（2）在交易以后各年：

①抵销个别报表中计提的信用减值损失。

借：应收账款（坏账准备）　　　［本期应抵销的金额］

贷：信用减值损失　　　　　　［差额］
　　期初未分配利润　　　　　［上期抵销的金额］

②抵销个别报表确认的递延所得税资产。

借：期初未分配利润　　　　　［上期抵销的金额］
　贷：递延所得税资产　　　　［本期应抵销的金额］
借（贷）：所得税费用　　　　［差额］

2.与内部存货交易有关的所得税会计处理

集团内部的存货交易与外部存货交易一样，都会赚取一定的毛利，因此，在编制合并报表时，需将期末结存存货包含的内部交易未实现利润抵销，而抵销后该存货在合并报表中的计税基础（内部交易价格）将大于账面价值（合并数），因此，应在合并报表中确认相应的递延所得税资产，会计分录为：

借：递延所得税资产
　贷：所得税费用

在连续编制合并报表时，对于上期确认的递延所得税资产应调整期初未分配利润，本期与上期递延所得税资产的差额应调整所得税费用，会计分录为：

借：递延所得税资产　　　　　［本期确认的递延所得税资产金额］
　贷：期初未分配利润　　　　［上期确认的递延所得税资产金额］
借（贷）：所得税费用　　　　［差额］

3.与内部固定资产交易等有关的所得税会计处理

在编制合并报表时，对于内部交易的固定资产等需按其交易前的账面价值对原值进行调整，抵销或调整资产中内部交易未实现利润后，固定资产和无形资产在合并报表中的计税基础（内部交易价格）可能大于也可能小于原账面价值（合计数）。因此，在合并报表中可能要相应地确认递延所得税资产或递延所得税负债，会计分录如下：

（1）资产账面价值小于计税基础时：

借：递延所得税资产
　贷：所得税费用

（2）资产账面价值大于计税基础时：

借：所得税费用
　贷：递延所得税负债

在连续编制合并报表时，对于上期确认的递延所得税资产或负债在本期应调整期初未分配利润，本期与上期递延所得税资产或负债的差额应调整所得税费用，会计分录如下：

（1）资产账面价值小于计税基础时：

借：递延所得税资产　　　　　［本期确认的递延所得税资产金额］
　贷：期初未分配利润　　　　［上期确认的递延所得税资产金额］
借（贷）：所得税费用　　　　［差额］

（2）资产账面价值大于计税基础时：

借：期初未分配利润　　　　　［上期确认的递延所得税负债金额］
　贷：递延所得税负债　　　　［本期确认的递延所得税负债金额］

借（贷）：所得税费用　　　　　　［差额］

4.与非同一控制下企业合并调整子公司净资产公允价值有关的所得税会计处理

前已述及，在非同一控制下企业合并的合并报表中，子公司净资产应按公允价值列示于合并报表中。因此，在编制合并报表时，应基于购买日子公司净资产公允价值对有关资产和负债进行调整，这些资产和负债按公允价值调整后，可能就会产生可抵扣暂时性差异或应纳税暂时性差异，并应在合并报表中相应地确认递延所得税资产或递延所得税负债。有关会计分录如下：

（1）对可抵扣暂时性差异的会计处理：

借：递延所得税资产　　　　　［可抵扣暂时性差异×所得税税率］

　贷：资本公积

（2）对应纳税暂时性差异的会计处理：

借：资本公积

　贷：递延所得税负债　　　　［应纳税暂时性差异×所得税税率］

二、合并报表中涉及的所得税会计示例

【例8-26】　**对内部债权计提减值损失的所得税会计处理**

资料：天健公司是地坤公司的母公司。在2021年年末，天健公司“应收账款——地坤公司”的金额为200万元，按5%计提了10万元的坏账准备，并按25%的所得税税率确认了递延所得税资产2.5万元。假设不考虑其他因素的影响。

要求：编制与上述内部应收账款有关的抵销分录。

分析：根据上述资料，天健公司在2021年合并报表工作底稿中应编制如下抵销分录：

①抵销内部应收与应付款项：

借：应付账款　　2 000 000

　贷：应收账款　　2 000 000

②抵销个别报表计提的坏账准备：

借：应收账款（坏账准备）　　100 000

　贷：信用减值损失　　100 000

③抵销个别报表确认的递延所得税资产：

借：所得税费用　　25 000

　贷：递延所得税资产　　25 000

【例8-27】　**对子公司净资产增值额的所得税会计处理**

资料：天健公司2021年12月31日收购了集团外地坤公司。购买日地坤公司资产账面价值为4 000万元（其中存货1 000万元；固定资产3 000万元），公允价值为4 400万元（其中存货增值100万元；固定资产增值300万元）。2022年，地坤公司将存货全部销售，销售价格为1 500万元；固定资产按10年计提折旧，预计无残值。假设所得税税率为25%。

要求：在合并报表中按公允价值调整子公司净资产价值，并确认所得税的影响。

分析：

（1）购买日调整子公司净资产公允价值时：

在购买日，地坤公司存货增值100万元，固定资产增值300万元，两者共形成应纳税暂性差异400万元。在购买日合并报表中确认有关资产增值的同时，还应确认递延所得税负债100万元（400×25%），会计分录如下：

借：存货	1 000 000	
固定资产——原值	3 000 000	
贷：资本公积		3 000 000
递延所得税负债		1 000 000

（2）2022年年末调整子公司净资产公允价值时：

在2022年，地坤公司将存货全部销售并结转成本；固定资产在合并报表中应基于购买日增值额补提折旧30万元（300万元增值额÷10年）；固定资产净增值额270万元形成应纳税暂时性差异，在合并报表中应确认递延所得税负债67.5万元（270×25%）。因此，有关的调整分录如下：

①首先，基于购买日增值额调整子公司净资产公允价值：

借：存货	1 000 000	
固定资产——原值	3 000 000	
贷：资本公积		3 000 000
递延所得税负债		1 000 000

②2022年存货已销售，因此，应做如下调整：

借：营业成本	1 000 000	
贷：存货		1 000 000

③2022年固定资产应补提折旧30万元，因此，应做如下调整：

借：管理费用	300 000	
贷：固定资产——累计折旧		300 000

④2022年递延所得税负债为67.5万元，因此，应做如下调整：

借：递延所得税负债	325 000	
贷：所得税费用		325 000

以上会计分录也可以合并编制如下：

⑤借：营业成本	1 000 000	
固定资产——原值	3 000 000	
管理费用	300 000	
贷：固定资产——累计折旧		300 000
资本公积		3 000 000
递延所得税负债		675 000
所得税费用		325 000

将上述两年的会计分录过入合并报表工作底稿，有关项目在合并报表中的合并数见表8-21（其他数据略）。

表 8-21　**天健公司合并报表工作底稿（部分）**　单位：万元

项目	天健公司	地坤公司	合计数	抵销分录		少数股东权益	合并数
				借方	贷方		
2021 年							
资产负债表项目							
存货		1 000	1 000	①100			1 100
固定资产原值		3 000	3 000	① 300			3 300
递延所得税负债					①100		100
股本		4 000	4 000				4 000
资本公积					①300		300
⋮							
2022 年							
资产负债表项目							
存货		0	0				0
固定资产原值		3 000	3 000	⑤300			3 300
减：累计折旧					⑤30		30
固定资产净值		3 000	3 000	300	30		3 270
递延所得税负债					⑤67.5		67.5
股本		4 000	4 000				4 000
资本公积					⑤300		300
利润表项目							
营业收入		1 500	1 500				1 500
营业成本		1 000	1 000	⑤100			1 100
管理费用		300	300	⑤30			330
所得税费用					⑤32.5		（32.5）
⋮							

【例8-28】 对内部交易存货的所得税会计处理

资料：天健公司2021年合并了地坤公司，合并当年天健公司向地坤公司销售了1 000万元A商品，成本800万元。地坤公司当年将A商品对外销售了70%，销售收入840万元，并结转成本560万元。2022年，天健公司又销售1 500万元A商品给地坤公司，成本1 200万元。2022年年末，经盘点确认，内部交易A商品结存350万元，其中包含内部交易利润70万元。

要求：编制与存货内部交易相关的抵销分录，并考虑所得税的影响。

分析：在本例中，2021年年末，存货内部交易未实现利润为60万元（（1 000−800）×30%），抵销内部交易利润后，将在合并报表中产生可抵扣暂时性差异60万元，由此，应在合并报表中确认15万元（60×25%）递延所得税资产；2022年年末，期末存货内部交易未实现利润为70万元，在合并报表中将产生可抵扣暂时性差异70万元，由此，应在合并报表中确认17.5万元（70×25%）递延所得税资产，两期递延所得税资产的差额应为转回的所得税费用，金额为2.5万元。有关的抵销分录如下：

（1）2021年年末的抵销分录。

①抵销当年内部交易的存货时：

借：营业收入	10 000 000	
贷：营业成本		9 400 000
存货		600 000

②确认所得税影响时：

借：递延所得税资产	150 000	
贷：所得税费用		150 000

（2）2022年的抵销分录。

①消除上期抵销分录对期初未分配利润的影响，视同上期剩余存货在本期全部销售：

借：期初未分配利润	600 000	
贷：营业成本		600 000

②抵销本期内部交易存货，视同其在本期全部销售：

借：营业收入	15 000 000	
贷：营业成本		15 000 000

③抵销期末结存存货中的未实现利润：

借：营业成本	700 000	
贷：存货		700 000

④确认期末结存存货对所得税的影响：

借：递延所得税资产	175 000	
贷：期初未分配利润		150 000
所得税费用		25 000

将上述会计分录过入合并报表工作底稿后对相关要素合并数的影响见表8-22，其他要素及数据略。

表 8-22　　天健公司合并报表工作底稿（部分）　　单位：万元

项目	天健公司	地坤公司	合计数	抵销分录		少数股东权益	合并数
				借方	贷方		
2021 年							
资产负债表项目							
存货		300	300		①60		240
递延所得税资产				②15			15
利润表项目							
营业收入	1 000	840	1 840	①1 000			840
营业成本	800	560	1 360		①940		420
所得税费用					②15		（15）
净利润	200	280	480	1 000	955		435
股东权益变动表项目							
期末未分配利润	200	280	480	1 000	955		435
2022 年							
资产负债表项目							
存货		350	350		③70		280
递延所得税资产				④17.5			17.5
利润表项目							
营业收入	1 500	840	2 340	②1 500			840
营业成本	1 200	560	1 760	③70	①60 ②1 500		270
所得税费用					④2.5		（2.5）
营业利润	300	280	580	1 570	1 562.5		572.5
净利润	300	280	580	1 570	1 562.5		572.5
股东权益变动表项目							
期初未分配利润	200	280	480	①60	④15		435
期末未分配利润	500	560	1 060	1 630	1 577.5		1 007.5

自测题8-6

【本章小结】

本章主要阐述了合并财务报表的含义及编制方法，主要内容包括：合并财务报表的含义、特点、编制理念；合并范围的确定；合并报表编制的原则及流程。本章重点阐述了合并报表工作底稿中对内部交易业务的抵销与调整，包括内部股权投资业务，内部债权债务业务，内部存货、固定资产、无形资产交易，以及合并报表中涉及的相关所得税处理。

【学思践悟】

[**目的**] 以社会主义核心价值观为指引，推动会计诚信建设。

[**资料**] 2022年初，证监会官网披露了当年“一号罚单”，山东知名肥料企业金正大（证券简称“ST金正”）因财务报告造假等问题遭到证监会处罚。经查，2015—2018年上半年，金正大及其合并报表范围内的部分子公司通过与其供应商、客户和其他外部单位虚构合同，空转资金，开展无实物流转的虚构贸易业务，累计虚增收入230.73亿元，虚增成本210.84亿元，虚增利润总额19.90亿元。由此，证监会决定对ST金正及其实际控制人等8位相关责任人合计罚款755万元，同时对相关责任人采取市场禁入措施，其中时任董事长万连步被处10年市场禁入。

金正大财务造假涉及多个方面，包括通过虚构贸易业务虚增收入利润、未按规定披露关联方及关联交易、大部分资产和负债科目存在虚假记载。证监会认为，金正大公开披露的《2015年年度报告》《2016年年度报告》《2017年年度报告》《2018年年度报告》《2019年年度报告》《2018年半年度报告》《2019年半年度报告》均存在虚假记载。金正大财务造假案震惊市场，其规模直追康美，而操作复杂性远超康得新。

资料来源：高艳云.领证监会“一号罚单”的金正大造假多疯狂？231亿规模直追康美 操作复杂性远超康得新［EB/OL］.（2022-02-17）. https://baijiahao.baidu.com/s?id=1724975357747630231&wfr=spider&for=pc.

[**问题**] 在编制财务报告过程中，上市公司财务人员应该坚守怎样的职业道德以维护企业的社会信用，推进市场经济发展？要求同学们结合二十大报告精神和财政部于2023年1月12日印发的《会计人员职业道德规范》进行讨论。

【复习思考题】

1.试述合并财务报表的含义、特点及编制理念。

2.试述合并范围的含义及确定方法。

3.试述合并财务报表编制的一般流程。

4.试述少数股东权益的含义及确定方法。

5.试述商誉的含义及确定方法。我国现行会计准则要求商誉应如何计算与披露？

6.同一控制下企业合并中股权类抵销和调整分录有哪些？

7.非同一控制下企业合并中股权类抵销和调整分录有哪些？

8. 内部债权债务及坏账准备应当如何编制抵销分录?
9. 内部存货交易应当如何编制抵销分录?
10. 什么是顺流交易与逆流交易?在编制合并报表时,二者对少数股东损益有何影响?
11. 内部固定资产交易应当如何编制抵销分录?
12. 内部无形资产交易应当如何编制抵销分录?
13. 试述合并现金流量表抵销分录的要点。
14. 合并报表中涉及哪些与所得税相关的抵销或调整分录?

【练习题】

练习一

[目的] 练习同一控制下企业合并的调整与抵销分录。

[资料] 甲公司2021年1月1日以40 000万元的银行存款取得了集团内A公司70%的股权,同时支付合并费用10万元。合并日A公司股东权益账面价值为50 000万元,其中:股本30 000万元,资本公积10 000万元,盈余公积3 600万元,未分配利润6 400万元。

A公司2021年度实现净利润9 600万元,提取盈余公积3 000万元,向股东分配现金股利3 600万元。A公司2022年度实现净利润15 000万元,提取盈余公积3 500万元,向股东分配现金股利5 500万元。

2021年和2022年甲公司和A公司之间发生如下交易和事项:

(1) 2021年6月15日,甲公司将本公司生产的产品出售给A公司,售价为600万元,成本为500万元。A公司将取得的产品作为管理用固定资产,取得时即投入使用,预计使用年限为5年,预计净残值为零,采用年限平均法计提折旧。截至2021年年底,甲公司尚未收到A公司购买产品的价款。甲公司对账龄在1年以内的应收账款(含应收关联方款项)按照账面余额的5%计提坏账准备。

(2) 甲公司2021年向A公司销售产品形成的应收账款于2022年结清。

甲公司和A公司均为增值税一般纳税人,适用的增值税税率是13%,本题不考虑除增值税以外其他相关税费的影响。

[要求]

(1) 编制2021年1月1日甲公司取得A公司70%股权的会计分录。

(2) 编制合并日合并报表与股权投资相关的调整与抵销分录。

(3) 编制2021年年末甲公司合并财务报表中相关的调整与抵销分录。

(4) 编制2022年年末甲公司合并财务报表中相关的调整与抵销分录。

练习二

[目的] 练习非同一控制下企业合并的调整与抵销分录。

[资料] 乙公司2021年1月1日发行了10 000万股股票收购了集团外B公司60%的股权,股票面值为1元/股,市场价格为3.6元/股。购买日B公司股东权益账面价值为55 000万元(其中,股本35 000万元,资本公积16 000万元,盈余公积1 000万元,未分配利润3 000万元),公允价值为58 000万元(其中,存货增值1 200万元,固定资产增值2 000万元,应收账款减值200万元)。

B公司2021年实现净利润（股利分配前）20 000万元，提取盈余公积2 500万元，向股东分配现金股利5 500万元。B公司当年减值的应收账款已经核销；存货全部对外出售；增值的固定资产全部是公司管理用固定资产，预计剩余使用年限为10年。

2022年，B公司实现净利润24 000万元，提取盈余公积3 000万元，向股东分配现金股利6 000万元。

2021年和2022年乙公司和B公司发生如下内部交易：

（1）2021年5月1日，乙公司向B公司销售产品一批，销售价格为2 000万元，产品成本为1 600万元。至2021年12月31日，B公司没有将产品对外出售，全部结存。

（2）2022年，B公司将2021年从乙公司购入的产品对外销售了70%，年末剩余30%的产品结存。

假设不考虑所得税及其他因素的影响。

[要求]

（1）编制2021年1月1日乙公司取得B公司60%股权的会计分录。

（2）编制2021年1月1日乙公司合并B公司财务报表相关的调整与抵销分录。

（3）编制2021年年末乙公司合并B公司财务报表相关的调整与抵销分录。

（4）编制2022年年末乙公司合并B公司财务报表相关的调整与抵销分录。

练习三

[目的] 练习合并报表中涉及所得税的会计处理。

[资料] 丙公司是C公司的母公司。2021年、2022年丙公司和C公司发生以下内部交易：

（1）2021年6月1日，丙公司向C公司销售产品1 000万元，销售成本为700万元，销售毛利率为30%。C公司在本期将该批内部购进商品的60%对集团外销售，销售收入为750万元，销售成本为600万元，销售毛利为20%；剩余40%商品形成C公司期末存货。

（2）2022年5月30日，丙公司再次将成本为840万元的存货以1 200万元的价格销售给C公司，丙公司销售毛利率仍为30%。C公司本期对外销售内部购进商品的销售收入为1 125万元，销售成本为900万元，销售毛利率为20%；剩余商品形成C公司期末存货。

[要求] 在2021年年末和2022年年末合并报表中，编制与存货内部交易相关的抵销分录，并考虑所得税的影响。

引导案例分析要点

第九章

金融工具

【学习目标】

1. 掌握金融工具、金融资产、金融负债和权益工具的概念。
2. 掌握金融负债和权益工具的基本区分方法。
3. 了解金融资产转移的含义、分类及会计处理要点。
4. 了解套期会计的含义、分类及会计处理要点。
5. 通过“学思践悟”课堂讨论了解永续债发行中的社会诚信问题。

【本章结构导图】

- 金融工具
  - 金融工具概述
    - 金融工具的含义及种类
    - 金融资产、金融负债和权益工具含义
    - 金融工具会计的主要内容
  - 金融负债与权益工具区分的方法
  - 金融资产转移的核算
    - 终止确认及会计处理方法
    - 继续确认及会计处理方法
    - 继续涉入及会计处理方法
  - 套期会计
    - 公允价值套期的会计处理方法
    - 现金流量套期的会计处理方法

【引导案例】　关于中国中铁可续期公司债券的分类

中国中铁股份有限公司（601390）在2021年年度报告中披露：公司于2021年11月23日发行了第四期可续期公司债券，实际发行总额为人民币29亿元，扣除承销费等相关交易费用后实际收到现金约人民币28.97亿元。该可续期公司债主要条款包括：（1）公司有按年利率每年派发现金利息的权利，但无偿还本金或支付任何利息的合约义务。（2）在每个付息日，除非发生强制付息事件，公司可自行选择将当期利息以及已经递延的所有利息及其孳息推迟至下一个付息日支付，且不受递延次数的限制。（3）在每个付息日，公司有权按面值加应付利息（包括所有递延支付的利息及其孳息）赎回该可续期公司债券。

资料来源：巨潮资讯网.中国中铁2021年年度报告［EB/OL］.（2022-03-31）.http：//www.cninfo.com.cn/new/disclosure/detail? stockCode=601390&announcementId=1212753500&orgId=9900003904&announcementTime=2022-03-31.

问题：

（1）中国中铁发行的可续期公司债券与普通债券有何区别？

（2）中国中铁发行的可续期公司债券是否应通过“应付债券”科目核算？

通过对本章内容的学习，以上问题将得到解决。

第一节　金融工具概述

一、金融工具的含义及种类

金融工具是金融市场交易的对象，亦称“信用工具”或“交易工具”，是指资金缺乏部门向资金盈余部门借入资金，或发行者向投资者筹措资金时，依一定格式做成的书面文件，是具有法律效力的契约或合同。该合同的形式多种多样，可以采用书面形式，也可以不采用书面形式，实务中的金融工具合同通常采用书面形式。金融工具具有双重性质：对工具的发行者（借款者）来说，它是一种债务或权益；对投资者（贷款者）来说，它是一种资产。

我国《企业会计准则第22号——金融工具确认和计量》（2017）指出：金融工具，是指形成一方的金融资产并形成其他方的金融负债或权益工具的合同。金融工具表现为合同形式，非合同形式形成的资产和负债不属于金融工具，比如应交所得税，它是企业按照税法规定承担的纳税义务，不是合同义务，因此，不符合金融工具的定义。

金融工具有不同的分类，可按其产生的基础、流动性、偿还方式、期限长短等分类。我国现行会计准则按金融工具产生的基础将其分为基本金融工具和衍生金融工具。

（一）基本金融工具

基本金融工具亦称原生金融工具（underlying financial products），是指一切能证明债权、权益和债务关系的具有一定格式的合法书面文件。金融工具是金融市场交易的对象，它是随着信用关系的发展而产生与发展起来的。为了适应日益发达的经济和金融交易需求，让债权或所有权等能在市场上转让和流通，人类社会在信用货币的基础上，产生了票据、股票、债券、债权等基础金融工具。信用货币是一种特殊的金融工具，包括纸币和银行活期存款，能随时转让，不受任何限制，企业可将其看成银行的负债。

基本金融工具是随着金融市场对资金融通的需求而产生的，其交易的主要目的是保证资金在资金市场上的充分融通，因此，其取得或发生通常都伴随着标的资产的流入或流出，其价值也取决于标的物本身的价值。资产负债表中的库存现金、银行存款、应收账款、应收票据、交易性金融资产、债权投资、其他债权投资、其他权益工具投资、长期股权投资等都属于基本金融工具。

（二）衍生金融工具

1.衍生金融工具的含义及特征

衍生金融工具是与基本金融工具相对应的一个概念，是建立在基本金融产品之上，其价格随基本金融工具的价格（或数值）变动而变动的派生金融工具。这里所说的基础产品不仅包括基本金融工具（如债券、股票、银行定期存单等），也包括金融衍生工具，如利率、汇率、各类价格指数、通货膨胀率甚至天气（温度）指数等。

衍生金融工具具有以下特征：

（1）其价值随特定利率、金融工具价格、商品价格、汇率、价格指数、费率指数、信用等级、信用指数或其他变量的变动而变动。衍生工具的价值变动取决于标的变量的变化，例如股票期权的价值取决于股票价值的变化。

（2）不要求初始净投资，或者与对市场因素变化预期有类似反应的其他合同相比，要求较少的初始净投资。企业从事衍生工具交易不要求初始净投资，通常指签订某项衍生工具合同时不需要支付现金。

例如，某企业与其他企业签订一项将来买入债券的远期合同，就不需要在签订合同时支付将来购买债券所需的现金。但是，不要求初始净投资，并不排除企业按照约定的交易惯例或规则相应地缴纳一笔保证金，比如企业进行期货交易时要求缴纳一定的保证金。缴纳保证金不构成企业的一项解除负债的现时支付，因为保证金仅具有“保证”性质。在某些情况下，企业从事衍生工具交易也会遇到要求进行现金支付的情况，但该现金支付只是相对很少的初始净投资。例如，从市场上购入认股权证，就需要先支付一笔款项，但相对于行权时购入相应股份所需支付的款项，此项支付往往是很小的。

（3）在未来某一日期结算。衍生工具在未来某一日期结算，表明衍生工具结算需要经历一段特定期间，远期合同的双方都有义务在未来约定时间执行合同。

2.衍生金融工具的种类

常见的衍生金融工具主要包括远期合同、期货合同、互换合同和期权合同。

（1）金融远期。

金融远期（financial forward）合同是远期合同的一种。远期合同，是指交易双方达成的，在未来某一时间按照确定的价格，以事先确定的方式购买或出售约定数量的某项资产的合同。远期合同中用于交易的资产称为标的资产或基础资产；约定的标的资产交割时间称为到期日；约定的价格称为交割价格。

根据标的资产的不同，远期合同可以分为商品类远期合同和金融类远期合同。金融远期合同是指规定合同双方同意在将来某一特定日期按照事先约定的价格（如汇率、利率或股票价格等），以预先确定的方式买卖约定数量的某种金融工具的合同，主要分为远期外汇合同、远期利率合同和远期股票合同。

（2）金融期货。

金融期货合同，或称金融期货（financial futures），是指在交易所交易的、协议双方约定在将来某个日期按事先确定的条件（包括交割价格、交割地点和交割方式等）买入或卖出一定标准数量的特定金融工具的标准化协议。

与金融远期不同，金融期货是标准化合同，具有较强的流动性，绝大多数合同在到期前被平仓，到期交割的比例很小。由于保证金制度的存在，金融期货具有较强的杠杆效应，相对于金融远期而言，金融期货具有更有效的制度、更活跃的市场和更大的投机性。

（3）金融期权。

期权（options）是一种证券化契约，赋予买方在合同到期日或到期日之前，以执行价格向卖方买入或卖出一定数量的商品及有价证券的权利。它是一种选择权，买方有权利根据市场行情的变化决定是否履行合同。而卖方在买方提出履约要求时，只有义务接受买方的要求，进行出售或购买。

对于期权合同而言，买方为了取得履约选择权必须支付给卖方的费用，称为权利金，又称期权价格或期权费。它是买方获取权利所付出的代价，同时也是卖方可能要履行义务得到的补偿。权利金的价格受市场供求情况及其他经济情况的影响，但不论如何变动，买方可能遭受的最大损失为支付给卖方的权利金。由于买方所承担的风险是有限的，因此，不必缴纳保证金，便可从事期权交易；而卖方因随时有履约的义务，所承担的风险难以预料，因此，必须缴足金融期权保证金，以担保其履约能力。

期权有看涨期权与看跌期权两种。看涨期权（call options）是指在到期日或到期日之前，按照敲定价格，买入事先约定数量商品的权利；看跌期权（put options）是指在到期日或到期日之前，按照敲定价格，卖出事先约定数量商品的权利。敲定价格（strike price）是指期权合同所规定买入或卖出交易商品及有价证券的价格，又称执行价格或行权价格（exercise price）。

期权的买方可在到期日为止前的任何时间内行使权利的期权，称为美式期权；只在到期日才能行使权利的期权，称为欧式期权。

（4）金融互换。

金融互换（swap），是指交易双方按照预先规定的条件就未来交换债务或现金流量的交易所达成的一种协议。金融互换包括：货币互换、利率互换或两者之间结合的互换。货币互换指两种货币之间的交换；利率互换指一方的计息基础是固定利率，而另一方的计息基础是浮动利率；混合互换指以一种货币定值的固定利率现金流量去交换另一种货币定值的浮动利率现金流量。

二、金融资产、金融负债和权益工具的含义

（一）金融资产的含义

现行会计准则（CAS22）指出，金融资产是指企业持有的现金、其他方的权益工具以及符合下列条件之一的资产：

（1）从其他方收取现金或其他金融资产的合同权利。比如应收账款、应收票据、长期应收款、其他应收款、债权投资、其他债权投资等。

（2）在潜在有利条件下，与其他方交换金融资产或金融负债的合同权利。比如企业持有的看涨期权，在期权到期日，如果对企业有利，企业可以选择行权。

（3）将来须用或可用企业自身权益工具进行结算的非衍生工具合同，且企业根据该合

同将收到可变数量的自身权益工具。比如允许借款人以其持有的出借人权益工具偿还债务的借贷合同，对于出借人来讲，就属于这类金融资产。

（4）将来须用或可用企业自身权益工具进行结算的衍生工具合同，但以固定数量的自身权益工具交换固定金额的现金或其他金融资产的衍生工具合同除外。比如企业签出的以自身普通股为标的且期权将以普通股净额结算的看跌期权，就属于这类金融资产。

（二）金融负债的含义

根据现行会计准则（CAS22）的规定，金融负债是指企业符合下列条件之一的负债：

（1）向其他方交付现金或其他金融资产的合同义务。比如应付账款、应付票据、长期应付款、其他应付款、应付债券等。

（2）在潜在不利条件下，与其他方交换金融资产或金融负债的合同义务。比如企业发行的看涨期权，当对手方行权时，企业必须以现金或股票与对手方结算。

（3）将来须用或可用企业自身权益工具进行结算的非衍生工具合同，且企业根据该合同将交付可变数量的自身权益工具。比如允许借款人在合同到期日以其自身权益工具偿还借款的借贷合同，对于借款人来讲，就属于这类金融负债。

（4）将来须用或可用企业自身权益工具进行结算的衍生工具合同，但以固定数量的自身权益工具交换固定金额的现金或其他金融资产的衍生工具合同除外。例如公司发行的以自身普通股为标的且期权将以普通股净额结算的看涨期权，就属于这类金融负债。

（三）权益工具的含义

权益工具是指能证明拥有某个企业在扣除所有负债后的资产中的剩余权益的合同。在同时满足下列条件的情况下，企业应当将发行的金融工具分类为权益工具：

（1）该金融工具不应包括交付现金等金融资产的合同义务，也不存在潜在不利条件下与其他方交换金融资产和金融负债的合同义务。

（2）将来须用或可用企业自身权益工具结算的金融工具。如为非衍生工具，不应包括交付可变数量自身权益工具的金融工具；如为衍生工具，则只包括通过固定数量的自身权益工具交换固定金额的现金或其他金融资产的金融工具。

下面举例说明金融资产、金融负债和权益工具合同。

【例9-1】 **股票期权金融工具的分类**

资料： 2022年1月1日，甲公司与乙公司签订了6个月后结算的期权合同，行权日为2022年6月30日。合同规定：甲公司以每股4元的期权费从乙公司购入6个月后执行价格为115元/股的丙公司股票的看涨期权10 000股。假设签订合同当日，丙公司的股票价格为113元/股。

要求： 判断该期权工具在甲、乙双方的分类。

分析： 在本例中，如果2022年6月30日，丙公司股票价格高于115元/股，则甲公司将行权，因此，甲公司享有在潜在有利条件下以现金与乙公司交换丙公司股票的合同权利，符合金融资产定义的第二种情况，因此，甲公司应将该期权确认为一项金融资产；而乙公司承担着在潜在不利条件下，与甲公司交换丙公司股票的合同义务，符合金融负债定义的第二种情况，因此，乙公司应将该期权确认为一项金融负债。

【例9-2】 **以股票偿还借款金融工具的分类**

资料：A公司与B公司签订一项借款合同，合同规定：2022年1月1日，B公司从A公司借入100万元，期限6个月，到期时B公司将以其持有的A公司股票偿还本息。假设：

（1）B公司偿还股票的数量基于6个月后A公司股票的市价。

（2）B公司偿还A公司的股票数量是固定的。

要求：判断该借款合同在A公司和B公司的分类。

分析：在本例中，A公司与B公司签订的借款合同属于非衍生工具合同。A公司为出借人，B公司为借款人。合同规定，到期后，B公司将以A公司的股票偿还债务。对于B公司而言，因承担着6个月后交付A公司股票的合同义务，因此，应分类为金融负债。对于A公司而言，其分类有以下两种情况：

①如果B公司偿还股票的数量基于A公司股票的市价。

在这种情况下，A公司最终收到的自身普通股的数量将随其股票市价的变动而变动，该合同符合金融资产定义第三条的规定，因此，A公司应将该合同确认为金融资产。

②如果B公司偿还A公司的股票数量是固定的。

如果B公司偿还A公司的股票数量是固定的，在合同到期后，A公司将收到固定数量的自身权益工具，在这种情况下，该合同不符合金融资产的定义，因此，A公司应将其确认为权益工具。

【例9-3】 **按净额结算期权金融工具的分类**

资料：2022年年初，甲公司从乙公司购入一项以甲公司自身股票为标的的看涨期权。该期权合同规定，甲公司在行权日有权以每股100元的价格向乙公司购入其自身股票1 000股，行权日为2022年6月30日，在行权日，甲、乙双方将以甲公司普通股净额结算。

要求：判断该期权在甲公司和乙公司的分类。

分析：在本例中，甲、乙双方签订的期权合同按未来股票净额结算，甲公司在行权时取得的自身股票数量将随其市价的变化而变化，因此，属于衍生工具合同。假设行权日甲公司股票市价为125元，则甲公司赚取25 000元（1 000×（125-100）），并将从乙公司收到200股（25 000÷125）自身股票；假设行权日股票市价为120元，则甲公司赚取20 000元（1 000×（120-100）），并将从乙公司收到167股（20 000÷120）自身股票。可见，该衍生工具合同将使甲公司在行权时收到数量不固定的自身权益工具，符合金融工具定义第四条的规定，因此，甲公司应将该衍生工具合同确认为金融资产。

对于本例中的乙公司而言，因承担着在潜在不利条件下，与甲公司交换金融资产的合同义务，因此，应将该衍生工具合同确认为金融负债。

三、金融工具会计的主要内容

我国现行金融工具准则主要包括《企业会计准则第22号——金融工具确认和计量》（CAS22）、《企业会计准则第23号——金融资产转移》（CAS23）、《企业会计准则第24号——套期会计》（CAS24）和《企业会计准则第37号——金融工具列报》（CAS37）。其中CAS22规范了金融资产与金融负债的确认与计量；CAS23主要规范了金融资产转移的核算；CAS24主要规范了套期保值的核算；CAS37主要规范了金融负债和权益工具区分与列示等内容。因为金融资产与金融负债确认与计量的内容通常在中级财务会计中阐述，因此，本教材主要阐述金融负债与权益工具的区分、金融资产转移的核算和套期会计的核算。

自测题9-1

第二节　金融负债与权益工具的区分

根据现行会计准则（CAS37）的规定，企业在财务报表中披露金融工具时，必须按规定正确判断企业所发行的金融工具是属于金融负债还是权益工具。一般情况下，金融负债和权益工具应该比较容易区分，但近年来，随着永续债和优先股等条款复杂金融工具的出现，金融负债和权益工具的区分变得相对复杂。本节将阐述CAS37关于金融负债和权益工具区分的基本原则及具体方法。

一、区分金融负债与权益工具的基本原则

企业在区分金融负债与权益工具时，应根据金融负债与权益工具的定义来判断。通过上节阐述的金融负债与权益工具的概念，我们知道，从本质上看，金融负债是企业所承担的合同义务，而权益工具是企业对剩余资产拥有的求偿权。因此，区分金融负债与权益工具的核心原则，是判断一项合同是否具有不能避免的合同义务，如果存在合同义务，就属于金融负债；否则，就属于权益工具。

在基于概念区分金融负债与权益工具时，应注意坚持实质重于形式的原则，即企业应当以金融工具合同条款反映的经济实质而非仅以法律形式为依据，正确地判断该金融工具的实质是合同义务还是对剩余资产的求偿权，并以此作为金融工具会计分类的依据。

企业对金融工具经济实质的评估应基于合同的具体条款，而不能仅仅依据金融工具的名称。比如“永续债”，因为有“债”字，就简单地将其分类为金融负债；“优先股”因为有“股”字，就简单地将其分类为权益工具。从实务方面看，永续债和优先股等新兴起的金融工具可能既有权益工具的特征，又有金融负债的特征，因此，企业在判断其会计分类时，必须全面细致地分析此类金融工具的合同条款，以确定其具有“合同义务”的特征还是权益工具“权益”的特征，以判定整个工具应划分为金融负债或权益工具，还是既包括负债成分又包括权益工具成分的复合金融工具。

二、区分金融负债与权益工具的具体方法

按照现行会计准则（CAS37）的规定，对于一项条款复杂的金融工具，可以通过以下两种方法来区分其是属于金融负债还是属于权益工具。

（一）根据“能否无条件避免合同义务”来区分

这种方法可以有效地判断条款复杂的永续债、优先股、可赎回工具等新兴金融工具。企业可以根据金融工具的具体条款，判断其是否能无条件地避免合同义务。如果企

业可以无条件地避免交付现金或其他金融资产合同义务，应分类为权益工具；如果企业不能无条件地避免合同义务，则应将其分类为金融负债。基于此种方法分类的典型情形主要包括：

1.分类为权益工具的情形

（1）无强制付息义务的永续债。

永续债又称无期债券，是非金融企业（发行人）在银行间债券市场注册发行的“无固定期限、内含发行人赎回权”的债券。永续债可能与传统债券一样，具有按期付息特征，支付利息是传统债券不能规避的合同义务，与传统债券拥有同样付息义务的永续债应归类为金融负债，通过“应付债券——永续债”科目核算。

近些年来，在实务中，出现了一种无强制付息义务的永续债，其主要特征包括：①合同不强制付息。这类永续债规定了相应的议事机制，使得发行方能够自主决定是否支付利息。在付息日，永续债发行人有权选择将当期利息递延，推迟至下一个付息日支付，且不受任何递延支付利息次数的限制。②合同无到期日。这类永续债没有到期日或发行方有权无限期地递延到期日，因此，发行方没有强制返还本金的义务。③合同没有回售权。这类永续债发行方没有回购该债券的义务。

根据上述特征可以看出，无强制付息义务的永续债没有交付现金或其他金融资产的合同义务，不具备负债的特征，具有一般权益工具的特征，因此，应分类为权益工具，通过“其他权益工具——永续债”科目核算。

（2）附股利制动机制或股利推动机制的优先股。

优先股是指对公司资产、利润分配等享有优先权的股票。对于传统优先股来讲，其发行方应按规定的利率按期支付股息，企业不能避免股息支付的合同义务，具有负债的特征，因此，根据现行会计准则的规定，传统优先股应该分类为金融负债，通过“应付债券——优先股”科目核算。

近些年来，在实务中，出现了一种股利制动机制或股利推动机制的优先股，其主要特征是：股息不再按期支付，而是与普通股股息支付绑定在一起，采用股利制动机制或股利推动机制的支付方法。股利制动机制是指如果企业不宣派或支付优先股股利，则不能宣派或支付普通股股利；股利推动机制规定企业如果支付普通股股利，则必须支付优先股股利。

从本质上看，如果优先股股利支付与普通股股利支付绑定，则意味着发行人有权利根据企业议事机制自主决定股利的支付，企业没有强制发放优先股股利的合同义务，此类优先股具有一般权益工具的特征，因此，根据现行会计准则的规定，企业应将其分类为权益工具，通过“其他权益工具——优先股”科目核算。

根据现行会计准则的规定，“其他权益工具”科目用于核算企业发行的除普通股以外的归类为权益工具的各种金融工具，该科目可按照发行金融工具的种类，如“永续债”或“优先股”等设置明细科目，列报于资产负债表的所有者权益部分。

2.分类为金融负债的情形

（1）不能无条件避免赎回的金融工具。

需赎回的金融工具是指合同到期时，发行方需要回购该金融工具。如果一项合同使发行方承担了以现金或其他金融资产回购自身权益工具的合同义务，且不可无条件避免，则应分类为金融负债；如果企业通过合同议事机制可以无条件避免需赎回金融工具的合同义务，则应分类为权益工具。

对于需赎回的金融工具，即使发行方的回购义务取决于合同另一方是否行使回售权，也应当在初始确认时将该合同确认为一项金融负债，其金额等于回购所需支付金额的现值，如远期回购价格的现值、期权行权价格的现值或其他回售金额的现值。如果发行方最终无须用现金或其他金融资产赎回该金融工具，则应该在合同对手回购权到期时，再将该金融负债按照账面价值重新分类为权益工具。

（2）强制付息的金融工具。

强制付息是指金融工具发行方必须按合同规定定期支付股利或利息。比如合同要求发行方按期付息的永续债及优先股，因发行方承担了定期支付利息或股息的合同义务，因此，应分类为金融负债，通过“应付债券——永续债”和“应付债券——优先股”科目核算，并列报于资产负债表的负债部分。

下面举例说明金融负债和权益工具的区分。

【例9-4】　**永续债的会计分类**

资料：甲公司发行了一项年利率为8%、无固定还款期限、可自主决定是否支付利息的利息不可累积永续债，其他合同条款如下：（1）该永续债嵌入了一项看涨期权，允许甲公司在发行第5年及之后以面值回购该永续债；（2）如果甲公司在第5年年末没有回购该永续债，则之后的票息率增加至11%；（3）该永续债票息采用“股利推动机制”，在甲公司向其普通股股东支付股利时，必须支付。甲公司根据相应的议事机制能够自主决定普通股股利的支付；该公司发行该永续债之前多年来均支付普通股股利。

要求：判断该金融工具属于金融负债还是权益工具。

分析：根据合同条款的规定，本例中的合同属于非强制付息的永续债，应整体被分类为权益工具，具体理由如下：

（1）尽管甲公司多年来均支付普通股股利，但由于甲公司能够根据相应的议事机制自主决定普通股股利的支付，进而能够自主决定永续债利息的支付。所以，对甲公司而言，该永续债利息不属于强制付息，未形成甲公司支付现金或其他金融资产的合同义务。

视频

金融负债与权益工具分类的进一步思考

（2）尽管甲公司有可能在第5年年末行使回购权，但该回购权是可以避免的，公司可以通过票息递增的方式避免回购，所以，此回购条款不构成合同义务。另外，在票息递增时，虽然合同利率跳升，但该合同也不构成甲公司无法避免的支付义务。

（二）根据“固定换固定”的原则来区分

根据CAS22中关于金融负债和权益工具概念的界定，如果某项金融工具将来须用或可用企业自身权益工具进行结算，不管是非衍生工具还是衍生工具，只要相关结算符合“固定换固定”的原则，就应分类为权益工具；如果相关结算不符合“固定换固定”的原则，则应分类为金融负债。

所谓“固定换固定”是指在未来结算时，企业通过交付固定数量的自身权益工具换取固定金额的对价。从理论上讲，权益工具是指能证明拥有某个企业剩余权益的合同，如果企业将来须以自身权益工具进行结算，且以收取固定对价交付固定数量的权益工具，则证明金融工具持有者在拥有该金融工具时已经开始享有企业资产扣除负债的剩余权益，该金融工具符合权益工具的定义，发行者应将其分类为权益工具。而如果交付的权益工具数量是可变的，或者收到的对价的金额是可变的，则该金融工具的结算将给其他权益工具所代表的剩余权益带来不确定性（通过影响剩余权益总额或者稀释其他权益工具），该金融工具就不符合权益工具的定义，应分类为金融负债。

一般来讲，不符合“固定换固定”的金融工具往往是作为现金等对价的替代品或作为一种交易的支付手段，因此，属于负债的范畴。如果金融工具的订立是为了使持有方作为出资人享有发行企业的剩余权益，则应在签订金融工具合约时，就以“固定换固定”的原则商定，从而赋予金融工具权益工具的特征。

在依据此方法区分金融负债和权益工具时，注意应区分以下两种情况：

（1）基于非衍生工具的合同。

对于非衍生金融工具合同，合同标的金额通常是固定的。因此，如果发行方未来需要用自身权益工具结算，且有义务交付的自身权益工具的数量是变动的，则该非衍生金融工具不符合“固定换固定”的原则，应分类为金融负债；反之，则应分类为权益工具。

（2）基于衍生工具的合同。

对于衍生工具的合同：①如果发行方通过以固定数量的自身权益工具交换另一方固定金额金融资产进行结算，则符合“固定换固定”的原则，应分类为权益工具。②如果发行方以固定数量自身权益工具交换另一方可变金额对价；或者发行方以可变数量自身权益工具交换另一方固定金额对价；或者发行方以可变数量自身权益工具交换可变金额对价，都不符合“固定换固定”的原则，都应当分类为金融负债或金融资产。

运用“固定换固定”原则判断金融工具分类的常见例子有可转换债券、具备转股条款的永续债和优先股等。如果企业发行的金融工具合同条款中包含转换发行方普通股的约定，则该转股权将涉及发行方是否交付可变数量自身权益工具或者是否符合“固定换固定”原则的判断。

下面举例说明依据“固定换固定”原则区分金融负债和权益工具的方法。

【例 9-5】 **以股票偿还固定负债合同的会计分类**

资料： 甲公司与乙公司签订一项金融工具合同。合同约定，甲公司未来需要以自身权益工具偿还所欠乙公司的100万元债务，偿还的权益工具数量取决于到时股票的市价。

要求： 判断甲公司应如何分类该合同。

分析： 在本例中，甲公司需偿还乙公司的负债金额100万元是固定的，但甲公司需交付的自身权益工具的数量随着其权益工具市场价格的变动而变动，因此，该合同属于交付可变数量自身权益工具进行结算的非衍生金融工具合同。根据会计准则的规定，甲公司应将该金融工具划分为金融负债。

【例 9-6】 **以黄金计量股票偿还固定负债合同的会计分类**

资料： 甲公司与乙公司签订一项金融工具合同，合同约定，甲公司未来需要以100盎司黄金等值的自身权益工具偿还所欠乙公司的固定金额债务（以人民币计量）。

要求：判断甲公司应如何分类该合同。

分析：在本例中，甲公司所欠乙公司的负债以人民币计量，是个固定金额，合同规定未来需要用与100盎司黄金等值的自身权益工具来偿还这笔金额固定的债务，因此，在未来偿债时，甲公司首先应确定100盎司黄金的金额，然后再折算成自身权益工具的数量，用以偿还乙公司的债务，在这种情况下，甲公司未来需交付的自身权益工具的数量将随其权益工具市场价格以及黄金价格的变动而变动，因此，该合同属于未来交付可变数量自身权益工具的非衍生金融工具，甲公司应将该金融工具划分为金融负债。

【例9-7】 **可转优先股的会计分类**

资料：甲公司发行了名义金额为人民币200元的优先股，合同条款规定该优先股将在2年后强制转换为普通股，转股价格为转股日前一个工作日的该普通股市价。

要求：判断甲公司应如何分类该合同。

分析：在本例中，优先股的金额是固定的，但其未来可转换的普通股数量将随普通股市场价值的变动而变动，这意味着甲公司将在2年后交付可变数量的自身权益工具以结算该优先股的转换义务，因此，该合同属于交付可变数量自身权益工具进行结算的非衍生工具合同，应该分类为金融负债。

【例9-8】 **不同结算方式下股票期权的会计分类**

资料：甲公司于2021年2月1日向乙公司发行以自身普通股为标的的看涨期权，价格为5 000元，行权日为2022年1月31日。合同规定，在行权日，乙公司可以每股102元的价格从甲公司购入普通股1 000股。甲公司股票市价及相关期权价格见表9-1。

表9-1 **股票市价及期权价格表** 单位：元

项目	2021年2月1日	2021年12月31日	2022年1月31日
股票市价	100	104	104
期权的公允价值	5 000	3 000	2 000

假设该期权：（1）以现金净额结算；（2）以普通股净额结算；（3）以总额结算。

要求：分析不同情况下该期权的分类，并编制与甲公司有关的会计分录。

分析：甲公司期权在不同情况下的分类及相关会计分录如下：

（1）期权以现金净额结算的情形。

在以现金净额结算的情况下，甲公司不能完全避免向乙公司支付现金的义务。如果行权日该期权对乙公司有利，则甲公司将承担支付现金的义务。因此，对于以现金净额结算的期权，甲公司应将其分类为金融负债，通过“衍生工具”科目核算。

“衍生工具”科目核算衍生工具的公允价值及其变动形成的衍生金融资产或衍生金融负债。该科目借方登记衍生工具公允价值的增加额，贷方登记衍生工具公允价值的减少额，期末借方余额反映衍生工具形成的资产价值，贷方余额反映衍生工具形成的负债价值。

甲公司以现金净额结算期权的会计分录如下：

①2021年2月1日，发行看涨期权时：

借：银行存款　　5 000

　贷：衍生工具——看涨期权　　5 000

②2021年12月31日，确认期权公允价值变动时：

借：衍生工具——看涨期权　　2 000

　贷：公允价值变动损益　　2 000

③2022年1月31日，确认期权公允价值变动时：

借：衍生工具——看涨期权　　1 000

　贷：公允价值变动损益　　1 000

同时，按现金净额结算期权：

借：衍生工具——看涨期权　　2 000

　贷：银行存款　　2 000

（2）期权以普通股净额结算的情形。

期权以普通股净额结算是指结算时以普通股代替现金按净额结算，此时，结算支付的普通股公允价值等于应当支付的现金金额。因此，从性质上看，期权以普通净额结算和以现金净额结算一样，都应分类为金融负债。

对于以普通股净额结算的情形，在结算日，甲公司应该支付乙公司价值2 000元的普通股股票，交付的普通股数量约为19.23股（2 000÷104），由于交付的普通股数量须为整数，本例实际应交付19股，余下的金额24元（2 000−19×104）应以现金方式支付。

甲公司以股票净额结算期权的会计分录如下：

①2021年2月1日，发行看涨期权时：

借：银行存款　　5 000

　贷：衍生工具——看涨期权　　5 000

②2021年12月31日，确认期权公允价值变动时：

借：衍生工具——看涨期权　　2 000

　贷：公允价值变动损益　　2 000

③2022年1月31日，确认期权公允价值变动时：

借：衍生工具——看涨期权　　1 000

　贷：公允价值变动损益　　1 000

同时，按股票净额结算期权：

借：衍生工具——看涨期权　　2 000

　贷：股本　　19

　　　资本公积——股本溢价　　1 957

　　　银行存款　　24

（3）期权以普通股总额结算的情形。

在期权以普通股总额结算的情况下，甲公司需交付的普通股数量为1 000股，数量是固定的；收到的对价为102 000元（1 000×102），金额是固定的，因此，此种情形符合“固定换固定”的原则，甲公司应当将该期权划分为权益工具，通过“其他权益工具”科目核算。“其他权益工具”科目以历史成本计量，不确认持有期间的公允价值变动。

甲公司以普通股总额结算期权的会计分录如下：

①2021年2月1日，发行看涨期权时：

借：银行存款　　5 000

　贷：其他权益工具　　5 000

②2022年1月31日，乙公司行权时：

借：库存现金　　102 000

　　其他权益工具　　5 000

　贷：股本　　1 000

　　　资本公积——股本溢价　　106 000

三、金融负债与金融工具区分的其他规定

除前面阐述的关于金融负债和权益工具区分的基本方法外，《企业会计准则第37号——金融工具列报》（CAS37）还规定了应分类为金融负债或权益工具的其他情形金融工具。

（一）属于金融负债的其他情形金融工具

根据CAS37的规定，以下金融工具应分类为金融负债：

1.附或有结算条款的金融工具

附或有结算条款的金融工具，是指合同是通过交付现金或其他金融资产进行结算，还是以其他导致该金融工具成为金融负债的方式进行结算，需要由未来不确定事项（如股价指数、消费价格指数变动，利率或税法变动，发行方未来收入、净收益或债务权益比率等）的发生或不发生来确定的金融工具。

对于附或有结算条款的金融工具，如果发行方不能无条件地避免交付现金、其他金融资产或以其他导致该工具成为金融负债的方式进行结算，应当分类为金融负债。

2.存在结算选择权的衍生工具

对于存在结算选择权的衍生工具，例如合同规定发行方或持有方能选择以现金净额或以发行股份交换现金等方式进行结算的衍生工具，发行方应当将其确认为金融资产或金融负债，但所有可供选择的结算方式均表明该衍生工具应当确认为权益工具的除外。

（二）属于权益工具的其他情形金融工具

根据CAS37的规定，以下符合条件的金融工具应分类为权益工具：

1.符合规定条件的可回售工具

可回售工具，是指根据合同约定，持有方有权将该工具回售给发行方以获取现金或其他金融资产的权利，或者在未来某一不确定事项发生或者持有方死亡或退休时，自动回售给发行方的金融工具。

符合金融负债的定义，但同时具有下列特征的可回售工具，应当分类为权益工具：

（1）赋予持有方在企业清算时按比例份额获得该企业净资产的权利。企业净资产，是指扣除所有优先于该工具对企业资产要求权之后的剩余资产；按比例份额是指清算时将企业的净资产分拆为金额相等的单位，并且将单位金额乘以持有方所持有的单位数量。

（2）该工具所属的类别次于其他所有工具类别，即该工具在清算时对企业资产没有优先于其他工具的要求权。

（3）该类别的所有工具具有相同的可回售特征，并且用于计算回购或赎回价格的方法都相同。

（4）除了发行方应当以现金或其他金融资产回购或赎回该工具的合同义务外，该工具不满足金融负债定义中的其他任何特征。

（5）该工具在存续期内的预计现金流量总额，实质上基于该工具存续期内企业的损益、已确认净资产的变动、已确认和未确认净资产的公允价值变动。

以上特征使得该类可回售工具持有方在企业拥有权益，且为最次级别权益，类似于一般企业的所有者权益，所以，该类可回售工具应分类为权益工具。

【例 9-9】 **可回售工具的会计分类**

资料：甲企业为合伙企业。合伙协议约定：新合伙人加入时按确定的金额和财产份额入伙，合伙人退休或退伙时以其财产份额的公允价值予以退还；合伙企业营运资金均来自合伙人，合伙人入伙期间可按财产份额分得合伙企业的利润，但利润分配由合伙企业自主决定；当合伙企业清算时，合伙人可按财产份额获得合伙企业的净资产。

要求：判断该可回售工具属于金融负债还是权益工具。

分析：在本例中，由于合伙企业在合伙人退休或退伙时有向合伙人交付金融资产的义务，因而该可回售工具（合伙协议）满足金融负债的定义。同时，该可回售工具又具备以下特征：

（1）合伙企业清算时合伙人方可按财产份额获得合伙企业的净资产；

（2）该协议属于合伙企业中最次级类别的工具；

（3）所有合伙人权益具有相同的特征；

（4）合伙企业仅有以现金或其他金融资产回购该工具的合同义务；

（5）合伙人入伙期间可获得的现金流量总额，实质上基于该工具存续期内企业的损益、已确认净资产的变动、已确认和未确认净资产的公允价值变动。

以上特征满足了现行会计准则关于可回售工具分类为权益工具的全部要求，因此，甲企业应将该合伙协议分类为权益工具。

2.符合金融负债定义，但同时具有下列特征的金融工具

（1）赋予持有方只能在企业清算时才能按比例份额获得该企业净资产的权利；

（2）该工具所属的类别次于其他所有工具类别；

（3）在次于其他所有类别的工具类别中，发行方对该类别中所有工具都应当在清算时承担按比例份额交付其净资产的同等合同义务。

以上特征使得这类金融工具持有方在发行方拥有最次级别的权益，类似于一般企业的所有者权益，所以，应将其分类为权益工具。

3.附或有结算条款的金融工具

对于附或有结算条款的金融工具，满足下列条件之一的，应当分类为权益工具：

（1）要求以现金、其他金融资产或以其他导致该工具成为金融负债的方式进行结算的

或有结算条款几乎不具有可能性。

（2）只有在发行方清算时，才需以现金、其他金融资产或以其他导致该工具成为金融负债的方式进行结算。

四、金融负债与权益工具的重分类

如果企业发行的金融工具原合同条款、条件或事项随着时间的推移或经济环境的改变而发生变化，可能会导致已发行金融工具的重分类。例如，如果企业赎回其已发行的全部其他工具后，使原分类为金融负债的可回售工具符合了权益工具的规定条件，那么企业应从其赎回全部其他工具之日起将可回售工具重分类为权益工具；如果原来被分类为权益工具的可回售工具因为更次级的新工具发行，而不再满足分类为权益工具的条件，则企业应在新权益工具的发行日将可回售工具重分类为金融负债。

自测题9-2

从会计处理上看，当原分类为权益工具的金融工具重分类为金融负债时，应以重分类日金融工具公允价值计量金融负债，并将原权益工具账面价值和金融负债公允价值之间的差额确认为权益；当原分类为金融负债的金融工具重分类为权益工具时，应以重分类日金融负债的账面价值计量权益工具。

第三节　金融资产转移的核算

一、金融资产转移概述

（一）金融资产转移的含义

金融资产转移，是指企业（转出方）将金融资产及相关现金流量让与或交付给该金融资产发行方之外的另一方（转入方）。金融资产转移意味着与金融资产相关现金流量的转移，包括金融资产自身及其收益现金流量的转移。例如企业将附息应收票据背书转让，包括应收票据本金和应收票据利息两个层面现金流的转移。金融资产转移两个层面现金流可以一块转移，也可以分开转移，比如企业将一笔贷款利息的现金流量转移了，但没有转移贷款。

从概念上看，金融资产转移与金融资产的终止确认比较相似，但两者在会计处理方法上并不完全相同。从会计角度看，金融资产终止确认只是金融资产转移的一种情形。金融资产的终止确认是企业将表内金融资产移除资产负债表；而金融资产转移的结果可能是将金融资产终止确认，也可能是该项金融资产在表内继续确认，还可能是介于这两者之间的金融资产继续涉入的情形。我国《企业会计准则第23号——金融资产转移》（CAS23）中明确了金融资产转移的情形、判断标准及相关会计处理方法。

（二）金融资产转移的情形及会计处理原则

根据现行会计准则（CAS23）的规定，金融资产转移有三种情形：金融资产转移的终止确认、金融资产转移的继续确认和金融资产转移的继续涉入。不同情形的会计处理方法不同，金融资产转移属于哪种情形主要取决于金融资产转移后相关权利和义务的归属。

如果企业转移金融资产后不再保留任何与被转移金融资产相关的权利或义务，应终止确认被转移的金融资产。金融资产转移终止确认的具体情形有很多，判断一项金融资产转移是否属于终止确认的情形，主要取决于所转移金融资产的风险与报酬是否全部转移，如果能够证明所转移金融资产几乎所有的风险与报酬已经全部转移给转入方，就可以终止确认该项金融资产。

如果企业保留了所转移金融资产所有权上几乎所有的风险和报酬，说明该项金融资产的所有权没有根本上的改变，因此，不能终止确认被转移的金融资产，应当继续在表内确认该项金融资产。

如果企业既没有转移也没有保留金融资产所有权上几乎所有的风险和报酬，比如企业在转移金融资产后保留了与被转移金融资产相关的某些权利或义务，则属于介于上述两种情况之间的继续涉入情形。下面将分别阐述三种情形的会计核算方法。

二、金融资产转移终止确认的核算

根据现行会计准则（CAS23）的规定，金融资产转移终止确认时，应同时满足金融资产转移的条件和金融资产转移终止确认的条件。如何判断金融资产是否转移？如何判断金融资产转移是否应终止确认？如何对金融资产转移终止确认进行会计处理？下面分别述之。

（一）关于金融资产转移的判断

根据现行会计准则的规定，金融资产转移是指企业通过金融资产转让合同将收取金融资产现金流量的权利转给了其他方。具体包括以下两种情形：

（1）企业将收取金融资产现金流量的合同权利转移给其他方。

企业将收取金融资产现金流量的合同权利转移给其他方，通常表现为金融资产的合法出售或者金融资产现金流量权利的合法转移。例如，实务中常见的票据背书转让、商业票据贴现等，均属于这一种金融资产转移的情形。在这种情形下，转出方将收取票据现金流量的权利转移给了转入方，转入方拥有了获取被转移金融资产所有未来现金流量的权利。

（2）企业保留了收取金融资产现金流量的合同权利，但承担了将收取的合同现金流量支付给一个或多个最终收款方的合同义务。

这种金融资产转移的情形通常被称为“过手安排”。在某些金融资产转移交易中，转出方在出售金融资产后，会继续作为收款服务方或收款代理人等收取金融资产的现金流量，然后再转交给转入方或最终收款方。这种金融资产转移情形常见于资产证券化业务。例如，在某些情况下，银行可能负责收取所转移贷款的本金和利息并最终将其支付给收益权持有者。根据现行会计准则的规定，当企业保留了收取金融资产现金流量的合同权利，但承担了将收取的合同现金流量支付给一个或多个最终收款方的合同义务时，当且仅当同时符合以下三个条件时，转出方才能认定其为金融资产转移的情形：

①转出企业只有从该金融资产收到对等的现金流量时，才有义务将其支付给最终收款

方。比如有些资产证券化业务，由于被转移金融资产的实际收款日期与向最终收款方付款的日期不同而导致款项缺口的情况，转出方可能需要提供短期垫付款项。在这种情况下，当且仅当转出方有权全额收回该短期垫付款并按照市场利率就该垫款计收利息时，方能视同满足这一条件，其他情况，不能视为满足这一条件。再比如，在一项资产证券化交易中，按照交易协议，转出方在设立结构化主体时，应向结构化主体提供现金，建立垫款储备，以确保在收款延误时能够向资产证券化产品的持有者按规定付款，且被垫款资金只能通过基础资产后续现金流量收回，但如果出现基础资产后续产生的现金流量不足时，转出方没有收回权，这种情况就不满足这一条件。

②转让合同规定禁止转出企业出售或抵押已转移的金融资产，但企业可以将其作为向最终收款方支付现金流量义务的保证。企业不能出售已转移金融资产，也不能以该项金融资产作为质押品对外进行担保，这意味着转出方不再拥有出售或处置被转移金融资产的权利。但是，由于企业负有向最终收款方支付该项金融资产所产生的现金流量的义务，因此，该项金融资产可以作为企业如期向最终收款方支付现金流量的保证。

③转出企业有义务将代表最终收款方收取的所有现金流量及时划转给最终收款方，且无重大延误（通常不应超过三个月）。转出方无权将代收取的现金流量进行再投资，但是，如果在收款日和最终收款方要求的划转日之间的短暂结算期内，将代为收取的现金流量进行现金或现金等价物投资，并且按照合同约定将此类投资的收益支付给最终收款方，则视同满足本条件，否则，不能视为满足这一条件。例如，如果按照某过手安排，合同条款允许企业将代最终收款方收取的现金流量投资于不满足现金和现金等价物定义的某些理财产品或货币市场基金等产品，则该过手安排不满足本条件，不属于金融资产转移。

企业根据上面原则判断某合同属于金融资产转移后，应继续判断其是否属于金融资产转移的终止确认情形，然后才能按金融资产转移终止确认进行会计处理。

（二）关于金融资产转移终止确认的判断

前已述及，如果金融资产转移转走了与该金融资产所有权相关的几乎所有的风险和报酬，则企业应终止确认该项金融资产。金融资产转移的终止确认包括以下两种情形：

（1）转移了金融资产所有权上几乎所有风险和报酬的情形。

这里所指的“几乎所有风险和报酬”，应当根据金融资产的具体特征做出判断，并考虑各种风险变化，包括利率风险、信用风险、外汇风险、逾期未付风险、提前偿付风险、权益价格风险等。如果金融资产转移后，企业承担的金融资产未来净现金流量现值变动的风险显著不同于转移前的相关风险，表明该企业已经转移了金融资产所有权上几乎所有风险和报酬，应当终止确认该金融资产。此类终止确认的情形包括：

①企业无条件出售金融资产的情形。

这种情形是指企业出售金融资产时，协议约定，在任何时候，包括所出售金融资产的现金流量逾期未收回时，购买方均不能够向企业进行追偿，企业不承担任何已转移金融资产的未来损失。例如，甲银行向乙资产管理公司出售了一组贷款，双方约定，在出售后甲银行不再承担该组贷款的任何风险，该组贷款发生的所有损失均由乙资产管理公司承担，乙资产管理公司不能因该组已出售贷款的任何未来损失向甲银行要求补偿。在这种情况下，可以确定，甲银行已经将该组贷款上几乎所有的风险和报酬转移，应终止确认该组贷款。

②按公允价值回购已出售金融资产的情形。

此种情形是指企业通过与购买方签订协议，按合同价格向购买方出售了一项金融资产，同时合同约定到期日企业再将该金融资产购回，回购价为到期日该金融资产的公允价值。此种情况意味着已出售金融资产未来公允价值变动是由购买方全部承担，因此，可以认定，企业已经转移了该项金融资产所有权上几乎所有的风险和报酬，应当终止确认该金融资产。例如，甲公司将其持有的A股票转让给乙公司，合同约定，甲公司将在半年后将按照A股票市价回购该股票。在这种情况下，甲公司实质上已经将A股票的所有价值变动风险和报酬转让给了乙公司，甲公司已经转移了该项金融资产所有权上几乎所有的风险和报酬，因此，应当终止确认其转让的A股票。

③附深度价外期权的金融资产出售。

此种情形是指企业在出售金融资产的同时，与转入方签订了看跌或看涨期权合约，且该看跌或看涨期权为深度价外期权（即到期日很难行权），此时可以认定企业已经转移了该项金融资产所有权上几乎所有的风险和报酬，应当终止确认该金融资产。例如，2021年初，甲公司将其持有的面值为100万元的国债转让给了丙公司，同时向丙公司签发了看跌期权，约定在出售后的半年内，丙公司可以60万元价格将国债回售甲公司。由于国债信用等级高、预计未来市场利率比较稳定，甲公司分析认为该看跌期权属于深度价外期权，丙公司半年后不可能行权。因此，甲公司应终止确认被转让的国债。

（2）既没有转移也没有保留金融资产所有权上几乎所有的风险和报酬，但放弃了资产控制权的情形。

当企业既没有转移也没有保留金融资产所有权上几乎所有的风险和报酬，应继续判断企业是否保留着对转移资产的控制权。如果企业保留着对转移资产的控制权，则不能终止确认；如果失去了控制权，则应当终止确认。

企业在判断是否保留了对被转移金融资产的控制权时，应主要关注转入方出售被转移金融资产的实际能力。如果转入方有实际能力单方面决定将转入的金融资产整体出售给与其不相关的第三方，且没有额外条件对此项出售加以限制，则表明转出企业对被转移金融资产已失去控制权；除此之外的情况，都应视为转出企业保留了对转移金融资产的控制。例如，甲公司将B股票转让给了乙公司，双方同时签订了回购B股票的期权，由此，导致甲公司既没有转移也没有保留B股票所有权上几乎所有的风险和报酬。已知B股票存在活跃市场，且合同没有对乙公司出售B股票进行限制，这意味着乙公司可以自行决定在证券市场上出售B股票，乙公司有出售被转移金融资产B股票的实际能力，因此，甲公司应终止确认B股票。

（三）金融资产转移终止确认的会计处理

1.整体转移金融资产终止确认的会计处理

在多数情况下，金融资产转移应该属于整体转移。在整体转移金融资产进行终止确认时，企业应将转移金融资产收到的对价与被转移金融资产的账面价值的差额计入当期损益，同时将其他债权投资类原直接计入其他综合收益的公允价值累计变动额计入当期损益；将其他股权投资原直接计入其他综合收益的公允价值累计变动额计入留存收益。

整体转移金融资产终止确认时的有关计算公式如下：

（1）金融资产整体转移形成的损益 = 转移收到的对价 − 所转移金融资产账面价值 ± 原计入其他综合收益的公允价值累计变动

（2）转移收到的对价 = 转移收到的价款 + 转移中新获得金融资产的公允价值 + 转移中新获得服务资产的公允价值 − 转移中新承担金融负债的公允价值 − 转移中新承担服务负债的公允价值

【例 9-10】　银行贷款终止确认的会计处理

资料：2021 年 1 月 1 日，甲银行与乙资产管理公司签订协议，甲银行将 100 笔贷款打包出售给乙资产管理公司。该组贷款总金额为 8 000 万元人民币，原已计提减值准备 1 200 万元人民币，账面净值 6 800 万元，双方协议转让价为 6 000 万元人民币，转让后甲银行不再保留任何权利和义务。甲银行已收到该批贷款转让款。

要求：编制与该贷款转让相关的会计分录。

分析：在本例中，甲银行将其 100 笔贷款现金流量权利打包转让给了乙资产管理公司，转让后不再保留任何权利和义务，这批贷款所有权上的风险和报酬全部转移给乙资产管理公司，因此，甲银行应当终止确认该组贷款。

商业银行的存款一般通过“存放中央银行款项”“存放同业款项”等科目核算。“存放中央银行款项”科目核算银行存放于中国人民银行的各种款项；“存放同业款项”是指商业银行存放在其他银行和非银行金融机构的存款。商业银行的贷款业务主要通过“贷款”“贷款损失准备”“贷款处理损益”等科目核算。“贷款”科目属于资产类科目，核算商业银行按规定发放的各种客户贷款，包括质押贷款、抵押贷款、保证贷款、信用贷款等；“贷款损失准备”科目是贷款的备抵科目，核算商业银行贷款计提的减值准备；“贷款处理损益”科目核算商业银行在处置贷款时发生的损益。

在本例中，基于上述分析应编制如下会计分录：

借：存放中央银行款项	60 000 000	
贷款损失准备	12 000 000	
贷款处理损益	8 000 000	
贷：贷款		80 000 000

【例 9-11】　其他债权投资终止确认的会计处理

资料：2021 年 1 月 1 日，甲公司将持有的乙公司债券出售给丙公司，转让价 311 万元，转让后甲公司不再保留任何与乙公司债券相关的权利和义务。该债券于 2020 年 1 月 1 日发行，面值 300 万元，甲公司将其分类为以公允价值计量且其变动计入其他综合收益的金融资产。2020 年 12 月 31 日该债券公允价值为 310 万元人民币。

要求：编制与该债券转让相关的会计分录。

分析：在本例中，甲公司将乙公司债券转移给丙公司，转让后不再保留任何权利和义务，该债券所有权上的风险和报酬全部转移给丙公司，因此，甲公司应当终止确认该金融资产，会计分录如下：

（1）2020年1月1日购买乙公司债券时：

借：其他债权投资——面值　　3 000 000

　贷：银行存款　　3 000 000

（2）2020年12月31日确认其他债权投资公允价值变动时：

借：其他债权投资——公允价值变动　　100 000

　贷：其他综合收益——其他债权投资公允价值变动　　100 000

（3）2021年1月1日，出售乙公司债券时：

借：银行存款　　3 110 000

　贷：其他债权投资——成本　　3 000 000

　　　　　　　　——公允价值变动　　100 000

　　投资收益　　10 000

借：其他综合收益——其他债权投资公允价值变动　　100 000

　贷：投资收益　　100 000

企业在金融资产转移中，可能会获得新的金融资产或承担新的金融负债等。常见的新金融资产或新金融负债通常包括看涨期权、看跌期权、担保负债、远期合同、互换等。这些新获得的金融资产或新承担的金融负债在转移日应按公允价值计量。

【例9-12】　附深度价外期权债券转让的会计处理

资料：沿用例9-11的资料，甲公司将债券出售给丙公司时，同时签订了一项看涨期权合约，该期权公允价值为1万元，行权日为2021年12月31日，行权价为400万元，假定该看涨期权为深度价外期权。

要求：编制甲公司转让乙公司债券的会计分录。

分析：在本例中，甲公司持有的看涨期权属于深度价外期权，这意味着甲公司在行权日几乎不可能行权。因此，在转移日，可以判断，甲公司将乙公司债券所有权上的几乎所有风险和报酬都转移给了丙公司，甲公司应当终止确认该债券，会计分录如下：

借：银行存款　　3 110 000

　　衍生工具　　10 000

　贷：其他债权投资——成本　　3 000 000

　　　　　　　　——公允价值变动　　100 000

　　投资收益　　20 000

借：其他综合收益——公允价值变动　　100 000

　贷：投资收益　　100 000

【例9-13】　其他权益工具投资终止确认的会计处理

资料：2020年初，甲公司以300万元的价格购入A公司股票30万股，将其指定为以公允价值计量且其变动计入其他综合收益的金融资产。2020年12月31日，A公司股票公允价值为350万元。2021年3月，甲公司以370万元的价格将A公司股票全部转让，转让后甲公司没有保留任何与A公司股票相关的权利和义务。假设甲公司按10%计提盈余公积。

要求：编制甲公司转让A公司股票的会计分录。

分析：在本例中，甲公司转让A公司股票后，没有保留与该股票相关的权利和义务，即该股票所有权上的风险和报酬已全部转移，因此，甲公司应当终止确认A公司股票，会计分录如下：

（1）2020年初购买A公司股票时：

借：其他权益工具投资——成本	3 000 000	
贷：银行存款		3 000 000

（2）2020年12月31日，确认A公司股票公允价值变动时：

借：其他权益工具投资——公允价值变动	500 000	
贷：其他综合收益——其他权益工具投资公允价值变动		500 000

（3）2021年3月出售A公司股票时：

借：银行存款	3 700 000	
贷：其他权益工具投资——成本		3 000 000
——其他权益工具投资公允价值变动		500 000
投资收益		200 000
借：其他综合收益——公允价值变动	500 000	
贷：盈余公积		50 000
利润分配——未分配利润		450 000

企业在转移贷款及应收款项等金融资产时，有时会对被转移的金融资产继续提供管理服务，这时可能会形成新的服务资产或服务负债。例如，商业银行将信贷资产转移给信托机构进行资产证券化时，常常与对方签订服务合同，担任贷款服务机构。作为贷款服务商，该商业银行可能收取一定的服务费并发生一定的成本。如果商业银行所转移的信贷资产符合终止确认条件，但保留了向该金融资产提供收费服务的权利，则商业银行应当就该服务确认一项服务资产；如果企业将收取的费用预计不能充分补偿企业所提供的服务，则应当按公允价值确认一项服务负债。

2.部分转移金融资产终止确认的会计处理

根据现行会计准则的规定，满足下列条件之一时，属于部分金融资产转移：

（1）转移的金融资产仅包括金融资产所产生的特定可辨认现金流量。

特定可辨认现金流量是指金融资产合同中一部分可明确辨认的现金流量，比如一项贷款合同中的利息。贷款利息是贷款合同中特定可辨认的部分现金流量，它可以单独转让。如果企业仅将一项贷款中的利息转移给了其他方，就属于部分转移金融资产的情形，企业应终止确认该贷款利息的现金流量。

（2）转移的金融资产仅包括该金融资产所产生的特定现金流量的固定比例。

这种情形是上述情形的延伸，是指转移金融资产合同中特定可辨认现金流量一个固定比例的情形。比如企业将一项贷款利息90%转移给其他方，就属于这种部分转移金融资产的情况，在这种情况下，企业应终止确认该贷款利息现金流量的90%。

（3）转移的金融资产仅包括与该金融资产所产生全部现金流量的固定比例。

这种情况属于转移金融资产合同现金流量的一个固定比例，但转移的是金融资产合同整体现金流量的固定比例，而不是特定现金流量的固定比例。如企业就一项贷款合同与转入方签订转让合同，合同规定转入方拥有获得该贷款全部现金流量（含本金与利息）90%的权利，这种情况就是此种部分转移金融资产的情况，企业应终止确认该贷款合同全部现金流量的90%。

企业在部分转移金融资产时，应当将转移前金融资产整体的账面价值，在终止确认部分和继续确认部分之间，按照转移日各自公允价值的比例进行分摊，并将终止确认部分收到的对价与终止确认部分账面价值之间的差额计入当期损益；同时将债权类投资原计入其他综合收益的公允价值变动累计额终止确认部分计入当期损益；将其他股权投资原计入其他综合收益的公允价值变动累计额终止确认部分计入留存收益。

三、金融资产转移继续确认的核算

（一）金融资产转移继续确认的主要情形

对于已转移的金融资产，如果企业保留了该金融资产所有权上几乎所有的风险和报酬，表明所转移的金融资产不满足终止确认条件，应当继续在表内确认。金融资产转移继续确认的主要情形有：

1.按固定价格回购的卖出回购证券

按固定价格回购的卖出回购证券是指企业在转让证券的同时，与转入方签订未来将按固定价格或按本金加利息的价格回购该证券的业务。对于此类卖出回购证券业务，与转让证券所有权相关的风险和报酬没有发生转移，仍然保留在转让企业，因此，转让方应当继续在账面上确认该卖出回购证券。

2.企业融出或出借证券

企业融出或出借证券是指证券公司将自身持有的证券借给客户，合同约定借出期限和出借费率，到期客户需归还相同数量的同种证券，并向证券公司支付出借费用。证券公司融出或出借的证券，其风险并没有发生转移，因此，证券公司应继续确认。

3.附总回报互换的金融资产销售

如果企业在出售金融资产的同时，与转入方就该金融资产的总收益签订了互换协议，意味着将该金融资产市场风险敞口转回给了本企业，即出售企业实际上保留了该金融资产所有权上几乎所有的风险和报酬，因此，应当继续确认所出售的金融资产。

4.企业全额补偿出售的信贷资产可能给转入方带来的信用损失

如果企业将应收账款或信贷资产整体出售，同时做出承诺，当已转移的金融资产将来发生信用损失时，由转出企业进行全额补偿。在这种情况下，企业实际上保留了该金融资产所有权上几乎所有的风险和报酬，因此，应当继续确认所出售的金融资产。

5.附深度价内期权的金融资产出售

如果企业出售某金融资产，同时持有深度价内的看涨期权，或签出深度价内的看跌期权，意味着该期权到期时基本能够行权，这将导致转移的金融资产回售给本企业。在这两种情况下，企业实际上保留了该项金融资产所有权上几乎所有的风险和报酬，因此，应当继续确认该金融资产。

6.采用附追索权方式出售的金融资产

企业在出售金融资产时，如果根据与购买方之间的协议约定，在所出售金融资产的现金流量无法收回时，购买方可以向出售企业进行追偿。此时，与转移金融资产所有权相关的几乎所有风险和报酬留在了出售方，因此，出售企业应当继续确认该金融资产。

（二）金融资产转移继续确认的会计处理

对于继续确认的已转移金融资产，因资产转移而收到的对价，应当在收到时确认为一项金融负债。需要注意的是，该金融负债与被转移金融资产应当分别确认和计量，不得相互抵销，在后续会计期间，金融资产和金融负债应分别进行后续确认与计量。

【例9-14】 卖出回购债券继续确认的会计处理

资料：2021年4月1日，甲公司将其持有的一笔国债出售给丙公司，售价为20万元。同时，甲公司与丙公司签订了一项回购协议，3个月后由甲公司将该笔国债购回，回购价为21万元，其中1万元是持有期间的利息费用。2021年7月1日，甲公司将该笔国债购回。假设不考虑其他因素的影响。

要求：编制与该证券回购业务有关的会计分录。

分析：在本例中，甲公司出售的国债在3个月后将按固定价格购回，此业务属于按固定价格回购的卖出回购证券业务，甲公司保留了该笔国债几乎所有的风险和报酬，因此，应按金融资产转移的继续确认处理，会计分录如下：

（1）2021年4月1日，甲公司出售国债时：

借：银行存款 200 000

　贷：卖出回购金融资产款 200 000

（2）2021年6月30日，确认利息费用时：

借：利息支出 10 000

　贷：卖出回购金融资产款 10 000

（3）2021年7月1日，甲公司回购债券时：

借：卖出回购金融资产款 210 000

　贷：银行存款 210 000

四、金融资产转移继续涉入的核算

（一）金融资产转移继续涉入的主要情形

金融资产转移的继续涉入是介于金融资产转移终止确认和继续确认之间的一种情形。前已述及，如果与转移金融资产所有权相关的风险和报酬几乎全部转移，企业应终止确认该金融资产；如果与转移金融资产所有权相关的风险和报酬几乎全部保留，企业应继续确认该金融资产；如果企业既没有转移也没有保留金融资产所有权上几乎所有的风险和报酬，企业应继续判断其是否还保留着控制权，如果放弃了控制权，则终止确认，如果保留着控制权，则属于继续涉入的情形。

金融资产转移继续涉入主要有以下两种情况：

1.采用保留次级权益或提供信用担保等方式进行信用增级的金融资产转移

企业对转移的金融资产保留次级权益或提供信用担保通常是为了增加转移金融资产的信用等级，从而增加金融资产的可销售性。次级权益（subordinated interest）是指在信托分配中位于次要地位的权益，是次于优先权益的一种权益。企业在转移金融资产的同时，如果保留了次级权益，意味着企业与转入方一样承担着转移金融资产未来现金流量的风险，而且对于金融资产未来现金流量的风险，企业要先行承担。

企业在转让金融资产时，如果通过保留次级权益或提供信用担保等方式进行了信用增级，意味着企业既没有转移也没有保留金融资产所有权上几乎所有的风险和报酬，但保留了金融资产的控制权，因此，应作为继续涉入的情形来处理。

2.附既非重大价内也非重大价外期权且保留了对金融资产控制权的金融资产转移

重大价内期权意味着期权持有方在行权日基本能够行权；重大价外期权意味着期权持有方在行权日几乎不可能行权；既非重大价内也非重大价外的期权，在行权日的两种可能性都存在，因此，附有既非重大价内也非重大价外的期权属于企业既没有转移也没有保留所有权上几乎所有风险和报酬的情形。对于这种情形，如果企业保留了对被转移金融资产的控制权，则应按照金融资产转移的继续涉入处理。

通过前面的阐述，可以看到，金融资产转移情形的判断层次较多，不同情形包括的金融资产转移示例也比较多，为便于学习，现将金融资产转移判断的流程和各种情形金融资产转移的示例归纳如图9-1和表9-2所示。

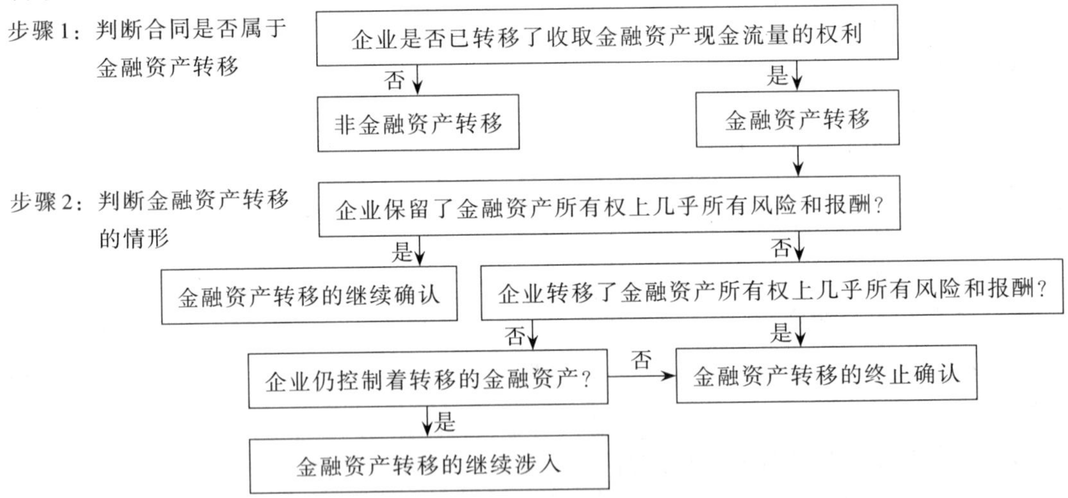

图9-1 金融资产转移流程图

表9-2

金融资产转移的不同情形及常见示例

金融资产转移情形	常见示例
终止确认	1.无附加条件的金融资产出售； 2.附未来按公允价值回购的金融资产出售； 3.附深度价外看跌期权或看涨期权的金融资产出售； 4.附既非重大价内也非重大价外期权且企业放弃控制权的金融资产出售

续表

金融资产转移情形	常见示例
继续确认	1.附未来按固定价格回购的金融资产出售； 2.企业融出或出借证券； 3.附总回报互换的金融资产出售； 4.全额补偿转入方信用损失的短期应收款和信用资产出售； 5.附追索权方式的金融资产出售； 6.附深度价内看跌期权或看涨期权的金融资产出售
继续涉入	1.保留次级权益或提供信用担保的金融资产出售； 2.附既非重大价内也非重大价外期权且企业保留控制权的金融资产出售

（二）金融资产转移继续涉入的会计处理

金融资产转移继续涉入的核算需要设置以下两个专门的会计科目：

“继续涉入资产”科目：该科目用于核算企业由于对金融资产提供信用增级（如提供担保或持有次级权益）而继续涉入时，根据合同规定所承担的最大可能损失的金额。该金额实际反映了企业在继续涉入中确认的风险资产，如果企业最终没发生损失，该账户金额应与相应的继续涉入负债对冲；如果企业最终发生了损失，则应将损失金额从该账户转至其他有关费用账户。

“继续涉入负债”科目：该科目用于核算企业在金融资产转移中因继续涉入被转移资产而产生的义务。在企业提供信用增级的金融资产转移中，如果企业发生了赔付支出，应根据赔偿金额冲减该账户；如果没发生赔付支出，则应将该账户与相应的继续涉入资产对冲。企业在提供信用增级时收取的费用也通过该账户核算。

对于继续涉入的情形，企业应当按其继续涉入被转移金融资产的程度，确认相关的继续涉入资产及继续涉入负债，反映企业在金融资产转移中保留的权利和承担的义务。继续涉入资产应根据所转移金融资产的原性质及其分类，继续列报于资产负债表中的贷款、应收款项等项目中；继续涉入负债则应当区分被转移的资产是按公允价值计量还是按摊余成本计量，并按会计准则的规定予以计量。

1.以提供担保继续涉入的会计处理

企业通过对被转移金融资产提供担保方式继续涉入的，应在终止确认所转移金融资产的同时，按金融资产的账面价值和担保金额两者之中的较低者，确认继续涉入中形成的资产；同时按照担保金额确认相应的继续涉入负债；担保合同的公允价值也应确认为继续涉入负债，并逐期转入相关损益。这里的担保金额，是指企业所收到的对价中，将可能被要求偿还的最高金额；担保合同的公允价值指因企业提供担保而从转入方收取的费用。

【例9-15】　**以担保方式继续涉入的会计处理**

资料：甲银行与乙银行签订一笔贷款转让协议，由甲银行将其本金为1 000万元、年利率为10%、贷款期限为9年的组合贷款出售给乙银行，售价为890万元。双方约定，由甲银行为该笔贷款提供担保，担保金额为300万元，贷款损失超过担保金额的部分由乙银行承担，担保的公允价值为100万元。转移日，甲银行从乙银行收到990万元（含100万元担保费）。甲银行不负责这笔贷款的收款服务；该贷款没有交易市场；乙银行最终发生了50万元贷款损失，甲银行承担了这笔贷款损失。

要求：编制与甲银行转让贷款业务相关的会计分录。

分析：在本例中，甲银行转让了1 000万元贷款并担保300万元，既没有转移也没有保留该笔组合贷款所有权上几乎所有的风险和报酬。由于该贷款没有市场，乙银行不具备出售该笔贷款的实际能力，说明甲银行保留了对该笔贷款的控制，因此，应当按照继续涉入情形处理。

甲银行应按贷款账面价值和担保金额中的较低者300万元确认继续涉入资产，并将担保金额300万元同时确认为继续涉入负债；甲银行收取的担保费100万元应确认为继续涉入负债；贷款售价与账面价值的差额110万元应计入贷款处理损益。甲银行有关的账务处理如下：

（1）甲银行转让贷款时：

借：存放中央银行款项	9 900 000	
继续涉入资产	3 000 000	
贷款处理损益	1 100 000	
贷：贷款		10 000 000
继续涉入负债		4 000 000

（2）甲银行确认担保收入时（通常应分期确认）：

借：继续涉入负债	1 000 000	
贷：其他业务收入		1 000 000

（3）甲银行支付贷款损失时：

借：继续涉入负债	500 000	
贷：存放中央银行款项		500 000
借：其他业务支出	500 000	
贷：继续涉入资产		500 000

（4）合同结束将剩余继续涉入资产与负债对冲时：

借：继续涉入负债	2 500 000	
贷：继续涉入资产		2 500 000

【例9-16】 **以保留风险方式继续涉入的会计处理**

资料：甲公司持有一组应收账款，账面价值500万元，到期日为2021年6月30日。2021年1月1日，甲公司和乙公司签订了保理协议，将该组应收账款转让给乙公司，转让价格为490万元。在该交易中，甲公司保留了最高30天的迟付风险。若应收账款逾期30日付款，甲公司需要为该迟付风险按实际迟付天数支付年化率6%的费率。迟付风险担保的公允价值为2万元。除了迟付风险，甲公司没有保留任何信用风险或利率风险，也不承担应收账款相关的服务。该组应收账款没有交易市场。

要求： 编制甲公司与该应收账款转让业务相关的会计分录。

分析： 在本例中，甲公司转移了一组应收账款，同时保留了最高30天的迟付风险，因此，既未转移也未保留该组应收账款所有权上几乎所有的风险和报酬。又由于该组应收账款没有市场，乙公司没有出售被转移资产的实际能力，因此，甲公司保留了对该组应收账款的控制，应按继续涉入处理被转移的应收账款。根据现行会计准则的规定，甲公司应按最多赔付损失金额确认继续涉入资产，该金额为500万元应收账款按年化率6%计算的30天的迟付利息2.5万元（500×30÷360×6%）；同时应将2.5万元担保金额和2万元担保公允价值确认为继续涉入负债。会计分录如下：

（1）转让应收账款时：

借：银行存款	4 900 000	
继续涉入资产	25 000	
贷款处理损益	120 000	
贷：应收账款		5 000 000
继续涉入负债		45 000

（2）确认担保收入时（应分期确认）：

借：继续涉入负债	20 000	
贷：其他业务收入		20 000

（3）假设到期时，应收账款如期收回：

借：继续涉入负债	25 000	
贷：继续涉入资产		25 000

假设到期时，甲公司支付了15 000元赔款：

借：继续涉入负债	15 000	
贷：银行存款		15 000
借：其他业务支出	15 000	
贷：继续涉入资产		15 000
借：继续涉入负债	10 000	
贷：继续涉入资产		10 000

2.以附期权方式继续涉入的会计处理

企业在转移金融资产并附期权方式继续涉入时，被转移的金融资产应继续确认，将收到的转让对价确认为继续涉入负债，并按CAS23的规定进行后续计量；在行权日，再根据行权情况分别进行会计处理。此类继续涉入可分为被转移金融资产为以摊余成本计量金融资产和被转移金融资产为以公允价值计量金融资产两种情况。

（1）被转移金融资产为以摊余成本计量金融资产的情形。

被转移金融资产为以摊余成本计量且附期权的，企业应正常对被转移金融资产进行后续核算；按转移日收到的对价确认继续涉入负债。在后续期间，继续涉入负债应按金融资产到期日摊余成本进行调整，对到期日摊余成本和初始确认金额之间的差额，应当采用实际利率法摊销，计入当期损益。期权到期行权时，应将继续涉入负债的账面价值与行权价格之间的差额计入当期损益。

（2）被转移金融资产为以公允价值计量金融资产的情形。

①附看涨期权继续涉入时：

企业因持有看涨期权而继续涉入转让以公允价值计量金融资产的，应当继续按照公允价值确认和计量被转移金融资产，同时按照下列规定计量继续涉入负债：如果该期权是价内或平价期权，应按期权的行权价格扣除期权的时间价值后的金额计量；如果该期权是价外期权，应按被转移金融资产的公允价值扣除期权的时间价值后的金额计量。

②附看跌期权继续涉入时：

企业因签出看跌期权而继续涉入转让以公允价值计量金融资产的，应当按照转移金融资产的公允价值和该期权行权价格两者的较低者，继续确认和计量被转移金融资产；同时，按照该期权的行权价格与时间价值之和计量继续涉入负债。

③同时附看涨期权和看跌期权继续涉入时：

企业因同时持有看涨期权和签出看跌期权（上下限期权）而继续涉入转让以公允价值计量金融资产的，应当继续按照公允价值确认和计量被转移金融资产，同时按照下列规定计量继续涉入负债：如果该看涨期权是价内或平价期权，应当按照看涨期权的行权价格和看跌期权的公允价值之和，扣除看涨期权的时间价值后的金额计量；如果该看涨期权是价外期权，应当按照被转移金融资产的公允价值和看跌期权的公允价值之和，扣除看涨期权的时间价值后的金额计量。

【例9-17】 附期权合约继续涉入的会计处理

资料：乙公司持有一笔摊余成本为102万元的A债券，分类为以摊余成本计量的金融资产。2021年1月1日，乙公司以100万元将A债券出售给丙公司，同时与丙公司签订一项看涨期权合约，行权日为2022年12月31日，行权价为105万元，该期权既不是重大价内也不是重大价外。行权日A债券的摊余成本为106万元，公允价值为104万元。A债券无公开交易的活跃市场。

要求：编制与该债券转让业务相关的会计分录。

分析：在本例中，乙公司将以摊余成本计量的A债券转移给了丙公司，并签订了看涨期权，该期权既不是重大价内也不是重大价外，因此，乙公司既没有转移也没有保留与该债券所有权相关的几乎所有风险和报酬。同时，A债券没有活跃的市场，丙公司不拥有出售该债券的实际能力，所以，乙公司保留了对该债券的控制，本例债权转让应按继续涉入处理。有关计算和账务处理如下：

（1）2021年1月1日，乙公司转让A债券时：

借：银行存款	1 000 000	
贷：继续涉入负债——A债券		1 000 000

（2）在2021年1月1日至2022年12月31日期间，乙公司应将上述“继续涉入负债——A债券”的账面价值按实际利率法调整至行权日摊余成本106万元。与此同时，“债权投资——A债券”应继续按实际利率法以摊余成本核算，并在行权日将A债券摊余成本调整至106万元。这期间会计分录框架为：

借：债权投资——A债券　　40 000

　贷：投资收益　　40 000

借：投资收益　　60 000

　贷：继续涉入负债——A债券　　60 000

调整后，“债权投资——A债券”和“继续涉入负债——A债券”在2022年12月31日的账面价值均为106万元。

（3）2022年12月31日，如果乙公司行使买权，会计分录为：

借：继续涉入负债——A债券　　1 060 000

　贷：银行存款　　1 050 000

　　　投资收益　　10 000

（4）2022年12月31日，如果乙公司不行使买权，会计分录为：

借：继续涉入负债——A债券　　1 060 000

　贷：债权投资——A债券　　1 060 000

通过以上阐述可以看出，金融资产转移继续涉入的会计处理原则比较复杂，为便于学习，现将金融资产转移继续涉入的会计处理原则归纳如图9-2所示。

视频

继续涉入初始确认与计量的原则

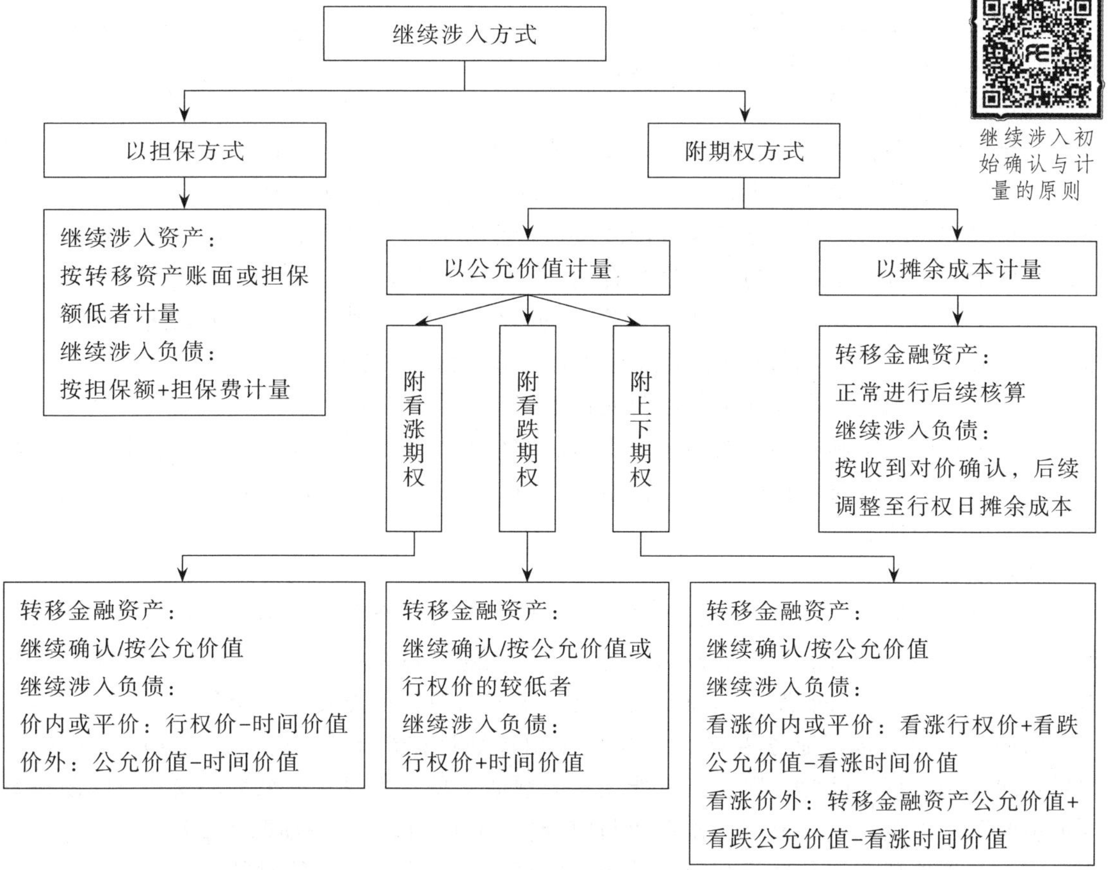

图9-2　金融资产转移继续涉入会计处理框架

自测题9-3

第四节　套期会计

一、套期会计概述

（一）套期的概念及分类

1.套期的概念

套期是指企业为管理外汇风险、利率风险、价格风险、信用风险等特定风险引起的风险敞口[①]，指定某金融工具为套期工具，以使套期工具的公允价值或现金流量变动，预期抵销被套期项目全部或部分公允价值或现金流量变动的风险管理活动。比如，企业为了规避现货市场的风险敞口，可以用与现货市场数量相当、但交易方向相反的期货合同进行套期，以期在未来某一时间通过期货合同的公允价值变动来补偿现货市场价格变动所带来的价格风险。

2.套期的分类

根据现行《企业会计准则第24号——套期会计》（CAS24）的规定，套期分为公允价值套期、现金流量套期和境外经营净投资套期。

（1）公允价值套期。

公允价值套期，是指对已确认资产或负债、尚未确认的确定承诺，或上述项目组成部分的公允价值变动风险敞口进行的套期。这里的公允价值变动源于特定风险，且将影响企业的损益或其他综合收益。已确认资产或负债指企业账面上已有的资产或负债；尚未确认的确定承诺指不可撤销的但尚未交易的合同。

例如，某石油公司签订了一项不可撤销的、6个月后以固定价格购买原油的合同（尚未确认的确定承诺），为规避原油价格变动的风险，该公司签订了一项未来卖出原油的期货合约，用来对确定承诺合同中原油公允价值变动风险敞口进行套期；企业签订利率互换合约对其承担的固定利率负债的利率风险引起的公允价值变动风险敞口进行套期；企业购买看跌期权对其他权益工具投资证券价格风险引起的公允价值变动风险敞口进行套期，都属于公允价值套期。

（2）现金流量套期。

现金流量套期，是指对现金流量变动风险敞口进行的套期。该现金流量变动源于与已确认资产或负债、极可能发生的预期交易，或与上述项目组成部分有关的特定风险，且将影响企业的损益。极可能发生的预期交易指尚未签约但很可能发生的交易。

例如，某企业根据业务需求，于2021年初计划将在6个月后进口2万美元的A材料，购货合同尚未签订，因此，属于极可能发生的预期交易。为规避未来汇率变动风险敞口对这项预期采购现金流量的影响，该企业与银行在2021年初签订一项购入2万美元的外汇远期合同，对这项预期交易进行套期；某企业签订一项利率互换合约对其承担的固定利率负

---

①风险敞口，risk exposure，指未加保护的风险。

债的利率风险引起的现金流量变动风险敞口进行套期，都属于现金流量套期。

（3）境外经营净投资套期。

境外经营净投资套期，是指对境外经营净投资外汇风险敞口进行的套期。境外经营净投资风险主要是指境外经营中的外币投资净额，因汇率变动折算成母公司记账本位币时折算差额变动的风险敞口。从母公司角度看，境外经营净投资面临的汇率变动风险其实在于将其兑换成母公司记账本位币时现金流变动的风险敞口，因此，对于境外经营净投资套期，通常是按现金流量套期的方法进行会计处理的。

（二）套期工具与被套期项目

前已述及，套期分为公允价值套期、现金流量套期和境外经营净投资套期。不管何种套期关系，都将涉及两个重要概念：套期工具和被套期项目。套期工具和被套期项目构成了套期的关系，没有套期工具和被套期项目就不存在套期关系。

1.套期工具的概念及内容

套期工具，是指企业为进行套期而指定的、其公允价值或现金流量变动预期可抵销被套期项目的公允价值或现金流量变动的金融工具。作为套期工具的金融工具，其价值不能是固定金额，应具有随利率、汇率、价格指数等指标变化而变化的特征，否则，不可能用于抵减被套期项目的风险变化。

根据CAS24的规定，可以作为套期工具的金融工具包括：

（1）以公允价值计量且其变动计入当期损益的衍生工具，但卖出期权例外。

衍生工具因价值的可变化性成为最常见的套期工具，只有卖出期权例外。卖出期权只有在对买入期权进行套期时，才可以作为套期工具。期权的买方只有权利没有义务，期权的卖方只有义务没有权利。卖方在签出期权后，只能根据买方行为做出动作，风险较大，其潜在损失可能大大超过被套期项目的潜在利得，从而不能有效地对冲被套期项目的风险。而购入期权的一方可能承担的损失最多就是期权费，可能拥有的利得通常等于或大大超过被套期项目的潜在损失，可被用来有效对冲被套期项目的风险，因此，购入期权可以作为套期工具。

衍生工具中的远期合同、期货合同、互换合同和期权合同以及具有远期合同、期货合同、互换合同和期权合同中一种或一种以上特征的工具都可以作为套期工具。

（2）以公允价值计量且其变动计入当期损益的非衍生金融资产或非衍生金融负债，但指定为以公允价值计量且其变动计入当期损益且因信用风险引起的公允价值变动计入其他综合收益的金融负债除外。

一般情况下，分类为以公允价值计量且其变动计入当期损益的交易性金融资产或交易性金融负债都可以作为套期工具，但对于指定为以公允价值计量且其变动计入当期损益且其自身信用风险变动引起的公允价值变动计入其他综合收益的金融负债，由于没有将整体公允价值变动计入损益，难以有效地对冲被套期项目的风险，因此，不能被指定为套期工具。

另外，对于指定为以公允价值计量且其变动计入当期损益的金融工具，由于其初始确认时并不满足确认为交易性金融资产的条件，而是企业指定其在符合某些特定条件下可以按公允价值计量，并将其公允价值变动计入当期损益。对于这类特殊的金融工具，在将其用于套期工具时，应先进行评估，确定其能够有效对冲被套期项目的风险后，才能用于套期。

（3）对于外汇风险套期，企业可以将非衍生金融资产（其他权益工具投资除外）或非衍生金融负债的外汇风险成分指定为套期工具。

比如，甲公司可以指定其发行的5 000万美元、5%固定利率、2年期的债券作为套期工具，为公司同期签订的一项2年后购买5 000万美元A商品的确定承诺进行套期。在该套期中，5 000万美元应付债券的汇率变动风险与5 000万美元确定承诺的汇率变动风险可以相互抵减。

2.被套期项目的概念及内容

被套期项目，是指使企业面临公允价值或现金流量变动风险，且被指定为被套期对象的、能够可靠计量的项目。根据CAS24的规定，以下单个项目、项目组合或项目的组成部分均可指定为被套期项目：

（1）已确认资产或负债。已确认资产或负债指企业已在表内确认的、面临各种风险影响的资产或负债，比如库存商品等。

（2）尚未确认的确定承诺。确定承诺是指在未来某特定日期或期间，以约定价格交换特定数量资源、具有法律约束力的协议；尚未确认是指尚未在资产负债表中确认。例如，我国境内甲公司与境外乙公司签订了一项设备购买合同，合同约定6个月后甲公司按固定的外币价格购入A设备，该合同就是一项尚未确认的确定承诺。

（3）极可能发生的预期交易。预期交易是指尚未承诺但预期一定会发生的交易。预期交易不同于确定承诺，确定承诺有合同作保证，不需要判断，而预期交易需要判断。比如，甲公司于2021年初预计当年6月份将购买100吨铜，用于下半年的生产，这属于预期交易；如果甲公司2021年初签订了采购协议，约定于当年6月份以每吨4万元的价格购买100吨铜，这就属于确定承诺了。

企业在判断预期交易发生的可能性时，不能仅依靠管理人员的意图，而应当基于可观察的事实和相关因素。在评估预期交易发生的可能性时，企业应当考虑以下因素：①类似交易之前发生的频率；②企业在财务和经营上从事此项交易的能力；③企业有充分的资源（生产资源、财务资源等）保证能够完成此项交易；④交易不发生时可能对经营带来的损失；⑤企业的业务计划等。

（4）境外经营净投资。境外经营指企业在境外的子公司、合营安排、联营企业或分支机构。在境内的子公司、合营安排、联营企业或分支机构，采用不同于企业记账本位币的，也视同境外经营。境外净投资将面临着汇率变动的风险。例如，我国境内甲公司2022年1月1日以1亿美元购买了境外乙公司的全部普通股股份，取得100%控制权。甲公司这1亿美元的投资及该子公司未来资产负债表日的美元净资产都可以作为被套期项目。

根据CAS24的要求，符合条件的套期工具和被套期项目，应通过书面文件被正式指定为套期关系，该文件至少载明套期工具、被套期项目、被套期风险的性质、套期有效性、无效套期的原因、套期比率的确定等内容，且书面文件中指定的套期关系必须符合套期有效性要求，企业才能运用CAS24中的套期会计处理方法进行核算。那么，什么是套期有效性呢？下面继续阐述。

（三）套期有效性

套期有效性，是指套期工具的公允价值或现金流量变动能够抵销被套期风险引起的被套期项目公允价值或现金流量变动的程度。套期工具的公允价值或现金流量变动大于或小于被套期项目的公允价值或现金流量变动的部分为套期无效部分。套期关系同时满足下列条件的，符合套期有效性：

（1）被套期项目和套期工具之间存在经济关系。

该经济关系使得套期工具和被套期项目的价值因面临相同的被套期风险而发生方向相反的变动。例如，甲公司拥有一组在10个月后履约的金额为100万美元的确定销售承诺和一组在10个月后履约的金额为100万美元的确定购买承诺。这两个美元确定承诺同时面临美元汇率变动的风险，但价值变动的方向相反，因此，符合套期关系中具有经济关系的条件。

（2）被套期项目和套期工具经济关系产生的价值变动中，信用风险的影响不能占主导地位。

信用风险又称违约风险，是指借款人、证券发行人或交易对手方因种种原因，不愿或无力履行合同条件而构成违约，致使银行、投资者或交易对手方遭受损失的风险。信用风险的存在会导致存在规律变动的套期关系中，套期工具和被套期项目之间相互抵销程度变得不规律。如果由信用风险引起的损失或利得干扰了基础变量的变动对套期工具或被套期项目价值变动的影响，说明信用风险在价值变动中起了主导作用，这种情况下的套期关系不符合套期有效性的要求。

例如，企业使用无担保的衍生工具对商品价格风险敞口进行套期。如果该衍生工具交易对手方的信用状况严重恶化，与商品价格的变动相比，该交易对手方信用状况的变化对套期工具公允价值所产生的影响更大，而被套期项目的价值变动则主要取决于商品价格的变动，这时两者的套期关系不能满足套期有效性的要求。

（3）被套期项目和套期工具的套期比率不应权重失衡。

套期比率是被套期项目实际数量与套期工具实际数量之比。当被套期项目的关键条款与套期工具的关键条款相匹配，套期比率可能为1∶1。套期比率应从风险管理角度来设定，与套期目标保持一致，不一定非是1∶1。当被套期项目和套期工具比率不是1∶1时，可能会导致部分无效套期，但只要无效部分具有合理的商业理由，则不影响套期有效性。

例如，企业使用标准咖啡期货合同对100吨咖啡采购进行套期，假如每份期货合同的标准数量为37 500磅（1磅=0.4536千克），企业只能使用5份或6份合同（约为85吨和102吨）对100吨的咖啡采购进行套期。本例中，由于被套期项目和套期工具的权重不匹配导致该套期有一部分无效，但该无效部分具有充足的商业理由，且不违背套期会计目标，因此，不影响该套期的有效性。

套期比率不应当权重失衡，失衡可能会使套期工具无法有效抵减被套期项目风险，从而会导致套期无效。如果由于套期比率失衡而不再符合套期有效性要求，但指定该套期关系的风险管理目标没有改变，企业应当进行套期关系再平衡，通过增加或减少被套期项目或套期工具数量的方式调整套期比率，使套期关系重新满足有效性要求。

企业发生下列情形之一的，应当终止套期关系：①因风险管理目标发生变化，导致套期关系不再满足风险管理目标；②套期工具已到期、被出售、合同终止或已行使；③被套期项目与套期工具之间不再存在经济关系，或者被套期项目和套期工具经济关系产生的价值变动中，信用风险的影响开始占主导地位；④套期关系不再满足运用套期会计方法的其他条件。

二、套期的会计处理方法

（一）涉及的主要会计科目

1.“套期工具”科目

本科目用于核算套期工具及其公允价值变动形成的资产或负债。企业将衍生工具等指定为套期工具时，应按账面价值，借记本科目，贷记“衍生工具”等科目；期末对于公允价值套期产生的利得，借记本科目，贷记“套期损益”“其他综合收益——套期损益”等科目，套期损失时做相反的会计分录；对于现金流量套期，应当按照有效套期利得，借记本科目，贷记“其他综合收益——套期储备”等科目，发生有效套期损失时做相反的会计分录；现金流量套期无效的部分，记入“套期损益”科目。本科目借方余额反映套期工具形成的资产，贷方余额反映套期工具形成的负债。

2.“被套期项目”科目

本科目用于核算被套期项目及其公允价值变动形成的资产或负债。企业将已确认资产、负债或其组成部分指定为被套期项目的，应当按照其账面价值，借记本科目，贷记“原材料”“库存商品”“债权投资”等科目；期末对于公允价值套期产生的利得，借记本科目，贷记“套期损益”“其他综合收益——套期损益”等科目，发生套期损失时做相反的会计分录。本科目借方余额反映被套期项目形成的资产，贷方余额反映被套期项目形成的负债。

3.“套期损益”科目

本科目用于核算套期工具和被套期项目价值变动形成的利得和损失。对于套期中产生的利得，借记“套期工具”“被套期项目”等科目，贷记本科目；套期形成的损失做相反的会计分录。现金流量套期中套期无效的部分，记入本科目。

4.“净敞口套期损益”科目

本科目属于损益类账户，用于核算净敞口套期[①]下被套期项目累计公允价值变动损益或现金流量套期储备转入当期损益的金额。对于净敞口公允价值套期，应按被套期项目因风险敞口形成的累计利得或损失，借（或贷）记本科目，贷（或借）记“被套期项目”等科目；对于净敞口现金流量套期，应当在现金流量套期储备转入当期损益时，借（或贷）记“其他综合收益——套期储备”科目，贷（或借）记本科目。

5.“其他综合收益——套期储备”科目

本明细科目用于核算现金流量套期下套期工具累计公允价值变动中的套期有效部分。对于有效套期形成的利得或损失，借（或贷）记“套期工具”科目，贷（或借）本明细科目；现金流量套期无效的部分应记入“套期损益”科目；将套期储备转出时，借（或贷）记本明细科目，贷（或借）有关科目。

---

①净敞口套期是指企业以一组风险可以相互抵消项目形成的风险净敞口为基础进行的套期。

6.“其他综合收益——套期损益”科目

本明细科目用于核算指定为以公允价值计量且其变动计入其他综合收益的非交易性权益工具进行公允价值套期时，套期工具和被套期项目形成的利得和损失。该类套期工具产生的利得记入本科目贷方，套期损失记入本科目借方。当套期关系终止时，本科目余额直接转入留存收益。

（二）公允价值套期的会计处理

1.公允价值套期的会计处理要点

公允价值套期规避的是被套期项目公允价值变动给企业带来不利影响的风险，其设计套期关系的目的，是将套期工具公允价值变动与被套期项目公允价值变动同时计入同一个会计期间，以消除已确定资产或负债公允价值变动对收益的不利影响或按企业预期价格锁定未确认确定承诺中涉及的相关资产或负债价值等。

（1）套期工具的会计处理要点。

在公允价值套期中，套期工具产生的利得或损失应计入套期损益，同时调整“套期工具”账户价值；如果套期工具是对其他权益工具进行套期，则套期工具产生的利得或损失应当记入“其他综合收益——套期损益”科目；当套期关系终止时，将该科目余额转入留存收益。

（2）被套期项目的会计处理要点。

在公允价值套期中，被套期项目产生的利得或损失应计入套期损益，同时调整“被套期工具”账户价值。当套期结束时，对于被套期项目为已确认资产或负债的，被套期项目累计套期利得或损失应调整已确认资产或负债金额；如果被套期项目是尚未确认的确定承诺，且履行该承诺时将确认一项资产或负债，则被套期项目累计套期利得或损失应计入相关资产或负债的初始确认金额；如果被套期项目为以摊余成本计量的金融工具，则被套期项目累计套期利得或损失用于调整实际利率。

公允价值套期会计处理原则如图9-3所示。

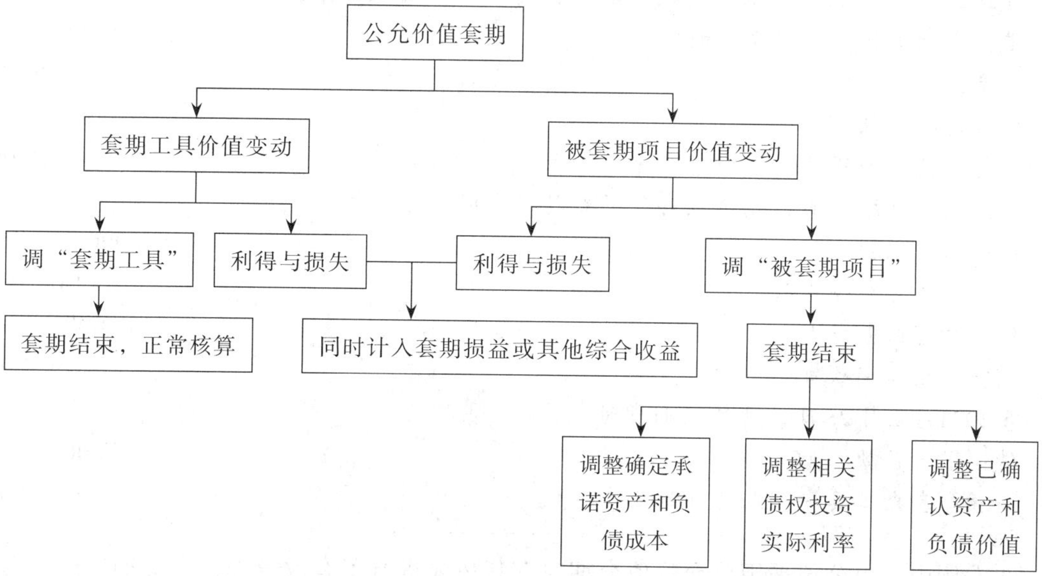

图9-3 公允价值套期会计处理原则

2.公允价值套期的会计处理示例

【例9-18】 **对库存商品公允价值套期的会计处理**

资料： 2021年1月1日，甲公司为规避国际铜货市场给公司库存铜商品公允价值变动带来的风险，与某金融机构签订了一项铜期货合约，并将其指定为对2021年前两个月铜存货商品价格变化引起的公允价值变动风险的套期工具。铜期货合约标的资产与被套期项目铜存货在数量、质次和产地方面完全相同，预期能够完全抵消铜存货公允价值变动的风险。

2021年1月1日，铜期货合约公允价值为0，被套期项目（铜存货）的账面价值为100万元，市场价格为110万元。2021年1月31日，铜存货市价下降了3万元，铜期货合约公允价值上涨了3万元。2021年2月28日，铜存货市价又下降了2万元，铜期货合约公允价值又上涨了2万元。2月末，甲公司将铜存货以105万元的价格全部出售，并将铜期货合约全部结算。假定不考虑增值税及其他因素的影响。

要求： 编制与铜存货公允价值套期有关的会计分录。

分析： 本例题属于对已确认资产的公允价值套期。被套期项目是铜存货，套期工具是铜期货合约，两者存在经济关系，且经济关系中信用风险不占主导地位，套期比率反映了套期的实际数量，符合套期有效性要求。据此，甲公司的账务处理如下：

①2021年1月1日，铜被指定为被套期项目时（期货合约公允价值为0，不做账）：

借：被套期项目——铜	1 000 000	
贷：库存商品——铜		1 000 000

②2021年1月31日，确认套期工具和被套期项目公允价值变动时：

借：套期工具——期货（铜）	30 000	
贷：套期损益		30 000
借：套期损益	30 000	
贷：被套期项目——铜		30 000

③2021年2月28日，确认套期工具和被套期项目公允价值变动时：

借：套期工具——期货（铜）	20 000	
贷：套期损益		20 000
借：套期损益	20 000	
贷：被套期项目——铜		20 000

④2021年2月28日，销售铜存货并结转成本时：

借：银行存款	1 050 000	
贷：主营业务收入		1 050 000
借：主营业务成本	950 000	
贷：被套期项目——铜		950 000

⑤2021年2月28日，结算铜期货时：

借：银行存款	50 000	
贷：套期工具——期货（铜）		50 000

在本例中，甲公司采用公允价值套期对存货风险进行了有效管理，在套期期间，套期

工具与被套期项目公允价值变动完全抵销，全面规避了铜存货公允价值变动的风险，使得铜存货售价的下降没有对公司毛利和净利润产生不利影响。为说明本例的套期效果，下面将上述会计分录登记到有关账户，具体如图9-4所示（单位：万元）。

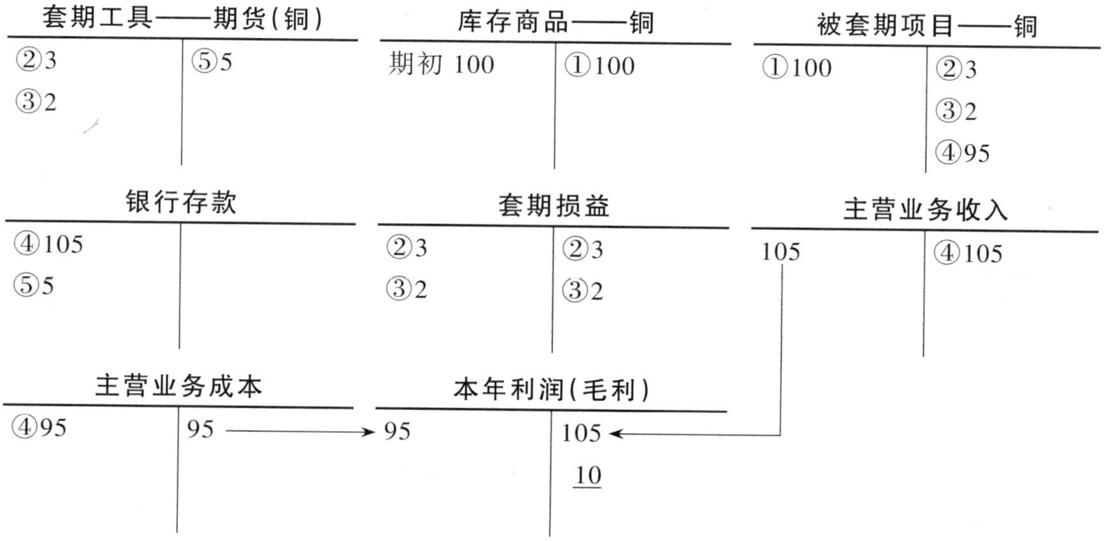

图 9-4　铜存货公允价值套期丁字账

【例 9-19】 对确定承诺公允价值套期的会计处理

资料：2021年3月1日，我国境内甲公司与某境外公司签订了一项A设备购买合同，A设备价格为外币（FC）300万元，交易日为2021年4月30日。2021年3月1日，为规避汇率变动风险，甲公司与乙银行签订了一项按远期汇率1FC=1.65人民币元购买FC300万元的远期外汇合同，结算日为2021年4月30日。甲公司将该外汇远期合同指定为对A设备采购承诺合同公允价值套期的套期工具。已知：

2021年3月1日，远期汇率为1FC=1.65人民币元。

2021年3月31日，远期汇率为1FC=1.68人民币元。

2021年4月30日，即期汇率为1FC=1.80人民币元。

2021年4月30日，甲公司履行确定承诺并以净额结算该远期合同。假定不考虑税金及其他相关因素。

要求：编制与A设备采购承诺套期有关的会计分录（单位：人民币元）。

分析：本例题属于对尚未确认确定承诺的公允价值套期。被套期项目为FC300万元设备采购承诺；套期工具为FC300万元远期合同。与该套期有关的账务处理如下：

①2021年3月1日，因为远期合同和确定承诺当日公允价值均为0，所以无须进行账务处理。

②2021年3月31日，确认当期套期工具和被套期项目公允价值变动人民币9万元（FC300万元×（1.68-1.65））：

借：套期损益　　90 000

　贷：被套期项目——确定承诺　　90 000

借：套期工具——远期合同　　90 000

　贷：套期损益　　90 000

③2021年4月30日，确认被套期项目和套期工具公允价值变动人民币36万元（FC300万元×（1.80–1.68））：

借：套期损益　　360 000

　贷：被套期项目——确定承诺　　360 000

借：套期工具——远期合同　　360 000

　贷：套期损益　　360 000

④2021年4月30日，结算远期合同时：

借：银行存款　　450 000

　贷：套期工具——远期合同　　450 000

⑤2021年4月30日，购买A设备时：

借：固定资产——A设备　　5 400 000

　贷：银行存款（FC300万元×1.80）　　5 400 000

⑥2021年4月30日，结转被套期项目累计公允价值变动时：

借：被套期项目——确定承诺　　450 000

　贷：固定资产——A设备　　450 000

本例中，甲公司通过套期进行风险管理，使所购设备的成本锁定在签约日远期汇率1FC=1.65人民币元，即人民币495万元（300×1.65），规避了汇率浮动对A设备采购成本的不利影响。为说明本例的套期效果，下面将上述会计分录登记到有关账户，具体如图9-5所示（单位：万元）。

套期工具——远期合同

②9	④45
③36	

套期损益

②9	② 9
③36	③36

被套期项目——确定承诺

	②9
⑥45	③36

银行存款

④45	⑤540

固定资产——A设备

⑤540	⑥45
锁定价格：495	

图9-5　A设备采购承诺公允价值套期丁字账

（三）现金流量套期的会计处理

现金流量套期规避的是被套期项目未来现金流量变动的风险，其设计套期关系的目的，是保证被套期项目未来现金流量不受相关风险的不利影响。

1.现金流量套期的会计处理要点

（1）套期利得或损失的处理。在现金流量套期中，只确认套期工具的套期利得和损失，不涉及被套期项目的损益。套期工具产生的利得或损失，分为有效套期部分和无效套期部分，其中有效套期部分的利得或损失应作为现金流量套期储备处理，记入“其他综合收益——套期储备”科目；对于现金流量套期中无效套期部分，应当计入当期损益。根据CAS24的规定，“其他综合收益——套期储备”应按套期工具累计套期利得或损失与被套期项目预计未来现金流量现值累计变动额两者中的较低者确认。

（2）现金流量套期储备的后续处理。在套期关系结束时，企业应将“其他综合收益——套期储备”科目予以结转，处理原则如下：

① 若被套期项目为预期交易且该预期交易将确认一项非金融资产或非金融负债，或形成与未确认确定承诺相关的资产或负债时，企业应当将“其他综合收益——套期储备”科目金额转出，计入该资产或负债的初始确认金额。

② 对于不属于上述现金流量套期的情形，企业应当在被套期的预期现金流量影响损益的相同期间，将现金流量套期储备金额转出，计入当期损益。

③ 如果现金流量套期储备金额是一项损失，且该损失全部或部分预计在未来会计期间不能弥补，企业应当将预计不能弥补的部分从其他综合收益中转出，计入当期损益。

现金流量套期会计处理原则如图9-6所示。

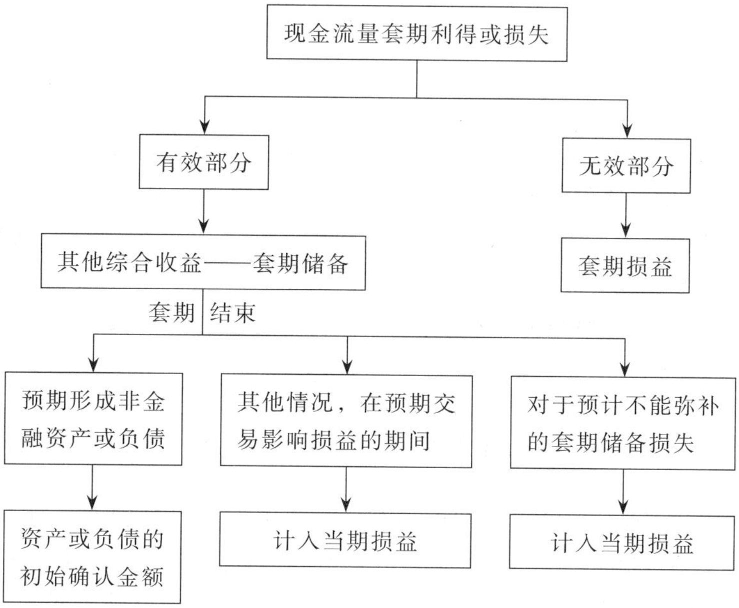

图9-6　现金流量套期会计处理原则

2.现金流量套期会计处理示例

【例9-20】　对已确认资产现金流量套期的会计处理

资料：甲公司预期将在2021年2月28日销售100吨A商品。2020年末，A商品市场价格已经出现了下降趋势。2021年初，A商品市场价为110万元。为规避2月末A商品价格进一步下降导致销货款下降的风险，甲公司于2021年初与某金融机构签订了A商品期货合同，且将其指定为对该A商品销售现金流量的套期工具。A商品期货合同的标的资产与甲公司A商品在数量、质次、价格变动和产地等方面完全相同，并且期货合同的结算日和预期商品销售日均为2021年2月28日。

2021年初，A商品期货合同的公允价值为0。2021年1月31日，期货合同公允价值上涨了2.5万元，A商品销售价格下降了2.5万元。2021年2月28日，期货合同公允价值又上涨了1.5万元，A商品销售价格也下降了1.5万元。2月底，A商品价格降至106万元，甲公司以106万元的价格出售了A商品，并结算了A商品期货。假设本例套期工具自套期开始的累计利得或损失与被套期项目自套期开始的预计未来现金流量现值的累计变动额一致，且不考虑增值税及其他相关因素的影响。

要求：编制与A商品现金流量套期有关的会计分录（单位：人民币元）。

分析：在本例中，甲公司A商品面临两个月后价格下降导致的现金流量风险，为此，甲公司以A商品期货合同作为套期工具，以抵消该风险。根据题中资料，甲公司对A商品现金流量套期应进行如下会计处理：

（1）2021年初，A商品期货合同公允价值为0，甲公司无须进行账务处理。

（2）2021年1月31日，确认A商品现金流量套期储备时：

借：套期工具——A商品期货合同	25 000	
贷：其他综合收益——套期储备		25 000

（3）2021年2月28日，确认A商品现金流量套期储备时：

借：套期工具——A商品期货合同	15 000	
贷：其他综合收益——套期储备		15 000

（4）2021年2月28日，套期结束，甲公司将A商品销售，结算A商品期货合同，并将“其他综合收益——套期储备”科目余额转入损益，相关会计分录为：

借：应收账款	1 060 000	
贷：主营业务收入		1 060 000
借：其他综合收益——套期储备	40 000	
贷：主营业务收入		40 000
借：银行存款	40 000	
贷：套期工具——A商品期货合同		40 000

在例9-20中，A商品在2021年初的市场价为110万元，2021年2月28日出售A商品时，甲公司只取得了106万元的销货款，但结算“套期工具——A商品期货合同”收回了4万元现金，因此，甲公司2月末共获得现金流110万元，达到了对A商品销售现金流量套期的预期目的。

【例9-21】　对尚未确认确定承诺现金流量套期的会计处理

资料：甲公司于2021年11月1日与境外乙公司签订合同，约定于2022年1月30日以外币（FC）每吨60元的价格购入100吨橄榄油。甲公司为规避购入橄榄油时外汇变动给现金流量带来的风险，于当日与某金融机构签订一项3个月到期的外汇远期合同，约定汇率为1FC=45人民币元，合同金额为FC6 000元。假设：

2021年12月31日，1个月远期汇率为1FC=45.5人民币元。

2022年1月30日，即期汇率为1FC=45.9人民币元。

2022年1月30日，甲公司以净额方式结算该外汇远期合同，并购入橄榄油。不考虑增值税等相关因素的影响。

要求：编制与橄榄油采购承诺现金流量套期有关的会计分录（单位：人民币元）。

分析：本例题属于对尚未确认的确定承诺的现金流量套期。被套期项目100吨橄榄油为采购承诺；套期工具为远期合同。根据题中资料，甲公司对橄榄油采购承诺的现金流量套期应做如下账务处理：

（1）2021年11月1日，外汇远期合同的公允价值为0，不进行账务处理。

（2）2021年12月31日，确认橄榄油现金流量套期储备时：

外汇远期合同的公允价值=（45.5−45）×FC6 000=3 000（元）

借：套期工具——外汇远期合同 3 000

　贷：其他综合收益——套期储备 3 000

（3）2022年1月30日，确认橄榄油现金流量套期储备时：

外汇远期合同的公允价值=（45.9−45.5）×FC6 000=2 400（元）

借：套期工具——外汇远期合同 2 400

　贷：其他综合收益——套期储备 2 400

（4）2022年1月30日，套期结束。甲公司购入了橄榄油，结算了外汇远期合同，同时应将“其他综合收益——套期储备”科目的余额转出，调整橄榄油成本。相关会计分录如下：

借：库存商品——橄榄油（45.9×FC6 000） 275 400

　贷：银行存款 275 400

借：银行存款 5 400

　贷：套期工具——外汇远期合同 5 400

借：其他综合收益——套期储备 5 400

　贷：库存商品——橄榄油 5 400

在例9-21中，套期开始日2021年11月1日的远期汇率为1FC=45人民币元，套期结束日2022年1月30日的远期汇率为1FC=45.9人民币元，因此，甲公司对橄榄油确定承诺的现金流量套期最终为甲公司节省了5 400元人民币，并将橄榄油采购成本锁定在270 000元人民币（45×FC6 000）。

自测题9-4

【本章小结】

本章主要阐述了三部分内容：基于CAS37的关于金融负债和权益工具的区分原则和区分方法；基于CAS23的关于金融资产转移终止确认、继续确认和继续涉入的会计处理方法；基于CAS24的关于公允价值套期及现金流量套期的会计核算方法。

【学思践悟】

［**目的**］了解永续债发行中的社会诚信问题。

[资料] 2015年11月11日，中国城市建设控股集团有限公司（以下简称“中城建公司”）发布《募集说明书》，发行“15中城建MTN0022015”中期票据（永续债）。景顺长城公司（以下简称“投资人”）合计购买了5 000万元该债券。

《募集说明书》中发行人的主要权利包括：第一，赎回权归发行人所有，投资人无回售权。第二，发行人享有递延付息的权利。除非发生强制付息事件，在每个付息日，发行人可自行选择将当期利息及已经递延的所有利息及其孳息推迟至下一个付息日支付，且不受到任何递延支付利息次数的限制。《募集说明书》发行人的主要义务包括：第一，承诺根据法律法规的规定和募集说明书的约定履行义务，接受投资人监督。截至本募集说明书签署日，除已披露信息外，无其他影响偿债能力的重大事项。第二，承诺将严格按照中国人民银行颁布的《银行间债券市场非金融企业债务融资工具管理办法》及中国银行间市场交易商协会的相关规则和指引，真实、准确、完整、及时地进行信息披露，不存在虚假记载、误导性陈述或重大遗漏。

2017年5月15日，投资人以发行人在《募集说明书》中隐瞒了部分信息，在履约过程中又出现多项违约事件导致评级下降、未能及时披露相关信息，致使不能实现债券交易取得对价的合同目的，向法院请求解除合同关系，并要求偿还本金、赔偿利息损失。由于本案永续债合同中并没有约定解除权，法院最终根据《中华人民共和国合同法》第九十四条迟延履行和第六十九条不安抗辩权宣判解除合同，由中城建公司支付景顺公司本金并赔偿相应利息损失。这是中国首例通过解除合同实现永续债提前还本付息的案件。

资料来源：

1. 戴若云. 永续债解除之惑——评首例永续债合同解除案件［EB/OL］.（2019-08-26）.https：//cj.sina.com.cn/articles/view/6289104432/176dc1e3001900iz75.

2. 金融法研究会. 上海金融商事审判十大案例之永续债纠纷案［EB/OL］.（2019-03-09）.https：//www.sohu.com/a/300206182_100013011.

[问题]

1. 结合二十大关于加强社会诚信建设的报告精神，讨论永续债发行人的社会责任与担当。

2. 结合《中华人民共和国合同法》第九十四条和第六十九条评判本案判决的社会影响和重要意义。

【复习思考题】

1. 简述金融工具的含义、性质及其分类。
2. 什么是衍生金融工具？它具有哪些特征？
3. 分别阐述金融资产、金融负债和权益工具的概念。
4. 如何区分金融负债和权益工具？
5. 什么是金融资产转移？金融资产转移处理的基本原则是什么？
6. 试阐述金融资产转移终止确认、继续确认和继续涉入的条件及情形。
7. 什么是套期？它有哪些分类？企业为什么要进行套期？
8. 简要说明哪些金融工具可以作为套期工具，哪些金融工具可以作为被套期项目。

9.如何评价套期的有效性？

10.什么是公允价值套期？其会计核算要点有哪些？列举其适用范围。

11.什么是现金流量套期？其会计核算要点有哪些？列举其适用范围。

【练习题】

练习一

[目的] 练习金融负债与权益工具的区分。

[资料]

1.甲公司发行了一项年利率为7%、无固定还款期限、可自主决定是否支付利息的不可累积的永续债。其他资料如下：

（1）该永续债嵌入了一项看涨期权，允许公司在发行第3年后以面值回购该永续债。

（2）如果第3年没有回购该永续债，则债券利率涨2%。

（3）该债券利息无须按年支付，但实施了股利驱动机制，即在甲公司支付普通股股利时必须支付该债券利息。

2.乙公司按面值发行了票面金额为100元的优先股10万张，合同条款规定：5年后这批优先股将强制性转为普通股股票，假设：

（1）转化价格为转换日前一天该股票的市价；

（2）转化价格为固定价格10元/股。

3.2021年1月1日，丙公司发行了5亿元优先股。合同规定：（1）期限5年，前5年票面年利率固定为5%；从第6年起，每5年重置一次利率，重置利率为基准利率加上1%，最高不超过8%。（2）丙公司可根据相应的议事机制决定是否派发优先股股利（非累计），但如果分配普通股股利，则必须先支付优先股股利。（3）如果因丙公司不能控制的原因导致控股股东发生变更，则必须按面值赎回该优先股，不考虑其他相关因素。

[要求] 根据上述资料，判断以上金融工具属于金融负债还是权益工具，并说明理由。

练习二

[目的] 金融资产转移种类的判断。

[资料] 丁公司2021年发生如下与金融资产转移有关事项：

（1）将30万元应收账款出售给A银行，卖价26万元，A银行无追索权。

（2）将一张20万元的商业承兑汇票到A银行办理了贴现，贴现金额为17.5万元，A银行拥有追索权。

（3）将其持有的面值为500万元的国债转让给B公司，并向B公司签发了看跌期权，约定在半年之内，B公司可以300万元的价格将国债卖回给丁公司。经过判断，该期权属于深度价外期权。

（4）将一笔账面价值为80万元、公允价值为97万元的交易性金融资产，按102万元的价格出售给C公司；同时，双方签订了一项看跌期权合约，行权价为96万元。经过判断，该期权属于重大价内期权。

(5) 将一组账面价值为100万元的应收账款转让给D公司，转让价格为90万元，丁公司保留了最高30日的迟付风险，该组应收账款没有交易市场。

[要求] 根据上述丁公司发生的金融资产转移事项，判断相关金融资产转移的种类，并说明理由。

练习三

[目的] 练习公允价值套期的会计处理。

[资料] 戊公司为了规避持有存货X的公允价值变动风险，与某金融机构签订了一项衍生工具合同Y，并将其指定为对存货X在2021年上半年因价格变化所致公允价值变动风险的套期工具。衍生工具的标的资产与被套期项目的存货X在数量、质量、价格变动和产地等方面相同。戊公司预期该套期完全有效。

2021年1月1日，衍生工具合同Y的公允价值为0，被套期存货的账面价值为50 000元，市价为55 000元。2021年6月30日，衍生工具Y的公允价值上涨了2 000元，存货X的公允价值下降了2 000元。当日，戊公司将存货X出售，并结算用于套期的衍生工具合同。假定不考虑衍生工具的时间价值、商品销售相关的税费及其他因素。

[要求] 编制戊公司与上述业务相关的会计分录。

练习四

[目的] 练习现金流量套期的会计处理。

[资料] 2021年1月1日，辛公司预期将在3月31日销售一批W商品，数量为2 000件，预期售价为150 000元。为规避与该预期销售有关的现金流量变动风险，公司于2021年1月1日与某金融机构签订了一项W商品期货合同，合同结算日为3月31日，并将其指定为对该W商品销售的套期工具。W商品期货合同的标的资产与被套期W销售商品在数量、质量、价格变动和产地等方面相同。辛公司预期该套期完全有效。

2021年1月1日，W商品期货合同的公允价值为0。2月末，期货合同的公允价值上涨了20 000元，W商品的预期售价下降了20 000元。3月末，期货合同的公允价值又上涨了15 000元，W商品的预期售价也下降了15 000元。当日，辛公司将W商品售出，并结算商品期货合同。假设不考虑期货合同的时间价值、商品销售相关的税费及其他因素。

[要求] 编制辛公司与上述业务有关的会计分录。

引导案例分析要点

第十章

合营安排

【学习目标】

1. 掌握合营安排的概念、认定及分类。
2. 掌握共同经营参与方的会计处理。
3. 通过“学思践悟”课堂讨论了解与合营安排有关的战略性动机。

【本章结构导图】

- 合营安排
  - 合营安排概述
    - 合营安排的概念和特征
    - 合营安排的认定
    - 合营安排的分类
  - 共同经营参与方的会计处理
    - 共同经营中合营方的会计处理
    - 共同经营中非合营方的会计处理
  - 与合营安排有关的信息披露
    - 表内披露
    - 表外披露

【引导案例】 **金晶科技合营安排业务分析**

金晶科技是一家玻璃生产商，为延伸产业链，与PGW于2014年4月24日合资设立金晶匹兹堡。2014年4月，公司投资10 413.74万元，股权占比60.00%，PGW投资6 695.49万元，股权占比40%，后经协商及历次股权变更后，双方各持股50.00%，共同控制金晶匹兹堡。根据金晶匹兹堡公司章程：（1）金晶科技与PGW双方持股比例各为50.00%，表决权比例相同。（2）有且仅有两名股东。根据公司章程，金晶科技无权单独决定目标企业的财务和经营政策；金晶科技无权任免目标企业的董事会的多数成员；董事会由四名董事组成，双方各派出两名董事，董事会中双方表决权相同各为50%。

因此，股权变更后，金晶匹兹堡是金晶科技的合营企业。

资料来源：山东金晶科技股份有限公司. 山东金晶科技股份有限公司关于对2020年年度报告的信息披露监管问询函的回复之公告［EB/OL］.（2021-06-19）. http://www.cninfo.com.cn/new/disclosure/detail?plate=sse&orgId=gssh0600586&stockCode=600586&announcementId=1210292312&announcementTime=2021-06-19.

问题：

（1）什么是共同控制？如何判断？

（2）什么是合营企业？它与合营安排是什么关系？

（3）如何对合营安排进行会计处理？

本章将会对以上问题进行解答。

视频

合营安排概述

第一节　合营安排概述

一、合营安排的概念和特征

合营安排是指一项由两个或两个以上的参与方共同控制的安排。合营安排具有以下特征：

1.各参与方均受到该安排的约束

合营安排通过相关约定对各参与方予以约束。相关约定，是指据以判断是否存在共同控制的一系列具有执行力的合约。在形式上，相关约定通常包括合营安排各参与方达成的合同安排，如合同、协议、会议纪要、契约等，也包括对该安排构成约束的法律形式本身。

在内容上，相关约定包括但不限于对以下内容的约定：一是对合营安排的目的、业务活动及期限的约定；二是对合营安排的治理机构（如董事会或类似机构）成员的任命方式的约定；三是对合营安排相关事项的决策方式的约定，包括哪些事项需要参与方决策、参与方的表决权情况、决策事项所需的表决权比例等内容，合营安排相关事项的决策方式是分析是否存在共同控制的重要因素；四是对参与方需要提供的资本或其他投入的约定；五是对合营安排的资产、负债、收入、费用、损益在参与方之间的分配方式的约定。

当合营安排通过单独主体达成时（本节第三部分将对单独主体进行详细说明），该单独主体所制定的条款、章程或其他法律文件有时会涵盖相关约定的全部或部分内容。

【例10-1】　**合营安排的相关约定**

资料：A公司和B公司共同出资建立了C公司。C公司在章程中规定，C公司的所有重大决策须经A公司和B公司均同意方可做出。除章程之外，A公司和B公司并未订立其他协议以管理C公司的经营活动。

要求：判断C公司是否为一项合营安排。

分析：本例中，尽管并不存在另外的协议，但C公司的章程本身即涵盖了“相关约定”的内容，可以凭C公司的章程判断C公司是否符合合营安排的定义。由于C公司章程规定，C公司的所有重大决策须经A公司和B公司均同意方可做出，因此C公司受A公司和B公司共同控制，属于一项合营安排。

2.两个或两个以上的参与方对该安排实施共同控制

共同控制不同于控制，共同控制由两个或两个以上的参与方实施，而控制由单一参与方实施。

共同控制也不同于重大影响，享有重大影响的参与方只拥有参与安排的财务和经营政策的决策的权力，但并不能够控制或者与其他方一起共同控制这些政策的制定。

【例 10-2】 **合营安排是一项被共同控制的安排**

资料：A公司、B公司、C公司对D公司的表决权比例分别为50%、40%、10%。D公司的主要经营活动为医药产品的研发、生产、销售及相关健康产品服务，其最高权力机构为股东会，所有重大决策需要75%以上表决权通过方可做出。

要求：判断D公司是否为一项合营安排。

分析：在本例中，A公司、B公司合计拥有D公司90%的表决权，超过了75%的表决权要求，当且仅当A公司、B公司均同意时，D公司的重大决策方能表决通过，C公司的意愿并不能起到影响表决是否通过的决定性作用。因此D公司为一项合营安排，没有任何一方能够单独控制D公司，A公司与B公司对D公司实施共同控制，C公司虽然作为D公司的股东，属于该合营安排的一方，但并不具有共同控制权。

二、合营安排的认定

要认定一项安排是否为合营安排，需要准确把握“共同控制”“参与方”等概念。其中，是否存在共同控制是判断一项安排是否为合营安排的关键。

（一）共同控制

共同控制是指按照相关约定对某项安排所共有的控制，并且该安排的相关活动必须经过分享控制权的参与方一致同意后才能决策。

在判断是否存在共同控制时，应当首先判断是否由所有参与方或参与方组合集体控制该安排，其次再判断该安排相关活动的决策是否必须经过这些参与方一致同意。

相关活动是指对某项安排的回报产生重大影响的活动。某项安排的相关活动应当根据具体情况进行判断，通常包括商品或劳务的销售和购买、金融资产的管理、资产的购买和处置、研究与开发活动以及融资活动等。

1.集体控制

如果所有参与方或一组参与方必须一致行动才能决定某项安排的相关活动，则称所有参与方或一组参与方集体控制该安排。在判断集体控制时，需要注意以下几点：

（1）集体控制不是单独一方控制。为了确定相关约定是否赋予参与方对该安排的共同控制，主体首先识别该安排的相关活动，然后确定哪些权利赋予参与方主导相关活动的权力。

如果某一个参与方能够单独主导该安排中的相关活动，则可能为控制。如果一组参与方或所有参与方联合起来才能够主导该安排中的相关活动，则为集体控制。即，在集体控制下，不存在任何一个参与方能够单独控制某安排的情况，而是由一组参与方或所有参与方联合起来才能控制该安排。

【例10-3】 **集体控制强调多方联合控制**

资料：假设A公司、B公司、C公司和D公司共同设立E公司，并分别持有E公司60%、20%、10%和10%的表决权股份。协议约定，E公司相关活动的决策需要50%以上表决权通过方可做出。

要求：判断E公司是否为一项合营安排。

分析：本例中，E公司的表决权安排使得A公司能够单独主导E公司的相关活动，只有A公司享有E公司的可变回报并有能力运用其权力影响E公司的可变回报，A公司无须与其他参与方联合即可控制E公司。因此，E公司是A公司的子公司，而不是一项合营安排。

（2）尽管所有参与方联合起来一定能够控制该安排，但集体控制下，集体控制该安排的组合指的是那些既能联合起来控制该安排，又使得参与方数量最少的一个或几个参与方组合。

【例10-4】 **集体控制某项安排的组合**

资料：假设A公司、B公司、C公司、D公司分别持有E公司40%、30%、20%、10%的表决权股份，E公司相关活动的决策需要85%以上表决权通过方可做出。

要求：识别集体控制E公司的参与方组合。

分析：本例中，E公司的表决权安排使得：

A公司、B公司、C公司、D公司任何一方均不能单独控制E公司。

参与方组合可能的形式有：A公司和B公司，A公司和C公司，A公司和D公司，B公司和C公司，B公司和D公司，C公司和D公司，A公司、B公司、C公司，A公司、B公司、D公司，A公司、C公司、D公司，B公司、C公司、D公司，A公司、B公司、C公司、D公司。在这些参与方组合中，尽管所有参与方（A公司、B公司、C公司、D公司）联合起来必然能够控制E公司，但A公司、B公司、C公司联合起来即可控制E公司，且A公司、B公司、C公司是联合起来能够控制E公司的参与方数量最少的组合。因此，称A公司、B公司、C公司集体控制E公司，而不是A公司、B公司、C公司、D公司集体控制E公司。

【例10-5】 **集体控制某项安排的组合**

资料：沿用例10-4的资料，假定E公司相关活动的决策需要95%以上表决权通过方可做出，其他条件不变。

要求：识别集体控制E公司的参与方组合。

分析：本例中，E公司的表决权安排使得：①A公司、B公司、C公司、D公司任何一方均不能单独控制E公司；②必须由所有参与方（A公司、B公司、C公司、D公司）联合起来才能控制E公司，且所有参与方是联合起来能够控制E公司的参与方数量最少的组合。因此，称所有参与方集体控制E公司。

（3）能够集体控制一项安排的参与方组合很可能不止一个。

【例10-6】 **集体控制某项安排的组合**

资料：假定一项安排涉及三方：A公司在该安排中拥有50%的表决权股份，B公司和C公司各拥有25%的表决权股份。A公司、B公司、C公司之间的相关约定规定，该安排相关活动决策至少需要75%的表决权通过方可做出。

要求：识别集体控制该安排的参与方组合。

分析：尽管A公司拥有50%的表决权，但是A公司没有控制该安排，因为A公司对该安排的相关活动做出决策需要获得B公司或C公司的同意。在本例中，A公司和B公司的组合或A公司和C公司的组合均可集体控制该安排。这样，存在多种参与方之间的组合能够达到75%表决权的要求。在此情况下，该安排要成为合营安排，需要在相关约定中指明哪些参与方一致同意才能对相关活动做出决策。

2.相关活动的决策

相关活动的决策主体应当在确定是由参与方组合集体控制该安排，而不是某一参与方单独控制该安排后，再判断这些集体控制该安排的参与方是否共同控制该安排。当且仅当相关活动的决策要求集体控制该安排的参与方一致同意时，才存在共同控制。

存在共同控制时，有关合营安排相关活动的所有重大决策必须经分享控制权的各方一致同意。一致同意的规定保证了对合营安排具有共同控制的任何一个参与方均可以阻止其他参与方在未经其同意的情况下就相关活动单方面做出决策。

“一致同意”中，并不要求其中一方必须具备主动提出议案的权力，只要具备对合营安排相关活动的所有重大决策予以否决的权力即可；也不需要该安排的每个参与方都一致同意，只要那些能够集体控制该安排的参与方意见一致，就可以达成一致同意。

【例10-7】 **对相关活动决策的共同控制**

资料：A公司与B公司各持有C公司50%的表决权，C公司的主要经营活动为研究和开发前沿新药。根据C公司的章程以及A公司、B公司之间签订的合资协议，C公司的最高权力机构为董事会。董事会由5名董事组成，其中A公司派出4名代表，其中1名代表任董事长，B公司派出1名代表。所有相关活动的决策需要2/3以上董事表决通过方可做出。但是，B公司派出的董事对所有重大事项具备一票否决权。由于A公司自身为新药研发行业内的领先企业，具备丰富的行业知识，而B公司自身的主要经营范围并非新药研发领域，因此，除财务总监由B公司派出外，C公司包括总经理、研发总监在内的其他高级管理人员均由A公司派出。

要求：判断C公司的相关活动决策是否被共同控制。

分析：本例中，虽然A公司派出的董事人数为4人，超过董事总人数的2/3，然而鉴于B公司的董事对C公司的重大事项具有一票否决权，因此，A公司不能单方面控制C公司，而是与B公司一起对C公司实施共同控制。

实务中，各参与方不乏采取签署“一致行动协议”的方式，以实现共同控制。

【例 10-8】 对相关活动决策的共同控制

资料： A公司、B公司、C公司对D公司的表决权比例分别为30%、21%及49%。D公司的主要经营活动为码头货物的装卸、仓储及场地租赁服务，其最高权力机构为股东会，相关活动的决策需要半数以上表决权通过方可做出。此外，A公司、B公司签订了一致行动协议，约定对D公司的重大事项进行表决时，A公司、B公司均应一致行动。

要求： 判断D公司的相关活动决策是否被共同控制。

分析： 本例中，A公司、B公司就D公司的相关活动的重大决议签订了一致行动协议，从而使得A公司、B公司合起来拥有D公司51%的表决权，因此，A公司、B公司实际上共同控制了D公司。

在判断“一致行动协议”是否构成共同控制时，还需要考虑其他投资方持有表决权的分散程度。

【例 10-9】 对相关活动决策的共同控制

资料： A公司和B公司各持有C公司24%的表决权。C公司剩余52%的表决权分布极为分散，没有任何一个其他股东持有超过1%的表决权，C公司历史上从未发生除A公司和B公司外的超过20%的表决权股东联合进行决策的情况。C公司相关活动的决策需要50%以上的表决权通过方可做出。A公司和B公司签订了一致行动协议，约定对C公司的重大事项进行表决时，A公司、B公司均应一致行动。

要求： 判断C公司的相关活动决策是否被共同控制。

分析： 本例中，尽管A公司和B公司合计只持有C公司48%的表决权，但C公司剩余表决权分布极为分散，A公司与B公司能够集体控制C公司，同时，由于A公司与B公司签订了一致行动协议，A公司和B公司对C公司存在共同控制，C公司构成合营安排。

【例 10-10】 对相关活动决策的共同控制

资料： 沿用例10-9的资料，假设A公司和B公司并未签订一致行动协议，其他条件不变。

要求： 判断C公司的相关活动决策是否被共同控制。

分析： 本例中，由于A公司和B公司并没有签订一致行动协议，因此，双方之间不存在一致同意，不具有共同控制。此时，A公司和B公司很可能各自对C公司具有重大影响。

值得注意的是，“一致行动协议”并不一定表明存在共同控制，在某些情况下可能是某一参与方实际获得了控制权。

【例 10-11】 对相关活动决策的共同控制

资料： 沿用例10-9的资料，假设A公司、B公司在一致行动协议中约定，对C公司的重大事项进行表决时，B公司充分尊重A公司的意愿，如果双方意见不一致，B公司将按照A公司的意见行使表决权。

要求： 判断C公司的相关活动决策是否被共同控制。

分析： 本例中，虽然A公司、B公司就C公司的相关活动的重大决议签订了一致行动协议。然而，由于B公司根据协议始终必须跟随A公司行使表决权，A公司自身能够单方面采取行动以控制C公司的相关活动，因此，该安排的实质为A公司对C公司具有控制权。

有时，相关约定中设定的决策方式也可能暗含需要达成一致同意。例如，假定两方建立一项安排，在该安排中双方各持有50%的表决权。双方约定，对相关活动做出决策至少需要51%的表决权。在这种情况下，意味着双方同意共同控制该安排，因为如果没有双方的一致同意，就无法对相关活动做出决策。

当相关约定中设定了就相关活动做出决策所需的最低表决权比例时，若存在多种参与方的组合形式均能满足最低表决权比例要求的情形，则该安排就不是合营安排；除非相关约定明确指出，需要其中哪些参与方一致同意才能就相关活动做出决策。

【例10-12】 **共同控制合营安排的参与方组合唯一**

资料： 假定一项安排涉及三方，A公司、B公司、C公司在该安排中拥有的表决权分别为50%、30%和20%。A公司、B公司、C公司之间的相关约定规定，相关活动的决策需要75%以上的表决权通过方可做出。

要求： 判断该安排是否为一项合营安排。

分析： 在本例中，A公司和B公司是能够集体控制该安排的唯一组合，当且仅当A公司、B公司一致同意时，该安排的相关活动决策方能表决通过。因此A公司、B公司对该安排具有共同控制权。

如果存在两个或两个以上的参与方组合能够集体控制某项安排的，不构成共同控制。即，共同控制合营安排的参与方组合是唯一的。

【例10-13】 **共同控制合营安排的参与方组合唯一**

资料： A公司、B公司、C公司、D公司各持有E公司25%的表决权。E公司的主要经营活动为房屋建筑工程总承包、设计及专业施工，其最高权力机构为股东会，相关活动的决策需要60%以上的表决权通过方可做出。

要求： 判断E公司是否为一项合营安排。

分析： 本例中，E公司的表决权安排使得A公司、B公司、C公司、D公司中的任意3个同意即可做出决定，共存在4个参与方组合可以做出相关活动的决策（即集体控制），即A公司、B公司、C公司组合，A公司、B公司、D公司组合，B公司、C公司、D公司组合以及A公司、C公司、D公司组合，任意一种组合均可能表决通过。

由于并不存在需要集体控制E公司的参与方一致同意后才能决策的情况（例如，A公司、B公司、C公司能够集体控制E公司，但B公司和C公司也可以选择和D公司联合，并不是必须征得A公司同意才能做出决策，如果B公司、C公司、D公司联合做出决策，A公司并没有权力去否决该决策，同理，B公司并没有权力去否决A公司、C公司和D公司联合做出的决策，C公司并没有权力去否决A公司、B公司和D公司联合做出的决策，D公司并没有权力去否决A公司、B公司和C公司联合做出的决策)，因此，E公司并非合营安排，A公司、B公司、C公司、D公司并不对E公司具有共同控制权。但由于A公司、B公司、C公司、D公司对E公司的持股比例均高于20%，在不存在其他相反证据的情况下，A公司、B公司、C公司、D公司对E公司均被推定为具有重大影响。

总而言之，在一项安排中，仅存在集体控制并不一定表明存在共同控制。只有相关活动决策必须经过各参与方一致同意才可做出的集体控制才是共同控制。一般而言，如果一项安排仅存在一组参与方能够集体控制，该集体控制为共同控制。

在一项安排中，某一参与方可能被任命来管理该安排的日常运行。如果该安排的相关活动需要由各参与方共同做出决定，而且管理方在这一决定的框架内行事，则任何一个参与方作为管理方均不会影响该安排是合营安排的判断。但是，如果管理方能够单方面就该安排的相关活动做出决定，从而拥有对该安排的权力，通过参与该安排的相关活动而享有可变回报，并且有能力运用对该安排的权力影响其回报金额，则该管理方可以单方面控制该安排，而不是和其他参与方共同控制该安排，该安排不是合营安排。

3.争议解决机制

在分析合营安排的各方是否共同分享控制权时，要关注对于争议解决机制的安排。相关约定可能包括处理纠纷的条款，例如仲裁。这些条款可能允许具有共同控制权的各参与方在没有达成一致意见的情况下进行决策。这些条款的存在不会妨碍该安排构成共同控制的判断，因此，也不会妨碍该安排成为合营安排。但是，值得注意的是，如果在各方未就相关活动的重大决策达成一致意见的情况下，其中一方具备“一票通过权”或者潜在表决权等特殊权力，则需要仔细分析，很可能具有特殊权力的一方实质上具备控制权。

【例10-14】 **争议解决机制的安排**

资料： A公司与B公司各持有C公司50%的股权，C公司的主要经营活动为家用电器、电子产品及配件等的连锁销售和服务。根据C公司的章程以及A公司、B公司之间签订的合资协议，C公司的最高权力机构为股东会。所有重大事项均须A公司、B公司派出的股东代表一致表决通过。如若双方经过合理充分协商仍无法达成一致意见时，A公司股东代表享有“一票通过权”，即以A公司的股东代表的意见为最终方案。

要求： 判断C公司是否为一项合营安排。

分析： 本例中，由于A公司实质上可以单方面主导C公司相关活动的决策，因此A公司具有控制权，C公司并非合营安排。

在分析争议解决机制时，还需要关注参与方是否拥有期权等潜在表决权。

有时，协议中可能约定，各参与方意见均不一致时，哪个参与方拥有最终决策权。在判断合营安排的合营方时，也需要考虑最终决策者，但最终决策者未必就是控制方。

【例10-15】 **争议解决机制的安排**

资料： A公司、B公司、C公司共同出资设立了D公司。董事会是D公司的决策制定机构，A公司、B公司、C公司在D公司董事会中各占一个席位。协议约定，D公司相关活动决策须经董事会至少两票才能通过，如果A公司、B公司、C公司意见均不一致，A公司具有最终决策权。

要求： 判断D公司是否为一项合营安排。

分析： 本例中，由于存在多种参与方组合能够集体控制D公司，并且协议没有明确指出具体哪些参与方必须同意，决策才能达成，因而不存在共同控制D公司的参与方组合，D公司不是一项合营安排。同时，尽管A公司、B公司、C公司意见均不一致时，A公司具有最终决策权，但如果B公司和C公司达成一致意见，即可做出决策。因此，A公司的最终决策权是有条件的，A公司并不拥有对D公司的控制权。

4.仅享有保护性权利的参与方不享有共同控制

保护性权利，是指仅为了保护权利持有人利益却没有赋予持有人对相关活动进行决策的一项权利。保护性权利通常只能在合营安排发生根本性改变或某些例外情况发生时才能够行使，它既没有赋予其持有人对合营安排拥有权力，也不能阻止其他参与方对合营安排拥有权力。值得注意的是，对于某些安排，相关活动仅在特定情况或特定事项发生时开展，例如，某些安排在设计时就确定了安排的活动及其回报，在特定情况或特定事项发生之前不需要进行重大决策。这种情况下，权利在特定情况或特定事项发生时方可行使并不意味该权利是保护性权利。

如果一致同意的要求仅仅与向某些参与方提供保护性权利的决策有关，而与该安排的相关活动的决策无关，那么拥有该保护性权利的参与方不会仅仅因为该保护性权利而成为该项安排的合营方。因此，在评估参与方能否共同控制合营安排时，必须具体判断参与方持有的权利是否为保护性权利，该权利是否影响其他参与方控制或共同控制该安排。

【例10-16】　**保护性权利**

资料： A公司、B公司、C公司签订了一份合同，设立某法人主体从事汽车的生产和销售。合同中规定，A公司、B公司一致同意即可主导该主体的所有相关活动，并不需要C公司也表示同意，但若主体资产负债率达到50%，C公司具有对该主体公开发行债券或权益工具的否决权。

要求： 判断C公司是否共同控制该主体。

分析： 本例中，由于公开发行债券或权益工具通常代表了该主体经营中的根本性改变，因而是保护性权利。由于合同明确规定需要A公司和B公司的一致同意才能主导该主体的相关活动，因而A公司和B公司能够共同控制该主体。尽管C公司也是该主体的参与方，但由于C公司仅对该主体拥有保护性权利，因此C公司不是共同控制该主体的参与方。

5.不同参与方分别主导不同相关活动

一项安排的不同活动可能分别由不同的参与方或参与方组合主导。在不同阶段，一项安排可能发生不同的活动，从而导致不同参与方可能主导不同相关活动，或者共同主导所有相关活动。

不同参与方分别主导不同相关活动时，相关的参与方需要分别评估自身是否拥有主导对回报产生最重大影响的活动的权利，从而确定是否能够控制该项安排，而不是与其他参与方共同控制该项安排。

6.综合评估多项相关协议

有时，一项安排的各参与方之间可能存在多项相关协议。在单独考虑一份协议时，某参与方可能对合营安排具有共同控制，但在综合考虑该安排的目的和设计的所有情况时，该参与方实际上不一定对该安排具有共同控制。因此，在判断是否存在共同控制时，需要综合考虑该多项相关协议。

【例 10-17】 **多项相关协议**

资料： A公司、B公司、C公司、D公司签订一项协议M，共同进行汽车的生产和销售，并成立了一个委员会O，主导有关生产和销售汽车的所有重大事项，如年度预算的复核审批、经理层任命、营销策略等。A公司、B公司、C公司、D公司各在该委员会中占据一个席位，委员会的决策要求所有成员一致同意。

同时，A公司和B公司签订了协议N，并成立委员会P，用于协调A公司和B公司之间关于汽车生产和销售的所有重大事项。委员会P的两名成员分别由A公司和B公司任命。委员会P有权做出决策，并提交到委员会O审批。委员会P决定的任何事项都要经过A公司和B公司的一致同意，但是，如果A公司和B公司不能达成一致，则A拥有决定权。A公司和B公司必须按照委员会P做出的决策在委员会O中进行投票。

要求： 判断该安排是否为合营安排。

分析： 本例中，存在两份单独的协议M和N。但是，由于这两份协议与汽车的生产和销售这同一项活动相关，因此，参与方应同时评估协议M和N，从而确定是否存在合营安排。例如，如果单独考虑协议M，似乎A公司、B公司、C公司、D公司共同控制该安排。但是，协议M与协议N一并考虑时，发现A公司能够通过协议N主导B公司在委员会P中的投票，因此，B公司是A公司的事实代理人，对该安排不具有共同控制。只有A公司、C公司、D公司对该合营安排具有共同控制。

（二）合营安排中的不同参与方

只要两个或两个以上的参与方对一项安排实施共同控制，该项安排就可以被认定为合营安排，并不要求所有参与方都对该安排享有共同控制。对合营安排享有共同控制的参与方（分享控制权的参与方）被称为“合营方”；对合营安排不享有共同控制的参与方被称为“非合营方”。例如，在例10-4中，E公司为一项合营安排，A公司、B公司、C公司为E公司的合营方，D公司为E公司的非合营方。

三、合营安排的分类

根据合营方在合营安排的正常经营中所享有的权利和承担的义务，合营安排分为共同经营和合营企业。共同经营，是指合营方享有该安排相关资产且承担该安排相关负债的合营安排。合营企业，是指合营方仅对该安排的净资产享有权利的合营安排。对权利和义务进行评价时，应当考虑该合营安排的结构、法律形式以及合营安排中约定的条款、其他相关事实和情况等因素。

合营安排是为不同目的而设立的（例如，参与方为了共同承担成本和风险，或者参与方为了获得新技术或新市场），可以采用不同的结构和法律形式。一些安排不要求采用单独主体的形式开展其活动，另一些安排则涉及构造单独主体。在实务中主体可以从合营安排是否通过单独主体达成为起点，判断一项合营安排是共同经营还是合营企业。

（一）单独主体

本章中的单独主体是指具有单独可辨认的财务架构的主体，包括单独的法人主体和不具备法人主体资格但法律所认可的主体。单独主体并不一定要具备法人资格，但必须具有法律所认可的单独可辨认的财务架构，确认某主体是否属于单独主体必须考虑适用的法律法规。

具有可单独辨认的资产、负债、收入、费用、财务安排和会计记录，并且具有一定法律形式的主体，构成法律认可的单独可辨认的财务架构。合营安排最常见的形式包括有限责任公司、合伙企业、合作企业等。某些情况下，信托、基金也可被视为单独主体。

（二）合营安排未通过单独主体达成

当合营安排未通过单独主体达成时，该合营安排为共同经营。在这种情况下，合营方通常通过相关约定享有与该安排相关资产的权利并承担与该安排相关负债的义务，同时，享有相应收入的权利并承担相应费用的责任，因此该合营安排应当划分为共同经营。

【例10-18】 未通过单独主体达成的合营安排

资料：A公司、B公司、C公司建立了一项共同制造汽车的安排。协议约定：该安排相关活动的决策需要A公司、B公司、C公司一致同意方可做出；A公司负责生产并安装汽车发动机，B公司负责生产汽车车身和底盘，C公司负责生产其他部件并进行组装；A公司、B公司、C公司负责各自部分的成本费用，如人工成本、生产成本等；汽车实现对外销售后，A公司、B公司、C公司各自获得销售收入的1/3。

要求：判断该安排的类型。

分析：本例中，由于关于该安排相关活动的决策需要A公司、B公司、C公司一致同意方可做出，所以A公司、B公司、C公司共同控制该安排，该安排为合营安排。

由于A公司、B公司、C公司只是各自负责汽车制造的相应部分，并未成立一个单独主体，因此该合营安排不可能是合营企业，只可能是共同经营。

（三）合营安排通过单独主体达成

如果合营安排通过单独主体达成，在判断该合营安排是共同经营还是合营企业时，通常首先分析单独主体的法律形式，法律形式不足以判断时，将法律形式与合同安排结合进行分析，法律形式和合同安排均不足以判断时，进一步考虑其他事实和情况。

1.分析单独主体的法律形式

各参与方应当根据该单独主体的法律形式，判断该安排是赋予参与方享有与安排相关资产的权利并承担与安排相关负债的义务，还是赋予参与方享有该安排的净资产的权利。也就是说，各参与方应当依据单独主体的法律形式判断是否能将参与方和单独主体分离。例如，各参与方可能通过单独主体执行合营安排，单独主体的法律形式（如有限责任公司、股份有限公司）决定在单独主体中的资产和负债是单独主体的资产和负债，而不是各参与方的资产和负债。在这种情况下，基于单独主体的法律形式赋予各参与方的权利和义务，可以初步判定该项安排是合营企业。

在各参与方通过单独主体达成合营安排的情形下，当且仅当单独主体的法律形式没有将参与方和单独主体分离（即单独主体持有的资产和负债是各参与方的资产和负债）时，基于单独主体的法律形式赋予参与方权利和义务的判断，足以说明该合营安排是共同经营。通常，单独主体的资产和负债很可能与参与方在法律形式上明显分割开来。例如，根据《中华人民共和国公司法》（以下简称“《公司法》”）的有关规定，“公司是企业法人，有独立的法人财产，享有法人财产权。公司以其全部财产对公司的债务承担责任。有限责任公司的股东以其认缴的出资额为限对公司承担责任；股份有限公司的股东以其认购的股份为限对公司承担责任。”

因此，当一项合营安排是按照《公司法》设立的有限责任公司或者股份有限公司时，其法律形式将合营安排对资产的权利和对负债的义务与该安排的参与方明显分割开来。

【例 10-19】 **分析单独主体的法律形式**

资料：A公司和B公司均为建筑公司。A公司和B公司签订了一项合同以共同完成一项与政府之间的合同，即设计并建造两个城市间的一条道路。在合同中，A公司和B公司明确了各自的参与份额，并明确了双方共同控制该安排，合同安排的主要事项是向政府移交建造完成的道路。

A公司和B公司成立了一个单独主体C，通过C具体实施该安排。C代表A公司和B公司与政府签订合同，并向政府提供建造服务。此外，有关该安排的资产和负债由C持有。假定C的法律形式的主要特征是，A公司和B公司，而不是C，拥有该安排的资产，并承担该安排的负债。

A公司和B公司还在合同中约定：①A公司和B公司根据其在该安排中的参与份额分享该安排相关活动所需的全部资产的相应权利；②A公司和B公司根据其在该安排中的参与份额承担该安排的各项债务；③A公司和B公司根据其在该安排中的参与份额分享由该安排相关活动产生的损益。

要求：分析该合营安排的类型。

分析：本例中，该安排通过单独主体达成，该单独主体的法律形式没有将参与方与单独主体分离开来（即主体C持有的资产和负债是A公司和B公司的资产和负债）。此外，A公司和B公司在合同中强调了这项规定，即合同规定A公司和B公司拥有通过主体C实施的安排的资产，并承担其负债。因此，该合营安排是共同经营。

2.分析合同安排

当单独主体的法律形式并不能将合营安排的资产的权利和对负债的义务授予该安排的参与方时，还需要进一步分析各参与方之间是否通过合同安排赋予该安排的参与方对合营安排资产的权利和对合营安排负债的义务。合同安排中常见的某些特征或者条款可能表明该安排为共同经营或者合营企业。共同经营和合营企业的一些普遍特征的比较包括但不限于表10-1所列。

有时，法律形式和合同安排均表明一项合营安排中的合营方对该安排的净资产享有权利，此时，若不存在相反的其他事实和情况，该合营安排应当被划分为合营企业。

有时，仅从法律形式判断，一项合营安排符合合营企业的特征，但是，综合考虑合同安排后，合营方享有该合营安排相关资产并且承担该安排相关负债，此时，该合营安排应当被划分为共同经营。

表10-1 **共同经营和合营企业的比较**

对比项目	共同经营	合营企业
合营安排的条款	参与方对合营安排的相关资产享有权利，并对相关负债承担义务	参与方对合营安排的净资产享有权利，即单独主体（而不是参与方），享有与安排相关资产的权利，并承担相关负债的义务
对资产的权利	参与方按照约定的比例分享合营安排相关资产的全部利益	资产属于合营安排自身，参与方不对资产享有权利
对负债的义务	参与方按照约定的比例承担合营安排的相关负债，第三方对该安排提出的索赔要求，参与方作为义务人承担赔偿责任	负债属于合营安排自身，参与方仅以其出资额为限对该安排承担相应的义务
收入、费用及损益	参与方按照约定的比例分配收入和费用。某些情况下，参与方按约定的份额比例享有合营安排产生的净损益不会必然使其划分为合营企业，仍应分析参与方对该安排相关资产的权利以及相关负债的义务	各参与方按照约定的比例享有合营安排的净损益
担保	参与方为合营安排提供担保的行为本身并不直接导致一项安排被分类为共同经营	

【例10-20】 **分析合同安排**

资料：A公司、B公司均为石油公司，双方在D国成立了单独主体C，以共同在D国进行石油及天然气的勘探、开发和生产。A公司、B公司共同控制主体C。

主体C的法律形式将主体C的资产、负债与A公司及B公司分隔开来。A公司、B公司及主体C签订协议，规定A公司与B公司按照各自在主体C的出资比例分享主体C的资产，分担主体C的成本、费用及负债。D国法律认可该合同约定。

要求：分析该合营安排的类型。

分析：本例中，合营安排通过单独主体构建，单独主体的法律形式没有把单独主体资产的权利、负债的义务授予合营方，即单独主体的法律形式初步表明，该安排为合营企业。进一步分析，根据A公司、B公司及主体C之间的协议，A公司、B公司对主体C的相关资产享有权利，并对相关负债承担义务，并且该协议符合相关法律法规的规定，因此，该安排为共同经营。

3.分析其他事实和情况

如果一项安排的法律形式与合同安排均没有将该安排的资产的权利和对负债的义务授

予该安排的参与方，则应考虑其他事实和情况，包括合营安排的目的和设计，其与参与方的关系及其现金流的来源等。在某些情况下，合营安排设立的主要目的是为参与方提供产出，这表明参与方可能按照约定实质上享有合营安排所持资产几乎全部的经济利益。这种安排下，参与方根据相关合同或法律约定有购买产出的义务，并往往通过阻止合营安排将其产出出售给其他第三方的方式来确保参与方能够获得产出。这样，该安排产生的负债实质上是由参与方通过购买产出支付的现金流量而得以清偿。因此，如果参与方实质上是该安排持续经营和清偿债务所需现金流的唯一来源，这表明参与方承担了与该安排相关的负债。综合考虑该合营安排的其他相关事实和情况，表明参与方实质上享有合营安排所持资产几乎全部的经济利益，合营安排所产生的负债的清偿实质上也持续依赖于向参与方收取的产出的销售现金流，该合营安排的实质为共同经营。

在区分合营安排的类型时，需要了解该安排的目的和设计。如果合营安排同时具有以下特征，则表明该安排是共同经营：①各参与方实质上有权享有，并有义务接受由该安排资产产生的几乎所有经济利益（从而承担了该经济利益的相关风险，如价格风险、存货风险、需求风险等），如该安排所从事的活动主要是向合营方提供产出等；②持续依赖于合营方清偿该安排活动产生的负债，并维持该安排的运营。

【例 10-21】 分析除单独主体法律形式和合同安排之外的其他事实和情况

资料： A公司、B公司均从事汽车装配和销售业务，为了保障正常装配过程中汽车座椅配件的供应并节约成本，A公司、B公司共同出资设立C公司专门生产汽车座椅配件，A公司和B公司各占C公司50%的股权，对C公司实施共同控制。协议约定：①A公司、B公司均需按其持股比例购买C公司生产的所有产品，采购价格以原材料成本、加工毛利及利息支出之和为基础定价，以恰好弥补C公司的运营、筹资等成本费用；②除A公司、B公司外，C公司不得将其产品出售给其他方；③A公司、B公司按出资比例享有C公司的净利润以及净资产；④A公司和B公司将从C公司购买的产品用于生产。

要求： 分析该合营安排的类型。

分析： 本例中，成立C公司是为了向股东提供其所有产出。A公司、B公司有权利并且有义务购买C公司的全部产出，实质上获得了来自C公司资产的所有经济利益，同时C公司完全依赖来源于A公司、B公司的采购款以确保其运作的持续性，A公司、B公司承担了C公司的负债。因此，该合营安排为共同经营。

另外，在判断某一项合营安排是共同经营还是合营企业时，还应注意以下几点：① 参与方在合营安排中的产出分配比例与表决权比例不同，并不影响对该安排是共同经营还是合营企业的判断；②参与方将获得的合营安排产出份额用于生产经营还是对外出售，并不影响对该安排是共同经营还是合营企业的判断；③如果合营安排有权自主决定销售价格和客户，参与方没有义务购买合营安排的产出，则表明该合营安排自身承担了价格风险、存货风险、需求风险等，合营方并不直接享有该合营安排相关资产并承担该合营安排相关负债；④在考虑“其他事实和情况”时，只有当该安排产生的负债的清偿持续依赖于合营方的支持时，该安排才为共同经营，即强调参与方实质上是该安排持续经营所需现金流的唯一来源；⑤参与方判断其在合营安排中享有的权利和承担的义务均是在正常经营的情况下，非正常经营（例如破产、清算）时的法律权利和义务的相关性是比较低的。

图10-1说明了如何对合营安排进行分类。

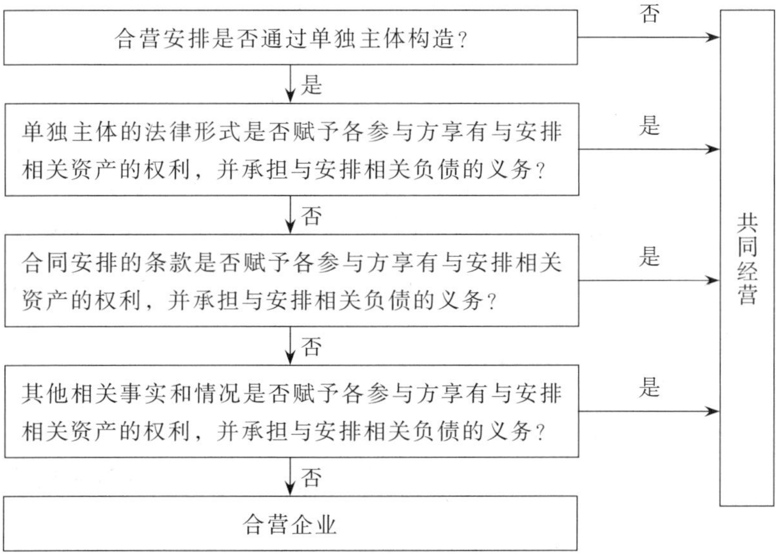

图10-1　合营安排类型判断图

（四）重新评估

企业对合营安排是否拥有共同控制权，以及该合营安排是共同经营还是合营企业，需要企业予以判断并持续评估。在进行判断时，企业需要对所有的相关事实和情况加以考虑。

如果法律形式、合同条款等相关事实和情况发生变化，合营安排参与方应当对合营安排进行重新评估：一是评估原合营方是否仍对该安排拥有共同控制权；二是评估合营安排的类型是否发生变化。相关事实和情况的变化有时可能导致某一参与方控制该安排，从而使该安排不再是合营安排。

【例10-22】　对合营安排的重新评估

资料：沿用例10-12的资料，假设A公司通过现金方式收购了D公司60%的表决权股份，从而控制了D公司。D公司是B公司的母公司。

要求：判断该安排是否为一项合营安排。

分析：本例中，A公司通过现金收购B公司的母公司D的股权的方式，实际上控制了B公司，因此，通过直接加间接的方式，A公司实际上持有该安排80%的表决权股份，能够单独控制该安排。该安排由合营安排变为A公司的子公司。

由于相关事实和情况发生变化，合营安排的分类可能发生变化，可能由合营企业转变为共同经营，或者由共同经营转为合营企业，应根据具体事实和情况进行判断。例如，经重新协商，修订后的合营安排的合同条款约定参与方拥有对资产的权利，并承担对负债的义务，这种情况下，该安排的分类可能发生了变化，应重新评估该安排是否由合营企业转为共同经营。

自测题10-1

第二节　共同经营参与方的会计处理

合营方应当按照《企业会计准则第2号——长期股权投资》的规定对合营企业的投资进行会计处理，采用权益法核算。对合营企业不享有共同控制的参与方（非合营方）应当根据其对该合营企业的影响程度进行相关会计处理：对该合营企业具有重大影响的，应当按照长期股权投资准则的规定核算其对该合营企业的投资；对该合营企业不具有重大影响的，应当按照金融工具确认和计量准则的规定核算其对该合营企业的投资。本节旨在阐述共同经营参与方的会计处理。

一、共同经营中合营方的会计处理

（一）一般会计处理原则

合营方应当确认其与共同经营中利益份额相关的下列项目，并按照相关企业会计准则的规定进行会计处理：（1）确认单独所持有的资产，以及按其份额确认共同持有的资产；（2）确认单独所承担的负债，以及按其份额确认共同承担的负债；（3）确认出售其享有的共同经营产出份额所产生的收入；（4）按其份额确认共同经营因出售产出所产生的收入；（5）确认单独所发生的费用，以及按其份额确认共同经营发生的费用。

合营方可能将其自有资产用于共同经营，如果合营方保留了对这些资产的全部所有权或控制权，则这些资产的会计处理与合营方自有资产的会计处理并无差别。

合营方也可能与其他合营方共同购买资产来投入共同经营，并共同承担共同经营的负债，此时，合营方应当按照企业会计准则相关规定确认在这些资产和负债中的利益份额。如按照《企业会计准则第4号——固定资产》来确认在相关固定资产中的利益份额，按照金融工具确认和计量准则来确认在相关金融资产和金融负债中的利益份额。

共同经营通过单独主体达成时，合营方应确认按照上述原则单独所承担的负债，以及按本企业的份额确认共同承担的负债。但合营方对于因其他股东未按约定向合营安排提供资金，按照我国相关法律或相关合同约定等规定而承担连带责任的，从其规定，在会计处理上应遵循《企业会计准则第13号——或有事项》的要求。

（二）应用举例

【例10-23】　共同经营中合营方的会计处理

资料：2021年1月1日，A公司和B公司共同出资购买一栋写字楼，各自拥有该写字楼50%的产权，用于出租收取租金。合同约定，该写字楼相关活动的决策需要A公司和B公司一致同意方可做出；A公司和B公司的出资比例、收入分享比例和费用分担比例均为各自50%。该写字楼购买价款为8 000万元，由A公司和B公司以银行存款支付，预计使用寿命20年，预计净残值为320万元，采用年限平均法按月计提折旧。该写字楼的租赁合同约定，租赁期限为10年，每年租金为480万元，按月交付。该写字楼每月支付维修费2万元。另外，A公司和B公司约定，该写字楼的后续维护和维修支出（包括再装修支出和任何其他的大修支出）以及与该写字楼相关的任何资金需求，均由A公司和B公司按比例承担。假设A公司和B公司均采用成本法对投资性房地产进行后续计量，不考虑税费等其他因素的影响。

要求：说明A公司对该合营安排的会计处理。

分析：本例中，由于关于该写字楼相关活动的决策需要A公司和B公司一致同意方可做出，所以A公司和B公司共同控制该写字楼，购买并出租该写字楼为一项合营安排。由于该合营安排并未通过一个单独主体来架构，并明确约定了A公司和B公司享有该安排中资产的权利、获得该安排相应收入的权利、承担相应费用的责任等，因此该合营安排是共同经营。A公司的相关会计处理如下：

（1）出资购买写字楼时：

借：投资性房地产（80 000 000×50%）　　40 000 000

　贷：银行存款　　40 000 000

（2）每月确认租金收入时：

借：银行存款（4 800 000×50%÷12）　　200 000

　贷：其他业务收入　　200 000

（3）每月计提写字楼折旧时：

每月计提折旧额：（80 000 000−3 200 000）÷20÷12×50%=160 000（元）

借：其他业务成本　　160 000

　贷：投资性房地产累计折旧　　160 000

（4）支付维修费时：

借：其他业务成本（20 000×50%）　　10 000

　贷：银行存款　　10 000

（三）合营方向共同经营投出或者出售不构成业务的资产的会计处理

合营方向共同经营投出或出售资产等（该资产构成业务[①]的除外），在共同经营将相关资产出售给第三方或相关资产消耗之前（即未实现内部利润仍包括在共同经营持有的资产账面价值中时），应当仅确认归属于共同经营其他参与方的利得或损失。交易表明投出或出售的资产发生符合《企业会计准则第8号——资产减值》（以下简称“资产减值损失准则”）等规定的资产减值损失的，合营方应当全额确认该损失。该规定与合营方对合营企业投出或出售非货币性资产的规定一致。

（四）合营方自共同经营购买不构成业务的资产的会计处理

合营方自共同经营购买资产等（该资产构成业务的除外），在将该资产等出售给第三方之前（即未实现内部利润仍包括在合营方持有的资产账面价值中时），不应当确认因该交易产生的损益中该合营方应享有的部分，即此时应当仅确认因该交易产生的损益中归属于共同经营其他参与方的部分。

【例10-24】　合营方自共同经营购买不构成业务的资产的会计处理

资料：A公司和B公司共同设立一项安排C，假定该安排划分为共同经营，A公司和B

①业务是指企业内部某些生产经营活动或资产的组合，该组合一般具有投入、加工处理过程和产出能力，能够独立计算其成本费用或所产生的收入。

公司对于安排C的资产、负债及损益分别享有50%的份额。2020年12月31日，A公司支付采购价款（不含增值税）100万元，购入安排C的一批产品，A公司将该批产品作为存货入账，尚未对外出售。该批产品在安排C中的账面价值为60万元。

要求：分析A公司从安排C购入产品的会计处理要点。

分析：本例中，安排C因上述交易确认了收益40万元。A公司对该收益按份额应享有20万元（40×50%）。但由于在资产负债表日，该项存货仍未出售给第三方，因此该未实现内部损益20万元应当被抵销，相应减少存货的账面价值。但对于B公司对该收益应享有的20万元（40×50%），A公司应当予以确认。B公司享有的20万元收益反映在A公司存货的期末账面价值中。

当这类交易提供证据表明购入的资产发生符合资产减值损失准则等规定的资产减值损失时，合营方应当按其承担的份额确认该部分损失。

（五）合营方取得构成业务的共同经营的利益份额的会计处理

合营方取得共同经营中的利益份额，且该共同经营构成业务时，应当按照企业合并准则等相关准则的规定进行相应的会计处理，但其他相关准则的规定不能与合营安排准则的规定相冲突。企业应当按照企业合并准则的相关规定判断该共同经营是否构成业务。该处理原则不仅适用于收购现有的构成业务的共同经营中的利益份额，也适用于与其他参与方一起设立共同经营，且由于有其他参与方注入既存业务，共同经营在设立时即构成业务。

【例10-25】 合营方取得构成业务的共同经营的利益份额的会计处理

资料：B公司和C公司共同设立一项安排D，假定该安排构成一项业务，且属于共同经营。B公司和C公司对于安排D的资产、负债及损益分别享有50%的份额。A公司（非关联方）于2020年12月31日购买了B公司持有的全部安排D的利益份额，购买对价为200万元，交易费用为10万元。A公司所取得的单独持有的资产及共同持有的资产份额以及所单独承担的负债及共同承担的负债份额的公允价值见表10-2。

表10-2 **A公司取得的安排D净资产公允价值情况** 单位：元

资产	金额	负债	金额
货币资金	200 000	流动负债	300 000
固定资产	1 000 000	非流动负债	100 000
其他资产	800 000		
资产总额	2 000 000	负债总额	400 000

要求：分析A公司购买安排D的会计处理要点。

分析：假定不考虑所得税，A公司取得的该共同经营利益份额中可辨认净资产的公允价值为160万元，A公司支付的对价为200万元，A公司应相应确认商誉40万元。

合营方增加其持有的一项构成业务的共同经营的利益份额时，如果合营方对该共同经营仍然是共同控制，则合营方之前持有的共同经营的利益份额不应按照新增投资日的公允价值重新计量。

二、共同经营中非合营方的会计处理

（一）会计处理原则

对共同经营不享有共同控制的参与方（非合营方），如果享有该共同经营相关资产且承担该共同经营相关负债的，比照合营方进行会计处理，即共同经营的参与方，不论其是否具有共同控制，只要能够享有共同经营相关资产的权利并承担共同经营相关负债的义务，对在共同经营中的利益份额采用与合营方相同的会计处理。否则，应当按照相关企业会计准则的规定对其利益份额进行会计处理。例如，如果该参与方对于合营安排的净资产享有权利并且具有重大影响，则按照长期股权投资准则等相关规定进行会计处理；如果该参与方对于合营安排的净资产享有权利并且无重大影响，则按照金融工具确认和计量准则等相关规定进行会计处理；向共同经营投出构成业务的资产的，以及取得共同经营的利益份额的，则按照合并财务报表及企业合并等相关准则进行会计处理。

（二）应用举例

【例 10-26】　**共同经营中非合营方的会计处理**

资料： A公司、B公司、C公司共同设立合营安排D公司，表决权比例分别为45%、45%及10%。假设根据协议，A公司、B公司共同控制D公司，且该合营安排为共同经营，除上述外无其他需考虑的因素。

要求： 分析C公司对该共同经营的会计处理要点。

分析： 在本例中，A公司、B公司对合营安排具有共同控制权，而C公司仅仅是该项合营安排的参与方。假设C公司对于D公司的净资产享有权利，那么C公司应当判断其持有的10%的表决权比例是否使其对合营安排具有重大影响，进而按照长期股权投资准则或金融工具确认和计量准则进行会计处理（交易性金融资产或指定为其他权益工具投资）。

自测题 10-2

第三节　与合营安排有关的信息披露

一、表内披露

（一）资产负债表中披露

合营方对合营企业根据长期股权投资准则确认的长期股权投资在资产负债表中列示。合营方按份额确认的共同经营资产、负债在资产负债表中列示。合营企业的非合营方根据长期股权投资准则确认的长期股权投资、根据金融工具确认和计量准则确认的交易性金融资产、其他权益工具投资、其他综合收益、盈余公积、未分配利润在资产负债表中列示。共同经营的非合营方按份额确认的共同经营资产或负债、根据长期股权投资准则确认的长期股权投资、根据金融工具确认和计量准则确认的交易性金融资产、其他权益工具投资、其他综合收益、盈余公积、未分配利润在资产负债表中列示。

（二）利润表中披露

合营企业的合营方根据长期股权投资准则确认的投资收益、根据资产减值损失准则确认的长期股权投资减值损失在利润表中列示。合营安排的非合营方根据长期股权投资准则或金融工具确认和计量准则确认的投资收益、根据金融工具确认和计量准则确认的公允价值变动损益、根据资产减值损失准则确认的长期股权投资减值损失在利润表中列示。共同经营的合营方或非合营方按份额确认的共同经营收入、费用在利润表中列示。

二、表外披露

企业应当披露对其他主体实施共同控制的重大判断和假设，以及这些判断和假设变更的情况，包括合营安排是共同经营还是合营企业的判断和假设。

存在重要的合营安排的，企业应当披露下列信息：

（1）合营安排的名称、主要经营地及注册地。

（2）企业与合营安排的关系性质，包括合营安排活动的性质，以及合营安排对企业活动是否具有战略性等。

（3）企业的持股比例。持股比例不同于企业持有的表决权比例的，企业还应当披露该表决权比例。

对于重要的合营企业，企业除了披露上述信息外，还应当披露对合营企业的会计处理方法，从合营企业收到的股利，以及合营企业在其自身财务报表中的主要财务信息。

企业对上述合营企业投资采用权益法进行会计处理的，上述主要财务信息应当是按照权益法对合营企业相关财务信息调整后的金额；同时，企业应当披露将上述主要财务信息按照权益法调整至合营企业投资账面价值的调节过程。企业对上述合营企业投资采用权益法进行会计处理但该投资存在公开报价的，还应当披露其公允价值。

企业在单个合营企业中的权益不重要的，应当就合营企业披露下列信息：

（1）按照权益法进行会计处理的对合营企业投资的账面价值合计数。

（2）对合营企业的净利润、终止经营净利润、其他综合收益、综合收益等项目，企业按照其持股比例计算的金额的合计数。

合营企业以发放现金股利、归还贷款或垫款等形式向企业转移资金的能力存在重大限制的，企业应当披露该限制的性质和程度。

企业对合营企业投资采用权益法进行会计处理，被投资方发生超额亏损且投资方不再确认其应分担合营企业损失份额的，应当披露未确认的合营企业损失份额，包括当期份额和累积份额。

企业应当单独披露与其对合营企业投资相关的未确认承诺，以及与其对合营企业投资相关的或有负债。

自测题 10-3

【本章小结】

本章介绍了合营安排的概念、认定和分类，以及共同经营参与方的会计处理、与合营安排有关的信息披露要求。

【学思践悟】

［目的］探讨企业设立合营安排的战略性动机。

［资料］2022年10月16日，习近平总书记在中国共产党第二十次全国代表大会上的报告中指出“加快发展数字经济，促进数字经济和实体经济深度融合，打造具有国际竞争力的数字产业集群。优化基础设施布局、结构、功能和系统集成，构建现代化基础设施体系”。2022年11月2日，中国联合网络通信股份有限公司（简称“中国联通”）发布公告称，为全面挺进数字经济的战略需要和积极顺应数字经济发展新浪潮，其下属子公司联通创新创业投资有限公司（简称“联通创投”）拟与深圳市腾讯产业创投有限公司（简称“腾讯创投”）新设合营企业，主要从事内容分发网络（CDN）和边缘计算业务，立足于自主研发，形成完整的CDN/MEC平台能力、运营能力和产品创新能力。中国联通预计该合营企业的组建从长期来看有利于放大双方优势，壮大CDN、边缘计算产业链。

资料来源：中国联合网络通信股份有限公司.中国联合网络通信股份有限公司关于媒体报道事项的说明公告［EB/OL］.（2022-11-02）. http：//www. cninfo. com. cn/new/disclosure/detail？ plate=sse&orgId=gssh0600050&stockCode=600050&announcementId=1215014577&announcementTime=2022-11-03.

［问题］

1.结合案例背景，分析联通创投与腾讯创投设立合营企业的战略性动机。

2.相比较于发展自身相关业务，企业设立合营企业的优势与劣势有哪些？企业对这两种方式的选择，可能对财务报表产生怎样的影响？

【复习思考题】

1.什么是合营安排？合营安排具有哪些特征？

2.什么是共同经营和合营企业？它们的主要区别是什么？

3.共同经营参与方会计处理的要点是什么？

【练习题】

练习一

［目的］练习共同经营中合营方的会计处理。

［资料］A公司和B公司共同设立一项安排C，假定该安排划分为共同经营，A公司和B公司对于安排C的资产、负债及损益分别享有50%的份额。2021年1月1日，C从D购入一台生产用设备，不含税价款为200万元，增值税为26万元，预计使用年限为10年，净残值为0。2021年5月1日，C向E销售商品一批，不含税价款为100万元，增值税为13万元，款项已收到。该批商品成本为80万元。

［要求］请对A公司相关业务进行会计处理。

练习二

［目的］练习合营方自共同经营购买不构成业务的资产的会计处理。

［资料］A公司和B公司共同设立一项安排C，假定该安排划分为共同经营，A公司和B公司对于安排C的资产、负债及损益分别享有50%的份额。2020年12月31日，A公司支付采购价款（不含增值税）100万元、增值税13万元，购入安排C的一批产品，A公司将该批产品作为存货入账，尚未对外出售。该批产品在安排C中的账面价值为60万元。2021年3月31日，A公司将该批产品全部对外出售，收到不含税价款120万元、增值税15.6万元。2021年12月31日，A公司向安排C销售一批商品，该批商品的不含税销售价格为50万元，增值税为6.5万元，款项已收到。该批商品的成本为30万元，安排C将该批商品作为存货入账，尚未对外出售。

［要求］请对A公司相关业务进行会计处理。

引导案例分析要点

第十一章

持有待售项目

【学习目标】

1. 掌握持有待售类别的含义、计量和列报。
2. 掌握终止经营的含义及列报。
3. 了解特殊事项的列报。
4. 通过学思践悟了解与持有待售项目相关的法律法规及道德问题。

【本章结构导图】

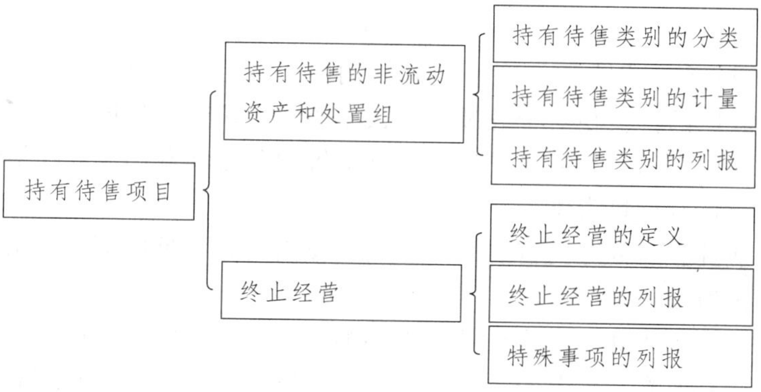

【引导案例】 关于美好置业持有待售项目的分析

美好置业集团股份有限公司（以下简称“美好置业”）是一家全国性的房地产业上市公司，股票代码000667（SZ），主要从事房地产开发、装配式建筑业务。2022年4月27日，美好置业披露了2021年年度报告。年报显示，美好置业期末持有待售非流动资产账面价值为3 302.75万元，涉及事项为子公司长沙美好智造装配式建筑有限公司于2020年处置湖南宁乡基地的地上建筑物及水电临时设施、临建板房等附属物，预计2022年办理完毕不动产权登记和交接手续。

资料来源：美好置业集团股份有限公司. 美好置业集团股份有限公司2021年年度报告［EB/OL］.（2022-04-27）. http：//www.cninfo.com.cn/new/disclosure/detail？plate=szse&orgId=gssz0000667&stockCode=000667&announcementId=1213144846&announcementTime=2022-04-27.

问题：

将非流动资产或处置组划分为持有待售类别，应当同时满足哪些条件？

第一节 持有待售的非流动资产和处置组

一、持有待售类别的分类

（一）持有待售类别分类的基本要求

1.分类原则

根据《企业会计准则第42号——持有待售的非流动资产、处置组和终止经营》，企业主要通过出售而非持续使用一项非流动资产或处置组收回其账面价值的，应当将其划分为持有待售类别。处置组，是指在一项交易中作为整体通过出售或其他方式一并处置的一组资产，以及在该交易中转让的与这些资产直接相关的负债。处置组中可能包含企业的任何资产和负债，如流动资产、流动负债、非流动资产和非流动负债。按照《企业会计准则第8号——资产减值》的规定，企业合并中取得的商誉应当按照合理的方法分摊至相关的资产组或资产组组合，如果处置组即为该资产组或者包括在该资产组或资产组组合中，处置组也应当包含分摊的商誉。

对于符合持有待售类别划分条件但仍在使用的非流动资产或处置组，由于通过该资产或处置组的使用收回的价值相对于通过出售收回的价值是微不足道的，资产的账面价值仍然主要通过出售收回，因此企业不应当因持有待售的非流动资产或处置组仍在产生零星收入而不将其划分为持有待售类别。

非流动资产或处置组划分为持有待售类别，应当同时满足以下两个条件：

（1）可立即出售。

根据类似交易中出售此类资产或处置组的惯例，在当前状况下即可立即出售。为满足该条件，企业应当具有在当前状态下出售该非流动资产或处置组的意图和能力。为了符合类似交易中出售此类资产或处置组的管理，企业应当在出售前做好相关准备，例如，按照惯例允许买方在报价和签署合同前对资产进行尽职调查等。

需要特别指出的是，上文所述“出售”包括具有商业实质的非货币性资产交换。如果企业以非货币性资产交换形式换出非流动资产或处置组，且该交易具有商业实质，那么企业应当考虑相关非流动资产或处置组是否符合划分为持有待售类别的条件。同样地，如果企业以非流动资产或处置组作为换出资产进行债务重组，也可能符合划分为持有待售类别的条件。

【例11-1】 **持有待售类别的判断**

资料：G企业在X市区繁华地段拥有一栋办公大楼，企业的主要业务部门均在该大楼内办公。由于发展战略发生改变，G企业计划整体搬迁至Y市。G企业与H企业签订了办公大楼转让合同，附带约定条款。

情形一：G企业将在腾空办公大楼后将其交付给H企业，且腾空办公大楼所需时间是正常且符合交易惯例的。

情形二：G企业将在Y市兴建的新办公大楼竣工并装修完成前继续使用现有办公大楼，竣工并装修完成后将X市大楼交付H企业。

要求：判断上述情形是否符合可立即出售的条件。

分析：情形一，在出售建筑物前将其腾空属于出售此类资产的惯例，且腾空只占用常规所需时间，因此，即使G企业的办公大楼当前尚未腾空，并不影响其满足在当前状况下即可立即出售的条件。

情形二，“在Y市兴建的新办公大楼竣工并装修完成前继续使用现有办公大楼”的条件不属于类似交易中出售此类资产的惯例，使得办公大楼在当前状况下不能立即出售，在新大楼竣工并装修完成前G企业虽然已取得确定的购买承诺，办公大楼仍然不符合持有待售类别的划分条件。

【例11-2】 **持有待售类别的判断**

资料：由于F企业经营范围发生改变，企业计划将生产D产品的全套生产线出售，F企业尚有一批积压的未完成客户订单。情形一：F企业决定在出售生产线的同时，将尚未完成的客户订单一并移交给买方。情形二：F企业决定在完成所积压的客户订单后再将生产线转让给买方。

要求：判断上述情形是否符合可立即出售的条件。

分析：情形一，由于在出售日移交未完成客户订单不会影响对该生产线的转让时间，可以认为该生产线符合了在当前状况下即可立即出售的条件。

情形二，由于生产线在完成积压订单后方可出售，在完成所有积压的客户订单前，该生产线在当前状态下不能立即出售，不符合划分为持有待售类别的条件。

（2）出售极可能发生。

出售极可能发生，即企业已经就一项出售计划做出决议且获得确定的购买承诺，预计出售将在一年内完成。有关规定要求企业相关权力机构或者监管部门批准后方可出售的，应当已经获得批准。具体来说，“出售极可能发生”应当包含以下几层含义：一是企业出售非流动资产或处置组的决议一般需要由企业相应级别的管理层做出，如果有关规定要求企业相关权力机构或者监管部门批准后方可出售，应当已经获得批准。二是企业已经获得确定的购买承诺，确定的购买承诺是企业与其他方签订的具有法律约束力的购买协议，该协议包含交易价格、时间和足够严厉的违约惩罚等重要条款，使协议出现重大调整或者撤销的可能性极小。三是预计自划分为持有待售类别起一年内，出售交易能够完成。

2.延长一年期限的例外条款

有些情况下，可能由于发生一些企业无法控制的原因导致出售未能在一年内完成。如果涉及的出售是关联方交易，不允许放松一年期限条件。如果涉及的出售不是关联方交易，且有充分证据表明企业仍然承诺出售非流动资产或处置组，允许放松一年期限条件，企业可以继续将非流动资产或处置组划分为持有待售类别。企业无法控制的原因包括：

（1）意外设定条件。

买方或其他方意外设定导致出售延期的条件，企业针对这些条件已经及时采取行动，且预计能够自设定导致出售延期的条件起一年内顺利化解延期因素。即企业在初始对非流动资产或处置组进行分类时，能够满足划分为持有待售类别的所有条件，但此后买方或是其他方提出一些意料之外的条件，且企业已经采取措施加以应对，预计能够自设定这些条件起一年内满足条件并完成出售，那么即使出售无法在最初一年内完成，企业仍然可以维持原持有待售类别的分类。

【例 11-3】 持有待售类别的判断

资料：企业E计划将整套钢铁生产厂房和设备出售给企业F，E和F不存在关联关系，双方已于2021年9月16日签订了转让合同。因该厂区的污水排放系统存在缺陷，对周边环境造成污染。

情形一：企业E不知晓土地污染情况，2021年11月6日，企业F在对生产厂房和设备进行检查过程中发现污染，并要求企业E进行补救。企业E立即着手采取措施，预计至2022年10月底环境污染问题能够得到成功整治。

情形二：企业E知晓土地污染情况，在转让合同中附带条款，承诺将自2021年10月1日起开展污染清除工作，清除工作预计将持续8个月。

情形三：企业E知晓土地污染情况，在协议中标明企业E不承担清除污染义务，并在确定转让价格时考虑了该污染因素，预计转让将于9个月内完成。

要求：判断上述处置组是否可以划分为持有待售类别。

分析：情形一，在签订转让合同前，买卖双方并不知晓影响交易进度的环境污染问题，属于符合延长一年期限的例外事项，在2021年11月6日发现延期事项后，企业E预计将在一年内消除延期因素，因此仍然可以将处置组划分为持有待售类别。

情形二，虽然买卖双方已经签订协议，但在污染得到整治前，该处置组在当前状态下不可立即出售，不符合划分为持有待售类别的条件。

情形三，由于卖方不承担清除污染义务，转让价格已将污染因素考虑在内，该处置组于协议签署日即符合划分为持有待售类别的条件。

（2）发生罕见情况。

因发生罕见情况，导致持有待售的非流动资产或处置组未能在一年内完成出售，企业在最初一年内已经针对这些新情况采取必要措施且重新满足了持有待售类别的划分条件。即非流动资产或处置组在初始分类时满足了持有待售类别的所有条件，但在最初一年内，出现罕见情况导致出售将被延迟至一年之后。如果企业针对这些新情况在最初一年内已经采取必要措施，而且该非流动资产或处置组重新满足了持有待售类别的划分条件，也就是在当前状况下可立即出售且出售极可能发生，那么即使原定的出售计划无法在最初一年内完成，企业仍然可以维持原持有待售类别的分类。这里的“罕见情况”主要指因不可抗力引发的情况、宏观经济形势发生急剧变化等不可控情况。

【例 11-4】 持有待售类别的判断

资料：企业A拟将一栋原自用的写字楼转让，于2017年12月6日与企业B签订了房产转让协议，预计将于10个月内完成转让，假定该写字楼于签订协议当日符合划分为持有待售类别的条件。2018年发生全球金融危机，市场状况迅速恶化，房地产价格大跌，企业B认为原协议价格过高，决定放弃购买，并于2018年9月21日按照协议约定交纳了违约金。企业A决定在考虑市场状况变化的基础上降低写字楼售价，并积极开展市场营销，于2018年12月1日与企业C重新签订了房产转让协议，预计将于9个月内完成转让。企业A和企业C不存在关联关系。

要求： 判断企业A是否仍可以将该写字楼划分为持有待售类别。

分析： 企业A与企业B之间的房产转让交易未能在一年内完成，原因是发生市场恶化、买方违约的罕见事件。在将写字楼划分为持有待售类别的最初一年内，企业A已经重新签署转让协议，并预计将在2018年12月1日开始的一年内完成，使写字楼重新符合了持有待售类别的划分条件。因此，企业A仍然可以将该资产继续划分为持有待售类别。

3.不再继续符合划分条件的处理

持有待售的非流动资产或处置组不再继续满足持有待售类别划分条件的，企业不应当继续将其划分为持有待售类别。部分资产或负债从持有待售的处置组中移除后，如果处置组中剩余资产或负债新组成的处置组仍然满足持有待售类别划分条件，企业应当将新组成的处置组划分为持有待售类别，否则应当将满足持有待售类别划分条件的非流动资产单独划分为持有待售类别。

【例11-5】 **持有待售类别的判断**

资料： 假设在例11-4中，企业A尽管降低了写字楼售价并积极开展市场营销，但在2018年12月6日前始终没有找到合适买家，企业也没有将该写字楼用于经营出租的计划。

要求： 判断企业A是否仍可以将该写字楼划分为持有待售类别。

分析： 写字楼不再满足持有待售类别的划分条件，企业A应当根据实际情况，重新将该写字楼作为固定资产核算。

（二）某些特定持有待售类别分类的具体应用

1.专为转售而取得的非流动资产或处置组

对于企业专为转售而新取得的非流动资产或处置组，如果在取得日满足“预计出售将在一年内完成”的规定条件，且短期（通常为三个月）内很可能满足划分为持有待售类别的其他条件，企业应当在取得日将其划分为持有待售类别。这些“其他条件”包括：根据类似交易中出售此类资产或处置组的惯例，在当前状况下即可立即出售；企业已经就一项出售计划做出决议且获得确定的购买承诺。有关规定要求企业相关权力机构或者监管部门批准后方可出售的，应当已经获得批准。

2.持有待售的长期股权投资

有些情况下，企业出售对子公司投资但并不丧失对其的控制权，企业不应当将拟出售的部分对子公司投资或对子公司投资整体划分为持有待售类别。

有些情况下，企业因出售对子公司的投资等原因导致其丧失对子公司的控制权，出售后企业可能保留对原子公司的部分权益性投资，也可能丧失全部权益。无论企业是否保留非控制的权益性投资，应当在拟出售的对子公司投资满足持有待售类别划分条件时，在母公司个别财务报表中将对子公司投资整体划分为持有待售类别，而不是仅将拟处置的部分投资划分为持有待售类别；在合并财务报表中将子公司所有资产和负债划分为持有待售类别，而不是仅将拟处置的部分投资对应的资产和负债划分为持有待售类别。但是，无论对子公司的投资是否划分为持有待售类别，企业始终应当按照《企业会计准则第33号——合并财务报表》的规定确定合并范围，编制合并财务报表。

【例11-6】 **持有待售类别的判断**

资料：企业集团G拟出售持有的部分长期股权投资，假设拟出售的股权符合持有待售类别的划分条件。

情形一：企业集团G拥有子公司100%的股权，拟出售全部股权。

情形二：企业集团G拥有子公司100%的股权，拟出售55%的股权，出售后将丧失对子公司的控制权，但对其具有重大影响。

情形三：企业集团G拥有子公司100%的股权，拟出售25%的股权，出售后仍然拥有对子公司的控制权。

情形四：企业集团G拥有子公司55%的股权，拟出售6%的股权，出售后将丧失对子公司的控制权，但对其具有重大影响。

情形五：企业集团G拥有联营企业35%的股权，拟出售30%的股权，G持有剩余的5%股权，且对被投资方不具有重大影响。

情形六：企业集团G拥有合营企业50%的股权，拟出售35%的股权，G持有剩余的15%股权，且对被投资方不具有共同控制或重大影响。

要求：对上述不同情形下，企业集团G如何划分持有待售类别进行分析。

分析：情形一，企业集团G应当在母公司个别财务报表中将拥有的子公司全部股权划分为持有待售类别，在合并财务报表中将子公司所有资产和负债划分为持有待售类别。

情形二，企业集团G应当在母公司个别财务报表中将拥有的子公司全部股权对应的长期股权投资划分为持有待售类别，在合并财务报表中将子公司所有资产和负债划分为持有待售类别。

情形三，由于企业集团G仍然拥有对子公司的控制权，该长期股权投资并不是“主要通过出售而非持续使用收回其账面价值”的，因此不应当将拟处置的部分股权划分为持有待售类别。

情形四与情形二类似，企业集团G应当在母公司个别财务报表中将拥有的子公司55%的股权划分为持有待售类别，在合并财务报表中将子公司所有资产和负债划分为持有待售类别。

情形五，企业集团G应当将拟出售的30%股权划分为持有待售类别，不再按权益法核算，剩余5%的股权在前述30%的股权处置前，应当采用权益法进行会计处理，在前述30%的股权处置后，应当按照《企业会计准则第22号——金融工具确认和计量》有关规定进行会计处理。

情形六与情形五类似，企业集团G应当将拟出售的35%股权划分为持有待售类别，不再按权益法核算，剩余15%的股权在前述35%的股权处置前，应当采用权益法进行会计处理，在前述35%的股权处置后，应当按照《企业会计准则第22号——金融工具确认和计量》有关规定进行会计处理。

3.拟结束使用而非出售的非流动资产或处置组

企业不应当将拟结束使用而非出售的非流动资产或处置组划分为持有待售类别。原因是企业对该非流动资产或处置组的使用实质上几乎贯穿了其整个经济使用寿命期，其账面价值并非主要通过出售收回，而是主要通过持续使用收回。例如，因已经使用至经济寿命期结束而将某机器设备报废，并收回少量残值。对于暂时停止使用的非流动资产，企业不应当认为其拟结束使用，也不应当将其划分为持有待售类别。

对于拟结束使用而非出售的处置组，在停止使用前不应当划分为持有待售类别，也不应当作为终止经营列报；在停止使用后，不应当划分为持有待售类别，如果该处置组满足终止经营中有关单独区分的组成部分的条件，应当作为终止经营列报。对于拟结束使用而非出售的非流动资产，无论在停止使用之前或之后，均不应当划分为持有待售类别，也不应当作为终止经营列报。

【例 11-7】 **持有待售类别的判断**

资料： 某纺织企业H拥有一条生产某类布料的生产线，由于市场需求变化，该类布料的销量锐减，企业H决定暂停该生产线的生产，但仍然对其进行定期维护，待市场转好时重启生产。

要求： 判断企业H是否应当将该生产线划分为持有待售类别。

分析： 由于生产线属于暂停使用，企业H不应当将其划分为持有待售类别。

二、持有待售类别的计量

（一）初始计量

企业将非流动资产或处置组首次划分为持有待售类别前，应当按照相关会计准则的规定计量非流动资产或处置组中各项资产和负债的账面价值。例如，按照《企业会计准则第4号——固定资产》的规定，对固定资产计提折旧；按照《企业会计准则第6号——无形资产》的规定，对无形资产进行摊销。按照《企业会计准则第8号——资产减值》的规定，企业应当在资产负债表日判断资产是否存在可能发生减值的迹象，如果资产已经或者将被闲置、终止使用或者计划提前处置，表明资产可能发生了减值。对于拟出售的非流动资产或处置组，企业应当在划分为持有待售类别前考虑进行减值测试。

【例 11-8】 **持有待售类别的初始计量**

资料： 企业A拥有一座仓库，原价为120万元，年折旧额为12万元，至2021年12月31日已计提折旧60万元。2022年1月31日，企业A与企业B签署不动产转让协议，拟在6个月内将该仓库转让。假定该不动产满足划分为持有待售类别的其他条件，且不动产价值未发生减值。

要求： 分析企业A如何对该处置组进行初始计量。

分析： 2022年1月31日，企业A应当将仓库资产划分为持有待售类别，并按照《企业会计准则第4号——固定资产》对该固定资产计提1月份折旧1万元。2022年1月31日，该仓库在划分为持有待售类别前的账面价值为59万元，此后不再计提折旧。

对于持有待售的非流动资产或处置组，企业在初始计量时，应当按照相关会计准则规定计量流动资产、适用其他准则计量规定的非流动资产和负债。如果持有待售的非流动资产或处置组整体的账面价值低于其公允价值减去出售费用后的净额，企业不需要对账面价值进行调整；如果账面价值高于其公允价值减去出售费用后的净额，企业应当将账面价值减记至公允价值减去出售费用后的净额，减记的金额确认为资产减值损失，计入当期损益，同时计提持有待售资产减值准备。

企业应当按照《企业会计准则第39号——公允价值计量》的有关规定确定非流动资产或处置组的公允价值。具体来说，企业应当参考所获得的确定的购买承诺中的交易价格，确定持有待售的非流动资产或处置组的公允价值，交易价格应当考虑可变对价合同中存在的重大融资成分、非现金对价、应付客户对价等因素的影响。如果企业尚未获得确定的购买承诺，例如对于专为转售而取得的非流动资产或处置组，企业应当对其公允价值做出估计，优先使用市场报价等可观察输入值。

出售费用是企业发生的可以直接归属于出售资产或处置组的增量费用，出售费用直接由出售引起，并且是企业进行出售所必需的，如果企业不出售资产或处置组，该费用将不会产生。出售费用包括为出售发生的特定法律服务、评估咨询等中介费用，也包括相关的消费税、城市维护建设税、土地增值税和印花税等，但不包括财务费用和所得税费用。有些情况下，公允价值减去出售费用后的净额可能为负值，持有待售的非流动资产或处置组中资产的账面价值应当以减记至零为限。是否需要确认相关预计负债，应当按照《企业会计准则第13号——或有事项》的规定进行会计处理。

【例11-9】 **持有待售类别的初始计量**

资料： 企业P拟将下属子公司Q出售给企业R，双方已签订了转让协议，预计将在5个月内完成转让，子公司Q满足划分为持有待售类别的条件。Q与银行T之间存在未决诉讼，Q可能败诉。由于不符合预计负债的确认条件，企业P仅在报表附注中披露了或有负债。

要求： 分析企业P如何对该处置组进行初始计量。

分析： 在合并报表中确定子公司Q的公允价值减去出售费用后的净额时，需要考虑尚未确认的或有负债的公允价值，Q的账面价值未确认该项或有负债，因此子公司Q的公允价值减去出售费用后的净额低于其账面价值，应当确认持有待售资产减值损失，计入当期损益。

对于取得日划分为持有待售类别的非流动资产或处置组，企业应当在初始计量时比较假定其不划分为持有待售类别情况下的初始计量金额和公允价值减去出售费用后的净额，以两者孰低计量。非同一控制下的企业合并中新取得的非流动资产或处置组划分为持有待售类别的，应当按照公允价值减去出售费用后的净额计量；同一控制下的企业合并中非流动资产或处置组划分为持有待售类别的，应当按照合并日在被合并方的账面价值与公允价值减去出售费用后的净额孰低计量。除企业合并中取得的非流动资产或处置组外，由以公允价值减去出售费用后的净额作为非流动资产或处置组初始计量金额而产生的差额，应当计入当期损益。

【例 11-10】　**持有待售类别的初始计量**

资料：2022年3月1日，公司L购入公司M全部股权，支付价款1 600万元。购入该股权之前，公司L的管理层已经做出决议，一旦购入公司M，将在一年内将其出售给公司N，公司M当前状况下即可立即出售。预计公司L还将为出售该子公司支付12万元的出售费用。公司L与公司N计划于2022年3月31日签署股权转让合同。情形一：公司L与公司N初步议定股权转让价格为1 620万元。情形二：公司L尚未与公司N议定转让价格，购买日股权公允价值与支付价款一致。

要求：对公司L的上述情形做出会计处理。

分析：情形一：公司M是专为转售而取得的子公司，其不划分为持有待售类别情况下的初始计量金额应当为1 600万元，当日公允价值减去出售费用后的净额为1 608万元，按照两者孰低计量。2022年3月1日公司L的账务处理如下：

借：持有待售资产——长期股权投资　　16 000 000

　贷：银行存款　　16 000 000

情形二：公司M是专为转售而取得的子公司，其不划分为持有待售类别情况下的初始计量金额为1 600万元，当日公允价值减去出售费用后的净额为1 588万元，按照两者孰低计量。2022年3月1日公司L的账务处理如下：

借：持有待售资产——长期股权投资　　15 880 000

　　资产减值损失　　120 000

　贷：银行存款　　16 000 000

（二）后续计量

1.持有待售的非流动资产的后续计量

企业在资产负债表日重新计量持有待售的非流动资产时，如果其账面价值高于公允价值减去出售费用后的净额，应当将账面价值减记至公允价值减去出售费用后的净额，减记的金额确认为资产减值损失，计入当期损益，同时计提持有待售资产减值准备。

如果后续资产负债表日持有待售的非流动资产公允价值减去出售费用后的净额增加，以前减记的金额应当予以恢复，并在划分为持有待售类别后非流动资产确认的资产减值损失金额内转回，转回金额计入当期损益，划分为持有待售类别前确认的资产减值损失不得转回。

持有待售的非流动资产不应计提折旧或摊销。

【例 11-11】　**持有待售类别的后续计量**

资料：承例11-10，2022年3月31日，公司L与公司N签订合同，转让所持有公司M的全部股权，转让价格为1 607万元，公司L预计还将支付8万元的出售费用。

要求：做出公司L的会计处理。

分析：情形一：2022年3月31日，公司L持有的公司M的股权公允价值减去出售费用后的净额为1 599万元，账面价值为1 600万元，以两者孰低计量，2022年3月31日公司L的账务处理如下：

借：资产减值损失　　10 000

贷：持有待售资产减值准备——长期股权投资　　10 000

情形二：2022年3月31日，公司L持有的公司M的股权公允价值减去出售费用后的净额为1 599万元，账面价值为1 588万元，以两者孰低计量，公司L不需要进行账务处理。

2. 持有待售的处置组的后续计量

企业在资产负债表日重新计量持有待售的处置组时，应当首先按照相关会计准则规定计量处置组中的流动资产、适用其他准则计量规定的非流动资产和负债的账面价值。例如，处置组中的金融工具，应当按照《企业会计准则第22号——金融工具确认和计量》的规定计量。

在进行上述计量后，企业应当比较持有待售的处置组整体账面价值与公允价值减去出售费用后的净额，如果账面价值高于其公允价值减去出售费用后的净额，应当将账面价值减记至公允价值减去出售费用后的净额，减记的金额确认为资产减值损失，计入当期损益，同时计提持有待售资产减值准备。

对于持有待售的处置组确认的资产减值损失金额，如果该处置组包含商誉，应当先抵减商誉的账面价值，再根据处置组中适用本章计量规定的各项非流动资产账面价值所占比重，按比例抵减其账面价值。确认的资产减值损失金额应当以处置组中包含的适用本章计量规定的各项资产的账面价值为限，不应分摊至处置组中包含的流动资产或适用其他准则计量规定的非流动资产。

如果后续资产负债表日持有待售的处置组公允价值减去出售费用后的净额增加，以前减记的金额应当予以恢复，并在划分为持有待售类别后适用本章计量规定的非流动资产确认的资产减值损失金额内转回，转回金额计入当期损益，且不应当重复确认适用其他准则计量规定的非流动资产和负债按照相关准则规定已经确认的利得。已抵减的商誉账面价值，以及适用本章计量规定的非流动资产在划分为持有待售类别前确认的资产减值损失不得转回。对于持有待售的处置组确认的资产减值损失后续转回金额，应当根据处置组中除商誉外适用本章计量规定的各项非流动资产账面价值所占比重，按比例增加其账面价值。

【例11-12】　持有待售类别的后续计量

资料： A企业拥有一个销售门店，2022年6月15日，该门店的部分科目余额表见表11-1。

表11-1　2022年6月15日门店调整前的部分科目余额表　单位：元

科目名称	借方余额	贷方余额
库存现金	310 000	
应收账款	270 000	
坏账准备		10 000
库存商品	300 000	
存货跌价准备		100 000
其他债权投资	380 000	

续表

科目名称	借方余额	贷方余额
固定资产	1 100 000	
累计折旧		30 000
固定资产减值准备		15 000
无形资产	950 000	
累计摊销		14 000
无形资产减值准备		5 000
商誉	200 000	
应付账款		310 000
其他应付款		560 000
预计负债		250 000

当日，A企业与B企业签订转让协议，将该门店整体转让，转让初定价格为1 900 000元。转让协议同时约定，对于门店2022年6月10日购买的一项分类为以公允价值计量且其变动计入其他综合收益的其他债权投资（其购入成本为380 000元），转让价格以转让完成当日市场报价为准。假设该门店满足划分为持有待售类别的条件，但不符合终止经营的定义。

截至2022年6月15日，固定资产还应当计提折旧5 000元，无形资产还应当计提摊销1 000元，固定资产和无形资产均用于管理用途。2022年6月15日，其他债权投资公允价值降至360 000元，固定资产可收回金额降至1 020 000元，其他资产、负债价值没有发生变化。2022年6月15日，该门店的公允价值为1 900 000元，A企业预计为转让门店还需支付律师和注册会计师专业咨询费共计70 000元。假设A企业不存在其他持有待售的非流动资产或处置组，不考虑税费的影响。

2022年6月30日，该门店尚未完成转让，A企业作为其他债权投资核算的债券投资市场报价上升至370 000元，假设其他资产、负债价值没有变化。B企业在对门店进行检查时发现一些资产轻微破损，A企业同意修理，预计修理费用为5 000元，A企业还将律师和注册会计师咨询费预计金额调整至40 000元。当日，门店处置组整体的公允价值为1 910 000元。

要求： 对A企业的上述事项进行会计处理。

分析：（1）2022年6月15日，A企业首次将该处置组划分为持有待售类别前，应当按照适用的会计准则计量各项资产和负债的账面价值。其账务处理如下：

借：管理费用　6 000
　贷：累计折旧　5 000
　　　累计摊销　1 000

借：其他综合收益　20 000
　贷：其他债权投资　20 000

借：资产减值损失　30 000

贷：固定资产减值准备　　30 000

经上述调整后，2022年6月15日该门店各资产和负债的账面价值见表11-2。

表11-2　**2022年6月15日门店资产和负债调整后账面价值**　单位：元

报表项目	账面价值
持有待售资产：	
货币资金	310 000
应收账款	260 000
存货	200 000
其他债权投资	360 000
固定资产	1 020 000
无形资产	930 000
商誉	200 000
持有待售资产小计	3 280 000
持有待售负债：	
应付账款	（310 000）
其他应付款	（560 000）
预计负债	（250 000）
持有待售负债小计	（1 120 000）
合计	2 160 000

（2）2022年6月15日，A企业将该门店处置组划分为持有待售类别时，其账务处理如下：

借：持有待售资产——库存现金　　310 000
　　　　　　　　——应收账款　　270 000
　　　　　　　　——库存商品　　300 000
　　　　　　　　——其他债权投资　　360 000
　　　　　　　　——固定资产　　1 020 000
　　　　　　　　——无形资产　　930 000
　　　　　　　　——商誉　　200 000
　　坏账准备　　10 000
　　存货跌价准备　　100 000
　　固定资产减值准备　　45 000
　　累计折旧　　35 000
　　累计摊销　　15 000
　　无形资产减值准备　　5 000

贷：持有待售资产减值准备——坏账准备　10 000

——存货跌价准备　100 000

库存现金　310 000

应收账款　270 000

库存商品　300 000

其他债权投资　360 000

固定资产　1 100 000

无形资产　950 000

商誉　200 000

借：应付账款　310 000

其他应付款　560 000

预计负债　250 000

贷：持有待售负债——应付账款　310 000

——其他应付款　560 000

——预计负债　250 000

（3）2022年6月15日，由于该处置组的账面价值2 160 000元高于公允价值减去出售费用后的净额1 830 000元（1 900 000−70 000），A企业应当以1 830 000元计量处置组，并计提持有待售资产减值准备330 000元（2 160 000−1 830 000），计入当期损益。

持有待售资产的减值损失应当分配至适用本章计量规定的非流动资产的账面价值。具体来说，应当先抵减处置组中商誉的账面价值200 000元，剩余金额130 000元再根据固定资产、无形资产账面价值所占比重，按比例抵减其账面价值。2022年6月15日，各项资产和负债分摊持有待售资产减值损失及抵减减值损失后的账面价值见表11-3。

表11-3　2022年6月15日门店资产和负债抵减减值损失后的账面价值　单位：元

报表项目	2022年6月15日抵减减值损失前账面价值	减值损失分摊	2022年6月15日抵减减值损失后账面价值
持有待售资产：			
货币资金	310 000	—	310 000
应收账款	260 000	—	260 000
存货	200 000	—	200 000
其他债权投资	360 000	—	360 000
固定资产	1 020 000	−68 000①	952 000
无形资产	930 000	−62 000②	868 000
商誉	200 000	−200 000	0
持有待售资产小计	3 280 000	−330 000	2 950 000
持有待售负债：			

续表

报表项目	2022年6月15日抵减减值损失前账面价值	减值损失分摊	2022年6月15日抵减减值损失后账面价值
应付账款	（310 000）	—	（310 000）
其他应付款	（560 000）	—	（560 000）
预计负债	（250 000）	—	（250 000）
持有待售负债小计	（1 120 000）		（1 120 000）
合计	2 160 000	−330 000	1 830 000

注：①68 000=130 000÷（1 020 000+930 000）×1 020 000。

②62 000=130 000÷（1 020 000+930 000）×930 000。

A企业的账务处理如下：

借：资产减值损失　　330 000

　贷：持有待售资产减值准备——固定资产　　68 000

　　　　　　　　　　　　——无形资产　　62 000

　　　　　　　　　　　　——商誉　　200 000

（4）2022年6月30日，A企业按照适用的会计准则计量其他债权投资，账务处理如下：

借：持有待售资产——其他债权投资　　10 000

　贷：其他综合收益　　10 000

当日，该处置组的账面价值为1 840 000元（包含其他债权投资已经确认的利得10 000元），预计出售费用为45 000元（5 000+40 000），公允价值减去出售费用后的净额为1 865 000元（1 910 000−45 000），高于账面价值。

处置组的公允价值减去出售费用后的净额后续增加的，应当在原已确认的持有待售资产减值损失范围内转回，但已抵减的商誉账面价值200 000元和划分为持有待售类别前适用本章计量规定的非流动资产已计提的资产减值准备不得转回，因此，转回金额应当以130 000元（68 000+62 000）为限。根据上述分析，A企业可转回已经确认的持有待售资产减值损失25 000元（1 865 000−1 840 000），根据固定资产、无形资产账面价值所占比重，按比例转回其账面价值。资产减值损失转回金额的分摊见表11-4。

表11-4　**2022年6月30日门店资产和负债减值损失转回后的账面价值**　单位：元

报表项目	2022年6月15日抵减减值后账面价值	2022年6月30日按照其他适用准则重新计量	2022年6月30日重新计量后的账面价值	减值损失转回的分摊	2022年6月30日减值损失转回后账面价值
持有待售资产：					
货币资金	310 000		310 000		310 000
应收账款	260 000		260 000		260 000

续表

报表项目	2022年6月15日抵减减值后账面价值	2022年6月30日按照其他适用准则重新计量	2022年6月30日重新计量后的账面价值	减值损失转回的分摊	2022年6月30日减值损失转回后账面价值
存货	200 000		200 000		200 000
其他债权投资	360 000	10 000	370 000		370 000
固定资产	952 000		952 000	13 077①	965 077
无形资产	868 000		868 000	11 923②	879 923
商誉	0		0		0
持有待售资产小计	2 950 000	10 000	2 960 000	25 000	2 985 000
持有待售负债：					
应付账款	（310 000）		（310 000）		（310 000）
其他应付款	（560 000）		（560 000）		（560 000）
预计负债	（250 000）		（250 000）		（250 000）
持有待售负债小计	（1 120 000）		（1 120 000）		（1 120 000）
合计	1 830 000	10 000	1 840 000	25 000	1 865 000

注：①13 077=25 000÷（952 000+868 000）×952 000。

②11 923=25 000÷（952 000+868 000）×868 000。

借：持有待售资产减值准备——固定资产　　13 077

　　　　　　　　　　　——无形资产　　11 923

　贷：资产减值损失　　25 000

A企业在2022年6月30日的资产负债表中应当分别以“持有待售资产”和“持有待售负债”列示2 985 000元和1 120 000元。由于处置组不符合终止经营的定义，持有待售资产确认的资产减值损失应当在利润表中以持续经营损益列示。企业同时应当在附注中进一步披露该持有待售处置组的相关信息。

持有待售的处置组中的非流动资产不应计提折旧或摊销，持有待售的处置组中的负债和适用其他准则计量规定的非流动资产的利息或租金收入、支出以及其他费用应当继续予以确认。

【例11-13】　持有待售类别的后续计量

资料：企业F拟将拥有的核电站转让给企业H，双方已签订了转让协议。由于核电站主体设备核反应堆将对当地生态环境产生一定影响，在核电站最初建造完成并交付使用时，企业F考虑到设备使用期满后将其拆除并整治污染的弃置费用，确认了385 500元的预计负债，并按照每年10%的实际利率对该弃置费用逐期确认利息费用。

要求：分析企业F如何对该核电站进行后续计量。

分析：企业F将核电站划分为持有待售类别后，该预计负债应当作为持有待售负债，且该资产弃置义务产生的利息费用应当继续确认。

（三）不再继续划分为持有待售类别的计量

非流动资产或处置组因不再满足持有待售类别划分条件而不再继续划分为持有待售类别或非流动资产从持有待售的处置组中移除时，应当按照以下两者孰低计量：（1）划分为持有待售类别前的账面价值，按照假定不划分为持有待售类别情况下本应确认的折旧、摊销或减值等进行调整后的金额；（2）可收回金额。由此产生的差额计入当期损益，可以通过“资产减值损失”科目进行会计处理。这样处理的结果是，原来划分为持有待售的非流动资产或处置组在重新分类后的账面价值，与其从未划分为持有待售类别情况下的账面价值相一致。

（四）终止确认

持有待售的非流动资产或处置组在终止确认时，企业应当将尚未确认的利得或损失计入当期损益。

按照《企业会计准则第19号——外币折算》的规定，企业在处置持有待售的境外经营时，应当将与该境外经营相关的外币财务报表折算差额，自其他综合收益转入处置当期损益，部分处置境外经营的，应当按处置的比例计算处置部分的外币财务报表折算差额，转入处置当期损益。

【例 11-14】 **持有待售类别的会计处理**

资料：承例11-10和例11-11，2022年6月25日，公司L为转让公司M的股权支付律师费5万元。6月29日，公司L完成对公司M的股权转让，收到价款1 607万元。

要求：进行公司L的会计处理。

分析：情形一：2022年6月25日公司L支付出售费用的账务处理如下：

借：投资收益	50 000	
贷：银行存款		50 000

2022年6月29日公司L的账务处理如下：

借：持有待售资产减值准备——长期股权投资	10 000	
银行存款	16 070 000	
贷：持有待售资产——长期股权投资		16 000 000
投资收益		80 000

情形二：2022年6月25日公司L支付出售费用的账务处理如下：

借：投资收益	50 000	
贷：银行存款		50 000

2022年6月29日公司L的账务处理如下：

借：银行存款	16 070 000	

贷：持有待售资产——长期股权投资		15 880 000
投资收益		190 000

【例 11-15】 **持有待售类别的会计处理**

资料： 承例 11-12，2022年9月19日，该门店完成转让，A企业以银行存款分别支付维修费用5 000元和律师、注册会计师专业咨询费37 000元。当日A企业作为其他债权投资核算的债券投资市场报价为374 000元，B企业以银行存款支付所有转让价款1 914 000元。

要求： 进行A企业的会计处理。

分析： A企业账务处理如下：

借：资产处置损益	5 000	
贷：银行存款		5 000
借：资产处置损益	37 000	
贷：银行存款		37 000
借：银行存款	1 914 000	
持有待售资产减值准备——坏账准备	10 000	
——存货跌价准备	100 000	
——固定资产	54 923	
——无形资产	50 077	
——商誉	200 000	
持有待售负债——应付账款	310 000	
——其他应付款	560 000	
——预计负债	250 000	
贷：持有待售资产——库存现金		310 000
——应收账款		270 000
——库存商品		300 000
——其他债权投资		370 000
——固定资产		1 020 000
——无形资产		930 000
——商誉		200 000
资产处置损益		49 000
借：资产处置损益	10 000	
贷：其他综合收益		10 000

三、持有待售类别的列报

持有待售资产和负债不应当相互抵销。“持有待售资产”和“持有待售负债”应当分别作为流动资产和流动负债列示。对于当期首次满足持有待售类别划分条件的非流动资产或划分为持有待售类别的处置组中的资产和负债，不应当调整可比会计期间资产负债表，即不对其符合持有待售类别划分条件前各个会计期间的资产负债表进行项目的分类调整或重新列报。企业还应当在附注中披露有关持有待售的非流动资产或处置组的相关信息。

非流动资产或处置组在资产负债表日至财务报告批准报出日之间满足持有待售类别划分条件的，应当作为资产负债表日后非调整事项进行会计处理，并在附注中披露相关信息。

自测题 11-1

第二节　终止经营

一、终止经营的定义

终止经营，是指企业满足下列条件之一的、能够单独区分的组成部分，且该组成部分已经处置或划分为持有待售类别：（1）该组成部分代表一项独立的主要业务或一个单独的主要经营地区；（2）该组成部分是拟对一项独立的主要业务或一个单独的主要经营地区进行处置的一项相关联计划的一部分；（3）该组成部分是专为转售而取得的子公司。

终止经营的定义包含以下三方面含义：

1.终止经营应当是企业能够单独区分的组成部分

该组成部分的经营和现金流量在企业经营和编制财务报表时是能够与企业的其他部分清楚区分的。企业组成部分可能是一个资产组，也可能是一组资产组组合，通常是企业的一个子公司、一个事业部或事业群。

2.终止经营应当具有一定的规模

终止经营应当代表一项独立的主要业务或一个单独的主要经营地区，或者是拟对一项独立的主要业务或一个单独的主要经营地区进行处置的一项相关联计划的一部分。并非所有处置组都符合终止经营的定义，企业需要运用职业判断确定终止经营。如果企业主要经营一项业务或主要在一个地理区域内开展经营，企业的一个主要产品或服务线也可能满足终止经营定义中的规模条件。对于专为转售而取得的子公司，对其规模不做要求，只要是单独区分的组成部分且满足时点要求，即构成终止经营。有些专为转售而取得的重要的合营企业或联营企业，也可能因为符合有关组成部分的第（1）和（2）项条件而符合终止经营的定义。

【例 11-16】　**终止经营的界定**

资料：某快餐企业A在全国拥有500家零售门店，企业A决定将其位于Z市的8家零售门店中的一家门店C出售，并于2022年8月13日与企业B正式签订了转让协议，假设该门店C符合持有待售类别的划分条件。

要求：判断C是否构成企业A的终止经营。

分析：尽管门店C是一个处置组，也符合持有待售类别的划分条件，但由于它只是一个零售点，不能代表一项独立的主要业务或一个单独的主要经营地区，也不构成拟对一项独立的主要业务或一个单独的主要经营地区进行处置的一项相关联计划的一部分，因此该处置组并不构成企业的终止经营。

3.终止经营应当满足一定的时点要求

符合终止经营定义的组成部分应当属于以下两种情况之一：

（1）该组成部分在资产负债表日之前已经处置，包括已经出售、结束使用（如关停或报废等）。多数情况下，如果组成部分的所有资产和负债均已处置，产生收入和发生成本的来源消失，这时确定组成部分“处置”的时点是较为容易的。但在有些情况下，组成部分的资产仍处于出售或报废过程中，仍可能发生清理费用，企业需要根据实际情况判断组成部分是否已经处置，从而符合终止经营的定义。

【例11-17】 **终止经营的界定**

资料：企业集团C拥有一家经营药品批发业务的子公司H，药品批发构成C的一项独立的主要业务，且H在全国多个城市设立了营业网点。由于经营不善，C决定停止H的所有业务。至2022年10月13日，已处置了该子公司所有存货并辞退了所有员工，但仍有一些债权等待收回，部分营业网点门店的租约尚未到期，仍需支付租金费用。

要求：判断H是否构成C的终止经营。

分析：由于子公司H原药品批发业务已经停止，收回债权、处置租约等尚未结算的未来交易并不构成上述业务的延续，因此该子公司的经营已经终止，应当认为2022年10月13日后该子公司符合终止经营的定义。

【例11-18】 **终止经营的界定**

资料：企业M决定关闭从事工程承包业务的分部P，要求分部P在完成现有承包合同后不再承接新的承包合同。

要求：判断P是否构成企业M的终止经营。

分析：在完成现有合同的期间，分部P仍在继续开展收入创造活动，无论工程承包是否是企业M的独立的主要业务，在此期间P都不符合终止经营的定义。

（2）该组成部分在资产负债表日之前已经划分为持有待售类别。有些情况下，企业对一项独立的主要业务或一个单独的主要经营地区进行处置的一项相关联计划持续数年，组成部分中的资产组或资产组组合无法同时满足持有待售类别的划分条件。随着处置计划的进行，组成部分中的一些资产组或资产组组合可能先满足持有待售类别划分条件且构成企业的终止经营，其他资产组或资产组组合可能在未来满足持有待售类别的划分条件，应当适时将其作为终止经营处理。

【例11-19】 **终止经营的界定**

资料：企业集团F决定出售其专门从事酒店管理的下属子公司R，酒店管理构成F的一项主要业务。子公司R管理一个酒店集团和一个连锁健身中心。为获取最大收益，F决定允许将酒店集团和连锁健身中心出售给不同买家，但酒店和健身中心的转让是相互关联的，即两者或者均出售，或者均不出售。F于2022年12月6日与企业S就转让连锁健身中心正式签订了协议，假设此时连锁健身中心符合持有待售类别的划分条件，但酒店集团尚不符合持有待售类别的划分条件。

要求：判断酒店集团和连锁健身中心是否构成F的终止经营。

分析：处置酒店集团和连锁健身中心构成一项相关联的计划，虽然酒店集团和连锁健身中心可能出售给不同买家，但分别属于对一项独立的主要业务进行处置的一项相关联计划的一部分，因此连锁健身中心符合终止经营的定义，酒店集团在未来符合持有待售类别划分条件时也符合终止经营的定义。

二、终止经营的列报

企业应当分别列示持续经营损益和终止经营损益，在利润表“净利润”下增设“持续经营净利润”和“终止经营净利润”项目，以税后净额分别反映持续经营相关损益和终止经营相关损益。

不符合终止经营定义的持有待售的非流动资产或处置组所产生的相关损益，应当在利润表中作为持续经营损益列报：（1）企业初始计量或在资产负债表日重新计量持有待售的非流动资产或处置组时，因账面价值高于其公允价值减去出售费用后的净额而确认的资产减值损失。（2）后续资产负债表日持有待售的非流动资产或处置组公允价值减去出售费用后的净额增加，因恢复以前减记的金额而转回的资产减值损失。（3）持有待售的非流动资产或处置组的处置损益。

终止经营的相关损益应当作为终止经营损益列报，列报的终止经营损益应当包含整个报告期间，而不仅包含认定为终止经营后的报告期间。相关损益具体包括：（1）终止经营的经营活动损益，如销售商品、提供服务的收入、相关成本和费用等。（2）企业初始计量或在资产负债表日重新计量符合终止经营定义的持有待售的处置组时，因账面价值高于其公允价值减去出售费用后的净额而确认的资产减值损失。（3）后续资产负债表日符合终止经营定义的持有待售处置组的公允价值减去出售费用后的净额增加，因恢复以前减记的金额而转回的资产减值损失。（4）终止经营的处置损益。（5）终止经营处置损益的调整金额，可能引起调整的情形包括：最终确定处置条款，如与买方商定交易价格调整额和补偿金；消除与处置相关的不确定因素，如确定卖方保留的环保义务或产品质量保证义务；履行与处置相关的职工薪酬支付义务等。

企业在处置终止经营的过程中可能附带产生一些增量费用，如果不进行该项处置就不会产生这些费用，企业应当将这些增量费用作为终止经营损益列报。

【例11-20】 **终止经营的列报**

资料：企业集团A拥有子公司B，并为其专门租入一栋写字楼作为办公场所，现A决定将子公司B转让给企业F，转让完成后，B将整体搬迁至F的自有写字楼。由于B目前办公所在地的租期未满，A必须承担将办公楼低于原租金转租或者提前终止租赁合同的损失。假设子公司B符合持有待售类别的划分条件和终止经营的定义。

要求：分析企业集团A如何对上述事项进行列报。

分析：尽管如果不出售子公司B，与租赁办公楼相关的损失就不会发生，但对于出售子公司B本身而言，该损失并不是必不可少的，不是与出售子公司B直接相关的增量成本。因此，在对子公司B以账面价值和公允价值减去出售费用后的净额孰低计量时，不应当将办公楼低于原租金转租或者提前终止租赁合同的损失作为出售费用处理，但应当在利润表中将其列示在“终止经营净利润”中，并在附注中作为终止经营费用的一部分披露。

拟结束使用而非出售的处置组满足终止经营定义中有关组成部分的条件的，应当自停止使用日起作为终止经营列报。列报的终止经营损益应当包含整个报告期间，而不仅包含认定为终止经营后的报告期间。如果因出售对子公司的投资等原因导致企业丧失对子公司的控制权，且该子公司符合终止经营定义的，应当在合并利润表中列报相关终止经营损益。

从财务报表可比性出发，对于当期列报的终止经营，企业应当在当期财务报表中，将原来作为持续经营损益列报的信息重新作为可比会计期间的终止经营损益列报。这意味着对于可比会计期间的利润表，作为终止经营列报的不仅包括在可比会计期间即符合终止经营定义的处置组，还包括在当期首次符合终止经营定义的处置组。由于后者的存在，处置组在可比会计期间销售商品、提供劳务的收入和相关成本、费用，以及相关资产按照《企业会计准则第8号——资产减值》的规定确认的资产减值损失等也应当作为终止经营损益列报。

企业还应当在附注中披露有关终止经营的相关信息。终止经营不再满足持有待售类别划分条件的，企业应当在当期财务报表中，将原来作为终止经营损益列报的信息重新作为可比会计期间的持续经营损益列报，并在附注中说明这一事实。

三、特殊事项的列报

1.企业专为转售而取得的持有待售子公司的列报

如果企业专为转售而取得的子公司符合持有待售类别的划分条件，应当按照持有待售的处置组和终止经营的有关规定进行列报，相对于不符合持有待售类别划分条件的子公司，其资产负债表列示和附注披露都得到适当简化。但是，除非企业是投资性主体并将该子公司按照公允价值计量且其变动计入当期损益，否则应当按照《企业会计准则第33号——合并财务报表》的规定，将该子公司纳入合并范围。

在合并资产负债表中，企业专为转售而取得的持有待售子公司的全部资产和负债分别作为持有待售资产和持有待售负债项目列示。在合并利润表中，符合终止经营定义的专为转售而取得的持有待售子公司的净利润与其他终止经营净利润应当合并列示在“终止经营净利润”项目中。

2.不再继续划分为持有待售类别的列报

对于非流动资产或处置组，如果其不再继续划分为持有待售类别或非流动资产从持有待售的处置组中移除，在资产负债表中，企业应当将原来分类为持有待售类别的非流动资产或处置组重新作为固定资产、无形资产等列报，并调整其账面价值。在当期利润表中，企业应当将账面价值调整金额作为持续经营损益列报。企业还应在附注中披露相关信息。

对于企业的子公司、共同经营、合营企业、联营企业以及部分对合营企业或联营企业的投资，按照《企业会计准则第2号——长期股权投资》的规定，持有待售的对联营企业或合营企业的权益性投资不再符合持有待售类别划分条件的，应当自划分为持有待售类别日起采用权益法进行追溯调整。持有待售的对子公司、共同经营的权益性投资不再符合持有待售类别划分条件的，同样应当自划分为持有待售类别日起追溯调整。上述情况下，划分为持有待售类别期间的财务报表应当做相应调整。

自测题11-2

【本章小结】

本章涉及持有待售的非流动资产、处置组的计量和列报，终止经营的列报，属于重要章节。本章应关注的主要问题：持有待售的非流动资产、处置组的计量，终止经营的判断及列报等。

【学思践悟】

［目的］探讨持有待售项目中的法律道德问题。

［资料］梦网云科技集团股份有限公司，简称梦网科技（002123.SZ），成立于2001年，于2015年登陆资本市场。梦网科技构建了以“消息云、视讯云、终端云、物联云”四位一体的企业云通信服务生态，为企业提供全方位的云通信服务。

2020年4月30日，梦网科技披露了2019年年度报告。在2019年年报第十二节“财务报告”之第七部分“合并财务报表项目注释”的第9项“持有待售资产”部分的“其他说明”中，梦网科技在仅达成意向协议，未做出确定交易承诺，也未规定违反购买承诺的违约责任等重要条款的情况下，就将相关资产转入持有待售资产，不符合《企业会计准则第42号——持有待售的非流动资产、处置组和终止经营》（2017年）第六条的规定，违反了《上市公司信息披露管理办法》（证监会令40号）第二条第一款的规定。

2021年2月9日，中国证券监督管理委员会辽宁监管局向梦网科技出具《关于对梦网云科技集团股份有限公司采取责令改正措施的决定》（证监会辽宁局〔2021〕4号），并记入证券期货市场诚信档案，要求梦网科技“全体董事、监事和高级管理人员应加强对证券法律法规的学习和培训，忠实、勤勉地履行职责”。

资料来源：中国证券监督管理委员会辽宁监管局. 关于对梦网云科技集团股份有限公司采取责令改正措施的决定〔2021〕4号［EB/OL］.（2021-02-09）. http://www.csrc.gov.cn/liaoning/c103750/c02e3c596d8df4e5ba5706cddc06b4a75/content.shtml.

音频

［问题］

1.二十大报告强调“弘扬诚信文化，健全诚信建设长效机制”。讨论上市公司被记入证券期货市场诚信档案会引发哪些负面影响。

2.讨论如何有效地督促上市公司董事、监事和高级管理人员忠实、勤勉地履行职责。

诚信文化解读

【复习思考题】

1.试阐述持有待售类别分类的基本要求。

2.持有待售类别的会计处理要点有哪些？

3.试阐述终止经营的含义。

4.如何对持有待售类别和终止经营进行列报？

【练习题】

[目的] 练习持有待售项目的会计处理。

[资料] 2022年10月31日，甲公司与乙公司签订一项资产转让协议，约定将甲公司拥有的一家酒店整体转让给乙公司，转让初定价格为2 200 000元。转让协议同时约定，对于该酒店2022年8月15日购买的一项分类为以公允价值计量且其变动计入其他综合收益的债券投资，其转让价格以转让当日市场价格为准。甲公司预计发生的咨询费等为50 000元。假设该酒店满足划分为持有待售类别的条件，但不符合终止经营的定义。2022年10月31日，该酒店各资产和负债的账面价值见表11-5。

表11-5　**2022年10月31日酒店资产和负债账面价值**　单位：元

科目名称	账面价值
库存现金	240 000
应收账款	320 000
原材料	180 000（已计提20 000元存货跌价准备）
其他债权投资	420 000
固定资产	1 200 000（已计提60 000元折旧和40 000元减值准备）
无形资产	850 000（已计提25 000元摊销和10 000元减值准备）
商誉	300 000
应付账款	(210 000)
应付职工薪酬	(640 000)
预计负债	(160 000)
合计	2 500 000

2022年11月30日，该酒店尚未完成转让，甲公司酒店的其他债权投资核算的债券投资市场报价上升至500 000元，其他资产价值未发生变化。此时，甲公司预计完成转让将发生的咨询费等调整为30 000元，当日该处置组的公允价值为2 280 000元。2022年12月10日，该酒店办理完毕资产所有权转移手续，甲公司以银行存款支付咨询费等30 000元。当日甲公司作为其他债权投资核算的债券投资市场报价为550 000元，其他资产价值未发生变化。

乙公司以银行存款支付所有转让价款2 330 000元。假设甲公司不存在其他持有待售的非流动资产或处置组，不考虑相关税费的影响。

[要求]

(1) 根据资料，编制2022年10月31日甲公司将该酒店处置组划分为持有待售类别时相关的会计分录。

（2）根据资料，编制2022年11月30日甲公司将该酒店处置组划分为持有待售类别后相关的会计分录。

（3）根据资料，编制2022年12月10日甲公司酒店完成转让时的会计分录，并计算转让对当期损益的影响金额。

引导案例分析要点

主要参考文献

[1] 财政部会计司.《企业会计准则第7号——非货币性资产交换》应用指南 [M]. 北京：中国财政经济出版社，2020.

[2] 财政部会计司. 企业会计准则第11号——股份支付 [EB/OL].（2006-03-09）. http：//kjs.mof.gov.cn/zt/kjzzss/kuaijizhunzeshishi/200806/t20080618_46237.htm.

[3] 财政部会计司.《企业会计准则第12号——债务重组》应用指南 [M]. 北京：中国财政经济出版社，2020.

[4] 财政部会计司. 企业会计准则第17号——借款费用 [EB/OL].（2006-03-09）. http：//kjs.mof.gov.cn/zt/kjzzss/kuaijizhunzeshishi/200806/t20080618_46231.htm.

[5] 财政部会计司. 企业会计准则第19号——外币折算 [EB/OL].（2006-03-09）. http：//kjs.mof.gov.cn/zt/kjzzss/kuaijizhunzeshishi/200806/t20080618_46229.htm.

[6] 财政部会计司. 企业会计准则第20号——企业合并 [EB/OL].（2006-03-09）. http：//kjs.mof.gov.cn/zt/kjzzss/kuaijizhunzeshishi/200806/t20080618_46228.htm.

[7] 财政部会计司.《企业会计准则第21号——租赁》应用指南 [M]. 北京：中国财政经济出版社，2019.

[8] 财政部会计司.《企业会计准则第22号——金融工具确认和计量》应用指南 [M]. 北京：中国财政经济出版社，2018.

[9] 财政部会计司.《企业会计准则第23号——金融资产转移》应用指南 [M]. 北京：中国财政经济出版社，2018.

[10] 财政部会计司.《企业会计准则第24号——套期工具》应用指南 [M]. 北京：中国财政经济出版社，2018.

[11] 财政部会计司.《企业会计准则第33号——合并财务报表》应用指南 [M]. 北京：经济科学出版社，2014.

[12] 财政部会计司.《企业会计准则第37号——金融工具列报》应用指南 [M]. 北京：中国财政经济出版社，2018.

[13] 财政部会计司. 企业会计准则第40号——合营安排 [M]. 北京：经济科学出版社，2014.

[14] 财政部会计司. 企业会计准则第41号——在其他主体中权益的披露 [M]. 北京：中国财政经济出版社，2014.

［15］财政部会计司.《企业会计准则第42号——持有待售的非流动资产、处置组和终止经营》应用指南［M］. 北京：中国财政经济出版社，2018.

［16］财政部会计司. 股份支付准则应用案例——授予限制性股票［EB/OL］.（2021-05-18）. http：//kjs.mof.gov.cn/zt/kjzzss/srzzzq/gfzfyyal/202105/P020210518384054233794.pdf.

［17］财政部会计司. 企业会计准则解释第4号［EB/OL］.（2010-07-14）. http：//kjs.mof.gov.cn/zhengcefabu/201008/t20100809_332092.htm.

［18］财政部会计司. 企业会计准则解释第7号［EB/OL］.（2015-11-04）. http：//kjs.mof.gov.cn/zhengcefabu/201511/t20151113_1559056.htm.

［19］财政部会计司. 企业会计准则解释第16号［EB/OL］.（2022-12-13）. http：//kjs.mof.gov.cn/gongzuotongzhi/202212/P020221213437987613379.pdf.

［20］中国注册会计师协会. 会计［M］. 北京：中国财政经济出版社，2023.

［21］企业会计准则编审委员会. 企业会计准则案例讲解［M］. 上海：立信会计出版社，2023.

［22］梁爽. 高级财务会计［M］. 北京：人民邮电出版社，2020.

［23］刘永泽，傅荣. 高级财务会计［M］. 7版. 大连：东北财经大学出版社，2021.

［24］刘永泽，陈立军. 中级财务会计［M］. 7版. 大连：东北财经大学出版社，2021.

［25］傅荣. 高级财务会计［M］. 北京：中国人民大学出版社，2018.

［26］陈信元，钱冯胜，曾庆生. 高级财务会计［M］. 上海：上海财经大学出版社，2018.

［27］耿建新，戴德明. 高级会计学［M］. 北京：中国人民大学出版社，2016.

［28］International Accounting Standards Board.IFRS 2：Share-based Payment［M］. London：IFRS Foundation，2016.

［29］International Accounting Standards Board.IFRS 11：Joint Arrangements［M］. London：IFRS Foundation，2014.

自测题索引

续表

章节		名称	页码	二维码 （扫码复习）
第三章 债务重组	第一节 债务重组概述	自测题 3-1	P.51	
	第二节 债务重组的会计处理原则	自测题 3-2	P.54	
	第三节 债务重组的会计处理示例	自测题 3-3	P.59	
第四章 借款费用	第一节 借款费用概述	自测题 4-1	P.65	
	第二节 借款费用的会计处理原则	自测题 4-2	P.68	
	第三节 借款费用的会计处理示例	自测题 4-3	P.71	
第五章 外币业务会计	第一节 外币业务概述	自测题 5-1	P.81	
	第二节 外币交易的会计处理	自测题 5-2	P.91	
	第三节 外币财务报表折算	自测题 5-3	P.100	

续表

章节		名称	页码	二维码（扫码复习）
第六章 租赁会计	第一节 租赁会计概述	自测题6-1	P.111	
	第二节 承租人的会计处理	自测题6-2	P.125	
	第三节 出租人的会计处理	自测题6-3	P.137	
	第四节 特殊租赁的会计处理	自测题6-4	P.145	
第七章 企业合并	第一节 企业合并概述	自测题7-1	P.163	
	第二节 同一控制下企业合并的会计处理	自测题7-2	P.172	
	第三节 非同一控制下企业合并的会计处理	自测题7-3	P.180	
第八章 合并财务报表	第一节 合并财务报表概述	自测题8-1	P.210	
	第二节 内部股权投资的抵销与调整	自测题8-2	P.228	

续表

章节		名称	页码	二维码（扫码复习）
第八章 合并财务报表	第三节 内部债权债务的抵销与调整	自测题 8-3	P.232	
	第四节 内部交易的抵销与调整	自测题 8-4	P.246	
	第五节 内部现金流量的抵销与调整	自测题 8-5	P.251	
	第六节 合并报表中涉及的所得税会计	自测题 8-6	P.258	
第九章 金融工具	第一节 金融工具概述	自测题 9-1	P.267	
	第二节 金融负债与权益工具的区分	自测题 9-2	P.275	
	第三节 金融资产转移的核算	自测题 9-3	P.290	
	第四节 套期会计	自测题 9-4	P.301	
第十章 合营安排	第一节 合营安排概述	自测题 10-1	P.319	

续表

章节		名称	页码	二维码 （扫码复习）
第十章 合营安排	第二节 共同经营参与方的会计处理	自测题10-2	P.323	
	第三节 与合营安排有关的信息披露	自测题10-3	P.324	
第十一章 持有待售 项目	第一节 持有待售的非流动资产和处置组	自测题11-1	P.344	
	第二节 终止经营	自测题11-2	P.348	